アメリカン・ロードの物語学

松本　昇・中垣恒太郎・馬場　聡 編

金星堂

はしがき

アメリカ合衆国は、先住民の長きにわたる歴史と文化的営みのもとに形成され、広大な国土に世界各地から多様な移民を受け入れ、多彩な文化を育んできた。合衆国が国土を拡張していく過程で、人々は「路＝ロード」を経て〈移動〉し、コミュニティや文化を作り上げては、さらなる可能性と安住の地を求め続け、新しい挑戦のためにくりかえし「ロード」に立ち、今日まで歩みを続けてきた。同時にその一方で、先住民族に対する強制移住の歴史が示すように、アメリカ史における負の部分としての「涙の道」(Trail of Tears) の側面も見過ごすわけにはいかない。

「行くことはわかっているが、どこへ行くかは知らない」と、目の前に茫漠と広がる「ロード」の可能性を高らかに謳い上げた、ウォルト・ホイットマンの「オープン・ロードの歌」(一八五六)、筏に乗ってミシシッピ川を下る人種の壁を超えた冒険物語によってアメリカの物語の原風景を作り上げた、マーク・トウェインの『ハックルベリー・フィンの冒険』(一八八五)、そして、大不況の中、「約束の地」を求め、車で彷徨い続ける一家の物語、ジョン・スタインベックの『怒りの葡萄』(一九三九)をはじめ、雄大な大自然と広大な国土を活かした「アメリカの物語」の根幹に、〈移動〉のモチーフが連綿と存在する。時に強迫観念的ともいえるほどまでに、「ここではないどこか」を目指し、たとえ行き先が明確にわからずとも、アメリカの物語は「ここではないどこか」を常に探し求め続けているように映る。アメリカの物語はなおも途上(「オン・ザ・ロード」)にある。「ロード」に対する飽くなき想いを結実させた、ジャック・ケルアックによる、その名も『路上(オン・ザ・ロード)』(一九五七)は、アメリカン・ニューシネマおよび、ロード・ムービーと称される映画ジャンルの発展にも多大な影響を及ぼした。一方、ホイットマン、スタインベックの流れを引く形で、「オープン・ロード」の精神《スピリット》は、ウディ・ガスリー、ボブ・ディラン、ブルース・スプリングスティーンといった、アメリカのフォークソング（民衆の音楽）の伝統に継承されている。

小説・詩・音楽・映画を含むロード・ナラティヴの枠組みから、アメリカ文学史・文化史を捉え直すとき、幌馬車、蒸気船、大陸横断鉄道、車といったテクノロジーの発達による交通手段の変化を通して、ランドスケープの変容、時代思潮、また、それぞれの地域色が浮かび上がってくる。そして、その系譜を探ることにより、マーク・トウエインの出世作となった、旅行記『イノセンツ・アブロード』（一八六九）の副題が「新・天路歴程」と謳われたように、聖書をも含む西洋の文化伝統から、あるいはさらなる異種の文化が混交する形で、いかにしてアメリカ文化が育まれていったのか、その生成過程が見えてくるにちがいない。

すでに先行研究として、アメリカ文学史・文化史を〈移動〉〈旅〉〈交通手段〉の枠組みから捉え直す試みは国内外においてすでに一定の成果が示されており、文化史に力点を置いた、山里勝己編『〈移動〉のアメリカ文化学』（ミネルヴァ書房、二〇一一）や、旅行文学として主に旅行記を軸に論じる、亀井俊介編『アメリカの旅の文学』（昭和堂、二〇〇八）、交通手段の観点からアメリカ文学を捉える試みに、丹羽隆昭『クルマが語る人間模様――二十世紀アメリカ古典小説再訪』（開文社、二〇〇七）、小野清之『アメリカ鉄道物語――アメリカ文学再読の旅』（研究社、一九九九）、加藤幹郎『列車映画史特別講義――芸術の条件』（岩波書店、二〇一二）などが挙げられる。「ロード・ナラティヴ」の概念を提唱し、アメリカ文学史を捉え直した、巽孝之『アメリカ文学史――駆動する物語の時空間』（慶應義塾大学出版会、二〇〇三）の着想に立脚し、Ronald Primeau, *Romance of the Road: The Literature of the American Highway* (1996)、Kris Lackey, *Roadframes: The American Highway Narrative* (1997)、Sidonie Smith, *Moving Lives: Twentieth-Century Women's Travel Writing* (2001) および、*Roads of Her Own: Gendered Space and Mobility in American Women's Road Narratives, 1970–2000* (2009), Katie Mills, *The Road Story and the Rebel: Moving Through Film, Fiction, And Television* (2006) などの先行研究、さらに、カレン・カプラン『移動の時代——旅からディアスポラへ』（村山淳彦訳、未来社、二〇〇三）などの旅行記理論や、「放浪者／ホーボー」研究などの成果を踏まえつつ、本書ではホイットマン、トウェイン以降のロード・ナラティヴの主要作品（主に長編小説）を二十五点ほど取り上げ、アメリカ文学史・文化史における「アメリカン・ロード」の物語学を展望してみたい。

　ホイットマン、トウェイン、スタインベック、ケルアックといった、ロード・ナラティヴの代表的作品に対しては、後世に与えた影響力をも参照しながら、アメリカの物語の原風景としてのロード・ナラティヴ・ジャンルの生成過程を再検証する。第一部「アメリカン・ロード・ナラティヴの形成」では、加えて、フランク・ノリス、ジャック・ロンドン、ウラジミール・ナボコフ『ロリータ』（一九五五）といった古典とされるアメリカ文学作品を「ロード」の概念により読み返すことにより、ロード・ナラティヴの形成過程を辿る。駅馬車、蒸気船、鉄道、T型フォード、州間高速道路網《インターステート・ハイウェイ》の建設（一九五六年に連邦補助高速道路法制定）以降の自家用車の大量生産など交通機関に関するテクノロジーの発展過程と軌を一にした動きであることを改めて一望することができるだろう。

　第二部「異郷／越境をめぐる物語」では、エドガー・アラン・ポウによる『ナンタケット島出身のアーサー・ゴードン・ピムの物語』（一八三七）の現代版、マット・ジョンソンの『ピム』（二〇一一）や、モロッコに渡り、創作活動を続けたポール・ボウルズ、ユダヤ系やパキスタン系アメリカ作家の作品などをもとに、「異郷／越境」をめぐる物語の系譜と可能性を探る。

　第三部「民族の多様性／南部、あるいは辺境のトポス」では、アフリカ系の物語を中心に、チカーノを含めたエスニシティおよびジェンダー、階級の諸問題を検討し、さらに地域色や南部および辺境の場所《トポス》がどのようにアメリカン・ロード・ナラティヴに彩りを添えてきたのかを検討する。さらに第四部「現代文学におけるロード・ナラティヴの展望」では、ポストモダン小説、ニュー・ジャーナリズムを含むジャンルの多様性と、異種なるものが交差する、言わば、「クロスロード」となる文化の横断・交錯の側面をも掬い取ることに力点を置く。「九一一」以後、現在に至るグローバル化／デジタル・オンライン化（特に「情報スーパー・ハイウェイ構想」以後）が進む文化状況を踏まえることで、ロード・ナラティヴの未来をも展望することができるのではないか。

もとより二十五程度の作品をとりあげるのみで、アメリカ文学におけるロード・ナラティヴを包括して捉えることは到底できまいが、作品論に立脚し、個々の作品における「ロード」のモチーフがどのように機能しているかを具体的に分析・考察する試みを通して、アメリカン・ナラティヴの独自性と多様性を探っていくことを目指した。編者を含む寄稿者の多くが所属する多民族研究学会（二〇〇五―　）の活動実績を軸にしていることからも、幅広く多民族研究の観点を導入しているところに本書の特色があると言えるだろう。

さらに、「ロード・ナラティヴ作品ガイド」を巻末に付し、「ロード・ノヴェル」、「女性作家」、「ロード・ムービー」、「ロード・ソング」、「児童文学」なども含めたエッセイ・コラムを重層的に配置している。本書ではその可能性を示唆する段階に留まってしまったが、映画や音楽、コミックなどをも含めた表象文化、あるいはSF、ミステリ、児童文学／ヤング・アダルト小説などの多様なジャンルをさらに横断／交錯させることにより、文学研究の方法論、テクスト分析のアプローチによる表象文化研究、ジャンル論などをも踏まえることでアメリカン・ロードの物語学はさらなる奥行きを示すにちがいない。その意味で本書の企画もまた、なおも旅の途上にある。本書を通して、新たなアメリカン・ロードの物語学を展望する可能性を、読者の方々と共に探っていくことができれば幸いである。

編者を代表して

中垣　恒太郎

目次

第二部　異郷／越境をめぐる物語

第三部　民族の多様性／南部、あるいは辺境のトポス

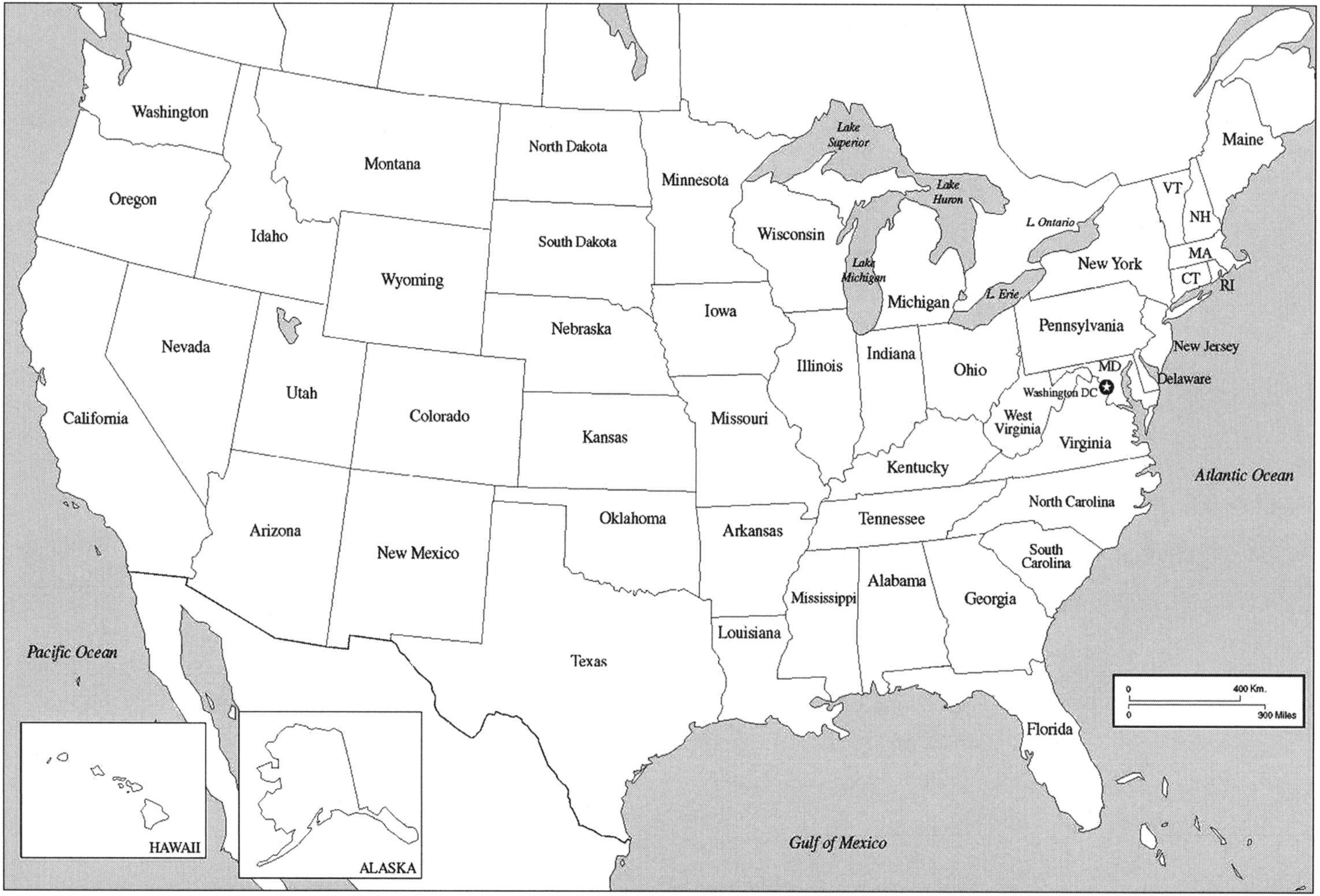
Washington
Oregon
Idaho
Montana
North Dakota
South Dakota
Minnesota
Lake Superior
Lake Huron
Wisconsin
Lake Michigan
Michigan
L. Ontario
L. Erie
New York
Maine
VT
NH
MA
CT
RI
Wyoming
Nebraska
Iowa
Pennsylvania
New Jersey
Delaware
MD
Washington DC
California
Nevada
Utah
Colorado
Kansas
Missouri
Illinois
Indiana
Ohio
West Virginia
Virginia
Kentucky
Atlantic Ocean
North Carolina
Tennessee
Oklahoma
Arkansas
Arizona
New Mexico
South Carolina
Mississippi
Alabama
Georgia
Louisiana
Texas
Pacific Ocean
Florida
0 400 Km.
0 900 Miles
HAWAII
ALASKA
Gulf of Mexico

第一部

ロード・ナラティヴの形成

ホイットマンのロード・ポエム
——道・移動・テクノロジー

川崎　浩太郎

ウォルト・ホイットマンが『草の葉』で描いた「オープン・ロード」の概念が、後の作家たちによって書き換えられ、変容しつつも、『草の葉』以降のアメリカにおける道の集合的イメージの創出に与えた影響は決して小さくはない。ロナルド・プリモーは『ロマンス・オブ・ザ・ロード』において、「オープン・ロードの歌」が、「支配的価値観に反抗し、羽目を外すよう読者を促す、後のアメリカのロード・ナラティヴのテーマや関心事の典型である」と語り、アメリカン・ロード・ナラティヴに与えた影響という点では、ホイットマンの代表的作品であると評している（二一）。また、クリス・ラッキーは、『ロード・フレームス』において、「ホイットマンのパブリック・ロードは、アメリカの生活のあらゆる職業のイメージで溢れており、非常に幅広いロード・ライター達の創造力を掻き立ててきた」ことを指摘している（八二）。

本論ではまず、先行研究が数多く存在する、ホイットマンの「オープン・ロード」の概念を簡単に振り返った上で、それが二十世紀後半以降のアメリカの表象文化にどのように表れているかを確認する。さらに、ロード・ナラティヴという枠組みではこれまであまり検討されてこなかった詩編の作品論を通して、『草の葉』における道・移動・テクノロジーの概念を考察していく。[1]

一　「オープン・ロード」の諸相

ゲイ・ウィルソン・アレンが、「新しい天路歴程」と呼んだ「オープン・ロードの歌」は、「道の詩」というタイトルで、第二版（一八五六）から『草の葉』に収められた（八六）。ホイットマンは、「不平や、蔵書、愚痴っぽい批評」と決別し、「力強く満足して」道に出ることから始める。

徒歩で心も軽く私はオープン・ロードに赴く。
健康で、自由で、私の前に広がる世界が、
私の前に伸びる長い褐色の道が、私が選ぶところならどこへでも導いてくれる。

ここでの道は、「私が選ぶところならどこへでも導いてくれる」、究極の選択の自由が保障された道である。つまり、ホイットマンは既に存在する道を歩いているのではなく、彼が歩くところすべてがすなわち道となるのだ。道と旅のメタファーによって、過去との決別と自由の獲得というアメリカ的主題が、簡潔に提示された冒頭である。ホイットマンは、さらに自分が歩く道の開放性を主張する。「ここにあるのは歓迎という深遠な教訓、好みも否定もない、／縮れ毛の黒人も、犯罪者も、病人も、学のない者も否定されることはない、」という詩行は、アメリカという移民国家の理念的開放性をも意味するであろう。

六節から八節において、ホイットマンは、道を旅する見知らぬもの同士が抱く共感とその神秘を表明していく。

ここに流動し人々を結びつける性格が表れる、
流動し人々を結びつける性格とは男女の爽やかさと甘美な性《さが》、

その性格に向かって、接触を求める憧れの痛みが身震いしながら高まっていく。

…………………

ここでホイットマンは、内省的な思弁から唐突に、「ここには友愛がある」と、他者との連帯感を獲得していくが、ここで連帯感が強調されるのは、奴隷制の拡張問題を巡って、当時既に国家分断の兆しが見え始めていたことも関係しているだろう。こうした政治的とも読める主張の背後にホイットマンの同性愛的傾向を読み取るベッツィ・アーキラは、「民主的自由と友愛のパブリック・ロードに対するホイットマンの要求は、過去の抑圧的な社会的、性的規範からの解放を求める継続的な努力の一環として行われた公的表明と分かちがたく結びついている」と主張している（一二三―四）。結果的には、ホイットマンが、こうした個人的理由と社会的理由を混同したことも、道と移動のメタファーが、より多義性を帯びることができるようになった理由の一つだろう。

九節以降、「さあ行こう！　あなたが誰であっても私とともに旅しよう」と、読者や仲間達を旅に誘う呼びかけが開始される。ここで「オープン・ロードの歌」における旅が、「永遠に生き、永遠に前へと」進む、永続する進歩の旅であることが明らかとなる。行き先は、「始まりがないのと同じように終わりのない場所」であり、その目的は、「宇宙それ自体が一つの道、数多くの道、魂が旅する数々の道であることを知るため」だ。つまりホイットマンがここでいう旅とは、魂がここではないどこかへ向かうための、移動それ自体が自己目的化した旅を意味している。

このようなホイットマンの「オープン・ロード」の概念を後世の表象文化の中に見いだすことは容易である。ここではないどこかへ連れ出してくれるという意味において「道」は解放的な場所だといえよう。ホイットマンは「彼ら（魂たち）が行くことはわかっているが、どこへ行くのかはわからない、／だが最善に向かっていくことはわかっている、なにか素晴らしいものに向かって。」とアメリカの明るい前途を高らかに歌った。あるいは、「人に踏まれていない小径で」のような詩編において、「これまで明かされたすべての基準から、喜びから、利益から、順応から逃れ、」男性の「仲間たちへの愛」を小声で歌っている。そのおよそ一五〇年後、カントリー歌手のドリー・パートンは映画『トランスアメリカ』のエンディング曲の中で、「どこへ行くのかはよくわからないし、どこから来たのかもわからないけど、自分の道が行き止まりになるまで旅を続けなくてはならない」と移動への衝動を歌っている。この二〇〇五年のロード・ムービーにおいて、性同一性障害を抱えた主人公のブリーは、ニューヨークからロサンゼルスまで、アメリカを「トランス」し、最後には外科手術によって生物学的性差も「トランス」することを実現する。強迫観念とも言うべき移動への衝動と、抑圧からの解放というテーマを、この映画が『草の葉』と共有しているのは決して偶然ではないだろう。二十一世紀の現代でもなお、ホイットマン的オープン・ロードの伝統は健在である。

こうした過去の伝統や拘束からの脱出を道が可能にする一方で、道が既存のアメリカ的価値観としてそこから逸脱することを許さないような拘束の場所となっている場合もある。一例として、ビート・ジェネレーションを代表する詩人アレン・ギンズバーグの「カリフォルニアのスーパーマーケット」が挙げられるだろう。「愛する父」であるホイットマンを思いながら、「脇道」を歩いてきた「私」は、フロンティアが消滅した西海岸のカリフォルニアで、「空腹で疲労し、イメージを買い求めようと」現代アメリカの物質主義の象徴であるスーパーマーケットに入っていく。買い物客と商品で溢れかえるスーパーマーケットの中で「私」はホイットマンと出会い、二人は「オープン・コリドー」を歩きながら「孤独な想像」の中で商品を所有してゆく。オープン・ロードの歌における一節、「労苦もなく金を払うこともなくすべてを享受し、一口も口に入れず饗宴を味わう」ことをを実践するかのように、二人はレジを通らない。しかし、スーパーマーケットで手に入るのは溢れんばかりの物質であって精神ではない。それ故「私」は、「空腹で疲労し、」「スーパーでの大冒険を夢見て馬鹿げた気分になる」のだ。ホイットマンが見た愛の国アメリカは、この詩が書かれた一九五〇年代においては、「失われて／道に迷って」いる。この詩編は、ホイットマン的な道のモチーフを巧みに織り交ぜながら、物質的には繁栄を極めているかに見えるアメリカで、ホイットマンのオープン・ロードのヴィジョンがいかに潰えてしまったかを物語っている。

イーグルスの一九七七年のヒット曲「ホテル・カリフォルニア」の歌詞もまた、アメリカの道のイメージを散りばめつつ、ギンズバーグと同じような閉塞感を共有している。「ハイウェイ」を走る「私」は砂漠の先に蜃気楼のような「ホテル・カリフォルニア」を目にし、そこに宿泊することになる。戸口で「キャンドルに火をともし、私に道を示してくれる」のは、明白なる運命《マニフェスト・ディスティニー》を寓意的に表現したジョン・ガストの有名な絵画に現れる女神を思わせる女性だ。だが彼女の心はティファニーやベンツに象徴される物質的豊かさに取り憑かれ、歪んでいる。「キャプテン」を呼んで酒《スピリット》を頼んでも、もはや魂《スピリット》はない。彼女は、「私たちはみな、自分たちが作り出したものにとらわれた囚人」なのだという。「私」は、「かつていた場所へのパッセージ」を辿って戻ろうとするが、チェックアウトは出来ても、「立ち去ることは絶対に出来ない」のだ。このような点において、この歌詞には道の拘束的な側面が表れており、自分たちが築いてきた物質文明にとらわれ、そこから脱出することが出来ないというアメリカの閉塞感が充溢している。

「オープン・ロードの歌」が後年のアメリカのロード・ナラティヴへの影響という観点からしばしば取り上げられる理由の一つは、あらゆる拘束から解放され、自由な道に出て、「何か素晴らしい物に向かって」旅立とうという誘いが、素朴でありながらも、力強く魅力的であるからだろう。旧大陸の価値観から精神的独立を成し遂げ、楽観的な進歩主義にも支えられ、自分たちの魂の赴くままに「完全で絶対的な自分自身の主人となって、自分が列挙するあらゆる場所に行こう」という誘いは、自由を求めるアメリカの精神を鼓舞し、魅力的なロード・ナラティヴの原型となり得たに違いない。だが、その「オープン・ロード」というシニフィアンは、流通する過程で新たな意味を書き加えられ、別の道へと繋がって行くことになる。このことは記号論的な必然であるだけでなく、実のところホイットマン自身の意匠によるところも大きいのではないかと推測する。それについては第四節で検討する。

二　蒸気機関車表象——機動力への憧れ

十九世紀の産業革命期から西漸運動を通して発達しつつ、同時にアメリカの発展を支えた輸送交通機関が鉄道であったことは広く知られている。すでにレオ・マークスが『楽園と機械文明』において明らかにしたように、「一八三〇年代に機関車、すなわち鉄の馬あるいは火の巨人は一種の国民的強迫観念となり始めていた」（一九一）。十九世紀のアメリカ作家達は鉄道に対してそれぞれ異なった反応を見せたが、中でも特にテクノロジカル・サブライムとマークスが呼ぶレトリックで、ホイットマンはテクノロジーや産業文明を積極的に取り入れた作家の一人であった（二二二）。一八五六年のエマソンへの手紙の中でホイットマンは鉄道を「抗いがたいほど申し分ない詩」の素材の一例として挙げている（七三九）。ホイットマンにとって蒸気機関車は、ソローやホーソーンの想像力を乱したような闖入者としてではなく、容易に楽園的風景の中に吸収できる御しやすい詩の素材であった。例えば「喜びの歌」では、移動そのものに伴う喜びを歌っている。

おお、機関手の喜びよ！　機関車と共にゆく喜びよ！
蒸気の噴出する音、陽気な金切り声、汽笛、機関車の高笑いを聞き！
抗いがたい勢いとスピードで、遠く彼方へと前進してゆく喜びよ。

ホイットマンにとっては、蒸気の音は陽気な笑い声であり、機動力の象徴でもある。あるいは、「ポーマノクから出発して」においては、蒸気機関車を「強く素早い」と形容し、「世界よこんにちは」の後に削除された箇所では、鉄道が、「北アメリカ中で州と州、郡と郡、都市と都市とを溶接する」と鉄道の持つ結合力を称えている。

南北戦争以降になって、ホイットマンは蒸気機関車そのものへの関心をさらに強めていった。蒸気機関車を主題とした、「冬の蒸気機関車へ」という頌歌《オード》が書かれた年は特定されていないものの、ホイットマンが脳卒中で倒れた後、おそらく一八七五年の冬のことであると考えられている（ルマスター&カミングス 七二六）。一八七四年二月二七日、友人のピーター・ドイルに宛てた近況を知らせる手紙の中で、ホイットマンは、「蒸気機関車と列車が通り過ぎてゆくのを見て楽しんでいます。……すっかり慣れて好きになりました。」と述べている（*Correspondence* 二八〇）。こうした機動力への憧れは、おそらく彼の身体が不自由になったことと無関係ではないだろう。「冬の蒸気機関車」は、力強い身体的表象によって始まる。

我が叙唱のために汝よ、
冬の一日が今終わろうとする、今のようなこの猛烈な嵐の中でさえ、汝よ、
甲冑を身につけた汝よ、その律動的な二重の鼓動と痙攣性の脈動よ、
金色の真鍮と銀色の鋼鉄からなる汝の円筒形の身体よ、
汝の重々しい二本の横棒、平行に連接棒を繋ぎ、汝の両脇で旋回し往復する、
汝の韻律の整った蒸気と彷徨が今うねったかと思えば、遠くへ消えていく、
汝の正面には巨大なヘッドライトが取り付けられ、
繊細な紫に染まる汝の長く青白く漂う蒸気のペナントよ、

細部にまで至る蒸気機関車の視覚的な描写は、重厚であると同時にエロティックですらある。それと同時に、オペラの叙唱を模した形式で始まるこの詩は、聴覚的にも蒸気機関車が動く様、停止状態からスピードを上げ、遠くへ走り去っていく様を、弱強格や頭韻によって巧みに再現している。この詩編もまた、他のホイットマンの詩と同じく、おそらくは音読されることを意図して書かれており、詩を音読するホイットマン、あるいは時空を越えた読者の声帯を

通して、機関車の音と動きは身体化される。

獰猛な炉喉（激しい歌声）を持つ美よ！
汝の放埒な音楽とともに我が詠唱のなかをうねりゆけ、汝の軽快な夜の灯火よ、
狂おしく警笛を鳴らす汝の笑い声は、木霊し、地震のように轟き、あらゆるものを目覚めさせ、
……………………
広大な平原、湖を越え、
解き放たれた自由な空へと、喜び勇んで出発する。

メタファーが持つ同一化の力によって、機関車の炉喉《スロート》と人間の喉《スロート》が一体化するだけでなく、「汝の放埒な音楽とともに我が詠唱のなかをうねりゆけ」と汽車に命じ、「乗物《ヴィークル》」としての機関車が、「伝達媒体《ヴィークル》」としてのテクストと同一化される。ここでホイットマンは、「冬の一日が今終わろうとする」ように自身の健康も衰える中、「大陸を脈動し、現代の移動と動力の象徴」である蒸気機関車の「動力」を、自らの身体へと取り込んでいる。機関車の奏でる音楽は「放埒」であり、既に人間の手に負えなくなった力も同時に暗示しつつもなお、ホイットマンは「広大な平原や湖を越えて、自由な空へと」解放する力を肯定するのだ。「冬の蒸気機関車」は、ホイットマンが生涯を通じて書いた詩編の中でも、テクノロジーとそれによって可能となる移動への憧憬がもっとも端的に表れた詩編であると言えるだろう。

三　西への想像力

十九世紀アメリカの歴史はフロンティア・ラインの西への移動に伴う領土拡大の歴史であり、『草の葉』における

ロードの概念を考えた場合、他の多くの同時代の作家たちと同様に当然その移動のベクトルは西へ向けたものである。ホイットマンが初めて西部を実際に訪れたのは一八七九年になってからのことであったが、それ以前より、彼の西への衝動は、「開拓者よ！　おお開拓者よ！」をはじめとした数多くの詩で、露骨なほど明確に表れている。「だって我々はここに留まるわけにはいかないから、行進しなくてはならないんだ」と移動を促し、「過去はすべて後ろに置き去りにして、／私たちは新しく大きく、多様な世界に進み出る」と、空間的進行と時間的進行を同一視し、開拓者たちの西部への開拓を称えている。

おお、君ら若者よ、西部の若者達よ、
待ち焦がれ、行動的で、男らしい誇りと友情に溢れた君ら、
はっきりと見える君ら西部の若者が、先頭に立って歩く様が、
開拓者よ！　おお開拓者よ！

こうした過剰なまでの西部への執着が、ときに領土拡張主義的色彩を帯び、ホイットマンの平等主義と衝突することは否めない。開拓者たちが、「原始の森を伐採し、／川を遡り、細かく議論し、中にある鉱脈を深く貫き、／地表を広く測量し、処女地を開墾する、」と言うとき、仮にこの旅が魂の旅を指していたとしても、西への領土拡張が明白なる天命というスローガンの下で正当化され、涙の旅路やウーンデッドニーの大虐殺に繋がり、先住民がその犠牲となった負の歴史が存在することは、忘れるべきではないだろう。「アメリカ杉の歌」において、「さらに優れた種族のために、彼らのために我らは身を引こう」という声が先住民を思わせる「アメリカ杉《レッド・ウッド》」に賦与されるとき、背後から聞こえるのは、ヨーロッパ系アメリカ人にとって都合のよい明白なる運命のイデオロギーである。

ホイットマンの想像力は、内陸から西海岸に至り、さらには太平洋を越えてアジアに及ぶ。時に帝国主義的色彩を

帯びつつ、詩人の想像力はさらに西へと広がり、ついには地球を周回してしまうこととなる。「ブロードウェイのページェント」は、一八六〇年に日米修好通商条約の批准書交換のために江戸幕府より派遣された新見正興らの使節団の行列を見たことを契機として作られた詩編である。この作品においてホイットマンは、東洋が「西の海を越えてやってきた」ことによって、「指標は逆転しつつあり、球体が包み込まれ、／輪が巡り終えられ、旅が完了した」と考えていた。

子供達は西を目指してそれ程長く彷徨っていたのか？　それ程広く放浪を続けていたのか？
おぼろげな過去の時代はそれ程長く楽園から西を目指して流れ出たのか？

彼らは正当化され、彼らの意図は成し遂げられ、今や逆の方向に転じて、彼らはそこから君を目指して旅に出る、
彼らは従順に東を目指して君のために進み出る「自由」よ。

「アダムの子供達」詩群に収録された「カリフォルニアの岸辺から西に向かって」もまた、同じように西海岸よりさらに西方に東洋を幻視している点において、フロンティア消滅後のアメリカの動きを予見していると言えるだろう。ジル・ドゥルーズとフェリックス・ガタリは『千のプラトー』において、「アメリカは方位を逆転させた──その東方を西部に置いたのだ、あたかも大地がまさにアメリカにおいて円くなったかのように。アメリカ西部は東部（オリエント）の縁そのものなのである」（四八）と説明しているが、ホイットマンにとっての西部もまた、直接的に東洋へと繋がるものであったことは先の二つの詩編の引用からも明らかだろう。アメリカにおいて、地理的に西へ、時間的には未来へと進むことは、地理的には東、時間的には起源としての過去へと帰還することであり、つまり自己の起源を探求することに他ならない。西へと続くホイットマンの想像力は、太平洋を越えてついにはアジアへと前進しつ

つ円航路を完結するのである。

四　インドへのパッセージ

『草の葉』後期の代表作「インドへの道」は、南北戦争以降のいわゆる金めっき時代の、道、移動、テクノロジーといったテーマが、まとまったかたちで結実した作品である。一八七一年に発表されたこの作品は、一八六六年の大西洋横断ケーブルの敷設、一八六九年のスエズ運河の開通と大陸横断鉄道の完成を契機として書かれたが、この三つの「現代の偉業」によって、アジアとヨーロッパとアメリカが地理的に一つに繋がったとホイットマンは考えた。

インドへの道！

……………………

私は見る、我が大陸でパシフィック鉄道があらゆる障害を乗り越えるのを、
私は見る、延々と続く車両の列が貨物と旅客を運んでプラット川沿いにうねりゆくのを、
私は聞く、機関車が、突進し咆哮をあげるのを、かん高い汽笛を、
私は聞く、世界一雄大な風景を通してこだまが反響するのを、

……………………

これらすべてを通りすぎ、細い二筋の線をつけ、
三、四千マイルの陸路に橋渡しをし、
東の海と西の海を結びつけ、
ヨーロッパとアジアのあいだの道を結びつける。

「ヨーロッパとアジア」が大陸横断鉄道によって結びつけられることで、「大地がまさにアメリカにおいて円く」なり、地球の周回が完結する。大陸横断鉄道を見て、その音を聞き、ホイットマンは汽車と融合し、サブライムな荒野の風景を一つに結びつけながら、アメリカ大陸を東から西へと横断していく。跡に残るのは、「詩行《ライン》」を含意する「細い二筋の線《ライン》」であり、その上を移動するのは隠喩《ヴィークル》としての列車《ヴィークル》である。つまり、この一節においてホイットマンは、テクノロジーを詩的素材として吸収し、同一化することで、「橋渡し」し、「結びつけ」る、詩人と詩の役割をパフォーマティブに実行しているのだ。こうした意味において、「パッセージ」は、「道」と「詩行」と「移動」を同時に意味するこの詩の中心的メタファーとなり、あらゆる乖離を調停する役割を果たしていると言えるだろう。調停者としての詩人と詩の役割は、次の一節にも明確に表れている。

> これらすべての分離と亀裂は埋められ、つながれ、結びつけられ、
> 大地全体が、冷たく感情も声ももたないこの大地が、完全に正しいものと認められ、
> 聖なる三位一体は神の真の息子、詩人によって、輝かしく完成されしっかり結合され、
> ……
> 「自然」と「人間」とがもはや切り離され、散らばってしまうこともなく、
> 神の真の息子が両者を完全に融合することであろう。

「融合することであろう」とホイットマンは予想するが、調停者としての詩人と詩の役割が強調されることで、逆説的に、ホイットマンの理想と、金めっき時代の現実が乖離しつつあることをこの詩行は露呈している。初期の版において詩人は、「事物が完全に適合して均衡を得ていることを知って」おり、「力強く満足して」旅していたが、今や詩人の想像力は、物質を制御しきれなくなっているのだ。

「インドへの道」は、この詩と同年の一八七一年に発表された『民主主義展望』と、問題意識の多くを共有している。空前の物質的繁栄を享受しつつも、社会道徳の低下、政治腐敗が跋扈したといわれるいわゆる金めっき時代に書かれたこれらの作品には、ホイットマンの理想が現実と乖離してしまったことが表れている。『民主主義展望』においてホイットマンは、技術と進歩による物質的繁栄を賞賛しつつも、それに見合った精神が伴っていないことを批判し、アメリカの民主主義が「完全に失敗であった」と認めざるをえない（*Prose Works* 三七〇）。このように現状を憂いつつも、「一番重要なものはまだ壊されておらず安全」であり、「政治的民主主義は、あらゆる悪の脅威を孕みながらも、一級の人間を生み出す訓練所となる」と楽観的なヴィジョンを提示している（*Prose Works* 三八五）。この引用部分に関して、サクヴァン・バーコヴィッチは、ホイットマンが、国家の衰退を憂慮しつつ、同時に国家の夢を賞賛するという「アメリカのエレミアの嘆き」のレトリックを使っていると示唆しているが（一九八）、こうしたレトリックはそのまま「インドへの道」でも用いられていると言えるだろう。アダムとイブが楽園を追放されて以来ずっと「自然と人間が切り離され」てきたが、テクノロジーの進歩によって、「真の神の息子」である「その名にふさわしい詩人が歌を歌いながら到来するだろう」と、楽観的な未来像をホイットマンは予言する。三でも述べたように、西へと前進することは同時に過去へと帰還することとなり、世界を一つに結びつけたテクノロジーによって、すべてが調和した堕落以前の楽園を希求することが可能となるのだ。

では、人間と自然、理想と現実といったあらゆる対立概念を、「真の神の息子」である詩人はどのように調停するのであろうか。詩の終盤より、ホイットマンは、「おお、神よ、私をあなたの中に浸したまえ、あなたのもとへ登り、私と私の魂とがあなたの国に加わるために」と神に請い、物質界から脱出し、理想を現世において実現することを放棄している。ホイットマンが、「インドよりさらにかなたへと渡っていこう！」と呼びかけるときに示唆しているのは、生から死へ、物質世界から霊的世界への移動である。「渡っていこう！　いますぐ渡っていこう！　私の血管のなかで血が燃える、」とホイットマンが叫ぶとき、「パッセージ」は「道」として、そして詩の「一節」としての意味を含意しつつ、「なにも介さず」「いますぐ」「直接的に」(immediate) に、「渡っていく」ことを読者に呼びかけている。ホイットマンは、友人のホレス・トローベルに対して、「『草の葉』はそれ自体で自己完結的なものというよりは、なにか別のものへの通路 (passageway) である」と語った (*Primer* vii)。つまり、この一節は、詩的世界の外部にある現実を指示しているのではなく、この一節自体を自己言及的に指示することによって、「パッセージ」という語の持つ、道としての性質、途上性、移動といった概念を強調しているのだ。このようにして、「パッセージ」という語の多義性を利用して、自然主義の時代に生きるロマン派詩人ホイットマンは、『草の葉』を未来の作家たちへと解放し、委ねているのである。[2] ホイットマンが、「未来の詩人たちへ」において、「私は一つか二つの暗示に富んだ言葉を未来のために書きつけるだけ」であり、「主な仕事はあなた方にやってもらいたいと期待をかけている」と述べていることを思い起こせば、調停者としての「真の神の息子」がホイットマンだけでなく、未来の詩人をも示唆することが理解されるだろう。

結

第一節で述べたように、道は開放的な側面を持つと同時に拘束的な側面も同時に併せ持っている。なぜなら、道は拘束状態から別の場所へと人を解放してくれる存在であるだけでなく、ある地点から別のある地点へと続くという構造上、そこから逸脱することを許さない拘束の場ともなり得るからである。道それ自体が、アメリカの流儀《ウェイ》であり、そこを移動することはその流儀への忠誠を誓うことを意味する。だが一方で、移動はその現状からの脱出を可能にするという意味において、既存の価値観へのプロテストともなり得るのだ。このように道の持つ二面性を考えたとき、道と移動、そしてその移動を可能にするテクノロジーへの憧れは、アメリカという国家そのものを表象するのにふさわしい主題となり得ただろう。理念によって統合された実験的共同体としてのアメリカは、国家として独立する遙か以前から、その歴史を通して、既成の価値観や伝統から脱出し、理想に向けて移動し、その過程で出来上がった価値観を再び見直し、脱出し、理念の実現に向けて移動するという行為を反復してきた。ホイットマンは、こうした運動を表現するために、エレミア的で、なおかつトランセンデンタルな想像力によって、道のメタファーを有効に用いている。ホイットマンのロード・ポエムは、ホイットマンが切り開いた道《パッセージ》を、未来の作家たちが、読み直し、書き換えることができるように、オープン・エンドな道《パッセージ》として、『草の葉』のテクストを解放しているのである。

注

1 「オープン・ロードの歌」に関しては、すでに詳細な分析(アスピズ参照)、および後年の作家たちへの影響関係に関する先行研究(ベラミー/ラッキー/プリモー参照)が複数存在するため、ここでは補足的な言及にとどめたい。

2 ホイットマンの道は、アメリカ作家たちだけではなく、E・M・フォースターの『インドへの道』や、高村光太郎の『道程』などとも当然繋がっていると言えるだろう。

引用・参考文献

Allen, Gay Wilson. *The New Walt Whitman Handbook*. New York: New York UP, 1975.

Aspiz, Harold. "Whitman's "Poem of the Road"." *Walt Whitman Quarterly Review* 12.3 (Winter, 1995), 170–85.

Bellamy, Brent. "Tear into the Guts: Whitman, Steinbeck, Springsteen, and the Durability of Lost Souls on the Road." *Canadian Review of American Studies*, 41.2 August 31, 2011: 224–43.

Bercovitch, Sacvan. *The American Jeremiad.* 1978. Madison: U of Wisconsin P, 2012.
Cronkhite, G. Ferris. "Walt Whitman and the Locomotive." *American Quarterly* 6. 2 (Summer, 1954), 164–72.
Erkkila, Betsy. "Public Love: Whitman and Political Theory," *Whitman East and West: New Contexts for reading Walt Whitman.* Ed. Ed Folsom. Iowa City: U of Iowa P, 2002.
Ginsberg, Allen. *Howl and Other Poems.* San Francisco: City Lights Books, 1956.
Lackey, Kris. *Roadframes: The American Highway Narrative.* Lincoln: U of Nebraska P, 1997.
Marx, Leo. *The Machine in the Garden: Technology and the Pastoral Ideal in America.* 1967. New York: Oxford UP, 2000.『楽園と機械文明――テクノロジーと田園の理想』榊原胖夫、明石紀雄訳　研究社、一九七二年。
Primeau, Ronald. *Romance of the Road: The Literature of the American Highway.* Bowling Green: Bowling Green State University Popular P, 1996.
Whitman, Walt. *An American Primer.* Ed. Horace Traubel. 1904; rpt. Steven Point, Wisc.: Holy Cow! P, 1987.
——. *The Correspondence.* Vol. 2. Ed. Edwin Haviland Miller. New York: New York UP, 1964.
——. *Leaves of Grass: A Norton Critical Edition.* Eds. Harold W. Blodgett and Sculley Bradley. New York: Norton, 1973.
——. *Prose Works 1892.* Vol. 2 (*Democratic Vistas*). Ed. Floyd Stovall. New York: New York UP, 1964.
ジル・ドゥルーズ、フェリックス・ガタリ『千のプラトー（上）――資本主義と分裂症』宇野邦一、小沢秋広、田中敏彦、豊崎光一、宮林寛訳、守中高明訳、河出書房新社、二〇一〇年。

アメリカン・ロード・ナラティヴとしての『アーサー王宮廷のコネティカット・ヤンキー』

――マーク・トウェインの「放浪者」像と十九世紀アメリカ文化における交通

中垣　恒太郎

マーク・トウェイン（一八三五―一九一〇）の生きた時代は交通手段が劇的に変化していった時代に相当し、彼の残した文章からはその変化の足跡をたどることができる。旅行記に位置づけられる主要作品をまず概観するならば、出世作となった『イノセンツ・アブロード（赤毛布外遊記）』（一八六九）は、聖地巡礼をめぐるパックツアーの先駆けとなる豪華客船による旅行にジャーナリストとして取材したルポルタージュをもとにして成立している。『苦難をしのびて』（一八七二）は、筆名としての「マーク・トウェイン」のペルソナを形成していく自身の青春時代をアメリカ西部の若いイメージと重ね合わせている点に特色があり、幌馬車によって西部を颯爽と移動する出発前の旅への期待感と、過酷な旅程に幻滅する現実とのギャップがユーモラスに綴られている。若きトウェインの西部時代（一八六一―六七）は、すでに大陸横断鉄道が拡張しつつあった時代に相当し、駅馬車から大陸横断鉄道への交通手段の転換期でもあった。さらに、自伝的回想録となる『ミシシッピの生活』（一八八三）では、蒸気船の水先案内人をつとめていた自身の修業時代を懐かしく描きながら、二十一年後の再訪時にはすっかり衰退してしまっている蒸気船産業の様子を目の当たりにし、衝撃を受けている姿が印象深い余韻を残す。このように、トウェインの旅行記は交通手段の発達とともに展開され、新旧の交通手段の移り変わりを如実に反映している。

アメリカ国内をめぐる旅行記・回想録のほかにも、ヨーロッパ放浪記としての『放浪者外遊記』（一八八〇）では、「放浪者」と自己を規定し、気楽な旅行者／放浪者の視点でヨーロッパ各地をめぐっている。移動の交通手段だけではなく、アメリカ大衆文化における「放浪者」像の系譜を考える上でも、『放浪者外遊記』における「放浪者」としての自己像の形成過程は興味深いものである。さらに、最後の旅行記となった『赤道に沿って』（一八九七）は世界講演旅行として、英語圏植民地をまわった際の体験をもとにしており、同時代の帝国主義の状況に対する文明批評家としてのトウェインの側面も浮かび上がってくる。

こうした旅行記・回想録に加えて、代表的な小説作品においても、筏でミシシッピ川を移動する『ハックルベリー・フィンの冒険』（一八八五）、中世英国にタイムスリップする『アーサー王宮廷のコネティカット・ヤンキー』（一八八九）などの作品には、冒険物語を成立させる要素として「移動」が大きな役割をはたしている。さらに『ミステリアス・ストレンジャー第四十四号』（一九〇二―〇八執筆）においても、サタンという人智を超えた存在によって時空間を移動する場面があり、広義の旅行文学とみる向きもある。

本稿では、マーク・トウェインの作品に記された移動交通手段の変遷に注目することで、十九世紀中葉から後半にかけてアメリカが変わりゆく風景をトウェインの作品がどのように捉えていたのかを探っていく。トウェインの旅行記には映像化されているものも多く、マーク・トウェイン役者によって主人公となる語り手が演じられている。[1] 筆名であるマーク・トウェインというキャラクターまでもが文化的アイコンとして認識されている背景による産物であるが、旅行記・回想録を通してどのように自己像を形成していったのか。中でも、「旅行者／放浪者」としての自己像の生成過程に改めて注目し、ホーボー文学の系譜に位置づけてみたい。さらに、トウェインの旅行文学を概観した後に、『アーサー王宮廷のコネティカット・ヤンキー』を「遍歴」のモチーフに注目しながら、アメリカン・ロード・

ナラティヴとして捉え、分析することで、トウェイン文学における「移動」の物語学を展望する。

一 旅するマーク・トウェイン――自己像の形成と「放浪者」(tramp) の系譜

マーク・トウェインが旅行記のジャンルにおいてユーモア作家としての人気を確立しえた要因の一つとして、旅程の魅力もさることながら、語り手のキャラクター造型を挙げることができる。さらにこのことは文化的アイコンとしてのマーク・トウェインの生成において、旅行記ジャンルがはたした役割の大きさを示すものでもあるのだが、旅行記第一作であり、出世作となった『イノセンツ・アブロード』(一八六九) では、新大陸アメリカからやってきた「田舎者」の視点で無邪気かつ戦略的に、文明と歴史の旧大陸ヨーロッパを眺めることによって従来の価値観を転倒させてみせることでユーモア作家としての基盤を確立した。

小説家としても名声を高めた後に発表された『放浪者外遊記』(一八八〇) では、自らを「放浪者」(tramp) と自己規定し、ヨーロッパを気ままに放浪する旅行者の視点を導入している。ここで用いられている "tramp" の概念は一八七〇年代頃より、いわゆるホームレスを指す言葉として使われてきており、『放浪者外遊記』の発表時期にも相当する。さらに世紀転換期にかけて、鉄道に代表される交通手段の発達に伴い登場する移動労働者としての「ホーボー」(hobo) という語もまた一八八〇年頃から現れ、一九四〇年代頃にかけて「放浪者」(tramp) と「ホーボー」の語はしばしば混同される形で用いられていた。もともとの語義においては、仕事を求めるために移動する労働者を「ホーボー」とみなしたが、労働が介在しないにもかかわらず「ホーボー」と称されることもあった (Fried 15–17)。こうした背景を参照するならば、二十世紀にかけて飛躍的に発展していくことになるアメリカン・ロード・ナラティヴの原型として、トウェインから、ジャック・ロンドン、チャップリンへと繋がる「放浪者像」の系譜が見えてくるのではないか。語り手が「放浪者」としての自己規定を行っている『放浪者外遊記』の冒頭場面を見ておこう。

ヨーロッパを歩いて旅ができる世の中になって、ずいぶん長い年月が経ったとある日ふと思った。いろいろと考えた末、私は、自分こそがヨーロッパを徒歩でまわるという偉業を達成できる人物だと判断し、それを実行に移すことにした。一八七八年三月のことである。

私は旅の相棒として、ときには私の代理人として行動してくれる人物を探しまわり、やっとのことでハリスという人物を雇うことができた。（略）

ハンブルクに到着して一休みした後、我々は春の穏やかな陽気の中を、南に向けて長い徒歩の旅に出る準備をした。しかし出発間際になって、思わぬ事態が生じ、旅程を変更し、急行列車に乗る羽目になってしまった。

（『放浪者外遊記』第一章）

ヨーロッパを歩いて旅する旅行として企画されたものであり、これが字義通り達成されていたならば、『東海道中膝栗毛』（一八〇二―一四）をも含む徒歩旅行記／滑稽本の文学伝統として比較文学の観点から『放浪者外遊記』を捉えることもできたであろうか。『イノセンツ・アブロード』の邦題として長い間、定着していた『赤毛布外遊記』の題名もまた、日本の洋行奇談ものの伝統の中からもたらされており、[2] 熊田葦城（宗次郎）による『赤毛布洋行奇談』（一八九九）では、後藤象二郎、大山巌、嘉納治五郎、星亨らによる欧米での旅行体験がおもしろおかしく取り上げられている。

しかしながら、『放浪者外遊記』における気ままな徒歩旅行の計画は、実際には早々にその試みは頓挫し、列車による旅行となる。ドイツにおいても列車は最新のテクノロジーがもたらした交通手段であり、同時代の状況を反映している。また、ハリスという人物が同行者として登場するのだが、実在する人物ではなく、実際の旅に同行していたトウェインの友人、ジョゼフ・トウィッチェルをもとに造型された架空のキャラクターである。トウェインはさらに家族を同行させていたが、『放浪者外遊記』には登場せずに、あたかも語り手が独身者であるかのように家族の姿が抹消されている。「放浪者」というキャラクターを作り出す上で、家族の姿を抹消し、奇談を共にくりひろげるユーモラスな同行者をも造型している仕掛けからは、後に現れるロード・ムービーにおける「バディもの」や「珍道中もの」といったジャンル形成に繋がる要素を見出すことができるのではないか。[3]「放浪者」としての自己像の形成は、ユーモア作家／旅行記作家「マーク・トウェイン」のペルソナ形成と大きく繋がっているものであり、だからこそ旅行記までもが、マーク・トウェインという語り手を主人公とした映像化作品をもたらしているのであろう。

また、ホーボー文学の先駆的作品に位置づけられるジャック・ロンドンの『ジャック・ロンドン放浪記』（一九〇七）を比較参照するならば、さらにその先駆としてトウェインの旅行文学を位置づけることができるのではないか。

> 放浪生活のいちばんの魅力は、おそらく単調さがないことだろう。ホーボーの世界ではその生活はさまざまな顔を持っている――それは常に変わり続けている走馬灯のようなものだ。
> （『ジャック・ロンドン放浪記』第三章）

世紀転換期に社会現象として現れたホーボーを語義通り捉えるならば、ホーボーは移動労働者のことを指していたはずであるのだが、ロンドンの自伝的放浪記におけるホーボー像は労働と切り離された形で存在している点に注目しておきたい。むしろ文化的アイコンとして後に現れる大衆文化におけるホーボー像を先取りしているようにも映り、労働をめぐるホーボー像の揺らぎをすでにこの時代の文章においても確認することができる。実際に、「ホーボー」と「放浪者」の語義については、労働が介在するかどうかという大きな違いがありながらも、一八八〇年代から一九四〇年代頃までは混同して使われることが多かった。気ままに放浪する旅行者としてのロンドンの自己像は、トウェインの「放浪者」像と接続可能なものと言えるのではないか。ホーボー文学に関する研究書の多くは、ジャック・ロンドンをその先駆としているものが多く、事実、『ジャック・ロンドン放浪記』はホーボーという自己規定をはっきり示しているものであるが、近年の主に歴史学の観点によるホーボー研究においては、ホーボーが登場するに至る文化的土壌として一八七〇年代頃の「放浪者」(tramp) に遡り、考察している研究が多く現れている。[4] こうしたホーボー文化研究をも参照するならば、トウェインの旅行文学における「放浪者」としての自己規定は、文化的アイコンとしてのホーボー像を先取りするものであり、トウェインをも含めたホーボー文学の系譜を改めて構想することができるのではないか。

二　変貌する交通手段・変わりゆく風景の記録として

また、マーク・トウェインの旅行文学からは、交通手段の劇的な変貌がどのように受容されていったのかを見ることができる。ロード・ナラティヴとしての移動の側面のみならず、時間の変遷を意識させられる移動になっている。『ミシシッピの生活』(一八八三) は前半が自伝として回想されており、とりわけ蒸気船の水先案内人をつとめていた時期がハイライトとなっている。後半は二十一年ぶりに郷里を再訪する旅に焦点が当てられており、蒸気船の水先案内人に憧れていた少年時代から、実際に職人としてその職務につくことができた時期に至るまでの高揚感あふれる前半の語り口とは対照的に、蒸気船産業が衰退し、すっかり寂れてしまった街の寂寞感、荒涼とした様子が印象深く描写されている。

セントルイスは繁栄し発展しつつある大都会だが、その川っぷちには蘇生の見込みがなさそうだった。

ミシシッピ川の蒸気船輸送は一八一二年頃に生まれた。三十年でたくましい体に育った。それから三十年もしないうちに死んでしまった！　あんなに威風堂々たるものにしては、ふしぎなほど短命だった。むろん完全に息の根が止まったわけではない。（略）しかし全盛期の活力にくらべたら、ミシシッピの蒸気船輸送は死んだといっても差し支えないだろう。

蒸気船はニューオーリンズまでの貨物輸送を一週間たらずに縮めて、古くさいキール船に引導を渡した。鉄道は、蒸気船が一週間かけていたのを二日か三日にして、蒸気船の乗客輸送を壊滅させた。曳き船の船団は、蒸気船六、七隻分の積荷を、とうてい太刀打ちできない安値で一どきに川を下らせて、直通貨物部門を崩壊させた。

（『ミシシッピ川の生活』第二十二章）

こうした対比の構図はトウェインの文章においてはよく用いられるものであり、理想と現実のギャップはトウェインの旅行文学の中でも様々な形で描かれている。『ミシシッピの生活』より先行して発表されている『苦難をしのびて』（一八七二）の冒頭箇所においては、西部という異文化に対する憧れが旅の期待を盛り上げている。さらに、『苦難をしのびて』は執筆時点から十年ほど前に相当する、自身の青年時代の回想録を軸としているものであり、トウェインが本名のサミュエル・クレメンズから、マーク・トウェインの筆名を得て、作家として名を成していくまでの道程が示されている。実際の足跡を素材としながら、いわば、筆名としてのマーク・トウェインのペルソナを再形成していく試みにもなっている。

『苦難をしのびて』で扱われている出来事は一八六〇年代初頭のことであり、出版は一八七二年となっていることからわずか十年ほどの隔たりしかないのであるが、この間にサミュエル・クレメンズは南北戦争による河川交通の停止に伴い、せっかく得た水先案内の仕事を失ってしまい、兄を訪ねて西部に渡ろうとするところから『苦難をしのびて』の物語は説き起こされる。

冒頭ではこれから西部に旅立とうとする若者の旅に対する期待が示されており、同時に執筆時点ではすでに操業を開始している大陸横断鉄道の存在を同時代の読者もまた意識していることから、新しい交通手段としての鉄道の影が随所に見受けられる。

一時間か二時間で旅立つ支度ができた。そうたくさんの荷造りは無用だった。我々はミズーリの辺境からネヴァダまで大陸横断の駅馬車を利用するのだが、乗客はそれぞれわずかな手荷物しか持ち込めないことになっていたからだ。今から十年か十二年までノアのすごい時代、パシフィック鉄道は——レール一本すら存在していなかった。（略）
私は一晩中、インディアンやら砂漠やら銀の延べ棒やらの夢を見た。そうこうするうち翌日となって、我々はセントルイスの波止場から、ミズーリ川を遡行する蒸気船に乗り込んだ。

（『苦難をしのびて』第一章）

『苦難をしのびて』で描かれている西部旅行の旅程は、すでに執筆時点において失われゆく文化、光景となりつつあるものであり、交通手段の大いなる転換の只中を示す記録にもなっている。わずか十年ほどの間で西部をめぐる旅程は大きな変貌を遂げており、執筆時点で西部はなおも拡張を遂げつつある段階にあった。

こうして終日馬車は走った。午後二時、大平原の広大な平坦部を通って蛇行するノース・プラット川の両岸を縁どり、川の位置を示している森林の帯が望める地点に来た。四時にこの川の支流を渡り、午後五時に本流を渡ってフォート・カーネイに到着した。セントジョーから五十六時間——三〇〇マイル！
十年か十二年前の大陸横断鉄道の旅とは、このようなものだった。同じルートを通って鉄道が太平洋に至るのを生前に見られると予想するものは、アメリカ中に全部で十人とはいなかった時代だ。その鉄道が今や存在している。

（『苦難をしのびて』第四章）

新しい交通手段に対する期待と、やがて消えゆくことになる光景に対する寂寞の念が共に示されている。『苦難をしのびて』においては、過去に対する回想のみならず、現時点に至るまでの変容の軌跡にも触れながら語られている点に特色がある。こうした移動をめぐる時間の変遷に対する意識は小説作品にも色濃く影響を及ぼしている。

三　旅の情景——オープン・ロードの原風景

青年時代の放浪記『苦難をしのびて』において、西部フロンティア独特の風景、動物や植物、旅の過程の様子が活写されている点もこの作品の最大の魅力の一つであろう。同時に、旅の厳しい現実に目を向けることで、当初の旅への期待との落差をユーモラスに描いている。

> 旅の一行が野営をするとき、まずすることはセイジブラッシュの伐採だが、すぐにたっぷりひと山の薪が整う。幅一、長さ二、深さ三フィートの穴を掘り、セイジブラッシュをぶった切っては燃やし、真っ赤な燠が穴の縁までたまったら、そこで炊事開始だ。煙が出ることもなく、したがって口汚い罵りも出ない。こうして作った火は、ほんの少し補充するだけで一晩中絶えることがない。この上なくなごやかなキャンプ・ファイアとなり、それを囲めばまるで眉唾ものの懐古談も、いかにももっともらしく、ためにもなれば面白くもあるように聞こえてくるのだ。
> 　セイジブラッシュはすぐれた燃料だが、野菜としては文句なしに落第だ。その味に耐えられるのは雄ロバとその不義の子であるラバだけだ。しかし、彼らが食べられると実証してくれても、なんの役にも立たない。
> （『苦難をしのびて』第三章）

この熱狂、この断固たる冒険への渇望は、灼けつくような八月の太陽のもとであっけなくしぼみ、一時間ももたなかった。情けないことにわずか一時間――我々はあんなに「浮かれていた」のが恥ずかしくなった。実際に訪れる前までは詩情がすべてだった――現実には一切何もなかった。

（『苦難をしのびて』第十八章）

『ミシシッピの生活』においても参照してきたように、ロマンティシズムをかきたてる冒険や異世界に対する期待感と、現実の落差に幻滅するリアリズムとが交錯するところにこそトウェインの旅行文学の真骨頂がある。

また、旅行記のみならず、小説作品においても、トウェインの文学において最良と評価される要素として雄大な大自然をめぐる描写の卓越さが挙げられる。中でも、「移動」をめぐるアメリカ文学の系譜を考える際に、『ハックルベリー・フィンの冒険』（一八八五）における、蒸気船を主たる交通手段としていた南北戦争以前の時代にまつわる描写はあまりにも大きな存在感を持つものである。一八八〇年頃から登場したとされる移動労働者としての「ホーボー」も『ハック・フィン』発表時には存在が現象として認識されつつあった段階にあったと見込まれるが、むしろ後に文化的なアイコンとなる「ホーボー」の姿を先取りするかのような形で、『ハック・フィンの冒険』におけるハックを位置づけることができるであろうか。過酷な旅の合間に束の間、大自然の中でくつろぐハックの姿は、「移動」をめぐるアメリカ文学文化の原風景としてその想像力の源泉の一つになっている。

時には、おれたちは長い時間川全部を自分たちでひとり占めすることもあった。川を超えた向こうには土手や島があった。またピカッと光ることもあった――それは小屋の窓のロウソクだ――また水の上にピカッと一つ、二つ光るのが見えた――筏か平底船からだろう。また、そんな船からバイオリンの音や歌が聞こえてくることもある。筏暮らしは楽しい。空を見上げると、一面に星が散らばっている。おれたちは仰向けに寝転がって、星を見上げては、星は作られたのかとか、ただ自然にできたのかと論じ合った――ジムは作られたんだと思うし、おれは自然にできたんだと思った。

（『ハック・フィンの冒険』第十九章）

『ハック・フィンの冒険』では、逃亡奴隷であるジムの逃亡を手助けするためには奴隷州から逃れて、北を目指すべきであるにもかかわらず、分岐点となるケアロを超えて以後も、ハックたちは川の流れに運命を任せるように南下を続ける。作品の発表当時、すでに斜陽産業と化していた蒸気船が活き活きと描かれ、しかしながら、逃亡者であり、階級からも旅行者の立場にはなりえないハックもジムも蒸気船に乗ることはできず、筏による移動を余儀なくされている。ここでは交通手段における階級格差の問題が顕在化している。

汽船がポンポンいいながら進んでくる音が聞こえたが、近くに来るまで姿はよく見えなかった。おれたちの方にまっすぐ向かってきた。こういったことを汽船はよくするもんで、接触しないでどのくらい近くまで来られるか試そうとしているんだ。（略）ところで汽船が近づいてきた。筏とすれすれに通るんだろうとおれたちは話しあったが、進路を少しも変えるような気配がなかった。汽船はでかくて、また大急ぎでやってきた姿はまるでホタルの列がくっついた黒雲みたいだった。すると、突然、でかくてびっくりするような船体がぬっと現れた。（略）おれたちに向かって怒鳴る声と、エンジンを止めるのに鐘をガンガン鳴らす音がし、がやがやののしる声と汽船の音がした——ジムが一方から、おれが反対側から飛び込んだが、汽船が筏にまっすぐ当たってきた。

（『ハック・フィンの冒険』第十六章）

交通手段の発達とともに旅行文学の流行をもたらし、移動の物語を発展させていくことになるわけであるが、ハック・フィンは交通手段の発達から完全にはみ出した存在であり、蒸気船はもとより、トム・ソーヤーとの再会場面（第三十三章）においてトムが乗っている馬車とも無縁のまま移動をくりひろげている。

『ハック・フィンの冒険』におけるハックは、後に文化的アイコンとなるホーボーの物語の系譜を先取りしているかのように、筏に乗り自分の居場所を求めて流浪する。作品の発表時にはすでに蒸気船産業も完全に衰退し、鉄道が拡張しつつあった時代に、テクノロジーとは無縁の存在である筏によって移動する主人公を描いた、いわば時代への逆行ともいえる物語である。アメリカ大衆文化においてホーボーの物語が多く描かれるようになるのは、ジャック・ケルアックによるエッセイ「消えゆくアメリカのホーボー」（一九六〇）に端的に示されているように、社会現象としてのホーボーが姿を消しつつある状況と重なっており、テクノロジーの移り変わりの中での郷愁と必然的に結びつくものである。

四　アメリカン・クロスロード・ナラティヴとしての『コネティカット・ヤンキー』

前項までは、移動をめぐるアメリカ文学の系譜におけるマーク・トウェイン文学の位置づけを探るべく概観してきたが、本項では小説作品である『アーサー王宮廷のコネティカット・ヤンキー』（一八八九）をアメリカにおける移動の物語の観点から分析していくことにしたい。『コネティカット・ヤンキー』は、本人の意思に関わらない形で主人公であるハンク・モーガンが六世紀英国にタイムスリップしてしまう物語であるが、タイムスリップという特殊な設定のために、交通手段の描写どころか、六世紀英国への移動の過程は描かれていないものの、聖杯伝説、遍歴の旅に関するパロディとして移動のモチーフが根幹を占めている。『コネティカット・ヤンキー』自体がもともとは異なる時代の異なる文化を比較対照させることによってもたらされる笑いを着想の源にしていたことからも、次の引用箇所はリアリズムの観点から聖杯伝説や移動のための装いとしては実用性に乏しい鎧を茶化しているにすぎない場面とも言える。暑い中、滝のように大汗をかきながら鎧をかぶり行軍をしなければいけないことの不合理を、かゆみが止まらないのに一人では対処できないという笑いで表現し、「馬鹿げた衣装」とからかってみせている。

幼稚な男どもはどいつもこいつも時々、聖杯探しの旅を思いつくのである。それがまた数年にもおよぶ長旅なのであった。連中はいつも、実に生真面目なやり方で、あちらこちらを覗きまわって長い不在期間を過ごしたのであった。もっとも、連中の誰ひとり、聖杯なるものがどこにあるのかまるでわからなかったし、それが探し出されることを本気で期待している者が連中の中にいるようにも思えなかったし、また、万が一、それに出くわしたときにはそれをどう扱うべきかわかっているふうでもなかった。

（『コネティカット・ヤンキー』第九章）

ハンク・モーガンは騎士による諸国遍歴の旅を時代遅れの旧習としてみなしており、ありもしない幻想にとりつかれたような聖杯伝説を揶揄している。同時に、『コネティカット・ヤンキー』は、「アメリカを見出す旅」であり、さらに、「アメリカ化する物語」でもある。アメリカン・ロード・ナラティヴの観点から、『コネティカット・ヤンキー』を捉え直すことにより、遍歴の物語というモチーフ、中世英国を舞台にしているはずのこの物語の中にアメリカの要素を見出すことができる「クロスロード（交差点）」を探ってみることにしたい。

『コネティカット・ヤンキー』には二回、大きな旅が導入されており、聖杯探究の旅に出るハンク・モーガンは、サンディという女性と一組になり、城探しの冒険の旅に出る。さらにその後、今度はアーサー王に世間の様子を見聞してもらうべく、アーサー王を平民に変装させることにより、主人公であるハンク・モーガンが随行し、諸国遍歴の旅に出る。苦しい生活を送っている人々の姿を目の当たりにすることでアーサー王が衝撃を受ける場面に焦点が当てられている。いずれも旅を通して経験を積むことが期待されている。

マーク・トウェインの小説作品の特徴として、諸国「遍歴」をめぐるように、主要登場人物が市井の世界を見聞する場面が物語構造において重要な位置を占めている。もちろんこうした傾向はトウェインの作品において特別に見受けられるものではなく、冒険物語において類型的に見出せる要素だが、遍歴の旅を行う上で偽りの身分に成りすまし、複数の移動手段を用いている点に注目してみたい。

ハンクが騎士たちとの馬上槍試合に勝利し、民主化と文明改革を進めていく中で、奴隷制度の廃止、平等化、税制改革、電信電話などのテクノロジーの導入に加えて、交通手段にも大変革がもたらされつつあった。

奴隷制度は廃止され消滅した。すべての人間が法の前で平等となった。課税も公平になった。電信、電話、蓄音機、タイプライター、ミシン、そしてやる気まんまんで便利な蒸気と電気を原理とするありとあらゆる道具類がどんどん人々から歓迎されるようになっていった。テムズ川を一、二隻の蒸気船が走っていた。軍事用の蒸気船も建造されていたし、商業蒸気船の誕生する兆しもあった。私はアメリカ大陸を発見する遠征隊を送り出す準備を整えていた。鉄道を何本か建設する作業も進行中であったが、キャメロットとロンドンを結ぶ鉄道はすでに完成し、実際に操業していた。

（『コネティカット・ヤンキー』第四〇章）

過去の時代に現代的な要素を持ち込むことによって生じる時代錯誤（アナクロニズム）のユーモアとして機能している箇所ではあるが、蒸気船を導入し、鉄道を建設し、さらにアメリカ大陸を「発見」する遠征隊を派遣しようとする計画までもがすでに立てられている。

六世紀英国の世界にアメリカの現代文明を導入し、「アメリカ化」を進めていく過程は、石鹸や歯ブラシ、歯磨き、特許申請中のシャツの広告などが蔓延していることからも消費文化の浸透として描かれている。また、ハンクが敢行した二つの旅において、そこで遭遇する人々の姿からは、理不尽な圧政に苦しむ中世の庶民の姿と、アメリカ南部を思わせる奴隷制度とが重ね合わされている。さらに「貧乏白人」をめぐる階級問題の構図に対しても具体的な言及がなされている。

これで私は十三世紀後のある時期のことを思い出した。その当時、わが南部の「貧乏白人」たちは彼らの周りにいる奴隷所有者たちから常に蔑まれ、そしてしばしば侮辱を受けていた。彼らはまた自分たちの卑しい境遇をもっぱら自分たちの真っ只中に存在する奴隷制度のせいにしていた。

（『コネティカット・ヤンキー』第三〇章）

奴隷制度および階級問題の深層を探る考察になっており、十三世紀の時間の隔たりおよび空間の隔たりを超えた階級問題に対する意識が交錯する。

物語は、王様が奴隷として売られてしまったところに、ハンクの部下たちが自転車に乗って大挙して救出にやってくるという冒険活劇の形をとって諸国遍歴の旅は締めくくられる。ハンクがサンディと結婚し、子どもをもうけるに至り、共和制国家建設の夢は着々と進んでいたかに見えた。しかし結局は彼がアメリカナイゼーションを進めていく中で抑圧してきた、英国国教会に代表される中世の価値観による反動が戦争を引き起こし、ハンクが臨終の床にあることを記述するクラレンスの手記により物語は幕を閉じる。『ハック・フィンの冒険』のラストシーンが次の冒険を示唆して終えるオープン・エンディングとなっていることと比しても対照的な結末であり、『コネティカット・ヤンキー』をアメリカン・ロード・ナラティヴとして捉える場合、破滅で終わる結末は限界として映るものであるかもしれない。しかしこの限界こそが中世英国という異世界に、アメリカ的な価値観を導入する（アメリカナイゼーション）ことがもたらす必然的破綻を示すものであり、トウェインの旅行文学におけるロマンティシズムとリアリズムとの交錯・衝突をここにも見ることができるのではないか。

結　タイムスリップ・ロード・ナラティヴの先駆――未来へと向かう「オープン・ロード」

『コネティカット・ヤンキー』はさらにアメリカＳＦの先駆的作品としても位置づけられるものであり、さらにタイムスリップ・ロード・ナラティヴの系譜から見る場合に、ハンクのふるまいは明らかに過去を変革しすぎており、元の世界となる十九世紀との接点を失ってしまう行為と言える。『コネティカット・ヤンキー』からは、中世英国を民主化しようとする試みならず、奴隷制度を廃止し、アメリカを早期に「発見」してしまおうとする意志が示されており、これが実現されていたならば、奴隷制度の負の歴史を抹消することすら可能となり、アメリカの歴史は必然的に大きく異なるものとなるにちがいない。ここに歴史修正主義に対するアメリカの欲望を読み込むこともできるだろう。

二十世紀にかけて、主にハリウッド映画に代表されるアメリカの娯楽文化において、タイムスリップ・ロード・ナラティヴとしてのSF物語は、オープン・ロードの未来観を切り拓いていくことになる。タイム・パラドックスに対する目配りであり、過去を変革してはならないという自主規制を持ち込むことにより、ハンクが成しえなかった「未来に戻る」ことを可能にする、[5]オープン・ロードの未来観を模索していくことになる。そしてこの模索は二十世紀末にくりかえし現れる十代の少年向けの『コネティカット・ヤンキー』の映像翻案作品においても引き継がれていく。[6]作者トウェインの分身を思わせる中年男性から、少年を主人公に変更することにより、元の世界に戻ることができない結末が大幅に改変され、六世紀でくりひろげた冒険を経て成長する物語に作り替えられる。異世界での冒険ははたして夢であったのか、現実のことであったのかが不明瞭なままファンタジーの趣を帯びることで映像翻案版の主人公たちは元の世界への生還をはたす。実はこうしたファンタジーの要素こそが、トウェインの冒険物語において体現されなかったものであると言えるかもしれない。『ハック・フィンの冒険』の結末でフロンティアの冒険を示唆していたハックの次の冒険は、冒険連作の形をとることもできたかもしれないが、冒険連作物語として成功することはできず、フロンティアの冒険物語を意図した続編（「トムとハックとインディアン」）は未完のまま残されてしまうことになる。

その点でも『コネティカット・ヤンキー』が、歴史の浅いアメリカ合衆国ならではの冒険物語として、時空を超えて歴史の世界をめぐるファンタジー的な想像力の産物でありながら、異国の地で客死してしまう破滅的な終焉を迎えることは、ロマンティシズムとリアリズムの境界線を渡るように自身の旅行文学を紡いできたトウェインの文学にとって必然的な結末であったと言えるのではないか。境界線の先でロマンティシズムに傾いたのが『ハック・フィン』の結末であり、リアリズムに傾いたのが『コネティカット・ヤンキー』の結末であるとみなすこともできるだろう。両者の要素が「交錯」するところにこそトウェインの旅行文学の挑戦を見ることができる。

注

1 旅行記の映像化作品としてたとえば、『イノセンツ・アブロード』（二〇一〇年版に至るまで十回以上制作されている）、『苦難をしのびて』（トウェインを名乗る前の若い時代のサミュエル・クレメンズをロビン・ダン、トウェインをジェームズ・ガーナーが演じる、二〇〇二）、『ミシシッピの生活』（サミュエル・クレメンズをデイヴィッド・ネルが演じる、一九八〇）などを挙げることができる。主にテレビ放送を狙いとしたテレビ映画作品であるが、文化的アイコンとしてのマーク・トウェイン像の特異なあり方を端的に示している。

2 『イノセンツ・アブロード』は一八九八（明治三十一）年に『中外英字新聞』にてはじめて作品の一部が日本に紹介されており、その際の邦題は「無邪気なる観光団」であった。一九四九年に濱田政二郎による翻訳（岩波文庫）として『赤毛布外遊記』の邦題が付され、長年の間、定訳とされていた。田舎者が観光のために上京する際に赤毛布を身に纏っていたことから、幕末から明治にかけて田舎者を「赤毛布」と呼んでいたことに由来するが、現在では古語になってしまっていることからこの作品の定訳としてカタカナ表記をすることが多い（彩流社による「マーク・トウェイン・コレクション」では、内容から『地中海遊覧記』とされている）。

3 「バディフィルム」とは二人一組で行動する男性の主人公たちを描いた映画物語であり、主にコメディやロード・ムービーのジャンルにおいて発展してきた。性格や体型が対照的なコンビによるものや、親友同士から、まったくの他人が巻き込まれる形で行動を共にするに至るまで様々な形が見られる。『明日に向かって撃て！』（一九六九）、『イージー・ライダー』（一九六九）、

『真夜中のカーボーイ』（一九六九）など、「アメリカン・ニューシネマ」と呼ばれる流派において顕著に現れている。

4　ホーボー文学研究の古典に位置づけられるフレデリック・フェイエッド『ホーボー――アメリカの放浪者たち』においては、主にジャック・ロンドンの『ジャック・ロンドン放浪記』、ドス・パソスの『USA』（一九三〇―三六）、ジャック・ケルアックの『路上』（一九五七）を素材に分析がなされている。近年のホーボーをめぐる社会・歴史的研究を踏まえた、最新のホーボー文学研究の成果として、ジョン・レノン『ボックスカーの政治学――アメリカ文学文化におけるホーボー』（二〇一四）では、さらにホーボーが社会的に認識する前の時代である一八六九年に遡り、ホーボー文学の射程を広げている。この時期は「放浪者」(tramp) が社会現象として現れる時期に相当する。

5　タイムトラベルものの中でも、過去を変革しながら、その変革が未来に対して良い影響を及ぼす物語の代表例として、『バック・トゥ・ザ・フューチャー』三部作（一九八五―一九九〇）を挙げることができる。『コネティカット・ヤンキー』のハンク・モーガンのように、過去の世界にアメリカ的な価値観を導入し、過去の世界を変革するような壮大な試みではなく、『バック・トゥ・ザ・フューチャー』は家族を再生する試みではあるが、過去を修正・改変することで未来をより良いものにしたいという歴史修正主義への意思が随所に見出せる。

6　原作の主人公を少年に仕立てたディズニー版『アーサー王宮廷のキッド』（一九九五）、また、主人公を高校生に設定した、『アーサー王宮廷のヤング・コネティカット・ヤンキー』（一九九六）では、『コネティカット・ヤンキー』を「喜劇」として再構築する上で、主人公を少年にする設定上の変更は大きな意味を持つ。現代版「少年の冒険物語」では最終的に元の世界に戻ることができる。一九八九年版の『コネティカット・ヤンキー』は、コネティカット・スクールに通う黒人の女の子を主人公にしており、女の子の冒険物語としての翻案の可能性を広げた野心作である。

引用・参考文献

Cresswell, Timothy. *On the Move: Mobility in the Modern Western World*. New York, NY: Routledge, 2006.

——. *Tramp in America*. London, UK: Reaktion Books, 2001.

Depastino, Todd. *Citizen Hobo: How a Century of Homelessness Shaped America*. Chicago, IL: U of Chicago P, 2005.

Fried, Frederick. *No Pie in the Sky: The Hobo as American Cultural Hero in the Works of Jack London, John Dos Passos, and Jack Kerouac*. New York, NY: Citadel Press, 1964.『ホーボー――アメリカの放浪者たち』中山容訳、晶文社、一九八八年。

Higbie, Frank Tobias. *Indispensable Outcasts: Hobo Workers and Community in the American Midwest, 1880–1930*. Champaign, IL: U of Illinois P, 2003.

Kerouac, Jack. "Vanishing American Hobo." *Lonesome Traveler*. 1960. Grove Press, 1985.

Lennon, John. *Boxcar Politics: The Hobo in US Culture and Literature, 1869–1956*. Amherst, MA: U of Massachusetts P, 2014.

London, Jack. *The Road*. New York, NY: Rutgers UP, 2006. 『ジャック・ロンドン放浪記』川本三郎訳、小学館、一九九二年。

Melton, Jeffrey Allen. *Mark Twain, Travel Books, and Tourism: The Tide of a Great Popular Movement*. Tuscaloosa, AL: U of Alabama P, 2002.

Twain, Mark. *A Connecticut Yankee in King Arthur's Court*. 1889. Berkeley, CA: U of California P, 1984. 『アーサー王宮廷のコネチカット・ヤンキー』砂川宏一訳、二〇〇〇年。

——. *Adventures of Huckleberry Finn*. 1885. Berkeley, CA: U of California P, 2010. 『ハックルベリ・フィンの冒険』山本長一訳、彩流社、一九九六年。

——. *A Tramp Abroad*. 1880. New York, NY: Oxford UP, 1996. 『ヨーロッパ放浪記（上・下）』飯塚英一・松本昇・行方均訳、彩流社、一九九六年。

——. *Life on the Mississippi*. 1883. New York, NY; Oxford UP, 1996. 『ミシシッピの生活（上・下）』吉田映子訳、一九九五年。

——. *Roughing It*. 1872. Berkeley, CA: U of California P, 2002. 『西部放浪記（上・下）』木内徹・吉田映子訳、彩流社、一九九八年。

中垣恒太郎『マーク・トウェインと近代国家アメリカ』音羽書房鶴見書店、二〇一二年。

「暴力的テクノロジー」としての鉄道
――フランク・ノリス『オクトパス』に見る「ロード」

伊達　雅彦

一　怪物としてのオクトパス

カリフォルニア州サンオーキン盆地を舞台にしたフランク・ノリスの『オクトパス』（一九〇一）[1]は鉄道会社と小麦生産者の抗争を描いた小説として知られている。タイトルも、路線拡大や小麦生産者の地権を狙った鉄道会社と、獲物を捕食するため四方八方に触手を伸ばすタコの姿がオーバーラップすることから採られている。周知の通り、「オクトパス」すなわち「タコ」に付随するイメージは西欧と日本とでは従来大きく異なる。日本に比して西欧では、タコは怪物的、悪魔的存在としての扱いが多い。例えば、北欧神話にある「クラーケン」は巨大なタコの怪物である。また『オクトパス』出版から遡ること四年前の一八九七年、イギリスのSF作家、H・G・ウェルズが発表した小説『宇宙戦争』には「タコ型宇宙人」が登場し人類を恐怖と混乱に陥れる。[2]

ノリスが直接的に、あるいは間接的にでも「クラーケン」や『宇宙戦争』を意識していたのかどうかは知る由もないが、『オクトパス』と深い繋がりのある一枚のイラスト（風刺画）が残っている。一八八二年八月一九日付風刺週刊誌『ワスプ』に掲載されたフレデリック・ケラーの『カリフォルニアの呪い』（図1）である。ペンギン・クラシックスのペーパーバック版の表紙にもなったイラストだが、そこに描かれた巨大な「タコ」の触手に絡め取られているのは、

図1

小麦生産者や果実生産業者のような農民を始め、材木業、鉱山業、駅馬車事業等に従事する人々である。そのタコは両の眼にマーク・ホプキンスとリーランド・スタンフォードというサザン・パシフィック鉄道の大立者の肖像が描き込まれた赤色の醜悪な化物であり、軟体性のその体には「鉄道寡占」の文字が刻み込まれている。明らかに鉄道資本による利益収奪が風刺されたものだ。

その他、例えばソール・ベローの『雨の王ヘンダソン』（一九五九）にもタコを使った場面がある。精神的に混乱した主人公ヘンダソンが、とある水族館でタコを目にする。するとその「タコ」も「冷やかに」彼の方を見返す。ヘンダソンは「気が遠くなりかけ」て、そこに「死の予告」を見る。つまり「タコ」は「死」のイメージと結び付けられているのである。いずれにせよタコは西欧人にとって不気味で不吉な生物であり、友好的・平和的要素を見出す対象ではない。

二　二つの世紀を繋ぐ「ロード」

『オクトパス』は「鉄道（列車）」というテクノロジーを中核に据えた小説ではあるが、物語冒頭に登場する乗り物は鉄道列車ではない。[3]登場人物のひとりプレスリーが乗る「自転車」である。フォークナーが創造したヨクナパトーファ郡に地図が設定されているのと同様に、『オクトパス』にはサンオーキン盆地の架空の地図が付されている。地図内部のほぼ全域が登場人物たちの所有する農場で占められ、その中を農道として記された直線が何本か引かれている。縮尺によれば約一〇マイル四方の土地空間だが、「地図」にフレーム化されることで「閉じられた世界」となっている。後述するがプレスリーは、この物語の語り手的な役割を担っており、その彼が「自転車＝反テクノロジー的乗り物」で登場してくる冒頭は示唆に富む。

『オクトパス』はこのような「閉じられた世界」に鉄道という新たな「ロード」を持ち込むことで生じた社会的な「揺れ」を描いた小説と言えるだろう。「人間が持ち込む」、というよりも、むしろ「鉄道が侵入してくる」と表現した方が適切かもしれない。一八九〇年にフロンティアの消滅が宣言されてから約十年後に出版された『オクトパス』は、当然のことながらアメリカ全土に鉄道路線が拡充されるプロセス途上で書かれた。一八二八年七月四日の独立記念日にアメリカ最初の旅客線であるボルチモア〜オハイオ間の鉄道敷設の起工式が行われて以来、鉄道路線は拡大を続ける。それ以降、十九世紀の間、ホーソーンやメルヴィルの文学的想像力を刺激しつつ、鉄道は社会的にも文化的にも影響力を増していく。一八五〇年代から急激な発達を始め、五十年代には総計約九千マイルだった路線は、六十年代には三倍以上の三万マイルを超える。そして南北戦争に突入していくアメリカ社会の工業化を駆動し、農業形態にも影響を与えた。その後、十九世紀末、アメリカにおける産業化は加速度的に進展し二十世紀に突入して行く。それゆえ一九〇一年という歴史の「境界線上」で『オクトパス』が発表されたのは象徴的と言えよう。それは激変する十九世紀末を映した「世紀末小説」でもあり、また幕が開いたばかりの二十世紀の未来を予知する「新世紀小説」の二面性を内包していた。鉄道はまさにその二つの世紀の時空を繋ぐ新たな「ロード」として表象されているのである。

三　プレスリーと二つの世界

レオ・マークスは、その著書『楽園と機械文明』でアメリカ文学作品の中に「絶えず鳴り響く機械の不気味な音」、「風景の中に機械が突如現れるイメージ」が多いことを指摘する。先述の通り、小説冒頭で登場するのはプレスリーの自転車であって鉄道列車ではないが、彼の聴覚はある「音」を捉えている。『オクトパス』は次の一文で始まる。

ボネヴィルの町から南に走って、ブローダーソン農場とロスムエルトス農場を左右に分ける郡道を、ちょうどキャラハーの酒場を通り過ぎたところで、プレスリーは、ふと、汽笛が微かに鳴り続けているのに気がついた。(三)

列車の姿は見えないが、その「音」は「微かに」ではあるが聞こえる。視界に入ってはいないが「間近に」迫っている。まだ「正体」を現していないだけだ。『オクトパス』は、この鉄道(列車)の正体をタコのイメージに重ねて炙り出す試みだが、その実、それはノリスの更なる大きな試みの一部だった。この小説は「小麦三部作」の一つとされるが、この「小麦三部作」は作者自身が命名したもので、『オクトパス、カリフォルニア物語』、『小麦取引所、シカゴ物語』、『狼、ヨーロッパ物語』から成り、第一部にあたる『オクトパス』の「まえがき」にその事が記されている。そしてそれぞれが「小麦」の「生産」、「分配」、「消費」を扱う、とある。ケヴィン・J・ハイエスが指摘する通り、三部作の各々は「ローカル」、「ナショナル」、「グローバル」な視点で「小麦」を捉え、物語全体を通して射程の拡大化を狙っていた。

ノリスが『オクトパス』を発表したのは三十一歳の時、「小麦三部作」の構想に着手したのが前年の一九〇〇年、三十歳の時と伝えられている。彼は、その第一部『オクトパス』を一年後の一九〇一年には完成させ、更に第二部『小麦取引所』を一九〇二年七月には完成させた。二作共に長編であることを考慮すれば、ノリスはかなりのハイペースで執筆したのだろう。そして同年九月、盲腸炎に罹り、腹膜炎を併発し三十二歳で急逝、『小麦取引所』は一九〇三年に死後出版されるが、構想されていた『狼』は執筆されず、「小麦三部作」は未完のまま終わる。『オクトパス』の執筆時、ノリスが野心的挑戦の最中にいたことは確かであり夭折はしたものの、作家としての「全盛期」だったと言ってもよい。

その文学的情熱に燃える作者本人の分身的存在がプレスリーである。彼もまた文学に通じた三十歳、肺病を患い東部から西部の乾燥した温和な気候を求め、小説の現在、かねてから招待を受けていたロスムエルトス農場の主マグナス・デリックの食客になっている。つまりプレスリーは舞台となるサンオーキン盆地では「よそ者」であり「部外者」に過ぎない。鉄道会社側の人間でもなければ、小麦生産者側の人間でもない。東部から来た「他者」なのである。これはノリス自身が鉄道会社側にも、小麦生産者側にも与しない中立性を保持するために採った必要な設定だったと考えられる。『オクトパス』は基本的には三人称の語りで語られる物語だが、中立的視点を持つプレスリーがこの小説の求心的役割を担うと同時に結節点的存在になる。

それが明確になるのは、『オクトパス』に組み込まれた鉄道を巡る物語に加えもう一つの物語が浮上する時である。この小説は、フランスのゾラに影響を受けたノリスが、その手法をアメリカ文学の中に取り入れた自然主義の代表的作品として紹介されることが多い。しかし、鉄道会社と小麦生産者の抗争を軸とした「弱肉強食」の社会進化論的な要素に満ちた物語（以下、「鉄道抗争物語」と表記）の背後に、全く趣を異にするロマンスが併存する。それが羊飼いのヴァナミーとエンジェル・ヴァリアンの悲恋物語（以下、「ヴァナミー＝エンジェル物語」と表記）である。そしてノリスはプレスリーを使ってこの二つの全く異質の物語を連結し同時並行的に描く。それは当時アメリカに移植したての自然主義的手法を使うだけでも実験的だったことを考えると二重の冒険と言えただろう。そしてこのヴァナミー＝エンジェル物語が「ロード」の物語である鉄道抗争物語を別角度から照射することになる。

いずれにせよプレスリーは、土地を巡って鉄道会社と小麦生産者が繰り広げる抗争が進行する現実世界と、ヴァナミーとエンジェル・ヴァリアンが生きる愛の夢幻世界の交接点にいる。換言すれば、ノリスが示した地図空間では、この現実世界と夢幻世界が交差しているのである。そして、西部の広大な空間は、後のスタインベックにおいてもそうであったように、人間の矮小性を強調する絶好の舞台装置として機能する。その地図は、そこが単なる「架空の空間」ではなく「実際の空間」を想起させるものであり、相応の三次元的空間の広がりを意識させる。地図は世界の狭さを語っているのではなく、「閉じられた世界」の精神的閉鎖性と対照を成す物理的な広大さを告げているのである。

四　轟音と微音

小説冒頭の「遠くから微かに聞こえる汽笛」は、故に音それ自体はもちろん、音が響く物理的空間にも意識を向けさせる。微音が聞こえるためには静謐な空間が必要だからだ。プレスリーは自転車に乗りながら小麦畑の広がる戸外にいて、その「微音＝遠くの汽笛」を耳にする。カリフォルニア西部の広大な空間とその静寂があり、彼は「汽笛」を介して鉄道という新たなテクノロジーの出現と対峙する。ノリスは「列車＝怪物的テクノロジー」の出現を前提として、カリフォルニアの静寂に包まれた平和で牧歌的な世界を用意したのだ。従って『オクトパス』には静寂を示す描写が頻繁に登場する。例えば、左記の最初の引用は、サンオーキン盆地の全景、二番目の引用は地図内の町グワダラハラの日曜の午後をプレスリーの目を通して描写した場面である。

幽かな地平線の彼方、地球の丸みの彼方、大地の肩の彼方に同じように大きな別の農場、その向こうにはまた別の農場、そのまた向こうには更にまた別の農場と広がりは益々大きく、益々広く延びて行く。そしてサンオーキンの大平原のすべてが熱に打たれ、太陽の赤い目の下に震え輝きつつ、心の目の前に大きく広がっていく。時折、南風の微かな息吹が、焼けた虚ろな大地の表面を緩やかに吹いて、この静寂を引き立たせ、静けさを際立たせる。（四六）

日曜の休息が、この死にかかった町の隅々にまで静かに深く行き渡り、気持ちの良い麻痺状態、心地よい気力喪失感のようなものが、焼け付く漆喰から発散している。少しの動きもなく、少しの人の営みも聞こえない。微かな虫の羽音、とぎれとぎれのギターの調べ、柔らかな鳩の鳴き声、白い猫の長く続く喉のゴロゴロという音、鶏の満足した叫び声。これらの音が混じり合って眠気を催させるような低い微かな音になり、それがいつまでも続いて人を無感覚にさせ無限の静寂を暗示する。そして雲一つない華やかな薄青の空の孤独と、降り注ぐ日光の間断ない火炎の下で次第に終末に近づいて行く何世紀もの古い静かな満ち足りた生活を思わせる。（二一三）

他にも『オクトパス』のテクスト内部には「静寂」の場面描写が多々あり、サンオーキン盆地の本来の姿である「静かな大地」が平準的に小説の内部空間に広がっている。しかし、これは新たなる「ロード」となる「鉄道」が疾駆するために用意された空間であり、破られるための静寂なのである。ウィルソン・O・クラウが指摘するようにノリスの「自然」は、それ以前のクレーンが「彼女」という代名詞で受けていた「自然」ではなく、「それ」という代名詞で受ける物理的空間としての「自然」になっており、そこにあるのは心象的「静けさ」ではない。

次の引用は第一章の最終部分に位置し、この物語における列車の物理的外観と機能を示しつつ、その怪物的な属性を顕在化させた場面と言える。多くの批評家が指摘するように、この小説における列車への眼差しが明確になる場面であるのと同時に、小説全体の基調をも形成する場面である。プレスリーが詩想に耽りながら線路脇を歩いていると目前を突然に列車が通過する。

プレスリーはすんでの所で後方の土手に飛び退いた。それと同時に、機関車が一台、轟音を立てて大地を揺るがし、熱い油の臭いをあたり一面に漂わせ、火花と煙を吐きながら横を飛ぶように過ぎ去っていった。その一つ目は巨大な怪物の目のように赤く光り、前方にギラギラと光を投げながら、突然雷鳴のような音を響かせ、夜の闇を鉄の蹄の恐ろしげな音で満たして飛び過ぎた。(四九)

ここには列車の傲然たる姿とそれに付随した「音」がある。だが、その音は「遠くから微かに聞こえる音」ではなく「轟音」である。冒頭でプレスリーの聴覚が捉えた「遠くに聞こえる汽笛」の正体は、この「轟音」なのであり、音源との距離が違うに過ぎない。ここでも同様に、機関車は「大地が震動を続け、まだレールがうなっている間に」、小麦畑に「轟轟たる虚ろな音」を響かせ、瞬時に通過し、その「轟音」は再び「微かな遠い唸り」になり、列車と共に空間の彼方に消え去る。しかし、「轟音」が消失し世界がまた再び元の平穏な世界を回復するかと言えばそうではない。そこには無残な現実が残る。

しかし、機関車の騒音が消えた瞬間、そしてプレスリーがまた出かけようとした時、彼は機関車の通った後、暗闇の中に湧き起こる騒然たる悲鳴に気付いた。長く尾を引く苦悶の叫び、激しい苦痛による咽び声、胸を引き裂くばかりに哀れなものだ。(略)ヴァナミーの羊の群れが、どうかして鉄道用地沿いの針金の柵に裂け目を見つけ、線路上に迷い出ていたのだった。そして機関車が通ったその時、羊の群れがちょうど線路を横切っていたのだ。ああ、可哀そうに、これは酷い。罪なき者の大殺戮、罪なき者の大虐殺。あの鉄の怪物が冷酷無残にも、そのど真ん中に飛び込んだのだ。右にも左にも、線路の敷地中に小さな体が飛び散っている。柵に背中を打ち付けられたり、脳みそが飛び出したり、鉄線の棘の中に体を突っ込んで引っ掛かりぶら下がったりしている。(四九―五〇)

文字通り「迷える羊」は人間を暗示していると思われるが、列車が通過する際、その「轟音」は「羊たち」の断末魔の「悲鳴」をも掻き消す。一方、視覚的には、血や肉片が線路の周囲に四散した惨状が残される。殺戮と死をもたらすテクノロジーの表象としての列車に他ならない。列車はまさに静寂の空間に暴力的に登場する「ロード」と言える。この場面は、本作における鉄道列車の怪物的なイメージを増幅しており、まさに一個の自律的な生き物に仕立てられている。列車は単なる機械でありながら、一旦、創造主たる人間の手を離れるや、今度は人間を襲う無慈悲な怪物に豹変する。人間側の優越性を排除するかのようにノリスは列車を描いたのである。

五　力（フォース）と人間

ノリスは人間同士の抗争を近視眼的に見ながら、人間社会全体がより圧倒的な力（フォース）に飲み込まれていく過程をプレスリーの視点から俯瞰的に見つめている。先述の通りノリスの眼は中立であり、鉄道会社と小麦生産者の抗争に真の勝者はいない。両者の争いは、最後には実力行使を伴う暴力的な流血事件に発展し多数の死傷者が出る。実際、この場面や先の引用に見られる列車の場面を含めて、『オクトパス』には「暴力」的な場面が多い。エヴェレット・カーターは『オクトパス』を『マクティーグ』（一八九九）と共に「暴力的な本」と評している。

『オクトパス』で中心的に描かれるこの鉄道抗争物語のモデルになったのは、一八八〇年五月十一日にカリフォルニア州ハンフォード近くで起きた地元の小麦生産者とサザン・パシフィック鉄道会社との衝突事件、通称「マッセル・スロー事件」という実際の事件である。現実に多数の死者が出た悲劇的事件として記録に残っている。ノリスはこの事件を調査し、『オクトパス』に反映させたが、「小麦生産者＝善」、「鉄道会社＝悪」という単純な二項対立の図式を意図したわけではなかった。結果として、地権を争う法廷において「小麦生産者」が敗北し、「鉄道会社」が勝利する物語ではあるが、『オクトパス』は「善」が「悪」に敗れる不条理物語などでは決してない。それは物語の最後に鉄道会社側の代表者エス・ベールマンが船倉で小麦に押し潰され無残に圧死する場面などを見ても明らかだ。ノリスは「鉄道会社」を「悪」としても、また「強者」としても扱っていない。実は「小麦生産者」同様に「鉄道会社」も「敗北」しているのである。

「小麦生産者」たちは土地を巡る一連の抗争の中で、最後には暴力的な実力行使の前に「敗北」し、ある者たちはその生命すら奪われる。生き残った「小麦生産者」たちの家族もその後、悲惨な運命を辿る。一家が離散し、明日の生活に困窮し、餓死する者もいれば、娼婦に身を落とす女性もいる。しかし、その「小麦生産者」たちがいなくなった後も、広大な小麦畑は以前と変わらずに悠然とそこに在る。プレスリーが自転車でその空間的広がりを感じた小麦畑はそのまま残り、そこに生育する「小麦」も「生きている」。一方、エス・ベールマンの非業の死に見られるように厳密には「鉄道会社の人間」も葬られ姿を消す。「鉄道会社」と言っても「勝ち残った」のは「鉄道会社側の人間」ではなく、「鉄道列車」、すなわち「テクノロジー」としての鉄道である。

鉄道は人間が交通・運搬手段として運用し、産業の発展や文化の伝播に寄与するものだが、一方では得体の知れない「力（フォース）」を持った「怪物＝オクトパス」である。鉄道というテクノロジーはアメリカ社会に出現した「暴力的なロード」そのものなのであり、人間個々人のコントロールはもはや及ばない。ピーエス鉄道社長シェルグリムはプレスリーに「鉄道はある状態から生まれた力です。私は鉄道を止めることも、コントロールすることもできません」と語る。科学技術の発達や社会進化論を背景に、まさに時代が要請し、突き付けてきた「ロード」と言えるだろう。そして、その進展のスピードは人間の意識が変化するスピードより遥かに早く、結果的に人間社会は列車がもたらす変化に対応しきれない。鉄道が「暴力的」様相を取るのは、それがもたらす社会変化のスピードが人間の期待値を越えて早いからである。

六　ヴァナミー＝エンジェル物語の曖昧性

このような鉄道の「暴力的」側面を対比的に強調するためにヴァナミーとエンジェル・ヴァリアンの悲恋物語がある。周知の通り、ノリスがアメリカ文学史上で俎上に載せられる時、自然主義の先駆者と称されることが多い。「先駆」だけにカテゴライズが困難な側面も多々あり、ノリスの自然主義にはロマン主義的な要素が未分化状態で残っている。実際『小説家の責任』（一九〇三）の中で、ノリスはゾラを「ロマン主義者」と呼び、自然主義をリアリズムではなくロマン主義の範疇に入れて考えている。

ヴァナミー＝エンジェル物語はこうしたノリスの創作傾向を端的に示した部分であり、鉄道抗争物語に対するカウンタープロットである。ただしヴァナミーの設定自体は、この物語において極めて不明瞭と言わねばならない。彼の設定は「三十六歳」、「博学の大学卒」でありながら「羊飼い」であり「放浪者」である。自分の「親友」でありながら、プレスリーもヴァナミーの生活実態については何も知らず、ヴァナミーの正体は謎に包まれている。突然に現れたかと思うと、突然に姿を消す、それがヴァナミーなのだ。次の引用は、二人の六年ぶりの再会の場面である。

十六年もの間、ヴァナミーはいつもこうだった。彼は誰も知らない未知の世界に、砂漠に、山岳に、広漠とした南西部の至る所に寂しい不思議な生活を送っていた。三年、四年、五年と経つと、この羊飼いは、ほとんど忘れ去られてしまった。どこにいるのか、ロスムエルトスにはひとかけらの情報も得られなかった。ちらちら光る砂漠の表面に、蜃気楼の中に、溶け込んでしまっていた。地平線の下に沈んでしまっていた。砂とサルビア草の荒野に飲み込まれてしまっていた。ところが、やがてまた、なんの前触れもなしに彼は現れるのだ。荒野の中から、未知の世界から出てくるのであった。（三三―三四）

引用冒頭にある「十六年間」は、十六年前にエンジェル・ヴァリアンの死後、ヴァナミーがサンオーキン盆地を離れ放浪の旅に出たことについて言及しているものだが、彼が彼女と出会ったのは十九歳か二〇歳の頃、彼女が十六歳の時である。二人は互いに惹かれ合い恋人同士になりひと夏を過ごす。だが、初秋のある夜、エンジェル・ヴァリアンは正体不明の男に襲われ不幸な経験の後、他界する。それを期にヴァナミーは「世捨て人」、「放浪者」、「苦行者」になる。彼は「半ば現実的な、半ば伝説的な生活をして、いつも不思議な存在」へと変貌を遂げた。

このようにヴァナミー＝エンジェル物語は、基本的な人物設定から、全体に至るまで「曖昧な物語」として展開する。現実のマッセル・スロー事件をモデルにした峻烈な鉄道抗争物語に比べると、茫漠とした幻想的な悲恋物語の体を成している。そして、そのことで『オクトパス』が低評価に甘んじている面があることも否めない。例えば、ドナルド・パイザーはこのヴァナミー＝エンジェル物語を「欠点」と評して憚らない。確かに、この二つは全く異質な形で並立する物語である。しかし、その異質性が逆に鉄道抗争物語の暴力性を対照的に際立たせているとも言える。先述の通り、ノリスは、フランスから移植した自然主義を利用しながら、アメリカにおける新しい自然主義の姿を模索していた。結果として『オクトパス』には実験的な面が見える。二つの物語が併存し、その構成がこの小説の基軸になっているが、「オクトパス」というタイトルが付けられていることから分かるように、鉄道抗争物語が「表」なら、ヴァナミー＝エンジェル物語は「裏」である。つまり後者は「表」を支えることで、その物語的機能を発揮する。鉄道抗争物語は、それ自体でも成り立つが、ヴァナミー＝エンジェル物語は、土台の曖昧性から、それ自体で独立した一本の作品として成立しない。「表」があって、すなわち「主」の物語があってこそ「裏／従」の物語としてその役目を果たせる。『オクトパス』にある「ロード」の物語は、このような幻想物語の世界、すなわちロマン主義的世界と苛烈な現実を追尾する世界、すなわちリアリズム世界を意識させるという点で二面的であり、「世紀末小説」と「新世紀小説」というこの小説作法の移行期特有の二面性と重なっている。

七　時代変化という暴力

物語の「結び」に描かれるのは、冒頭と同じプレスリーである。彼はサンオーキン盆地を去る決意をし、サンフランシスコから船上の人となっている。彼はこの物語の幕開けで「自転車」に乗って登場し、幕引きの場面では「船」に乗って退場する。ノリスは彼を「列車」に乗せることは決してせず、徹底的に中立的な距離を保つ。乗船したプレスリーは甲板から、サンオーキン盆地に思いを馳せアメリカ大陸を眺める。そして一連の騒動を回想する。

そのドラマは終わった。農場と鉄道との闘争は、恐ろしい結末に終わった。シェルグリムが言った通りだった。あの闘争で角を突き合わせたのは人間ではなく、力（フォース）と力（フォース）だった。しかしそれでも、被害を受けたのは鉄道の人間ではなく、農場の人たちだった。あの静かな農民の社会に、疾駆する怪物、鉄と蒸気の恐怖が乱入したのだ。そして地平線を切って疾駆して平野にある全ての農場に轟々と雷鳴を響かせ、あとに血と破壊を残して去ったのだ。（六五〇）

先の引用と同様、ここでも「鉄道（列車）」は人間社会に恐怖をもたらした「疾駆する怪物」と呼ばれている。「鉄道（列車）」は一個の「鉄道会社」が所有する単なるテクノロジーであることに加え、人間には抵抗し難い「力（フォース）」の表象として描かれている。プレスリーは「鉄道が勝った」と語り、「農場がタコの触手に捉えられたのだ」と「鉄道／タコ／怪物」によってサンオーキン盆地の小麦生産者のコミュニティが破壊されたことを悲しむ。そして最後に「小麦は残った」と締め括る。多くの批評家が指摘するように小麦は自然の実り、生命の象徴として在る。しかし、それは希望ではない。なぜならば小麦を希望と感じる人間はサンオーキンの人々であれ、エス・ベールマンであれ、既に皆死んでいるからである。

『オクトパス』における列車は暴力的だが、それはノリスの描く列車が総じて暴力的ということではない。例えば『マクティーグ』にも列車は視覚化されているが、それは暴力的・否定的テクノロジーとしてではなく、むしろ肯定的テクノロジーとしてである。『マクティーグ』は一九二四年にエリッヒ・フォン・シュトロハイムにより映画化もされており[4]、主人公マクティーグが結婚相手トリナと新生活を始める際、列車はその背景で力感溢れる走りを見せる。白黒のサイレント映画ではあるが映し出される列車は動的で迫力があり、「新時代／未来」を予感させるテクノロジーとして機能している。他にも、例えば同じ自然主義作品ではドライサーの『シスター・キャリー』の主人公キャロライン・ミーバーが小説冒頭で「成功の夢」を求めシカゴ行きの「列車」内部にいる。むろん『オクトパス』でも列車はやはり「新時代」を示す交通手段であることに変わりはない。ただそれがマクティーグたちのような都市生活者にとっては利便性の高いテクノロジーであるのに対し、『オクトパス』では利便性を越えて、平穏な日常を根底から破壊するテクノロジーとなっているのである。

『オクトパス』の「列車」は「新時代」そのものであり、「時代」が具現化・可視化されたものだ。「時代」は人間を無視して不可逆に流れる時間の束である。人間のコントロールが効かない点では「圧倒的」であり、一方的である点で「暴力的」であり「破壊的」、「侵略的」と言えるだろう。それ故、「時代」の名を借りた「列車」に対する人間側の抵抗は虚しいものにならざるを得ない。時代の流れの前に変化を迫られ、その変化に対応できない人間は滅びていく。それはまさに「自然淘汰」であり、十九世紀に衝撃を持って迎えられ、絶大な影響力を多方面に及ぼしたダーウィニズムそのものである。サンオーキンの小麦生産者が致命的な敗北を喫するのは「列車＝新時代」がもたらす変化の流れに逆行しようとしたからである。

時代の到来や変化を止めることは誰にもできない。どのような時代と巡り合うのかはひたすら運命である。『オクトパス』に登場する人間たちのほとんどが悲劇的な結末を迎えながらも、物語自体の結末が多くの批評家に楽観的と言われるのは楽観的になる他にないからだろう。楽観的というよりは、むしろ諦観的なのかもしれない。そして何よりもこの物語は「小麦三部作」の一部であり「小麦」が主役であることが最後に再認識される。他方、広大な小麦畑をダイナミックに疾走する列車には「テクノロジー」に潜む「暴力性」や「怪物性」が投射されている。そこには得も言われぬ不気味な恐怖があり嫌悪感がある。「オクトパス」というタイトルが全てを物語っている。

注

1　*The Octopus*（一九〇一）の邦訳には八尋昇訳『オクトパス』（彩流社）があるが、その他この小説の邦題表記として『蛸』あるいは『章魚』がある。本稿では八尋訳に準じて『オクトパス』と表記する。また生物（頭足類）として言及する場合は「タコ」とカタカナ表記する。また、本稿における『オクトパス』の日本語引用部分はこの八尋訳を参考にさせて頂いた。

2　ウェルズによって「タコ型宇宙人」のイメージは定着し、その後もSF世界ではしばしば「タコ」を異星人のモチーフに使った。『宇宙戦争』からほぼ百年後の一九九六年に公開されたローランド・エメリッヒ監督のSF映画『インデペンデンス・デイ』に出てくるエイリアンも相変わらず「タコ型」である。また二〇〇三年、〇六年、〇七年、一一年と四作が製作された映画『パイレーツ・オブ・カリビアン』シリーズにもタコの姿をし「深海の悪魔」と称される悪役船長「デイヴィ・ジョーンズ」がいる。また『スパイダーマン』に登場する「ドクター・オクトパス」も同様に有名な悪役であろう。他にも『テンタクルズ』（一九七七）や『オクトパス』（二〇〇〇）という「巨大タコ」に襲われるパニック映画がある。またタコではないが一八七〇年に発表されたジュール・ヴェルヌのSFの古典『海底二万里』には「巨大イカ」が登場する。「タコ」や「イカ」は、いずれにせよ西欧人には「襲ってくる」生物なのである。

3　『オクトパス』に登場する「鉄道列車」は、時代的に言って厳密には「蒸気機関車」（原文ではlocomotive）である。しかし、本稿では他の用語との兼ね合いもあり、「鉄道列車」または単に「列車」と表記する。

4　映画化名は『グリード』(*Greed*) である。

引用・参考文献

Bellow, Saul. *Henderson the Rain King*. New York: Viking Press, 1975.

Carter, Everett. *Howells and the Age of Realism*. New York: Lippincott, 1954.

Clough, Wilson O. *The Necessary Earth: Nature and Solitude in American Literature*. Austin: University of Texas Press, 1964.

Conn, Peter. *The Divided Mind*. New York: Cambridge University Press, 1983.

Graham, Don. *Critical Essays on Frank Norris*. Boston: G.K.Hall&Co., 1980.

Hayes, Kevin J. *A Journey Through American Literature*. New York: Oxford, 2012.

Marx, Leo. *The Machine in the Garden: Technology and the Pastoral Ideal in America*. London: Oxford University Press, 1980.

Norris, Frank. *McTeague*. San Francisco: Rinehart Press, 1950.

——. *The Octopus*. New York: Doubleday, 1901.

——. *The Responsibilities of the Novelist and Other Literary Criticisms*. New York: Doubleday, 1903.

Pizer, Donald. *The Novels of Frank Norris*. New York: Haskell House Publishers, 1966.

Wells, H. G. *The War of the Worlds*. London: Penguin, 2006.

有賀貞『ヒストリカル・ガイド　アメリカ』山川出版、二〇一二年。

小野清之『アメリカ鉄道物語——アメリカ文学再読の旅』研究社、一九九九年。

近藤喜代太郎『アメリカの鉄道史——ＳＬがつくった国』成山堂書店、二〇〇七年。

高取清『フランク・ノリス　作品と評論』彩流社、二〇〇三年。

中屋健一『新米国史』誠文堂新光社、一九八八年。

ロード・ナラティヴとしての『怒りの葡萄』

——アメリカン・ドリームの行方

大須賀　寿子

ジョン・スタインベック（一九〇二―六八）は『チャーリーとの旅――アメリカを求めて』（一九六二）で「旅は人格をもち、気質を、個性を、独自性を持っている。旅はそれじたい、ひとりの人間である。（略）こうして長年もがいた結果、人が旅をするのではなく、旅が人をかりたてることを知る」（二、傍線部筆者）と述べている。この引用文に旅ではなく、移動という言葉を当てはめても同じように考えられる。「旅が人をかりたてる」という彼の考えは移動を好むアメリカ人にとっては非常になじみの深い考えかもしれないが、最終的には「移動、定住、探求」というロード・ナラティヴのテーマに至る。このロード・ナラティヴのテーマはアメリカンドリームの成就と深くかかわっている。「旅はそれじたい、ひとりの人間である」ことをふまえると、登場人物たちが「移動・定住・探求」を成功させるには、ただ移動を進めていくだけではなく、その過程にて移動する人々がさまざまな経験をし、自己を成長させることが不可欠であろう。人物の成長があって、ロードはその道程での役割を果たすのである。

『怒りの葡萄』（一九三九）のロード・ナラティヴとしての側面について、巽孝之は「ルート66を利用するというアメリカンドリームに満ち満ちたロード・ナラティヴの原型のように読み直せるだろう」（九）と指摘している

本論では、「移動、定住、探求」を描いたロード・ナラティヴとして『怒りの葡萄』をとらえ、ジョード一家の道

程や彼らにとってのアメリカンドリームについて考察すると同時に、『怒りの葡萄』における現代のアメリカの問題を探っていきたい。

一　移動を介して見つけるもの

スタインベック自身も決して移動に縁遠い人間ではない。彼は故郷のサリーナスに生涯住み続けず、一九四三年から亡くなるまでニューヨークで過ごした。そして、彼は『収穫するジプシーたち』（一九三六）というルポルタージュ、航海誌『コルテスの海』（一九四一）、『戦後ソヴィエト紀行』（一九四七）、『チャーリーとの旅』という四冊の紀行文を出版していた。さらに、ヴェトナム戦争時には、ヴェトナムで特派員として活動していた。ルポルタージュや紀行文を何冊も発表している事実をふまえると、スタインベックの眼は常に社会に関心が向いていたことがわかる。しかし、彼は常に旅を介して、他の土地を見ることによって、自己を探求し、故郷のみならず居住地、および自分の訪れた土地を見つめ、自分の存在の証を見出そうとしていたのではないだろうか。

金澤智はスタインベックが記した旅行記やルポルタージュの存在について述べたのち、「『真実のアメリカ』を伝えるうえで、ノンフィクションよりはフィクションのほうが有効であることを、スタインベックは確信していたはずだ。ワンダーの世界を探るという趣旨からいえば、『怒りの葡萄』こそそれにふさわしい巨大な作品である」（二三四）と述べ、さらに『怒りの葡萄』を旅行文学と解釈して、「旅行記がもつ社会告発の力を改めて確認することができよう」（二三五）と分析している。

金澤が指摘するように、紀行文で描出されている社会問題よりも、文学の中で描かれている社会問題のほうが告発の力が大きいだろう。そして、『怒りの葡萄』において、スタインベックは旅で経験することによって知りえる自己の存在の証のみならず、社会の抱える矛盾、社会で生きていく辛さ、そしてアメリカが後に直面することになる苦しみを描いている。『怒りの葡萄』で描出される現状こそが旅にかりたてられた、作家がそしてアメリカ人が見る現実である。

『怒りの葡萄』は世界恐慌による社会状況の悪化、干ばつや砂あらしの被害によって、オクラホマで農業を営むという生活の手段を失って「乳と蜜の流れる地」であるカリフォルニアに移住せざるを得ない状況に追い込まれていったジョード一家の苦難に満ちた道程や悲惨な生活を描いている。そして、「カリフォルニアでの果物摘み人募集」という一枚のビラを頼りにして、オクラホマを去るジョード一家の姿に当時のアメリカ社会の持つ問題が描かれていると同時に、ルート66を進んでいく彼らの姿は、アメリカの建国以来の西へ向かう伝統を映し出している。

スタインベックは『怒りの葡萄』の献辞として「それを望んだキャロルへ、そこに生きたトムへ」と記し、『怒りの葡萄』のタイトルをつけるときに有益な示唆を与え、最初の妻であるキャロル・ヘニングとスタインベックがカリフォルニアにある複数の難民キャンプの取材をしたときに、協力した人物であるトム・コリンズに敬意を示している。そのトムを献辞の相手に選んでいるということを考えると、スタインベックがいかにこのキャンプ地の取材で衝撃を受けたことがわかる。キャンプの取材後に彼自身が描いた小説は逆境に屈せず生きていく人間たちのたくましい姿のみならず、彼らを追いつめた社会への告発に向いていくのも当然のことである。

社会抗議的な側面を持つものの、『怒りの葡萄』は社会抗議の小説であると断言できない。むしろ、『怒りの葡萄』は移動を介して、挫折からの再出発を試み、新天地でのアメリカンドリームを追求していこうとする人物たちの成長の物語であり、アメリカ建国以来の伝統や思想が込められている作品である。また、ウォレン・フレンチの表現を借りれば「心の教育」（七八）を示している作品でもある。

二　ロードと移動を支える夢

『怒りの葡萄』は三十章からなり、ジョード一家の物語を中心として展開される物語章と当時の時代背景や人々の様子を描いた中間章で構成されている、物語章と中間章を交互に組み入れることによって、物語章はより迫力と面白さを増す効果がある。中山喜代市は物語章と中間章の組み合わせについて「それぞれの作品の主題と大いにかかわるとともに、小説全体の枠組みのなかで物語章と有機的に結びつき、ほとんど交互に配列されている物語章と中間章が読者に違和感を感じさせないほど融合しあい、作品の芸術的価値を高める要因となっている」（二八二—八三）と分析している。中間章を含めた三〇章はオクラホマ（第一章から第十一章）～ルート66（第十二章から第十八章）～カリフォルニア（第十九章から三十章）という構成で成り立っており、ピーター・リスカは第一章から第十一章を「疫病」（腐敗）、第十二章から第十八章を「旅」（大移動）、第十九章から第三十章を「カリフォルニアの人々」（カナンの地の悪意に満ちた人々）というように各章に聖書のイメージを想起させる題名をつけている。（一六九）

ここで話の筋を見ておこう。『怒りの葡萄』には聖書的シンボリズムが顕著に描出されている。その例として、ジョード一家が目指すカリフォルニアは「乳と蜜の流れる土地」や約束の地とみなされ、ジョード一家がケイシーを加えてカリフォルニアへ移動することは出エジプトを、そして移動のトラックに乗った十三という数字はキリストの使徒の人数と裏切り者のユダを想起させる。また、人々を導き、最後にはストライキの犠牲となり、命を落とすジム・ケイシーはイニシャルが表すように、キリストを想起させる。さらに『怒りの葡萄』全体を見てみると、『出エジプト記』に記されている十の疫病、つまり災難が描かれている（フェンシュ、三四—五）。しかし、聖書のイメージを使うことによって、スタインベックは『怒りの葡萄』で書かれる苦難に満ちた道程やキャンプでの生活は作中の人物たちの物語ではなく、読者を含めた万人の物語であることを強調している。

オーウェンズは、『怒りの葡萄』における聖書のイメージについて論じながら、文学の最初の頃からアメリカを新しいカナン、イェルサレムであることを前提にして、スタインベックが『怒りの葡萄』を「聖書的意識の上に確固として築かれたひとつの国家について書いている」(四六)と考察している。ここで話の筋を見ておこう。

(第一章から十一章)一九三〇年代の半ば、オクラホマは砂嵐の被害に遭い、作物の収穫ができなかった。さらに、銀行から借金を抱える農民はそれを返済できず、土地を銀行に取り上げられた。銀行は小作人の代わりに、効率よく仕事をして何倍もの利潤を生みだすトラクターを導入することによって家屋をつぶし、畑を拡大し、小作人の仕事を奪った。物語の中心であるジョード一家は小作人で四十エーカーもの土地を所有していたが、ほかの小作人同様にトラクターの犠牲者となった。彼らに残された選択肢はオクラホマを捨て、果実摘みの仕事をするために一家でカリフォルニアに向かうことだけだった。

中間章である第三章で土亀がハイウェイを進む様子は比喩的である。とくに、亀が甲羅をひきずるようにゆっくりとハイウェイを進んでいく様子やハイウェイで二台の乗用車に遭遇したときに、亀を殺さずに、よけていく運転手や亀を轢こうとする運転手の対応が今後の彼らの運命にたとえられる。

(第十二章から第十八章)オクラホマシティからまっすぐに伸びるルート66はカリフォルニアに移住しようとする人たちの車であふれていた。ジョード一家はオクラホマシティを過ぎたあたりで、ウィルソン夫妻と知り合い、互いに協力しあって移動する。しかし、移動が進むにつれて、家族が減り始めてきた。祖父母は他界し、コロラド川を見た長男ノアは家族を捨ててしまう。妻の体調不良のため動きが取れないウィルソン夫妻を残し、ジョード一家は先に進んでいった。

中間章の第十二章、第十五章ではルート66での様子が描出されている。この二章からルート66での現実を知ることができる。さらに、十五章では、ルート66の往来の多さゆえに成立した商売であるドライブインでのトラックの運転手と西へ向かう移民たちへ接客する女性従業員の心理の葛藤を描いた場面、そしてトラックと移民たちの車という対照的な自動車の描写が秀逸である。

（第十九章から三十章）アリゾナとの州境を越え、カリフォルニアに到着した。間もなくジョード一家はフーバーヴィルにいくが、そこでの生活は彼らをみじめな気持にさせた。そこでトムはトラブルに巻き込まれ、代わりにケイシーが逮捕された。夢の実現の可能性が低いと悟ったコニーもローズ・オブ・シャロンを捨てて行方をくらませた。国営キャンプに移動した一家は快適な生活を送れたものの、仕事が見つからず、仕事を得るためにフーパー農場に移動した。そこで、ケイシーとトムは再会するものの、ケイシーは暴動に巻き込まれ、命を落とす。そして、トムは二度目の殺人を犯し、ケイシーの教えを守りながら家族のもとを離れる。ローズ・オブ・シャロンの赤ん坊も生きてこの世を見ることはなかった。やがて洪水となり、皆は土手を作るが、小屋は浸水してしまった。一家が避難した小屋には、少年とその親と思われる餓死しかけている男がいた。ローズ・オブ・シャロンはその男に乳房を含ませ、神秘的な微笑みを浮かべた。

プロットを見ていくと、『怒りの葡萄』において、いかに移動が大切な役割を果たしているかがわかる。ここで、スタインベックが抱く移動の意味と移動を支える原動力となりうる夢の存在について分析していきたい。スタインベックは『アメリカとアメリカ人』（一九六六）において、「最も顕著なアメリカ人の一般性の一つはアメリカ人がじっとしておらず、満足せず、常に追求する国民である」（三三〇）とアメリカ人の特徴について述べている。この表現はアメリカ人が精神的にも肉体的にも常に動くということを好んでいることを示唆し、アメリカ人の移動志向を的確に表している。換言すれば、「アメリカ人はひとつところにとどまらず、じつに頻繁に転居をくりかえす。家を取り替え、土地を取り替え、果ては家族さえも取り替えていく」（巽 三）という解釈になる。

スタインベックの作品における移動には二つのパターンがある。第一に『知られざる神に』（一九三三）のジョーゼフ・ウェインや『エデンの東』（一九五二）のアダム・トラスクのように、生活に不自由がないほどの資産を持ちながら、新たな土地を求めて移動する場合である。彼らの移動は生活の変化を求める自発的な移動である。第二に、環境の変化によって移動せざるを得ない場合である。その例として、『二十日鼠と人間』（一九三七）のジョージとレニーのようにトラブルが生じるたびに農場をやめては、次々と農場を渡り歩く人間たちの移動や、『怒りの葡萄』のジョード家のように天災や社会の変化によって移動を余儀なくされることがあげられる。特に『怒りの葡萄』では人間は生きるために移動していくこと、あるいは移動するために生きていくことを当然のこととして、ストーリーが展開されていく。

人間は存在するべき場所を求めて生きていく存在であり、人間が生きていく場所とは「自分が誰であるか、自分がどこにいるか表現するためのものである」ということを前提とすれば、スタインベックの作品には生活するための金を稼ぐ場所を求めているよりはむしろ、存在するべき場所を求めて移動する人物たちが描かれている。その例として、『知られざる神に』で描かれている東部に土地を所有しながらも、西部に自分の土地を持とうとするジョーゼフの東部から西部への移動や『エデンの東』において、生まれ育ったコネティカットをあとにして、妻キャシーとの平穏な生活を夢見てカリフォルニアに向かうアダムの移動があげられる。

しかし、ジョージとレニーやジョード家の人々のように、必要最低限の金しか持たずに、移動を余儀なくされる人間たちには、深い友情や思いやりといった絆や共有しあう夢がある。「おれたちみたいに農場で働く男はな、世の中でいちばん寂しい人間なんだ。家族もない。根なし草。農場に来て金を稼ぐと、町へ行って、すっからかんになるまで使っちまう。つぎの日には、もう別の農場で働いている。先にはなんの望みもありゃしない」（一五）というジョージの発言から始まる二人の会話から、たとえ、小さい夢でも、仲間と夢を共有できること、そして傍に誰かがいることがいかに重要であるかということが伝わってくる。

ジョージは続けた。「おれたちはそうじゃない。おれたちには将来っていうものがあって身を案じてくれる話し相手がある。行き場所がないからって、酒場にすわって、稼ぎを使い切ってしまうなんてことを、おれたちはやらないんだ。ほかのやつらは、いったん刑務所にぶちこまれたら、だれが構おうとだめになってしまう。だけど、おれたちはそうじゃない。」

レニーは口をはさんだ。「だけど、おれたちはそうじゃない。どうしてかっていえば、そりゃ——そりゃ、おれには世話をしてくれるおまえがいるし、おまえには世話をしてやるおれがいるからだ。」

と嬉しそうに笑った。（略）

「よし。いつかおれたちは稼ぎを合わせて、小さな家と二、三エーカーの土地を買って、牝牛を一頭に、ブタを二、三頭、それから——」（一五—一六）（イタリックは原文ママ、傍線部は筆者による）

それに対して、『怒りの葡萄』のジョード家の人間たちはどのような夢を抱くのだろうか？　祖父はカリフォルニアに出発する際に「うんとでっかいブドウをひと房、木から、何でもええから、丸ごともぎとって、そいつを顔に押しつけて、思いっきり汁を顎からたらしてみてえもんだ」（八三）という夢を語る。アルは、ガレージで働いて、稼いだ金で映画を見る夢を持ち、コニーにはラジオの勉強をして楽な生活をするという夢があるが、「たぶん、くににいてトラクターの勉強をしていたほうがよかったんだろうよ」（二五二）と後悔もする。一方、ローズ・オブ・シャロンは「赤ん坊が生まれるまえに、家を一軒持たなくてはならないのよ。テントなんかでこの子を産むわけにはいかないもの」（二五二）と移動ばかりの日々を嘆いている彼に、現実と自分の願いを激しい口調で訴える。そして、マー・ジョードは「どうだかね——まあ、わたしたちは仕事にありつけて、みんなが働けるようになったときの話だけど——ひょっとしてわたしたちも、そういう小さな白い家を一軒、手に入れることができるかもしれないよ」（九一）というように、家を持つという希望を抱いている。家という家族の象徴に対して大きな憧れを持っているからこそ、移動の日々でさまざまな問題に直面するたびに、マー・ジョードは家族が離れ離れになることを恐れる。かつてはインディアンと戦い、彼らの土地を奪った祖父の夢はブドウを食べるという、土地と深いかかわりがある夢であり、一方、アルやコニーが抱く夢は自動車、ラジオ、映画といった二十世紀の豊かさを象徴する。マーやローズ・オブ・シャロンが抱く夢は家を持つという生活に不可欠な要素である。どの人物たちが抱く夢もアメリカらしい日常を反映している。

ここで強調しておきたいことは、「互いを支えてくれる仲間がいて、小さな家とわずかな土地を持ちたい」というジョージとレニーの夢や「家族全員で住む家を持つ」というジョード家の女性たちの夢は非常にささやかであるが、アメリカンドリームであり、「移動、定住、探求」というロード・ナラティヴのテーマの最終到達点となる夢である。換言すると、定住するための家と土地を求めて移動することには「失われた無垢を、すなわち失われた自然を取り戻そうとする意志が働いている。アメリカ人は、たえず新しい時空間に新しい自然の楽園を、そして成功の夢を見てやまない」（巽　三）。しかし、土地を失ったジョード家の人々は、カリフォルニアでの桃摘みの仕事を低賃金でこなすだけで、カリフォルニアという新しい自然の楽園を満喫することは不可能である。彼らの心に存在するものは「おれにはけっきょく、どうにもならない気がするよ」（一二七）というケイシーの語ることばのみである。この言葉はこの先どうなるのだろうかという不安を表す人々への答えとなる。そして、眼の前にある出来事の因果関係を問わずに、ありのままの出来事を見つめるケイシーの非目的論思考がこの言葉には表れている。生活するために移動するという現実が非常に厳しくても、彼が語るこの言葉にこそアメリカンドリームを実現するために必要な移動の本質がこめられている。

移動しなきゃいけないから移動しているんだ。だから、みんないつも移動してるんだよ。いま手にしているものよりも、もっといいものを手に入れたいからこそ、移動しているんだ。それに、移動するってことが、そのいいものを手にいれるたった一つの方法なんだ。それを必要だと思い、必要とするからこそ、みんなは出かけていって、それを手にいれるんだ。傷ついてるからこそ、人々は腹を立てて喧嘩をするんだ。（二二七―二二八）

ケイシーが語るこの言葉はアメリカの建国当初から、一九三〇年を経て、現代に至るまで厳しい現実から逃れるために移動をし続けている人たちの様子を的確に表している。さらに、この言葉は移動する人々を勇気づけ、社会の矛盾に立ち向かわせ、夢見る力を持たせ続け、その人々にとってのアメリカンドリームを成就させるために力を与え続けてきた。そして、この言葉は一九三〇年代当時のダストボウルからカリフォルニアへの移動のみならず、当時の社会を改革しようとする人間たちの様子も表している。そしてそれは社会の情勢に対して怒れる現代の人々をも動かしていく可能性もある。彼らにとって、存在するべき場所は人間としての誇りを捨てることなく、金を稼げ、家を得られる場所である。そして、ジョード家の人々が移動する姿は社会問題と対峙していく現代のアメリカ人の姿と重なっている。

三　出エジプトと「涙の道」(Trail of Tears) の語り直し

第十二章で、ルート66は希望の道であると同時に、「母なる道、逃亡の道路だ」（一一八）と言及される。そして、アメリカを自由の国だと信じる人々にカリフォルニアの現実が暴露される場所でもある。

「……（合衆国は）ありあまるほど充分でっかくないんだ。あんたらやわたしや、あなたの家族、わたしの家族、金

持ちゃ貧乏人だの、みんな一つの国にいられる余裕はないんだ。」（略）
「ここは自由の国だぞ」
「じゃあ、ちょっとでも何かをする自由を手にいれようとやってみるんだな。人の言うには、払える金の額だけ自由がえられるということだぜ。」（一二〇）

この引用をふまえると、ルート66は希望の道ではなく、二十世紀の涙の道と考えられる。ルート66を移動するジョード一家の様子とともに、二十世紀の涙の道について考察していく。

土地と成功を求めてヨーロッパからアメリカに移住した人々は自分たちの土地を手に入れるためにインディアンを殺して土地を奪った。彼らの子孫たちはその土地を代々、自分たちに伝わる土地とみなし、思考錯誤して新しいエデンを作り上げていく。しかし、中西部を襲った砂あらしによって、作物を生み出さなくなった土地では借金返済は不可能である。ゆえに担保として銀行に土地を奪われ、その手先であるトラクターが小作人よりも何倍も効率よく畑を耕し、かつては仲間であった人間が一日三ドルの給金でトラクターを操縦する様子さえ目の当りにする。土地を奪われた者たちは自分たちの土地の所有を正当化するために、「この土地のために、おじいさんはインディアンを殺し、おやじはヘビを殺した。たぶん、おれたちは銀行を殺すことができる――そいつはインディアンやヘビよりもたちが悪い、たぶんおれたちは、おやじやおじいさんたちがやったように、おれたちの土地を守るために戦わなくちゃならないんだ」（三四）と述べる。しかし、地主たちは彼らの発言には耳を貸さずに、いつでも仕事があるカリフォルニアに行くことを勧める。金や資本主義の象徴であり、利子を食べて生きる銀行は人間の力や人間の土地への愛情では決して勝つことができない相手である。

カリフォルニアで土地を所有して、仕事ができるという希望を抱いているにもかかわらず、ジョード一家をはじめとして、オクラホマを離れなければならない者たちは二十世紀の象徴である機械と資本主義に敗北した者たちである。銀行に土地を奪われる前に、彼らは土地に対して「よしんば成功しなくても、自分の土地のおかげでえらい人間になるもんだ」(三七)というような考えを抱いていた。しかし、この土地はかつてインディアンたちの土地であり、現在の土地の持ち主の先祖たちがインディアンから力づくで奪ったものである。入植当時は文明人だった入植者の先祖たちがインディアンに対して行ったことを、その子孫たちは銀行やトラクターによって報復されるのである。銀行やトラクターによって、彼らが生まれ育った土地や家を追われてルート66を進む姿は、かつてノースカロライナからオクラホマのインディアン居住区に向かって涙の道を進んでいったインディアンたちの悲壮な姿に重なる。その移動は歴史の語り直しとしても解釈できる。ゆえに、ルート66は二十世紀の涙の道であり「母なる道、逃亡の道路」(一一八)なのである。

「母なる道、逃亡の道路」でジョード一家には逃げるのではなく、現実を見つめて進んでいくしかなかった。そして、この「母なる道、逃亡の道路」で「一家の生命の根源である」トラックを進めていくことでジョード一家の人間たちは連帯の重要性を学ぶ。第十四章で書かれている「私」から「私たち」への意識の変化はその一つである。その例としてジョード一家が移動の途中で出会ったウィルソン夫妻の壊れた車を修理し、亡くなる間際の祖父にウィルソン夫妻がベッドを提供したことなど、二つの家族が助け合って生きていることが挙げられる。この「私」から「私たち」への変化は利己主義から他者へのコミットメントにもつながっていき、社会を変えていく原動力となる。

ジョード家の人々がアリゾナの州境を超えて、カリフォルニアで生活を始めようとするときには、祖母も他界しており、ノアもコニーも家族のもとから出奔していた。そして、仮出所中の身であるためオクラホマを離れてはならないトムも、一家とともにカリフォルニアに来てしまったゆえに、彼が事件を起こして逮捕されるのではないかということを母親は最も懸念していた。それは家族が完全にばらばらになってしまうことを意味するからである。彼らが目にしたカリフォルニアは「乳と蜜の流れる地」ではなく、涙を流して生きていく土地でしかなかった。しかし、オクラホマには戻るべき家や土地がないため、カリフォルニアにとどまるより方法はない。ジョード一家はここに残ってできることをするしかないという結論に至る。

ここでできることといえば、日雇いで桃摘みや綿花摘みの仕事をこなしていくことであった。しかし、この日雇いの仕事さえも得ることが困難な日が何日も続き、夢を抱き続ける力、そして生きていく気力も喪失することも多くなる。トムの代わりに逮捕されたケイシーはフーパー農場のストライキ破りとなる。農場でトムと再会するものの、ケイシーは攻撃を受け、命を落とした。トムはケイシーを殺した人間を殺してしまう。ルーシーが子供どうしの喧嘩でトムに前科があることについて口を滑らせたために、彼は家族のそばから離れなければならなくなった。彼は母にケイシーの言葉である「自分はただ、すごく大きな魂のほんの小さなかけらをもっているにすぎないということがわかった。というのは彼の持っている小さな魂のかけらは残りのものといっしょになって、一つの完全なものにならないかぎりは何の役にも立たないからなんだ」と語ってから、次のように続ける。

おれたち仲間の人間が豚のような暮らしをして、豊かな良い土地は休閑地のままになっていたり、あるいはたぶん、一人のやろうが百万エーカーの土地をもっているのに、一方では何十万人もの善良な農民が飢えているってことをさ。そして、おれはもしおれたちの仲間がみな団結してわめいたら、どうなるだろうと考えていたんだ。（四一九）

エマソンが抱く大霊の思想に近い、ケイシーが説く考えに影響を受け、そして、社会の現実を痛感し、自分ができることをするために母に別れを告げる。母に対して「おれはいたるところにいることになるんだ――マーが見るどんなところにもな」（四一九）と述べる。「自分の魂はどこにでもいる」というトムの考えは行きついた場で自分のできることをやるという考えの集大成であり、自分たちのカリフォルニアが、最後にはアメリカを作り出す原動力となっていくのである。マカレスター刑務所での四年間もトムの人生に大きな変化を与えたが、このルート66での道程がトムをさらに成長させ、社会を変えようとする人間にまでなる可能性も示す。「定住」はできなくても「探求」という点で、トムはロード・ナラティヴのヒーローと言えるだろう。

結

ここまで述べてきたように、『怒りの葡萄』はオクラホマからカリフォルニアへの自動車での苦しい移動を描いた、ジョード一家という一家族の物語であるのみならず、自己を探求する、新たなるアメリカを作ろうとする普遍的なアメリカ人の物語であると考えられる。スタインベックは移動を繰り返す人物を描くことや、自らが生まれ育った土地を離れてさまざまな土地に移動して生活することによって、人間はさまざまな経験を積み、自身の役割に対する理解や自己の探求が可能となるということを伝えている。

『怒りの葡萄』は、ものごとをありのままに見つめていく非目的論思考の重要性や、現在のアメリカにおいて忘れられつつある、困難を乗り越えるために必要な人間同士の連帯、生きていく人間たちの力強さを伝えている。ジョード一家の人間たちは移動を重ねることによって、自己のあり方を追求し、生きていくべき新しい自分たちの理想郷としてのアメリカを作るために試行錯誤を重ね、アメリカンドリームを達成する可能性を持つアメリカ人になっていく。そして、第三章で描かれているハイウェイを進んでいく土亀の姿に不屈の精神力と、結末でローズ・オブ・シャロンが飢えのため、死にそうな男に自分の乳を差し出して他人も生かそうとする姿からジョード一家のみならず、読者も逆境では生きることの意義と連帯の重要性を学ぶ。ジョード一家にとってカリフォルニアへの移動と当地での生活は苦しく悲惨で、人間としての誇りを傷つけられることもあった。ルート66を通っての移動、そしてカリフォルニアの苦しい生活を経て、新たな定住の可能性を見ることができる。ジョード一家の道程を考察すれば、スタインベックが述べた「旅が人をかりたてる」という言葉は的を得ていると考えられよう。

現代のアメリカは失業、財政上の危機、抵当権の受け渡し、急激な天気の変化など一九三〇年代と同じような問題を抱えているが、その解決策はまだ見えていない。二〇一一年の「ウォール街を占拠せよ」のようなデモも起こるほど不安定である。そのような時勢に、オバマ大統領が国民の前で次のような演説をした。「この国がよって立つのは究極的には米国民の信念と決意だからです。それは堤防が決壊したときに見知らぬ人を受け入れる思いやりであり、友人が職を失うのを傍観するよりはむしろ自らの労働時間を削減しようとする労働者たちの無私の精神なのです。それがわれわれに最も厳しい時代を乗りきらせる」（七三　傍線部筆者）と述べ、そして「希望と美徳をもって、もう一度冷たい流れに勇敢に立ち向かいましょう。そして、どんな嵐が来ようとも耐えましょう」（八一）と締めくくっている。オバマ大統領のこの演説は『怒りの葡萄』に見られるグループマン・セオリーやサヴァイヴァルの力の重要性を想起させる。『怒りの葡萄』を介して、現代に生きる人々は八十年以上前に同じような問題に直面し、苦しい生活を送りながらも、決して希望を失わなかった人々の姿に思いを馳せる。そして自分たちもいつかは苦境から脱し、アメリカのために何かをして、再び理想のアメリカを作る可能性を抱こうとする。『怒りの葡萄』で提起された問題点とその精神は、二十一世紀になってもなお継承されており、「約束の地」としてアメリカの理想を追求し続けるロード・ナラティヴの原風景がここにある。

引用・参考文献

Fensch, Thomas. *Steinbeck's Bitter Fruit: From The Grapes of Wrath to Occupy Wall Street.* Chesterfield: New Century Books, 2012.

French, Warren. *John Steinbeck.* New York: Twayne ,1976.

Lisca, Peter. *The Wide World of John Steinbeck.* New York: Gordian, 1981.

Owens, Louis. *The Grapes of Wrath: Trouble in the Promised Land.* Boston: Twayne, 1989.

Steinbeck, John. *America and Americans and Selected Nonfictions.* New York: Viking, 2002.

——. *The Grapes of Wrath.* New York: Penguin Books, 2006.『怒りの葡萄』中山喜代市訳、大阪教育図書、一九九七年。

——. *Of Mice and Men.* New York: Penguin,1992.

——. *To a God Unknown.* New York: Penguin, 2000.

——. *Travels with Charley: In Search of America.* New York: Penguin, 1986.

CNN Express 編集部編『オバマ大統領就任演説』朝日出版社、二〇〇九年。

金澤智「『怒りの葡萄』ジョン・スタインベック――ルート66の先にあるもの」亀井俊介編『アメリカの旅の文学』昭和堂、二〇〇九年。

巽孝之『アメリカ文学史――駆動する物語の時空間』慶應義塾出版会、二〇〇三年。

中山喜代市『スタインベック文学の研究――カリフォルニア時代』関西大学出版部、一九九一年。

逸脱の修辞学
——『ロリータ』におけるロードの法

後藤　篤

序——『ロリータ』の旅の物語《ロード・ナラティヴ》

一九五〇年代初頭、当時コーネル大学で教鞭を執っていたウラジーミル・ナボコフは、毎年夏の休暇を利用して、妻ヴェーラが運転する車で合衆国各地を旅して回った。その際、代表作である『ロリータ』が宿泊先のモーテルの一室や「移動式個人書斎」（ボイド 二〇二）たる車中で書き継がれたという伝記的事実は、小説のあとがきとして書かれたエッセイ「『ロリータ』と題する書物について」（一九五六）のなかで明かされていることもあり（三一二）[1]、本作の執筆をめぐるエピソードの一つとして比較的よく知られている。文学やチェスと並び、ナボコフが生涯を通じて情熱を傾けた対象であった蝶（鱗翅類）の採集を目的としたこの自動車旅行は、『ロリータ』の中心的な舞台である四〇年代末から五〇年代初頭にかけてのアメリカの文化的風景を観察する絶好の機会となった。そうした作者自身の旅の経験は、主人公兼語り手であるヨーロッパ出身者の中年男性ハンバート・ハンバートと、ロリータことドロレス・ヘイズという名のアメリカ人少女の「全米にまたがる大旅行」（一四五）を描いた小説第二部の物語に色濃く影を落としている。

ところで、一九五三年末に書き上げられた『ロリータ』が、作中の性的主題の扱いを理由に、その出版をめぐって苦難の道を辿ったことは、あまりにも有名である。裁判沙汰を懸念したアメリカの出版社各社から相次ぐ拒否を受けた本作が、数々のポルノ文学を輩出したことで知られる悪名高きパリのオリンピア・プレスから世に送り出されたのは一九五五年のこと。同年末、小説家グレアム・グリーンから称賛を受けた『ロリータ』の評判は、翌一九五六年、英国で有害図書取り締まりキャンペーンを張る『サンデー・エクスプレス』紙の編集長ジョン・ゴードンがグリーンに反論する形で本作を酷評し、そこから生じた紙上論争の影響も相俟って、すぐさま合衆国へと知れ渡った。小説の抜粋が『アンカー・レビュー』誌に掲載された一九五七年を経たのち、満を持してアメリカのパトナム社から刊行された一九五八年、フランスからイギリスへと渡り歩いた『ロリータ』という名の旅する小説《トラヴェリング・ノヴェル》は、作者が住まう本国へと舞い戻ってきたのであった。

『ロリータ』が大西洋の両岸でにわかに波紋を呼び始めた、一九五七年。それは合衆国史上、ソヴィエト連邦の人工衛星スプートニクの打ち上げ成功の一報が全米を震撼させた、いわゆる「スプートニク・ショック」の年として記憶されている。周知のとおり、翌一九五八年に人工衛星エクスプローラーを打ち上げたアメリカは、一足先に宇宙へと旅立ったソ連に追いつき追い越すべく、続く六〇年代にはJ・F・ケネディ主導のニュー・フロンティア政策のもと、度重なる宇宙調査へと邁進していった。

さらに、冷戦期の米ソ間宇宙開発競争が騒々しく幕を開けたこの一九五七年は、ジャック・ケルアックの『路上』の出版年でもあった。ケルアックやアレン・ギンズバーグ、ウィリアム・バロウズらの作家グループに付けられた「ビートニク」という呼称は、スプートニクの衝撃が同時代アメリカ文化に波及していった様子を傍証している。全米を無軌道に旅する二人の若者の姿を描いた『路上』は、眼前に広がるアメリカの道《ロード》の可能性を高らかに謳い上げたその物語によって、十九世紀の詩人ウォルト・ホイットマンの衣鉢を継ぐ作品として米文学史上に位置付けられてきた。また、「社会への抗議」や「ナショナル・アイデンティティの探求」、「自己発見」といったアメリカン・ロード・ナラティヴの慣習的主題を一つにまとめ上げたこのビート文学の正典《キャノン》は、同ジャンルにとっての原型的物語と呼ぶに相応しい（プリモー 二六）。言うなれば、スプートニクの打ち上げ（十月四日）がアメリカを宇宙空間という新たなフロンティアへと導いた一方で、そのほぼ一ヶ月前（九月五日）に『路上』を世に問うた代表的ビート作家ケルアックは、建国期以来の米文学史を貫くロード・ナラティヴの伝統を、六〇年代以降のさらなる展開に向けて駆動させたのであった。

　そうした五〇年代後半の作品発表当初、ポルノグラフィーまがいのとりわけエロチックな意匠が施された第一部の物語が耳目を集めた『ロリータ』は、今日の文学批評においては、エドガー・アラン・ポウをはじめとする先行文学作品を巧みに取り込んだ、いわゆる「引用の織物」としての性格を持つ精妙な言語構築物との評価が確立している。[2]また、六〇年代に『青白い炎』（一九六二）や『アーダ、あるいは情熱――ある家族の年代記』（一九六九）といった極めて難解な作品を発表したナボコフは、文学的技法に極めて自意識的なポストモダン文学の先駆者として、その過剰なまでに複雑な虚構世界によって自らの時代を超える「言葉の魔術師」と目されることが少なくない。だが、『ロリータ』を書き上げた時点でのナボコフとは、まずもってケルアックをはじめとする同時代の作家たちと文学史上を並走する存在、いわば、五〇年代アメリカ文学の旅仲間《スプートニク》ではなかったか。

　本稿では、作品と同時代のアメリカ文学・文化との共振関係を議論の足掛かりとして、とりわけ小説の第二部において顕在化する『ロリータ』のロード・ナラティヴとしてのジャンル意識を考察する。作中における「旅《ロード》」の主題と「法《ロー》」にまつわるモチーフとの関連にも目を向けながら、五〇年代を生きたアメリカ作家としてのナボコフの文学的営為が持つ意義を浮かび上がらせてみたい。

一　ロードに映る時代

議論の便宜を図るため、ここで改めて『ロリータ』第一部の物語を辿り直しておこう。

一九一〇年、スイスでホテルを経営する裕福な家庭に生まれたハンバートは、初恋の少女アナベル・リー——ポウ晩年の詩「アナベル・リー」("Annabel Lee")とは綴り違い(Annabel Leigh)——との思い出に囚われてか、「ニンフェット」と呼ばれる九歳から十四歳までの特定の少女しか愛することができない。イギリスの大学に進学したのち、三〇年代をフランスはパリで過ごすなか、彼は自らの性的嗜好の隠れ蓑として同世代の女性と結婚する。だが、妻の浮気が発覚した結果、二人の夫婦生活はあえなく破綻。それからしばらくして、アメリカに住む叔父の遺産を相続したことをきっかけにヨーロッパを離れたハンバートは、一九四七年、東部の郊外に位置するラムズデールにおいて、下宿先となった中産階級の未亡人シャーロット・ヘイズ宅で十二歳の娘ドロレスと運命的な出会いを果たす。

今は亡きアナベルの面影を重ね見ながら、「ロリータ」の愛称でもってドロレスに対する密かな思いを募らせるハンバート。しかしながら、ヨーロッパ出身者らしく洗練された身のこなしを持つ下宿人に夢中になったのは、ハンバートにしてみればアメリカ的俗物性の権化たる、母親のシャーロットの方であった。求愛を受けたハンバートは、父親となることでロリータとの距離を縮めようという下心を抱きながら、彼女との再婚を決意する。ところがある日、ロリータへの思いが事細かに綴られた秘密の日記をふとしたきっかけで目にしたシャーロットは、折しもハンバートの正体に気付いたその直後、自動車に撥ねられ命を落としてしまう。『ロリータ』の第一部は、母親を失った少女を連れたハンバートが行くあてもなく全米旅行へと出かける場面で幕を閉じる。

作中でも言及される「ベデカーのガイドブック」(二五四)を彷彿とさせる旅行記風の体裁を取った第二部冒頭の三つの章において、ハンバートとロリータはアメリカ全土を縦横無尽に駆け回りながら、各地の観光名所巡りを続ける。ヨーロッパ人によるアメリカ訪問記といった趣を兼ね備えたこの全米旅行の場面に関して注目すべきは、そこにハンバートが抱く戦後アメリカ文化への嫌悪感が滲み出ているということである。

渡米直後には香水広告の企画編集に携わり、その「浅薄さと似非文学的側面」（三二）を嘲笑っていたハンバートは、とりわけアメリカの広告文化に辛辣な批判を浴びせている。例えば、道路脇の商品広告が目に飛び込んでくる度に「広告のように恍惚としながらはしゃぎまわる」（一六一）ロリータが、実のところシャーロットと同じアメリカ的俗物、「理想の消費者、あらゆる汚らわしいポスターの主題にして対象」（一四八）であったことを嘆くハンバートは、そうした色眼鏡越しに「ＡＲＴ――全米冷凍輸送会社（American Refrigerator Transit Company)」（一五七）という社名にも冷ややかな視線を送っている。いわば広告ごときが芸術を騙る新世界の光景は、彼にしてみれば唾棄すべきものでしかない。

その一方で、広告をはじめとする消費文化のみならず、作品と同時代のヒットソングや映画、雑誌といった大衆文化への言及が散りばめられた『ロリータ』においては、こうした主人公の態度はむしろ、路上の看板広告さえもが芸術となりうるアメリカの道《ロード》の可能性を嬉々として見つめたであろう、作者ナボコフ自身の陰画と見なすことができる。[3] したがって、アメリカのいわゆる高級モダニズム文学のうち、高度技術の出現によってもたらされた新たな文化的状況に対して『ロリータ』のナボコフだけが適切に応答してみせたとするフレドリック・ジェイムソンの指摘も、あながち誇張とは言えまい。マスメディアの発達による「日常のイメージ化と文化化」の帰結としての高級／大衆文化の区別の融解と、州間ハイウェイ整備の副産物たる観光旅行産業の発展に伴う「アメリカ全土の画一化と商品化」（ジェイムソン　一四六―四七）。戦後アメリカ文化が経験したこれら二種類の変容過程こそ、『ロリータ』が描く旅の物語の主題に他ならない。

今私たちの前に光り輝いている、狂ったキルト刺繍のような四十八州を横断する、こんなになめらかで快適な道路はこれまでに見たことがなかった。私たちはそうした延々と続く幹線道路を貪欲にたいらげ、そのつやつやと黒く光るダンスフロアの上を恍惚となって無言のままで滑っていった。（一五二）

旅行案内書を片手に旅程のシミュレーションを繰り返しつつ、広告イメージが氾濫するファンタスマゴリックな空間のなかをひた走るハンバートとロリータにとっては、移動手段である幹線道路さえもがその飽くなき消費の対象となりうる。広告のような理想的な旅の雰囲気を演出し、魅せられた旅人たちを消費活動という名の終わりのないダンス・パーティーへと連れ出すアメリカン・ロードの誘惑。高級雑誌等で使われるつや出し《スリック》上質紙を思わせるこの黒光りした真新しい幹線道路には、商品としてのアメリカの国土を「たいらげ (consume)」ようとする観光旅行者の消費主義的欲望が、鏡のごとく鮮やかに映し出されているのである。

二　法外なる旅路

作品と同時代、大衆消費文化が隆盛を極めたアメリカの姿を映し出す鏡としての、『ロリータ』のロード。だが、そこにはさらにもう一つの欲望、すなわち、ロリータに向けられたハンバートの性的欲望もまた映り込んでいる。この点に関して注目すべきは、ハンバートと「法律との奇妙な関係」（二三八）である。

全米旅行を続けるなか、ハンバートはロリータに対して「夢の娘を守る夢のパパ」（二四九）を自称しつつも、行く先々の公立図書館に立ち寄っては彼女との親子関係を保証する法律文書を捜し出そうと躍起になる。ところが、目を通した資料はどれも、州が未成年者の後見監督をするといった曖昧模糊とした情報しか教えてくれない。「裁判所の命令なしに後見人が被後見人の住所を変更することはできない」アラバマ州や、「十四歳以下の子供に対して親族が永続的な世話と保護を保証する場合には、裁判所の権限は介入しないと規定されている」ミネソタ州など、ハンバートは州間の差異が作り出す迷路のごとき複雑な法の恣意性に翻弄されていく（一七一―七二）。

しかしながら、法律や社会的慣習に内在する恣意的性格こそ、ハンバートにとっては自らの性的嗜好を正当化するための格好の材料であった。[4] こうしたハンバートの企ては、例えば小説序盤、ニンフェットの生態が講義口調で語られる場面（第一部第五章）において認めることができるだろう。そこでは、英米の法制度における未成年者の定義の違いをはじめ、思春期前の少女との結婚および同棲が容認されるインド東部の部族、あるいは、ウェルギリウスやダンテ、ペトラルカといった小児性愛《ペドフィリア》的嗜好を持っていたとされる文学史上の人物への言及を通して、ニンフェット愛が文化的多様性の一つであることが主張されている（一九）。また、ホテル「魅惑の狩人」でロリータと初めて関係を持った直後の場面（第一部第三十二章）でも、ハンバートは「女性は十二歳になれば結婚できるというローマ法の規定は、教会で承認され、現在でもアメリカにおいてはこれが黙認されている州がいくつかある」と述べながら、読者に向けて自らの行為を弁明していた（一三五）。さらに、シチリアでの父娘間の性的交渉に触れ、「そういう関係を持った女子が地域社会から非難の目で見られることはない」と断言して憚らないこの狡猾な主人公は、全米旅行中もロリータとの共犯関係を維持することに余念がない（一五〇）。

ハンバートの巧妙な話術に絡み取られたロリータは、ある意味ではハンバート以上に、路上をパトロールする警官に代表される法の監視を恐れるようになっていく。こうしたハンバートとロリータの関係性が孕み持つ法的問題に目を向けた時に前景化してくるのが、作中におけるメキシコの役割である。

ケルアックの『路上』では、サル・パラダイスとディーン・モリアーティは国境の先に待つ「魔法の土地」メキシコへと辿り着いた（ケルアック 二五七）。それとは異なり、ハンバートとロリータが南米の地を踏むことはない。[5] 一度目の全米旅行中にメキシコ付近の街を訪れた際、合衆国の内側に留まり続けることを選んだハンバートは、後になってそのことをひどく後悔する。

> ふたたび東に向かって、彼女をビアズレーの私立学校に通わせたのは、大きな間違いだったと今にして思うが、それくらいだったらなんとかしてメキシコ国境を越え、亜熱帯の楽園の中で二年間ひそんでから、我がかわいいクレオールと結婚すればよかったのだ。（一七三―七四）

東部の大学町であるビアズレーにしばらく滞在したのち、二度目の全米旅行の準備に取り掛かる際、ハンバートは再びメキシコ旅行に思いを馳せるものの、その計画が現実となることはない（二〇八）。

ここで改めて思い出したいのが、『ロリータ』におけるメキシコが「結婚」のイメージと密接に結び付いた場所であったということである。当地は他でもないロリータの両親の新婚旅行地であり、アイルランド系のハロルド・E・ヘイズとドイツ系のシャーロット（旧姓ベッカー）との間に生まれた混血児《クレオール》たるロリータは、夫妻のベラ・クルス訪問中のハネムーン・ベイビーであった（五七）。それゆえに、おそらくシャーロット本人からこの話を聞かされたであろうハンバートが抱くメキシコへの逃避願望は、ヘイズ夫妻の新婚旅行のグロテスクなパロディと見なしうる。[6]夫妻の忘れ形見たるロリータを「まだ思春期の愛妾」（一四八）と呼びながら、南米の地で彼女との間にもうけた娘を、さらにはその孫娘をも愛撫するという度し難い妄想（一七四）を膨らませるハンバートにとって、未だ地図上でしか見たことがない未踏の地であるメキシコの情景は、ロリータとの蜜月の日々が約束された地上の楽園、まさしく、合衆国の法の外部に位置する夢のような性愛空間として立ち現れてくるのである。

三　蜜月の裏側

夢のメキシコを思い浮かべながら、ロリータとの新婚旅行物語《ハネムーン・ナラティヴ》を紡ぎ出すハンバート。だが、自身が「子供に淫らなまねを働く犯罪的な性的異常者ではない」という彼の強弁（一五〇）は、その物語が実のところ現代版捕囚体験記《キャプティブ・ナラティヴ》であったという事実を逆説的にも露呈させている。というのも、本作と英国産の亜流ハードボイルド小説との物語的親近性を論じた若島正がいみじくも指摘するように、「単純に最小限のストーリーだけを取り出してみれば、『ロリータ』は十代の少女の誘惑と誘拐の物語として読むことも可能である」からだ（若島　七一）。無数の観光旅行地を巡りつつ、絶えず移動それ自体を目的とした移動を続けるハンバートとロリータの旅程は、両親を亡くしたのち性的関係を強要する義父に連れ回される少女にしてみれば、終わりのない悪夢以外の何物でもない。

私たちはいたるところに行って、実際には何も見なかった。そして私は今ふと思う、私たちの長かった旅行は、美しく、信頼にあふれた、夢見るような広大な国土を曲がりくねった粘液の跡で汚しただけのことで、もうその国土もすでに私たちにとっては、ふりかえってみれば、隅を折った地図や、ぼろぼろになった旅行案内書や、古いタイヤ、そして夜ごとの彼女のすすり泣きを寄せ集めたものにすぎなくなっていたのではないか――毎晩、毎晩、私が寝たふりをした瞬間の。（一七五―七六）

戦後アメリカにおける観光旅行産業の象徴であり、『ロリータ』のロード・ナラティヴを駆動させる重要な物語装置でもあるモーテルの機能は、ハンバートが思い描くロリータとの蜜月の裏側に隠された犯罪性を炙り出すための有効な手掛かりとなるだろう。[7] かつてミシェル・フーコーは、「純然たる解放の相貌を示す」と同時にその裏で「奇妙な排除」を含むモーテルを、複数の用途が入り混じった現代的な特殊空間、すなわち「混在郷」の一つに数え上げていた。「人はそこに車で恋人を連れて入り込む。あるいはまたそこでは非合法的な性行為が、周囲から隔離され戸外にはわからぬようにして、完全な擁護のもとおこなわれる」（フーコー 二八五―八六）。ロリータとの秘密の関係によってもたらされる「至福の中に交差する絶えざる危険と恐怖」（一六八）に頭を抱えるハンバートが、幼少期の思い出が詰まった父親のホテルとは似ても似つかぬこの種の宿泊施設を好んで利用した最大の理由は、こうしたモーテルの混在郷的性格にこそ求められなければならない。

> 宿泊設備のタイプとして、すぐに私のお気に入りとなったのは機能的なモーテルである――清潔で、小綺麗で、安全な隠れ家であり、睡眠や、口論や、和解や、満ち足りることを知らない道ならぬ恋にはもってこいの場所だった。
> （一四五）

ロリータと大声を上げて交わったハンバートに翌朝声をかけてきた隣室の宿泊客は、目の前の紳士然とした人物が夜ごと娘をその腕に抱いているとは思いもよらない（一六四）。隣室からクローゼットに上着をかける音が――あるいは、少女のすすり泣く声が――聞こえ漏れてこようとも、その閉鎖空間の内情はモーテルの私秘性によって巧みに覆い隠されてしまう（二一〇）。

さらに、混在郷《ヘテロトピア》が理想郷《ユートピア》との間に鏡像関係を結ぶとすれば（フーコー 二八〇―八一）、ハンバートが「天国の独房」（二四五）とも呼び表すモーテルの一室、あらゆる旅行者に向けて門戸を開きながらも何人にも邪魔されることのないこの秘匿空間は、彼が憧れた夢のメキシコが現実化した場所であったとも考えられるだろう。言い換えれば、ロリータとの非合法的な関係を黙認する隔離された性愛空間としてのモーテルのうちに、ハンバートはまさしく合衆国の内部に潜む法の外部を見出したのである。

四　書くことの違法性

かくして、法の外側を目指し続けたハンバートとロリータの一度目の全米旅行は、しばしの中断を経たのち、フィルム・ノワールばりの追跡劇を繰り広げる二度目の全米旅行によって戯画的に反復されるなか、ヒロインの失踪をめぐる分身譚風の探偵小説的展開へと引き継がれることになる。その後、ハンバートがロリータを連れ去った宿敵クレア・クィルティの居場所を突き止め、この宿敵への復讐を遂げる場面でスラップ・スティック仕立ての山場を迎える『ロリータ』のロード・ナラティヴは、一貫して多種多様な文学ジャンルを錯綜させながら結末へと一気になだれ込み、ロリータとの永遠の生を願うハンバートの言葉によって締め括られる。

いま私の頭の中にあるのは、絶滅したオーロクスや天使たち、色あせない絵具の秘法、預言的なソネット、そして芸術という避難所である。そしれこれこそ、おまえと私が共にしうる、唯一の永遠の命なのだ、我がロリータ。（三〇九）

小説の最終章にあたる第二部第三十六章の冒頭、クィルティを殺害したハンバートは再び路上へと乗り出し、来た道とは反対方向の幹線道路へと車を走らせていく。主人公の旅路の果てを描いたこの小説結末近くの場面は、犯罪小説としての側面を持つ『ロリータ』における「旅」の主題と「法」のモチーフとの関連性が持つ意義を問う上で、極めて示唆的である。

道路は今や広々とした田園風景の中をどこまでも伸びていて、そのとき私の脳裏に閃いたのは（抗議とか、象徴とか、そういうものではなく、単に新しい体験として）、人間のあらゆる規則を無視したのだから、ついでに交通規則を無視してもかまわないのではないかということだった。そこで私は幹線道路の左側に渡り、その気分を点検してみると、たしかにいい気分だ。横隔膜がとけていくような心地よさで、触覚が拡散していく感触もあり、わざと道の反対側を走ることほど基本的物理法則の抹殺に近いものはないという思いでその感覚がいっそう強くなる。（三〇六）

引用文中の括弧内の記述を反語的に捉えたとき、物語の展開に沿ってこの場面を象徴的に解釈することは容易い。幹線道路を逆走するハンバートの姿は、何よりもまず、直前の場面でのクィルティ殺しの再演と見なすべきだろう。つまり、ここで無謀にも試みられた「交通規則 (the rules of traffic)」の無視には、殺人という「人間の規則 (laws of humanity)」の決定的な無視が換喩的に示されているのである。

しかしながら、「人間の規則」というフレーズに「あらゆる」という語が付されているように、ここでハンバートの言葉が、彼が犯した殺人以外の犯罪行為を含意するという可能性も大いにありうる。神話的なイメージを纏った少女たちが、老いることなく戯れ続けるアルカディア的空間、すなわち「手で触れることのできない魅せられた時間の島」を目指す「孤独な航海者」（一七）を自称するとともに、ロリータが成長し、ニンフェット適齢期の限界である十四歳を抜け出すことを絶えず恐れるハンバートは、まさしく時間の経過という「基本的物理法則 (basic physical law)」の「抹殺」を密かに企てていたのではなかったか。自らが作り上げた幻想のなかの「ロリータ」を愛する反面、ドロレスという名のどこにでもいそうな普通の少女の姿を直視しなかったがために、彼女の人生を修復不可能なまでに傷つけてしまったこと。かつて哲学者リチャード・ローティが喝破したハンバートの自己中心的性格の倫理的欠陥、つまりは他者に対する「残酷さ」こそ、彼が犯した殺人と並ぶもう一つの罪に他ならない。

加えて、ロマンチックな比喩形象をふんだんに盛り込んだ性的妄想を繰り広げるなか、自らのニンフェット愛の正当性を主張し続けるハンバートは、物語の登場人物としてのみならず、語り手としてもまた、異性愛をめぐる社会的「規則」に対して絶えず「抗議」していたとも考えられる。小説に付された架空の序文で語られる『ロリータ』の枠物語において、ハンバートは殺人の罪（おそらく）により投獄されたのち、裁判判決の準備として手記に自伝を書き綴ったとされる（三—四）。そうした語り手としてのハンバートの試みは、壮麗なる言語で構築された自らの物語を通じてのロリータとの取り戻せない過去への逆行、つまりはもう一つの「基本的物理法則」の「抹殺」の目論見として捉えることができるだろう。言い換えれば、幹線道路を逆走するハンバートの姿は、獄中で法の監視下に置かれてもなお私的な幻想を通じて「芸術という避難所」への逃亡を図る、語り手の手記執筆作業の隠喩とも見なしうるのである。

結——亡命作家のジャンル地図再制作

このように、幹線道路の「奇妙な鏡映側」（三〇六）を突き進む語り手としてのハンバートと、それを手記に書き込む語り手／書き手としてのハンバートの姿が重なり合うこの場面には、「書くことの違法性」とでも呼ぶべき『ロリータ』の主題が寓意的に示されている。[8] だとすれば、度重なる犯罪行為によってまさしく人の道を外れゆく性的逸脱者の姿を描いたこの小説それ自体もまた、パロディやパスティーシュの手法によりロード・ナラティヴをめぐる「ジャンル地図の書き直し」（ミルズ 三二）を試みた、作者ナボコフの文学的営為の寓意として読み直すことができるのではないだろうか。

一九一七年のロシア革命勃発により祖国との別離を余儀なくされたのち、二〇年代から三〇年代にかけてヨーロッパ諸国で亡命生活を送ったナボコフは、一九四〇年のアメリカへの移住とほぼ同時期にロシア語作家から英語作家へと転身した。合衆国においては一部の批評家と亡命ロシア人コミュニティの間でのみ知られる一人の移民作家として四〇年代を過ごしたのち、渡米から約十年の歳月が流れた五〇年代初頭、「アメリカ作家」となることを強く意識したナボコフは、モーテルをはじめとするアメリカ的事物や主題を自作に取り入れるという方法を選び取ることになる。

奥行きと遠近感（郊外の芝生、山間の牧草地）を考慮して、私は数多くの北米を舞台にしたセットを組んでみた。［……］私がスイスのホテルや英国のインではなくアメリカのモーテルを選んだのは、単に私がアメリカ作家になろうとしていて、他のアメリカ作家が享受するのと同じ権利のみを主張するからである。［……］そして私のロシア語作品の読者なら、私の旧世界（ロシア、英国、ドイツ、フランス）が私の新世界とまったく同じで、どれも幻想的であり個人的な世界だということをご存知だろう。（三一五）

自動車旅行に出かける傍ら、人知れず自らの「幻想的であり個人的な世界」を作り上げようとしたその密かな企ては、結果として、自らを「ロシア文学」あるいは「アメリカ文学」といった慣習的ジャンル区分、すなわち、「規範と禁止事項」を伴う「境界」を指し示す「ジャンルの掟 (the law of genre)」（デリダ 五二）から逸脱させる契機となった。「旧世界」の数々の国境を越えた根無し草《ルートレス》が流れ着いた、「新世界」としてのアメリカ。この新天地を旅するなか、『ロリータ』を通じて国民文学を規定するジャンル的境界をも乗り越えようとした亡命作家は、かくも見事に国際的な名声へと続く道《ルート》を切り拓いてみせたのである。

注

1 本文中の『ロリータ』及び「『ロリータ』と題する書物について」からの引用は、括弧内にアルフレッド・アペル・ジュニア編『注解版ロリータ』の頁数のみを記す。また、引用に際しては若島正の訳文（新潮文庫、二〇〇七年）を使用し、一部標記を改めさせていただいた。

2 『注解版ロリータ』に付されたアペルの「序論」及び注釈を参照。また、アペルは本稿の主題であるナボコフと同時代アメリカとの関係性についても優れた研究を残しており、『ナボコフの暗黒映画』（一九七四）においては、米国大衆文化が「その消費者を作り出し、また支配していく方法」を巧妙に利用した『ロリータ』が、五〇年代アメリカ小説のなかでも特異な位置を占める作品であったと論じている（一五）。

3 『ロリータ』における大衆消費文化の扱いについては、レイチェル・ボウルビーやマリーナ・グリシャコヴァ（一七三―八一）らの論考が詳細に論じている。

4 法の恣意性を逆手に取るハンバートの倫理的欠陥については、ダナ・ドラグノイユを参照。より法学的な観点から『ロリータ』を論じた先行研究としては、スピーチ・アクト理論を援用しながら作中における「判決文」のモチーフを考察した、スーザン・エリザベス・スウィーニーが挙げられる。

5 モリス・ディックスタインは、『ロリータ』が発表前の『路上』をすでにしてパロディ化していたとし、両者の差異を強調している（一二二―二四）。他方で谷内田浩正は、『ロリータ』の登場人物の移動が醸し出す停滞感や閉塞感が『路上』との間に類似性を持つと論じている（八七）。

6 ホテル「魅惑の狩人」の場面で隣室のトイレの水音が「ナイアガラ」と形容されていることからして、こうした新婚旅行にまつわる意匠は第一部においてすでに認められる（一三〇）。『ロリータ』におけるハネムーン・ナラティヴのパロディに関しては、ナボコフをナサニエル・ホーソーンとポー、メイン・リードと続くアメリカ文学における「小児性愛《ペドフィリア》的ピカレスク小説」の系譜に位置付けた、エリザベス・フリーマンを参照。

7 ジョン・A・ジャックルらの大著『アメリカのモーテル』（一九九六）において、『ロリータ』はモーテルが孕み持つ潜在的な不道徳性や違法性を描き出した重要な時代的証言として引き合いに出されている。それによると、モーテルが売春をはじめとする社会的逸脱行為を助長するのではないかという懸念は、早くは三〇年代から少なからず持たれていたという（一六―一七）。

8 六〇年代以降に顕著となるロード・ジャンルのセルフ・パロディ化の先駆けとして『ロリータ』を位置付けたロナルド・プリモーは、ハンバートの逆走行為を「書くという行為それ自体の隠喩」であると論じている（九八―九九）。本稿の考察は、あくまでジャンル論的観点からのわずかな指摘に留められたこのプリモーの見解を補強し、作品論へと敷衍することを目指したものである。

引用・参考文献

Appel, Alfred, Jr. *Nabokov's Dark Cinema*. New York: Oxford UP, 1974.

Boyd, Brian. *Vladimir Nabokov: The American Years*. Princeton: Princeton UP, 1991.

Bowlby, Rachel. "*Lolita* and the Poetry of Advertising." 1993. *Vladimir Nabokov's* Lolita*: A Casebook*. Ed. Ellen Pifer. Oxford: Oxford UP, 2003. 155–79.

Derrida, Jacques. "The Law of Genre." *On Narrative*. Ed. W. J. T. Mitchel. Illinois: U of Chicago P, 1981, 51–77.　デリダ、ジャック「ジャンルの掟」野崎二郎訳、W・J・T・ミッチェル編『物語について』海老根宏他訳、平凡社、一九八七年、八九―一三六頁。

Dickstein, Morris. *Leopards in the Temple: The Transformation of American Fiction 1945–1970*. Cambridge: Harvard UP, 1999.

Dragunoiu, Dana. "*Lolita*: Law, Ethics, Politics." *Approaches to Teaching Nabokov's* Lolita. Eds. Zoran Kuzmanovich and Galya Diment. New York: MLA, 2008. 121–27.

Freeman, Elizabeth. "Honeymoon with a Stranger: Pedophiliac Picaresques from Poe to Nabokov." *American Literature* 70 (December, 1998): 863–97

Grishakova, Marina. *The Models of Space, Time and Vision in V. Nabokov's Fiction: Narrative Strategies and Cultural Frames*. Tartu: Tartu UP, 2006.

Jackle, John A, Keith A. Sculle, Jefferson S. Rogers. *The Motel in America*. Baltimore: Johns Hopkins UP, 1996.

Jameson, Fredric. *The Seeds of Time*. New York: Columbia UP, 1994.　ジェイムソン、フレドリック『時間の種子――ポストモダンと冷戦以後のユートピア』松浦俊輔・小野木明恵訳、青土社、一九九八年。

Kerouac, Jack. *On the Road*. 1957. London: Penguin Books, 1972.

Mills, Katie. *The Road Story and the Rebel: Moving through Film, Fiction, and Television*. Carbondale: Southern Illinois UP, 2006.

Nabokov, Vladimir. *The Annotated Lolita*. Ed. Alfred Appel, Jr. 1970. New York: Vintage, 1991.

Rorty, Richard. *Contingency, Irony, Solidarity*. Oxford: Oxford UP, 1989.

Primeau, Ronald. *Romance of the Road: The Literature of the American Highway*. Bowling Green, OH: Bowling Green State UP, 1996.

Sweeny, Susan Elizabeth. "Executing Sentences in *Lolita* and the Law." *Punishment, Politics, and Culture* (*Studies in Law, Politics, and Society*. vol. 30). Eds. Austin Sarat and Patricia Ewick. Oxford: Elsevier, 2004. 185–209.

フーコー、ミシェル「他者の場所――混在郷について」工藤晋訳『ミシェル・フーコー思考集成X』蓮實重彦・渡辺守章監修、筑摩書房、二〇〇二年、二七六―八八頁。

谷内田浩正「不思議の国のロリータ」『ユリイカ』第二三巻第一一号（一九九一年一〇月）：七八―八八頁。

若島正「『ロリータ』と英国大衆小説――グリーン＝ゴードン論争の背景をめぐって」若島正・沼野充義編『書きなおすナボコフ、読みなおすナボコフ』研究社、二〇一一年、六五―八一頁。

対抗するサウンドスケープ

——『路上』における聴覚ネットワークの生成

三添　篤郎

一九五七年に出版されたジャック・ケルアックのロード・ノヴェル『路上』が、もっぱら六十年代対抗文化の先駆として文学・文化史的に位置づけられてきたのはなぜか。この理由を吟味する批評家のひとりオマル・スウォーツは、『路上』における周縁的な人種やセクシュアリティーへの認識が、五十年代の白人的規範と交渉しながら逸脱し、六十年代の多元主義的ヴィジョンの先駆けになっていたと文化政治学的に論じてきた。また、テクストで表明される白人主人公サル・パラダイスの「ホワイト・ニグロ」への人種越境願望や、ポストコロニアル研究を足がかりとしてテクストのメキシコ表象を地政学的に読解する、昨今の政治的批評もその延長線上に定位するものと考えることができる。

こうした政治的読解のなかでしばしば見過ごされてきたのは、『路上』が視覚よりも聴覚に訴えるテクストであるという特徴である。すでに一九五八年には、ウォレン・トールマンが「ケルアックの音」というタイトルの論考で、『路上』の文体が音響的な訴えかけを持っていると指摘した。近年においても、文化批評家ダニエル・ベルグラドは戦後文化を論じる中で、ケルアックのテクストを「サウンド・テクスト」と位置づけて、即興ジャズが文体に影響を与えたと指摘している。ケルアックも「耳にしたサウンドの区切り」でコンマ等を打ち、統語法は無視していると小説技法論「即興散文の重要事項」で宣言してきたため、この議論の有効性は長らく保たれてきた。

『路上』における音声・聴覚の重視は、このようなもっぱら印象のみに依存する文体論にとどめておくべきではなく、むしろ政治的な文脈から読解していかなければならない。近年の聴覚文化研究の代表的な論客が強調するのは、人種・ジェンダー・エスニシティといった近代の様々な眼差しの体系を支えてきた視覚認識に対する、聴覚認識の見直しの必要性である。彼らによれば、視覚の時空間認識に対して、聴覚の時空間認識はズレを伴いながら、対抗的な音のネットワークを形成し続けてきた。対抗文化の担い手たちに『路上』が広く受容されたのは、文体に留まらずテクストを通じて聴覚が前景化されているからではないか。本稿が試みるのは、サル・パラダイスの聴覚がいかに音をめぐって多角的に描かれているかに着目することで、ロード・ノヴェル『路上』におけるサウンドスケープに、対抗文化へと連なる聴覚の実践様式を見出すことである。

一　音響防備都市

一九五七年に刊行された『路上』は、一九四七年から五十年までを時代設定としている。大学生サル・パラダイスが手元にあるGIビルを資金に、盟友ディーン・モリアーティの住むデンヴァーに向かう日付は、やや意外なことに、物語の初めに一九四七年七月と正確に記されている（九）。文学史的記述を飛び越えて合衆国政治史に目をやれば、四七年七月とは、サルが旅立った日ではなく、冷戦構造が確立した年として記録を留める。この年月には、トルーマン大統領が国家安全保障法を制定し、CIAと空軍が誕生し国防意識が高まり始めた。また駐在ソビエト大使ジョージ・ケナンは、ソ連への「封じ込め政策」を決定付けるいわゆる「X論文」を『フォーリン・アフェアーズ』誌に一挙掲載した。大学生サルは、合衆国がソ連との冷戦構造を形成した、まさにその時に家庭と大学が位置するニューヨークを飛び出している。

『路上』は、冷戦の形成期と同時代的な時間を共有していただけでなく、明確に冷戦の防衛政策やミリタリズムを意識している。ワシントンを通過中、トルーマン大統領二期目の就任式に立ち会ったサルとディーンは、第二次大戦から朝鮮戦争までの米軍主力爆撃機となったB29などの「殺人的な」軍事テクノロジーを見てトルーマンを嘲笑し冷やかす（一三五―一三六）。また物語終盤に差し掛かる場面では、メキシコを訪れたサルとディーンが、橋や道路を破壊し、瓦礫の藻屑にしてしまう原子爆弾あるいは、それ相当の破壊力を持ったテクノロジーを想像し、合衆国の冷戦軍備政策を間接的に批判する（二九八）。

こうした軍備政策のなかで、音響・聴覚の観点から注目に値するのが、民間防衛（civil defense）である。民間防衛は、サルが居住する都市空間を音によって一元的に管理しようとした国策であった。この政策の実質的な萌芽は真珠湾攻撃直後の四二年にさかのぼる。軍部とベル電話会社の共同研究のもとマンハッタン橋で実施された大規模な実験では、機械的なサイレン音が同心円状に拡散することが確かめられ、その成果は終戦直後に音響工学専門誌『アメリカ音響協会誌』で公開されていく（Jones）。この専門的な実験結果は民間にもたちまち流布する。五二年のクライスラー社の広告においては、「一七三デシベルの音を生み出し、時速四百マイルで伝わる」空襲サイレンは、「普通のコンディションなら三マイル離れても聴こえる」ため、合衆国の都市は大音響で防衛可能であると強調されている。機械によって増幅された大音量を都市一円に鳴り響かせれば、ケルアックも住んでいたニューヨークを中心とした爆心地ですら、人的被害は最小限に食い止めることが可能である。こうした対核戦争シナリオは、音響学的な知が軍事技術に転用されるなかで、信憑性を帯びるようになっていった。

合衆国政府が推し進めようとした音響による国防構想は、冷戦初期に徐々にそのスケールを拡大していく。民間防衛の特性とは、短編映画『ダック・アンド・カヴァー』に描かれるように、軍部が民間を護衛するだけでなく、全市民こそが国防ネットワークの一部をなす点にある。全米には八十万人近い市民による防空監視団と、一万六千個もの観察所が設置され、七三のフィルター・センターができていた。敵機や弾頭を上空に発見した合衆国民は、目撃情報を電話を通じて地元の電話局に報告する。その報告はフィルター・センターで情報の精度を確認された後、空軍に受け渡され、軍事的な対応が決断される。もちろん空軍も自前のレーダーで戦闘機を発見するためのレーダー網を、アラスカ一帯の一万キロメートルにわたって、六十基以上配備していた。民間防衛は、有志の市民と電話局とレーダーと軍部をそれぞれ強固な線分で結びつけ、各家庭、各地域、各州を覆う巨大な国防ネットワークを形成しようとした国家プロジェクトであった（Farish 一八九）。こうしたメガロマニアックな発想に基づいた民間防衛政策の一員となった合衆国民は、聴覚をサイレンというひとつの音に傾倒するよう規律訓練されていた。

二　聴覚の想像力

一方で、一九四七年七月にニューヨークを旅立つことから始まる『路上』にも、不可視の音が違った形で張りめぐらされている。ニューヨークという都市空間を自動車で疾走する際、「ラジオもいまはすっかり直って、ワイルドなバップがぼくらを夜のなかへ駆り立てていた。いったいこの先どうなるのか、さっぱりわからなかったが、気にはしていなかった」（二二四）と、ディーンにとって都市空間を移動することは、ローカルなラジオ局にチューニングしていく行為と、同一のものとして捉えられている。ディーンの都市空間認識は、空襲サイレンが描く都市のサウンドスケープに沿ったものではなく、音響メディアを起点に形成されていく。サルもまた、ディーンのメンタリティに身を任せ西へ南へと飛び出していく。サルとディーンが移動過程によって次々と発見していく、不可視のラジオ電波で作られるネットワークは、サイレンのように同心円に広がるものではなく、多方向的に錯綜し混線している。

音のネットワークは西部全体をも包み込む。ディーンは、自動車走行中にテキサス州クリントのラジオ局にダイアルを合わせて、「このラジオ電波は西部一体に飛ばされている」（一六一）と見抜いている。「鑑別所でも刑務所でもラジオを聞かされていた」ディーンは、実は西部の田舎の青年たちとも空間を越えて同じラジオ教育番組を聴いていたと述懐する。[1]さらにディーンは、「ラジオ局のアンテナが放つ凄まじいビームこそが、アメリカの全土をまとめあげている」（一六二）とまで喝破する。ディーンは合衆国全土が、音声メディアのネットワークで結ばれている面を、サルと出会う前から体験していた知性の持ち主として造型されている。サルは、音響メディアに熟知しているとも言いうるディーンと出会うことで物語は進行する。

こうした邂逅を起点にして、サルは、書物に記される単線的な時空間で構成されるアメリカに代わって、複雑な音のネットワークが張りめぐらされたアメリカを発見することになる。ビート派たちの生きた戦後社会を特徴づけるのは、ワルター・オングの区分を使えば、「文字の文化」と「声の文化」とのあいだの葛藤であり、主人公サル・パラダイスはそのような時代性を象徴するメディア的な混成主体である。全編五つのパートで構成される『路上』は、各パートが旅の始まりと終わりによって明確に区分されている。一般にロード・ノヴェルとしての特徴が強調されるあまりしばしば見過ごされることは、各パートの冒頭と結末には、サルが自ら小説を書く場面が挿入されているという点である。サルは小説執筆を中断し、ニューヨークを旅立ってディーンと出会い、西部やメキシコへと移動する。そして、帰宅すると机の上の原稿が目にとまる。サルは複数のメディアを往復する主体である。

しかしサルは、ディーンとの移動を通じて、しだいに文字から声へと、自らの認識体系を移行させていく。西部開拓の地図・歴史書を読んでから旅に出たサルは、さっそく西部に向かい損ね（一〇）、その後は西部開拓史のルートを大きく逸脱する多方向的な想像力を発揮するようになる。

この時期、一九四七年、バップがアメリカ中で荒れ狂っていた。ループの連中も吹いてはいたが、どこかダレたかんじがあったのは当時、バップがチャーリー・パーカーの「オーニソロジー」の時代とマイルス・デイヴィスに始まる新時代の中間で足踏みしていたからだ。パップが生み出す夜のサウンドに耳を澄まして座っていると、この国のいたるところに友人たちがいて、みんなおなじようなだだっぴろい裏庭でいろいろ必死にがむしゃらにやっているのが感じられた。そしてつぎの日の午後、生まれて初めていよいよ西部へ向かった。（一二）

サルは、政治経済的には冷戦の開始を告げるはずの「一九四七年」を、「バップがアメリカ中で荒れ狂っていた」年だと文化的に定義し直している。続けて彼は、「夜のサウンド」を聴き入った瞬間に、「この国のいたるところに友人たちがいて、みんなおなじようなだだっぴろい裏庭でいろいろ必死にがむしゃらにやっている」と思い描くようになる。サルは、合衆国に点在する友人たちを、聴覚的な想像力によって繋ぐ。この脱領域的な想像力は、『路上』の地理的移動行程を「ルート66」に沿って地図化しようとする、ロード・ナラティヴ分析における定番の手段だけでは、到底捉えることができない。サルは、生成されては、一夜にして消失してしまうような、音のネットワークが描き出す、複雑な認知地図を見つけ出そうとしているからだ。

聴覚が視覚に先立つ点では、空襲サイレンが形成した認識と似ているが、『路上』はその構造に立脚しながらも、音楽あるいは音響メディアを媒介にして、ビート派たちをつなごうとする。西部開拓という物語フォーマットに準拠しているように思えるサルは、もう一方において、移動の先々において、ローカルなラジオ局の電波を受信したり、「夜のサウンド」などに傾聴したりすることで、脱領域的でゆるやかなネットワークを即興的に想像し、そこに代替的な合衆国を発見しようとするのである。サルやディーンが捉えようとしたのは、合衆国民を規律するために動員され配備された、民間防衛に代表されるような音響ネットワークとは異なるものである。彼らが想像するのは、動き続けることによって生成され、幻聴されては消えていくような、常に作動し、その形が変化し続ける、管理不能な聴覚ネットワークである。

三　移動する大音響空間

合衆国内を駆けめぐるサル・パラダイスの移動は、たんに音を聴取していく旅程だけだったわけではない。サルやディーンは、聞く主体になると同時に、みずから音を鳴らしサウンドスケープを形成する主体にもなる。物語の前半、第一部では、西海岸の海岸警備隊で労働するサルが野営地で夜のパトロールを行うシーンがある。サルは、騒々しい「ノイズ」を夜間に発していた若い兵士たちを叱責する立場にある。「法と秩序は守らなければならない」(六七)ため「ノイズ」を排除せよとの上官の命令にサルは困惑し、大きな音を立てることが、空間的にも時間的にも大きく制約されてしまうという事態に直面する。冷戦期の国家治安を巡るイデオロギーは、日常的なサウンドスケープを明らかに統制し制限するのである。なぜ第二次大戦後の合衆国において、ノイズは社会秩序に混乱をもたらすのだろうか。

『路上』におけるノイズや大音響への志向は、戦中・戦後における音響学の趨勢と密接に絡まり合っている。大戦中に潜水艦のソナー開発を契機に飛躍的に進化した軍事音響技術は、大戦直後にテープ・レコーダー、LPレコード、FMラジオ、高性能スピーカーとして一般家庭に流通を始めた。それはメディア史家フリードリヒ・キットラーが『グラモフォン・フィルム・タイプライター』で展開したテーゼ――「娯楽産業とは言葉のあらゆる意味で軍用機器の濫用なのである」(二三八)――を文字通り体現するものであった。音の再現忠実性を表すハイ・フィデリティが「ハイファイ」という略称として一般的に親しまれるようになったのは、サル・パラダイスが路上に出ている一九五〇年である。

こうした録音・再生装置は、家庭賛美のレトリックと結びついていた。ソ連が水爆実験に成功した五三年に、『ニューヨーク・タイムズ』は十一ページにもわたるハイファイ特集を組み、核家族がリビング・ルームでハイファイに興じるイラストを、冒頭に大々的に登場させた。特集記事は、「もう数年で、大きく見積もれば、ハイ・フィデリティの装置を持った新築の家は何百万という数になるだろう」（"Records: Fall 1953" 三九）と予測し、静かな郊外住宅地とハイファイが共に戦後家族を支える物質的基盤となっていく様子を伝える。また、音響専門誌『ハイ・フィデリティ』にも、冷戦時代における家庭空間の意義を唱える、以下の記事が掲載されている。

家庭の四方の壁の外の世界は、おそらくもはや、完全ではないにせよ、ほとんどかつてのように悪夢的な場所ではなくなったが、理想郷でもないのも確かだ。外の世界は未だに、大量の醜悪さと不安であふれている。こうしたことから、家庭というのは避難所として奉仕しなければならないし、避難所以上にならなければいけないのだ。家庭とは、こう言って良ければ、翌日、翌週、翌月にそなえて、魂が治癒され、リフレッシュされ、強固なものとなっていく場なのだ。（"The Why and Wherefore" 五一）

ハイファイは戦後核家族の消費文化に組み込まれると共に、全面核戦争の恐怖から逃避するための家庭娯楽テクノロジーとして合衆国に広まった。戦中に開発が加速した軍事音響技術は、戦後の閑静な郊外住宅において、家族構成員をつなぎとめるメディアとして見なされていった。

しかし、実態は異なっていた。ハイファイ音響機器の受容者の大半は男性であったからだ。先の『ニューヨーク・タイムズ』と同年五三年の『ライフ』誌上で組まれた別のオーディオ特集「ハイファイ集団」を読むと、当時の男性は、音響機器を手にすることで、行為遂行的にマスキュリニティを構築していく契機を獲得しようとしていたことがわかる。この報道に付された写真には、家族はおらず、多くのハイファイ装置に囲まれた五人の男性のみが掲載されている。特集記事を読み進めれば、郊外住宅のガレージとリビング・ルームの間に十一フィートもの長さのスピーカーを男手ひとつで組み立てているマッチョな身体を持ったオーディオ・マニアの写真が登場する。写真のキャプションには「力強いハイファイ・ホーン（MIGHTY HI-FI HORN）」（Brean 一六二）とファリックな修辞が書き足されている。

ハイファイは文化実践の場において、家族のための娯楽としてよりも、むしろ男性文化として機能していた。五十年代には『ハイ・フィデリティ』『オーディオクラフト』『ホーム・ミュージック』『ステレオ・レビュー』といった男性オーディオ・マニア向けの音響専門雑誌が相次いで刊行された。さらに都市部を中心に定期的に開催されたオーディオ展覧会の告知は、ほぼ毎月、専門誌から主流雑誌にいたるまで幅広く掲載されて、各地に点在する男性オーディオ・マニアの連帯感を強めた。一九五五年に行われた読者アンケート調査によると、オーディオ雑誌の平均的読者層は、三九歳で二万ドルの価値がある家を所持し、自分で車を運転し、一年に一度は旅行をしてゴルフとテニスをし、妻と十三歳以下の子ども二人がいる、男性であった（"Questionnaire"）。

なぜ男性なのか。『ハイ・フィデリティ』誌の分析によれば、それは、戦場から帰還した「男性が今日の世界において自分ひとりで出来ることが何か必要である」ため、「スピーカーを組み立てることが想像力の才能を発揮する男の最良の機会」（Cost 四三）となっていたからである。スティーブン・M・ゲルバーが指摘するように、家庭空間において日曜大工をＤＩＹで行う作業が、十九世紀以降、男らしさを維持するための機能を合衆国内で果たしてきたならば、アンプや円盤や配線を組立て直すという、第二次大戦直後にブームとなったハイファイ文化の実践様式もまた、ジェンダー化されたＤＩＹ文化のひとつとして見なすことができるだろう。ハイファイに興じる男性は、戦場で使った経験のある音響技術を用いることで、戦後に失われかけた男らしさを再獲得しようとして、ガレージや自室で、音響機器の改造や工作にいそしんでいた。

そして、家庭内でのマスキュリニティを誇示する手段のひとつが「大音響」であった。一九四〇年代末から五十年代のハイファイ言説は大音響への言及に満ちている。サル・パラダイスが旅に出ている四九年に『サタデー・レヴュー・オブ・リテラチャー』は「音楽を大音響で鳴らすこと」(“On Playing Music LOUD”)と題して、大音響を操作する男性と、それを悪夢に感じる女性を対比するイラストを掲載している。五十年代後半になっても、例えば『ニューズウィーク』誌は、「妻の大半は夫の場合にくらべてソフトな音量を欲しているのです。[……]推測ですが女性は喋りたいし、話を聞いて欲しいのです」(Chappell 七〇)と、大音響をめぐる性差を強調している。男性化されたハイファイ文化は、家庭の静寂をかき乱す行為として捉えられていく。戦場から帰り、商用化された音響機器を操作し、大音響で音楽を聞く男性たちは、家庭の秩序を乱す者である。

サル・パラダイスもまた、こうしたハイファイ・オーディオ・マニアの文化領域に接近している。彼は、想像力を喚起させる多様な音を鳴らすことのできる空間を求めて移動に出ていくのである。『路上』の出だしが何よりも妻との離婚で始まっているのは、家庭空間に回収されかけた音響文化を、奪い返すための切断行為として解釈しなければならない(一)。そして、サルは大音量を自ら生み出すことが可能な場を、家庭・都市・キャンパス以外に求めていく。第二部冒頭の章では、サルとビート派の仲間たちが、室内で蓄音機を再生したときの音量が、「途方もなく熱狂的な音量」(一一二)であったと説明されている。サルは移動の先々で蓄音機、ジュークボックス、さらにジャズ・バーやクラシック・コンサート会場で多様なジャンルの音楽を聴いて回る。こうして新たに発見されていく、一夜限りの音響空間は、「法と秩序」をすり抜ける。

運転の最中でも、車内が大音響空間になっている点は強調してもしすぎることはない。「俺たちは本当に何も怖がってはいない」(一三四)と宣言したあとに、不安感を補う形で、カーラジオのヴォリュームが最大限にあがり、「車が身震いしてしまう」(一三五)とまで書き記されている。車内で展開する「現代世界の不安を大音量で補う」というレトリックは、核の不安を空襲警報サイレンで解消していくという民間防衛のレトリックを変奏したものでもある。『路上』における移動とは、たんに西海岸やアメリカ合衆国の名跡を観光でめぐるものではなく、大音量を鳴らすことのできる空間を、徐々に発見していくプロセスなのだ。

メキシコという空間は、一連の大音響空間を探索する試みのなかに定位し直すことができる。第四部のメキシコは、たんに合衆国との地政学的な関係性のみが問題なのではない。確かにメキシコという周縁性に対してケルアックがエキゾチシズムを抱いていたことは、「魔術的国境線 (the magic border)」(二七三) という語に集約できる。ただし、ここでも想起すべきは、メキシコへの移動の目的が、ラウドスピーカーを大音量で鳴らすことと明言されている点である。サルはバーでマンボ音楽を聴取している情景を以下のように記す。

> バーのカウンターのなかに経営者がいて、その若い男は、ぼくらがマンボを聴きたいと言うとすぐさま飛び出していき、レコードを山のように抱えて戻ってきたが、ほとんどがペレス・プラードで、それらを拡声装置にかけた。たちまちグレゴリアの町のどこからもサラ・デ・バイレ (ダンスホール) で楽しいことをやっているのが聞こえることになった。ホールのなかも音楽はさながら爆音で――ジュークボックスはこのように使うべきで、ジュークボックスはそもそもそういうものだ――そのすさまじさにディーンとスタンとぼくはしばしすっかり粉々にされ、そういえば好きなだけでかくして音楽をかけたことがなく、これが自分たちの求める大きさだといきなり気づいたりした。音楽はどすんどすん直撃してきた。[……] こういうすごいナンバーが金色に輝く不思議な午後のなかに割れるように轟き、まるで世界の終末の日かキリストの再臨する日に鳴り響く音楽みたいだった。トランペットの音があまりに大きいので、はるか遠くの砂漠でも聞こえているのではないかと思ったが、もともとトランペットはそこで生まれたのだ。ドラムは発狂していた。(二八六)

引用部では、ラウドスピーカーから流れる「ペレス・プラード」のマンボ音楽が、黙示録的イメージに重ねあわされている。「終末の日」から「キリストの再臨」を通じて、最終的に「砂漠」地帯に木霊する音は、『新約聖書』「黙示録」における「ラッパ」を転用して、「拡声装置」から流れる「トランペット」の音として語り直されている。

確認してきたように、核戦争が始まる際の合図は、同時代では空襲サイレンの音として語られ続けていた。空襲サイレンの大音響が鳴り響いたとき、世界の終末がやってくるとも言える。核戦争に伴う音が制度によってサイレンの音として規定された時代に書かれた『路上』では、音とは自ら産みだすものであり、決して体制側が操作し強制するものとしては描かれていない。『路上』は自らの大音響空間を発見していく過程を克明に留めている。

四　対抗するサウンドスケープ

聴覚が前景化されている『路上』というテクストが生成される過程においても、音響テクノロジーは重要な役割を果たしている。ケルアックは一九五〇年にビート派ニール・キャサディからテープ・レコーダーの購入を勧められ、翌年に『路上』の初稿を書き上げるとすぐに買いに行っている。半年後の一九五一年には、キャサディに宛てた手紙の中で、「『路上』は本となって、何かを巻き起こすだろう。ゆっくりと、テープに朗読してみてくれ。僕のほうはすでにニューマン・レコード店の奥の部屋でジャズ風に書いたこれをテープ録音した」（*Selected Letters* 三二六—二七）と興奮気味に綴る。ケルアックはテープ・レコーダーを使用することで、『路上』というテクストが音声として響くかどうかを確認し、テクストそのものをレコードのような響きのある音響メディアとして構築しようとした。『路上』の読者はテクストの音響を追体験し、空襲サイレンといった国家によって統制された規律的な音響ネットワークとは別種の、流動的で脱中心的なネットワークを想像するリスナーになる。

テクストで表明される大音響や集中的な聴取は、最終的に、空襲警報サイレンに代表される制度的なサウンドに代わって、もうひとつの「アメリカン・サウンド」を発見していくことにつながる。シカゴのジャズ・バーに立ち寄ったサルは、「耳を象のように大きく広げて、アメリカン・サウンド」（二四二―四三）を生み出していくジャズ奏者に畏れを感じる。さらに物語結末は、ディーンが物語冒頭から前景化していた聴覚能力へと、サルがいっそう憧れを抱き、聴取の技法を身に付けようとする宣言で終わる（"We listened, all ears" 三〇四）。冷戦初期合衆国では、聴覚というひとつの器官をめぐって文化抗争が展開していたのであり、『路上』は制度によって封じ込められた耳を、開放していくよう呼びかけている。実際、『路上』刊行の二年後にケルアックは、創作理念を三十か条で列挙した「近代散文のための信条と技巧」の二番目で、「あらゆるものに耳を傾けて、純粋に聴け」（Charters 五九）と宣言する。この宣言を先取りすると言ってよいサルは、音に耳を開くことで想像力を加速し、冷戦初期の合衆国地図にあらたな聴覚ネットワークを上書きしていった。

『路上』というテクストに内在する以上のような論理は、これ以降の合衆国文化に急速に波及する。四十年代半ばには全国的に広まりつつあり、テクストに痕跡をとどめ始めるFMラジオ放送は、五十年代半ばになるとディスク・ジョッキーを中心に若者の音響共同体を形成する。一九四九年には、ビート派もサンフランシスコでローカルFM放送局KPFAの開局にたずさわり、五五年にアレン・ギンズバーグの代表詩「吠える」がラジオ放送に乗って初めて公共的に伝播された。そして、想像力によって繋がる音のネットワークは、やがて、「大音響」を鳴らしつつバスでアメリカ全土を移動したメリー・プランクスターズの対抗パフォーマンスや、国家による制御を無効化しようとした四十万以上の若者が集った「ウッドストック・ネイション」のサウンドに連なりつつ、サウンドスケープとしての六十年代対抗文化を開花させることとなるのである。『路上』は、冷戦初期に国家によって制度化され管理されつつあった音響学的知を、ロードという導線を通じて、対抗文化領域へと輸送していったのである。

注

1　尚、ビート派全体の活動を語る上でも教育を切り離すことはできない。ハーヴァード大学出身のウィリアム・バロウズを除いて、ジャック・ケルアック、アレン・ギンズバーグ、アラン・テンコ、ジョン・クレロン・ホームズ、ルシアン・カー、ローレンス・ファリンゲティといったビート派作家は、皆コロンビア大学出身である。コロンビア大学は、一九四六年に「ロシア研究所」を開設し、ソ連研究を戦後合衆国でいち早く推し進めた特異な位置にある。また一九五三年に大統領になるまで五年間ドワイト・アイゼンハワーが学長を務め、ライオネル・トリリング、マーク・ヴァン・ドーレン、C・ライト・ミルズらの戦後知識人を一同に抱えた研究母体でもあった。今後、ビート派の文化活動全体を評価する場合に取り組まなければいけない作業は、彼らの白人エリート的出自を安易に批判することではなく、コロンビア大学が知識生産の場として戦後合衆国において担っていた役割を見据えつつ、ビート派の活動全般と戦後学術・研究体制との関わりあいを多面的に析出し直していくことである。

引用・参考文献

Belgrad, Daniel. *Culture of Spontaneity: Improvisation and the Arts in Postwar America*. Chicago: U of Chicago P, 1998.

Brean, Herbert. "THE 'HI-FI' BANDWAGON." *Life*. 15 June 1953: 146–48, 151–61.

Buxbaum, Edwin C. "On Playing Music LOUD." *Saturday Review of Literature*. 25 June 1949: 51.

Chappell, Russell. "Hi-fi: The Sweet Smell of Profits." *Newsweek*. 29 July 1957: 69–71.

Charters, Ann, ed. *The Portable Beat Reader*. New York: Penguin, 1992.

Chrysler. Ad. *The American City Magazine*. Feb. 1952: 14.

Cost, Jim. "Have Casket, Need Corpse." *High Fidelity*. Dec. 1958: 43–44, 165.

Farish, Matthew. *The Contours of America's Cold War*. Minneapolis: U of Minnesota P, 2010.

Gelber, Steven M. "Do-It-Yourself: Constructing, Repairing and Maintaining Domestic Masculinity." *American Quarterly* 49.1 (1997): 66–112.

Jones, R. Clark. "A Fifty Horsepower Siren." *The Journal of the Acoustical Society of America*. Oct. 1946: 371–87.

Kerouac, Jack. "Belief & Technique for Modern Prose." *The Portable Beat Reader*. Ed. Ann Charters. New York: Penguin, 1992. 58–9.

——. *On the Road*. New York: Penguin. 1976.『オン・ザ・ロード』青山南訳、河出書房新社、二〇一〇年。

——. "Essentials of Spontaneous Prose." *The Portable Beat Reader*. Ed. Ann Charters. New York: Penguin, 1992. 57–8.

——. *Selected Letters, 1940–1956*. Ed. Ann Charters. New York: Penguin, 1995.

Ong, Walter. *Orality and Literacy: The Technologizing of the Word*. London: Routledge, 1982.

"Questionnaire." *High Fidelity*. Sep. 1955: 16–21.

"Records: Fall 1953." *New York Times*. 22 Nov. 1953. Section 2, Part 2: 39.

Swartz, Omar. *The View from On the Road: The Rhetorical Vision of Jack Kerouac*. Illinois: Southern Illinois UP, 1999.

Tallman, Warren. "Kerouac's Sound." *The Tamarack Review* (Spring 1959): 58–74. *On the Road: Text and Criticism*. Ed. Scott Donaldson. New York: Viking P, 1979.

"The Why and Wherefore." *High Fidelity*. Jan. 1957: 51.

キトラー、フリードリヒ『グラモフォン・フィルム・タイプライター　上』石光泰夫・石光輝子訳、筑摩書房、二〇〇六年。

＊本稿は『日本アメリカ文学会　東京支部会報』六九号（二〇〇八）に掲載された論文に一部大幅な加筆を加えたものである。

第二部

異郷／越境をめぐる物語

旅するオペラ一座

――映し出される時代と「アメリカ」という国

西垣内　磨留美

アメリカの初期のオペラ興行は、「輸入」に頼るものであった。オペラの巡業の記録としては、一八二五年のイタリアの一座、二年後のフランスの一座が最も古い。さらに遡れば、ヨーロッパから一人から数人のスターを招き、その他の必要なスタッフはアメリカの劇場専属劇団員でまかなうといった、興行としては、歌手の公演に近いものであったが、一八二〇年代以降、劇団全体を「輸入」するという形式が優勢となってくる。ヨーロッパからやってきた一座は、東海岸が中心ではあったものの、南北戦争前の時代にあっても、南部へ、また、北部からカナダへ巡業し、鉄道網の伸張に従って内陸へも進み、彼らの足跡は、アメリカ各地に及んだのである。

創成期から南北戦争前のオペラ興行をつぶさに調査したものとして、キャサリン・プレストンの『オペラ・オン・ザ・ロード』(二〇〇二)がある。本書は、章毎に、特定の実在した劇団に焦点を絞り、詳細な記録を提供しているが、同時に、歌劇団の「旅の解説ともなり得る」としている(xiv)。本論では、アメリカ各地を移動し、その有り様を映す鏡ともなったオペラ一座の側面に着目して、この報告を中心に資料を読み解き、この時代のオペラ興行から浮かび上がるものを検証し、「アメリカ」という国をとらえ直すこととした。

本論は、アメリカを巡業した数多くのオペラ一座の興行を追うことで、国の、また、文化の創成期のアメリカにとって彼らがどのような存在であったのかを検討し、南北戦争によって国としての様相が変わる前の姿に立ち戻り、この国の根底に流れるものの一端を探る試みである。

一　南北戦争前のオペラ興行とその移動

アメリカのオペラ興行は、初期には、数人のスター歌手の巡業を待ちコーラスや演奏は地元の劇場でまかなうといった公演が主流であったが、一八三〇年代後半から、すべて団内の人員でまかなう形式のイタリアからの大規模なオペラ劇団の活動が目立って来る。平行して、十人に満たないという小規模ながら、イギリスの一座も渡米し、一八五〇年代には、規模も大きくなり、歌手の興行とイタリア歌劇団との中間的な存在として定着する。この頃イギリスから渡米したセギュイン夫妻が、過渡期の例となる。彼らについては、スター歌手という認識が根強かったが、後に、オペラ一座の中のスターという認識に移っていくのである。

夫妻の旅程も当時の興行を物語る。ニューイングランド地方はもとより、北はモントリオール、西はセントルイス、南はニューオーリンズに至っている。オペラ一座の多くがニューヨークを巡業の起点・終点にしており、東海岸の興行数が優ってはいたが、未発達の移動システムにも関わらず、広範囲に精力的に移動したのである。彼らの旅程の広がりは、文化の伝播を意味した。例えば、当時、シンシナティは、既に港町として栄えており、オペラの上演も経験していたが、一八四三年に初めて三十人を擁する大規模イタリア歌劇団を受け入れたことが報告されている。また、イギリスからやって来たパイン・アンド・ハリソン歌劇団の一八五六年の巡業は、六ヶ月間に渡り、百八のオペラと十二のコンサートを行ったが、その移動範囲は東海岸の都市からアメリカ内陸の開拓地最前線にまで及び、そのどの劇場もが、熱心な観客で溢れたという。彼らの人気は、開拓民にも音楽や劇への希求があったことの証しであり、都会ほどではないにしろ、その希求を満たす努力がなされていたということになる。

シンシナティやニューオーリンズへの主な移動手段は、オハイオ川やミシシッピ川の蒸気船であった。船旅特有の苦労もある。パイン・アンド・ハリソン歌劇団は、オハイオ川が凍り、五日間の足止めによって孤立するという災難にあっている（プレストン 二七七）。一方で、川の流れが緩やかすぎて船が進まず、船を離れて森に入った一行がオオカミと遭遇したという逸話を紹介する別の一座の座員の日誌も存在する（ラドロー 一八一一九）。また、航行中の嵐は無論のこと、蒸気船の爆発、炎上も絵空事ではなかった。定期船で、綿花の積み荷と同船することもあり、船の煙突から飛ぶ火花と燃えやすい綿花の過剰な積載という条件の下で、火事の危険と隣り合わせなのであった。フロンティアの無法地帯を通ることもあり、河川荒らしも出たというから、命がけの旅でもあったのである。乗り合いの駅馬車で、五分ごとに降りて歩かなければならないほどの悪路を行ったという手記も残っている（ウェミス 二巻二三二）。鉄道網の発達が、彼らの苦労を軽減したであろうことは想像に難くない。一八五〇年代、鉄道への依存は高まり、鉄道網が広がる時期に合致して、彼らの旅程も内陸へと拡大して行く。通常は、劇場との契約は前もって行われたが、興行を終えた町から既に契約した次の町まで距離がある場合には、途中の町に一、二回の興行を挟むこともあった。オペラ一座の移動の広がりは、小規模都市も含めたアメリカ各地へのオペラ文化の浸透でもあったのである。巡業経路が交差すると、その興行地ではオペラとダンスなど、劇団同士のジョイント公演も行われた。アメリカ国土の上でいくつもの円環が回転しつつ、交わるとそこでまた新たな文化交流を人々にもたらしたとも言えるだろう。

二　座員の見たアメリカ

オペラ一座の座員の旅の手記には、公演に関する内容だけでなく、日々彼らの目に映った当時のアメリカの姿も記録されている。この点については、一八五五年から五六年に書かれたパイン・アンド・ハリソン一座の指揮者アンソニー・ライフ・ジュニアの日誌に得るものが多い。ライフ自身は、ニューヨーク出身で当時としてはそう多くない有能なアメリカ人音楽家であったのだが、移動中の船内や興行地の教会で、イギリス人と思われ、時には、反感を持たれたりもしている。実際にオペラ一座はヨーロッパ産というのが一般であったが、人々の間でも、オペラ一座とヨーロッパは容易に結びつくものであったということであろう。ライフが身に覚えのない敵意の的になったのは、新世界から旧世界への複雑な感情に端を発していたとも考えられるが、これについては後述する。

ライフが活躍した時代には、一座の人々は各家庭に招かれ歓迎を受けている。遡って、一八一五年頃には、必ずしも富裕層でない農場などに泊まることもあり、納屋で寝た経験を、俳優を兼ねた経営者であったノア・ラドローがその手記『劇的人生――回顧録』（一八八〇）で回想している。時には、座員と現地のネイティヴ・アメリカンの少女との間に恋が芽生えたりもした。座員が移動途中で訪れたネイティヴ・アメリカンの集落であったと考えられるが、私的な手記故に詳細も真偽のほども不明ながら、学校があり、少女たちは英語を話したことが、記録されている。ラドローはまた、この時目にした座員の恋に題材を取り、後に劇を制作したと語る。乗り物での部外者との乗り合いといい、一般家庭での宿泊や夕食会といい、座員と町の人々との距離は非常に近いものであったと考えられる。劇場での聴衆の熱気はもちろん相当なもので、一八四七年、ボストン市民による歓待は、マウォットという女優に、「聴衆の鼓動が自らの胸と重なって波打っていることを感じる瞬間がある」と言わしめている（二六五）。彼女はディーヴァではないが、オペラ一座の座員への歓迎も同様のものであったことが類推される。

ライフが人々と交流したアラバマ州モビールは、オペラ支援の気風があった町で、施設も充実していたとされるが、同時にその地でライフは、自然に魅了されたり、初めて奴隷市を目撃したりしている。一八三〇年代のピッツバーグを訪れ、その繁栄ぶりに目を見張り、まるで蜂の巣のようであったと感想を漏らした俳優の記録もある。「溶鉱炉のうなりやハンマーの音は昼夜絶え間なく響き、西部に向けた商品を満載にした荷馬車が川や運河の岸辺を行き交い、……到着したり出航したりする蒸気船の鐘やエンジンの音が町の繁栄と住民の事業の拡大を請け合っていた」(ウェミス 二巻二二〇)。ピッツバーグと言えば、アンドリュー・カーネギーのお膝元となり、南北戦争以降、鉄鋼都市として最盛期を迎えたことに注目が集まりがちであるが、南北戦争以前にあっても、町が活発に動いていたことがわかる。河川交通の要地であり、近隣地が鉄鉱石を産したことから、工業地として、すでに発展していたのである。

体系的な記録ではないが、断片的であるにせよ、当時の町の生き生きとした一場面が切り取られている。これらの座員の記録は、いわば、定点観測の対極であり、立ち位置が常に移動することで、地理的な比較の概念が入りやすい傾向にあるように見える。常にアウトサイダーであることから得られる落ち着きを持った視線は、意外に信頼できるかもしれない。時間的な概念も除外されているわけではなく、ライフは、開拓地の森や丸太小屋、つまり、当時の開拓最前線を目にする機会を持つが、その時に「町の始まり」を意識し、二十五年後にはここで公演しているかもしれないと思いを巡らせている。鉄道敷設直後の町についても、鉄道網の拡大と同時に彼らの旅程が伸長したことを思えば、その様子を極めて近くで記録した冷静な目があったのである。

三　大衆とともに

アメリカのオペラ興行の供給源のひとつであったロンドンの主役級の俳優は、アメリカを「エル・ドラド」と見做していたとの記録がある(コール 一巻三四二)。それも、成功という裏付けがあってのことで、実際に、アメリカに渡り興行した一座の多くが、予想を上回る成功を収めている。その成功を支えたのは、無論、観客である。

演者から観客に目を転じると、オペラ興行の異なった側面が見えてくる。フィラデルフィアの若い書店員は決して裕福であったわけではないのだが、その一八四九年の日記によれば、週に三〜四回のペースで、講演、コンサート、劇場公演の聴衆となっている（プレストン　二二二）。今日の私たちから見れば、贅沢な日々のようにも思えるが、映画も誕生していない時代にあっては、ごく普通の過ごし方であったようである。その嗜好も多岐に渡っており、劇場公演に限ってみても、ミンストレル・ショーから、シェイクスピア劇、オペラと幅広い。劇場に足を運ぶ日常は、前章で見たものとはまた別の、演者と観客の近さを物語るものである。この書店員はフィラデルフィア在住であったからこその頻回な観劇であったと言えるが、地方の人々にも、地方なりの過熱ぶりが見える。当時の地方紙では、専門の批評家を持たない場合も多く、冷静さを欠いた誇大宣伝もなされたようだ。また、公演回数の少なさ、あるいは、前章で見た移動のトラブルからの遅延など、地方の人々は、「待たされる」ことで、興行をより貴重なものとみなし、さらに熱狂したと考えられるのである。

無論、経済的な波及効果もあった。マネージャーの売り出し戦術や便乗商売の存在は、今日とそう変わらなかったと見え、写真はもとより、スターの名入りのタバコやネクタイ、果ては、料理まで登場した。しかし、オペラの人気に最も貢献し、経済効果も上げたのが、劇中歌の楽譜の販売とその流布であった。当時の楽譜は、今日に至るまで、図書館、博物館、古本屋、骨董屋、個人の家の屋根裏で発見される。当時のアメリカのアマチュア・ミュージシャンのオペラ人気を物語るものである。家庭の客間での演奏に加え、街路では、手回しオルガンや少年の口笛に至るまで劇中歌が聞かれたという。つまり、ポピュラー・ミュージックだったのである。吹奏楽などの演奏会でも、頻繁に演目となった。当時の慣習として、客がダンスするための曲を最後に演奏していたのだが、その演目もオペラ出典であった。ダンス曲にアレンジされた楽譜も多数出回っていたのである。その波及効果と大衆性を考慮すれば、イタリアオペラ起源のメロディは、クラシック音楽に留まらず、アメリカの音楽全体に影響したと考えることができる。

オペラの観客の組成はどのようなものであったかについても、確認しておく必要があるだろう。端的に言えば、南北戦争前のアメリカで公演されたオペラは、すべての階級、民族を対象としたのである。南部では、奴隷の入館を認めた劇場もあった。座席の制限はあったものの、客席には、門限に遅れることを許可された証明書を握りしめた奴隷の姿もあったのである。オペラは、あらゆる背景を持った人々が一同に会し、楽しみを共有する機会を提供した。そして、前述のように汎用性を持つことを考えれば、オペラ興行の場は、その場限りの娯楽では終わらず、それに伴う話題の共有を育んだ空間であったことがわかる。交通手段のある限り、アメリカ各地にもたらされたヨーロッパ文化の浸透力は、地理的にのみならず、アメリカ社会のすべての階層に及んだということであろう。観客として受け入れられた階級の範囲が多岐に渡り、かつ、座席のセクションが別れていたために、演目によって拍手のわく場所が異なったという。この意味でも、アメリカ社会の縮図がそこに立ち現れていたのである。

今日も人気のあるロッシーニ作『セビリアの理髪師』、モーツァルト作『フィガロの結婚』、『ドン・ジョバンニ』も、演目に含まれていた。これら、英語圏でないところの歌劇――主としてイタリア歌劇、及び、フランス歌劇――をめぐって、国、そして、時代を映すアメリカならではの反応もある。

その規模の違いも影響して、原語で上演される歌劇のほうが、英語に翻訳された歌劇より高級とのイメージが付与されていた。前述のように、劇場内にはすべての階層を取り込むシステムになってはいたが、観劇料に差があり、イタリア歌劇の観客は富裕層、英語による歌劇の観客は中産階級から労働者階級が多かったのである。イタリア歌劇の値上げに寛容であったボストン市民が、英語の歌劇の値上げには腹を立てたという記録もある（プレストン 二六五）。今日の日本においても、ブロードウェイキャストによる英語のミュージカルに、高い料金を支払っても、また、言葉の詳細がわからなくても、観客は、なお惹き付けられる。その質の差だけでなく、そこにある高級感に酔う心理もあるのかもしれない。

しかし、対立の構図は、観劇料をめぐるものだけではなかった。例えば、大きな興行地であったニューオーリンズには、フランス系エリートの支持するフランス歌劇が伝統的に盛んであったが、それに対し、英語を母語とする人々の対抗意識が見られ、英語の歌劇も人気を博していたというのである。国として固まりつつあった時期の国民感情の発現とも取れる。アメリカ社会の一員としての自尊心も芽生え、旧世界や上流階級に憧れると同時に、対抗意識や時には反感を持つという複雑な感情も生まれた。新興多民族国家であった当時のアメリカであればこそ、このような反応や感情の動きが見られたと考えられる。

また、地方では、興行回数が都会に及ばなかったこともあり、英語版オペラも同様に歓迎されたという事情もある。即ち、地理的な要素も加わって、富裕層や東部都市の支持は原語版オペラ、中産階級や労働者階級、及び地方の支持は英語版オペラに集まったという構図が生まれたのである。英語版オペラも規模が大きくなり、洗練されて来て、都市部富裕層の支持を得始めるのは、一八五〇年代後期のことである。オペラをめぐる嗜好の階級差、また、旧世界に対する感情、ともに、新興国家としてのアメリカの姿を伝えるものと言えるだろう。

四　オペラの変容と亜種の隆盛

前章で見たように、英語版オペラにも、多くの需要があった。ライフの属したパイン・アンド・ハリソン歌劇団の演目のほとんどは翻訳物であった。英語への翻訳には、ディレクター、マネージャー、そして出演者が関わっており、多くはイギリス人であったが、英語版オペラのアメリカ各地への浸透力を考慮すれば、後のアメリカ音楽への影響も少なからずあったであろうことは容易に察しがつく。ここでは、原語版オペラとはまた異なった発展をし、影響力を持っていた英語版オペラについて検討する。

原語から英語への翻訳時に起こった特筆すべき事象は、コメディの要素が加えられたということである。それに伴い、教養として観劇するための歌劇というよりは、娯楽性の高いものになっていった。アリアは口語化され、長い合唱や合奏曲は短い単純な曲に改編された。有名歌手が歌ったことを好餌に、楽譜として販売できる形にまとめるという目標に向けて、曲を改編することさえ多かったのである。元々あった商業性に拍車がかかったことになる。原作の旋律はほとんどそのまま残されたが、歌詞や場面は、——時には、主役の歌手名、作曲家名まで——面白おかしく改造された。テクストそのものがいじくり回され、また、他のオペラの人物が登場したり、原作にない歌やダンスが追加されたりと、やりたい放題の様相を呈していたのである。

しかしながら、これらは、ヴォードヴィル・ショーに連なるものと考えられ、影響を受けたその後のアメリカのショービジネスの質、そして、隆盛を思えば、必ずしも改悪ばかりではないように思える。大胆な演出や独自の解釈が施されたと言えなくもないのである。ロッシーニ原作の『シンデレラ』（一八一七）は、英語化に伴いかなり改編されたが、人々は改編ヴァージョンのほうを好み、原作オペラを好む傾向のあった上流階級の人々さえもその例外ではなかった。一八三〇年代後期から、ニューヨークでタイトルまでもパロディになったパロディ・ショーが上演されたが、まもなく、バーレスク・オペラとして、あるいは、ミンストレル・ショーの演目の一部として、国中で巡回興行されるようになった。オペラは、様々な姿に変わりながら、アメリカに浸透していったのである。オリジナルを知っていてこそのパロディであるが、これまでに見たように、オペラ観劇が当時の人気のある娯楽であり、楽譜が普及していたことを思えば、多くの観客に対しパロディが機能したことは明白である。これらのパロディは、年を経るに従い、「綿密なパロディ化によって、さらに複雑になり、洗練され、一層楽しめるものになっている」（プレストン 三一五）。内容や手法に関しては、ステレオタイプを愚弄する浅薄なユーモアを越えると評価され得るものに進化したのである。バーレスク・オペラは、労働者階級や中産階級はもとより、上流階級の支持をも得ていたことが報告されている。十九世紀後半以降、徐々に大衆文化が変容し、娯楽の多様化や分化が進んで、劇場の対象は分散して行くのだが、少なくともある時期のアメリカでは、オリジナルとパロディの観客層はほとんど変わらなかったのである。

一八七〇年代から一九一〇年代、イギリスのみならずアメリカにおいても人気を博したコミック・オペラの代表格、サヴォイ・オペラは、これらバーレスク・オペラの系譜に連なるものだろう。サヴォイ・オペラは、上演劇場であったロンドンのサヴォイ劇場にちなんで、そう呼ばれたが、主要な作品は、イギリス人のウィリアム・ギルバート作詞、アーサー・サリバン作曲によるものであり、彼らは、コミック・オペラ全盛期の立役者であった。上述したイタリア歌劇やフランス歌劇等の英語翻訳時の改編、興行の成功、そしてバーレスク・オペラなど亜種の隆盛といった動きを考えると、彼らによるコミック・オペラの大成功は、その流れを汲むものであったと言えるだろう。彼らの作品は、原作者を擁するドイリー・カート歌劇団だけでなく、多くの劇団が演目の中心に置き興行していた。実際、彼らの存命中から、無断上演がアメリカで横行しており、ロンドンに先立ってニューヨークで公演された作品『ペンザンスの海賊』（一八七九）も制作されたが、それは、彼らが著作権を守るために、渡米した結果の産物だったのである。サヴォイ・オペラの人気作品『軍艦ピナフォア』（一八七八）や『ミカド』（一八八五）は、今日でも上演されている。ヨーロッパから新大陸へ、そして、フロンティアへ、移民と同様の経路を辿っただけではなく、様々な形状に変容し、様々な人々を巻き込んで、国を越え、時を越え、オペラは旅をしたのである。

一方で、南北戦争前のパロディの隆盛は、アメリカのまた別の側面を垣間見せることになる。プレストンは、『ボヘミアン・ガール』（一八四三）で歌われた「大理石の館に住んだ夢」の歌詞が置き換えられた例を紹介している（三一二―一三）。この歌曲は、現在も、オペラの劇中だけでなく、ケルティック・ウーマンやエンヤによって歌われる哀愁に満ちた美しい曲なのだが、格好の対象であったと見え、数多くのパロディが生まれた。パロディ化の実例を見てみよう。原曲の一部は、次のように歌われる。

大理石の館（マーブルホール）に住んだ夢を見たの
私のそばには、召使いたち
部屋には沢山の人がいて
私は、そこの花だった

これがパロディ化されると次のように変貌する。

ホテルのホールに住んだ夢見ただ
あたいのそばには、銀のなべ
部屋で給仕するニガーの中で
あたいは慰みものだった（チャフ 四八）

パロディ版では、押韻はそのままに、方言で歌われ、人種差別的な内容や表現「ニガー」、「クーン」などが見られる。先に見たように、当初は、イタリア語、フランス語のオペラは上流階級の嗜好、英語への翻訳物は労働者や中産階級の嗜好といった状況があったが、翻訳物が浸透し、地方では、また、時代が進むに連れ都市部でも、座席の差はあったものの、劇場は同時にすべての人々が集う場所となって行った。しかし、ここで、演目の変化、パロディ化によって、様々な背景の人々が共に楽しむ空間からは、遠ざかったようにも思える。また、着目すべきは、その歌詞が、「ポピュラー・ニグロ・メロディー」を集めた一八四九年発行の歌集に収録されているという点である。これは十九世紀のアメリカで数多くなされたオペラのアリアのパロディの一例であり、この種のものが、ポピュラー・ミュージックとして、巷間に溢れていたということになる。巡業によって、北部の街々にも、日常的な、それゆえ改めて意識されないほど根源的な人種差別の増幅がもたらされたとも言えよう。

結

南北戦争前のアメリカの移動手段——鉄道、蒸気船、馬車——による、時には危険を伴う不自由な旅を強いられたにも関わらず、オペラ興行はアメリカ各地に及んだ。その旅の先々で記録された座員の手記には、人々の感情を含め、時代の一風景が切り取られていた。活写された土地は、東部の都市からフロンティアに至り、新興国アメリカの沸々とわき上がるようなエネルギーも感じさせてくれる。アメリカ全土の俯瞰図をイメージしてみると、西部開拓の直線的な人の流れと時を同じくして、国土の上で、劇団興行という名の大小幾つもの円環が回転していたことがわかる。その回転の中で、劇団は利益を得たのと同時に、各地に文化を振りまき、初期には、ヨーロッパ文化を伝播し、後には、都会の空気をも地方にもたらしていたのである。劇場は、アメリカ社会のすべての階層の人々が一堂に会する空間となり、旧世界への憧憬とともに、移民としての望郷の念やアメリカ国民としての熟成途上の愛国精神に働きかけることもあった。また、オペラの異型と言うべきパロディ・ショーは、アメリカのショー構築の洗練に貢献したとともに、人種差別感情を日常化したとも考えられる。その活発な移動によって、オペラ劇団、また、パロディ・ショーの一座がもたらしたものは、功罪の別なくアメリカ社会に浸透し、文化形成の一翼を担うこととなった。オペラ、そしてその亜種の公演の空間的、また、時間的な旅路を追うことは、新興多民族国家から発展して行くアメリカの底流に触れることでもあったのである。

引用・参考文献

Chaff, Gumbo. *The Ethiopian glee book: containing the songs sung by the Christy Minstrels: with many other popular Negro melodies: in four parts: arranged for quartett clubs: no. 3*. Boston, 1849.

Cole, John William. *The Life and Theatrical Times of Charles Kean, F.S.A.: Including a Summary of the English Stage for the Last Fifty Years, and a Detailed Account of the Management of the Princess's Theatre, from 1850 to 1859*. 2vols. London, 1859.

Hephaestus Books. *Gilbert and Sullivan Performing Groups, Including: Carl Rosa Opera Company, D'Oyly Carte Opera Company, Light Opera Works, Skylight Opera Theatre, Light Opera of Manhattan, American Savoyards, Ohio Light Opera, Opera Della Luna, J. C. Williamson*. Hephaestus Books, 2011.

Ludlow, Noah Miller. *Dramatic Life as I Found it: A Record of Personal Experience; with an Account of the Rise and Progress of the Drama in the West and South, with Anecdotes and Biographical Sketches of the Principal Actors and Actresses who Have at Times Appeared Upon the Stage in the Mississippi Valley*. St. Louis, 1880.

Mowatt, Anna Cora. *Autobiography of an actress; or, Eight years on the stage*. Boston, 1854.

Preston, Katherine K. *Opera on the Road: Traveling Opera Troupes in the United States, 1825–60*. 1993. Urbana: U of Illinois P, 2001.

Wemyss, Francis Courtney. *Twenty-six years of the life of an actor and manager: interspersed with sketches, anecdotes and opinions of the professional merits of the most celebrated actors and actresses of our day*. 2vols. New York, 1846.

二つの『シェルタリング・スカイ』と表象
――「コロニアル・ロード・ナラティヴ」のセクシュアリティと人類学

外山　健二

アメリカ合衆国生まれでモロッコに定住した作家ポール・ボウルズ（一九一〇―九九）の最初の長編小説『シェルタリング・スカイ』（一九四九）は、一九五〇年一月出版の『ニューヨーク・タイムズ』に掲載されたベストセラー・リストで第九位にランクされ、初出版当時の販売部数が四十万部であったと言われた成功作品であった。ボウルズはこの作品の刊行により作家としての名声を確立した。この作品には「アルベール・カミュとエドガー・アラン・ポウとの合作」[1] (Green xv) の作風があり、「実存主義的な絶望に貫かれ、陰鬱な魅力が漂う」(Green xv) のである。一九五〇年代初期のアメリカ合衆国の読者がボウルズに求めた要素のひとつは、「行為や冒険」の〈移動小説〉であり、カミュの要素を引き継ぐ実存主義的色合いであったことが分かる。この意味で、アメリカ文学の基幹を構成する「西漸運動」と「アメリカン・ドリーム」が、〈移動〉を駆り立てる人生の「ロード」（道）としてアメリカ人に生成する精神的支柱であり続けていることも背景と考えられるだろう。〈移動〉に係る多種多様な言説が中心となる物語としての「ロード・ナラティヴ」を継承しつつ、北アフリカという土地で「自己の魂を追求する」実存主義的〈移動〉の物語が『シェルタリング・スカイ』であるという見解は可能である。

小説『シェルタリング・スカイ』のほかにもうひとつの『シェルタリング・スカイ』が存在する。それは一九九〇年公開の映画『シェルタリング・スカイ』である。ロバート・アルドリッチ監督の息子で製作者のウィリアム・アルドリッチと監督のベルナルド・ベルトルッチとの話がまとまり、映画化がついに実現したのである。ウィリアム・アルドリッチが一九六四年に映画化権を完全に買い取り、『シェルタリング・スカイ』の映画化という父ロバートの夢を二十六年後に果たしたことになる。この映画が、第四十八回ゴールデングローブ賞（音楽賞）、第十六回ロサンゼルス映画批評家協会賞（音楽賞）、第五十六回ニューヨーク映画批評家協会賞（撮影賞）等を受賞したことにより、一九九〇年代にボウルズの再評価がなされた。もっとも、一九七八年以降のブラック・スパロウ社からのボウルズ諸作品の復刻版が出版された影響もあり、一九八〇年代末から「ボウルズ・リヴァイヴァル」現象が合衆国で起きたが、その「リヴァイヴァル」現象を日本でも見ることができる。四方田犬彦によって、一九八九年にボウルズ短編集『優雅な獲物』（一九五〇）が邦訳され、日本人にボウルズの名が多少知られるようになるなかで、映画化によってボウルズの名は日本で一定の地位が確立し、『ボウルズ作品集Ⅰ〜Ⅵ』（全六巻）が白水社より一九九三年から九五年にかけて刊行された。

本稿の議論は、以上のように一般的に知られている二つの『シェルタリング・スカイ』を対象とし、この二つの『シェルタリング・スカイ』における同一と差異の表象を論証し、それを通して、ボウルズの「コロニアル・ロード・ナラティヴ」の在り方を解明したい。それはセクシュアリティ（性愛）と人類学を再考する契機ともなり、アメリカ文学における「ロード・ナラティヴ」という準拠枠に対して、また、従来のボウルズ研究に対して、新たな視座を提示することにもなるだろう。

一　「愛の物語」から「コロニアル・ロード・ナラティヴ」へ

まず、映画『シェルタリング・スカイ』を中心に吟味する。この『シェルタリング・スカイ』のパンフレット（松竹株式会社事業部編　一九九一年三月三十日発行）には、「サハラ沙漠を背景にして愛を追求するドラマ」で「エキゾチックで、観客をひきずりこまずにはおかないラブ・ストーリー」とあり、「愛の果てを見る勇気がありますか」と問いかける。ベルトルッチ自身、この映画を「恋愛映画」（松竹株式会社事業部編「監督・インタビュー　ベルトルッチは語る」『シェルタリング・スカイ』）と認めている。ベルトルッチが小説『シェルタリング・スカイ』を初めて読んだとき、登場人物の「苦痛」を感じ、その最初の頁から「死臭」を感じた(Negri 53)という。それらを彼は取り除いてしまった。

この『シェルタリング・スカイ』が「愛の物語」であるとすれば、どのような点が「愛の物語」と言えるのか。主人公のアメリカ人男性ポート・モレズビーは、その妻キットと友人のタナーと共にモロッコのタンジールに上陸し、その街のカフェ・デックミュール・ノワズーでサハラ沙漠の内陸へ向かうことを決断する。そのカフェがあるタンジールからサハラ沙漠の南下横断が開始されるが、その南下への移動の前に、ポートは一人の現地人、アラブ人スマイルにタンジールの街の外れにあるテント村で美しい女友達を紹介すると誘惑される。そこは一種の売春宿であり、ポートとそこの現地人のアラブ人女性マルニアとの愛が迫力ある映像で迫ってくる。タンジールに着いたポートは、ライル母子の車でブーシフへ行くことにするが、キットとタナーは汽車でブーシフへ向かう。その汽車で、彼らの不倫の物語が演出される。そのブーシフでは、ポートとキットの二人は自転車でサハラ沙漠を見渡せる小高い丘へ行き、愛の営みを行う。さらに、サハラ沙漠の奥地にあるスバという街で、ポートの死後、キットは一人でサハラ沙漠横断中のキャラバン隊に加わるが、その中にいたアラブ人ベルカシムという若い男にレイプされる。サハラ沙漠のさらに奥地であるスーダンという街にキャラバン隊が到着すると、ベルカシムは自宅の屋上の部屋にキットを監禁し、ベルカシムとキットはその部屋で愛の営みを行う。このように見ると、映画『シェルタリング・スカイ』は確かに「愛の物語」である。その「愛の物語」は、坂本龍一によるモロッコ音楽「ジャジューカ」と合い重なって強化されている。ジャジューカは「数世紀の間モロッコの宮廷音楽だった」が、「ジャジューカ・パイプとドラムによる催眠的な力を持ったこの音楽は出陣前のベルベル人の騎兵の心を奮い立たせるために用いられた」(松竹株式会社事業部編『シェルタリング・スカイ』)のである。なお、ジャジューカは一九五〇年代に、ボウルズとタンジールで交流のあった、シュールリアリスムの画家ブライオン・ガイシンによって西洋に伝えられたとされる。ベルトルッチによる小説『シェルタリング・スカイ』の解釈は、「オリエントに対するロマン主義的再構成の一形式」(Said 158) ということになるだろう。[2]

このことは、小説『シェルタリング・スカイ』にもあてはまるであろうか。映画『シェルタリング・スカイ』と同一の登場人物がほぼ同一の移動経路をたどり、大まかなプロットが同一内容であることから「愛の物語」という解釈が成立し、二つの『シェルタリング・スカイ』は愛に関する「ロード・ナラティヴ」であるという結論に達するだろう。しかし、二つに「ロード・ナラティヴ」という共通性を認識し、その同一と差異を見極めるとき、「愛の物語」という解釈がまず問い直される。小説『シェルタリング・スカイ』の一万二百七十六行のうち「ラブシーン」は二十行程度にすぎない。

ベルトルッチは映画『シェルタリング・スカイ』において原作の小説『シェルタリング・スカイ』の描写にはない場面を追加した。それは、原作者ボウルズ本人が映画に登場する場面である。ボウルズは映画に三回登場し、そのうち冒頭と最後に語り手として登場する。ベルトルッチによれば、映画では文学性が完全に欠如しているため、ボウルズ本人を登場させたことになる (Negri 54)。キットは、アフリカ大陸を彷徨する出発点である、コロニアルなグランド・ホテル近くの西洋的装飾様式のカフェ・デックミュール・ノワズーに、再び映画の最後の場面で戻ってくる時、ボウルズに出会う。結末のカフェでは、冒頭のカフェで流れる音楽と、そこにいる子供たちが同一であり、冒頭でもそこにボウルズが登場し、ポートとキット、そしてタナーを眺める語り手を演じる。キットにとってあたかもカフェが帰還すべき場所とも思える設定である。最後の場面で、タンジールのカフェにキットがたどり着くと、冒頭で登場したボウルズが同じ場所に座り、キットに次のように語りかける。

> 迷ったのかね。人は自分の死を予期できず。人生を尽きぬ泉だと思う。だがすべて物事は数回起こるか起こらないか。自分の人生を左右したと思えるほど、大切な子供の頃の思い出もあと数回心に浮かべるか四～五回思い出すのがせいぜいだ。あと何回満月を眺めるか。せいぜい二十回。だが人は無限の機会があると思う。（映画字幕訳版）

ボウルズの台詞である「迷ったのかね」は、ボウルズが同じカフェの場所に座ってキットを待っていたことが念頭にあるように思われる。キットが、アフリカの起点であったタンジールに元々帰還することが前提であったことが、映画内部の原作者ボウルズによって明示され、この映画は終わる。ベルトルッチがたとえ「セクシュアリティ」を前面に押し出したとしても、最後にキットは「自分の死を予期できず」のポートを喪失し、「人生を尽きぬ泉」とは思えない状況で帰還する。「コロニアル・ロード」を経験したアメリカ人キットの帰還である。小説『シェルタリング・スカイ』の献辞は「ジェインのために」となっており、[3] ベルトルッチ監督がボウルズの妻ジェインをキットであると考え、映画『シェルタリング・スカイ』をボウルズの自伝的作品と位置付けたため、[4]「ジェインのために」に代わって「キットのために」が映画『シェルタリング・スカイ』の最後の結末で確認されている。このように、アメリカ人キットは、あたかも西洋人植民者がオリエンタルな植民地から帰還するかのようでもある。

従って、この映画には「愛の物語」と同時に「帰還の物語」が並置されている。さらに、この映画に存在するのは、西洋から眺めた第三世界における「オリエンタル・セクシュアリティ」という言説である。そこに、「コロニアルなロード・ナラティヴ」という言説が絡み合う。タンジールでのポートとアラブ人スマイルとの出会いは「オリエント」という場所での西洋人植民者とアラブ人被植民者とのイメージであり、その導線がアラブ人マルニアへと導かれ、さらに「セクシュアリティ」の場面と連動していた。「オリエント」とは「ヨーロッパでは手に入れることができない性的な経験を探し求める場所」(Said 190) であることが確認できる。このような出来事が、「コロニアル・ロード・ナラティヴ」という枠組みで生成されるのが、映画『シェルタリング・スカイ』であるといえる。

なお、ポートは他の場面でも大いにセクシュアリティに係る。ポートがマラニア以外のアラブ人女性に見る「裸体」や「踊り」は「愛の物語」に連動するばかりか、アラブ人の身体という「他者」性を表象し、その身体は西洋人からのアラブ人女性への眼差しであり、異国情緒にも連動している。映画ではこの「異国情緒」は映像に映し出される舞台装置とともに官能的に強く印象付けられている。

さらに、もしこの映画が「西洋の願望の想像上の地理を構築すること」(Desmond 155) であれば、第二次世界大戦後の植民地言説に基づく異国情緒に陥っていると指摘できる。彼の「純粋な」土地へのロマンス的郷愁が反映され、映画の冒頭では、ニューヨークのマンハッタンが映し出され、タンジールのカフェに座るキットは新聞『ニューヨーク・ヘラルド・トリビューン』を読む。あくまでも、アメリカ合衆国が背後にある異国の地のサハラ沙漠、という読みが誘導される。キットが、キャラバン隊のトゥアレグ族と沙漠を彷徨する場面では、沙漠が強烈に美化され、沙漠の純粋性や素朴性を訴えられているかのようである。

二　「コロニアル・ロード・ナラティヴ」の「旅行者」と「観光客」

以下、小説『シェルタリング・スカイ』を中心に議論を進めたい。小説『シェルタリング・スカイ』は実存主義的小説とこれまで議論されてきた経緯がある。「ボウルズ以外に実存主義的教義を例証した作家はいない」(Solotaroff 256) のであり、「カミュの生命力ある宇宙観やサルトルの意識理論の観点からこの小説は機能する」(Solotaroff 256) のである。ボウルズがサルトルを敬愛していたことからも理解できる。もっとも、この『シェルタリング・スカイ』が、実存主義的小説と一枚岩的に受容されているわけではなく、この小説のテーマは「精神分裂的」(Allen 300) であり、「原始的なものと文明的なものとの衝突」(Galloway 149) とする見方もある。さらには、ボウルズ本人が認めるように、彼の短編「遠い挿話」（一九四五）を底本にしている (Caponi 54) ならば、『シェルタリング・スカイ』は「恐怖小説」と言えるだろう。また、この小説を「虚無主義的」と位置付け、「実存主義的」要素を全面的に容認しない見解 (Bertens 20–21) もある。『シェルタリング・スカイ』は「空虚の連続」とする見解 (Patteson 38) も同じ見方であるだろう。バーテンズはキットの実存主義的苦労を認めているが、モレズビー夫婦に責任の回避と死と心身喪失を読み取る。この『シェルタリング・スカイ』を「愛の物語」する見方が可能であったとしても、そもそも物語の冒頭からポートは妻キットへの最後の望みをかけたかのように愛の回復を試みるが、それはあまり情熱的ではない。しかも、ポートには、人生に目的があるようにも見えず、生きる「意味」を感じることができない「無」の世界がある。[5]『シェルタリング・スカイ』の標題は第一次世界大戦前の「庇護する椰子の木々の奥へ (Down Among the Sheltering Palms)」という歌謡曲の一部からで、ボウルズはその歌謡曲にある語「庇護する (sheltering)」に興味をもった。ボウルズは自伝『止まることなく』（一九七二）で、「椰子の木は何から人間を庇護するのだろう。そのような保護で大丈夫なのだろうか」(1972, 275) と語る。[6] ボウルズはポートに「ぼくはよく空を見ていると、それが何か堅固なものでできていて、その背後にあるものからぼくらを庇護してくれているような感じがする」(1949, 134) と語らせている。その後、キットが「でも、何が背後にあるの」(1949, 134) と聞くと、ポートは「何も無い」(1949, 134) と答える。彼はパスポートまでも「無」くす。ポートの死は「無」と連動し、ポートの死によってポート自身の「コロニアル・ロード・ナラティヴ」が終結する。その時点から新たにキットの「コロニアル・ロード・ナラティヴ」が開始される。『シェルタリング・スカイ』では、ポートとキットは共に「旅行者」であるが、ポートは死に、キットは帰還する。

では、ポートはなぜ死んだのか。彼の「コロニアル・ロード・ナラティヴ」の否定は移動の否定であって、「死」が選択されたのである。その理由は次のようになる。「病に抵抗する土地」、つまり「アメリカという文明国の対極にある場所」がサハラ沙漠であり、そこがポートの終着点であった。ボウルズの母親は旧姓ヴァインヴィッサーであり、ドイツ系ユダヤ人の血筋であった。ボウルズはユダヤ系アメリカ人で、言わば「アシュケナジーム」である。彼がサハラ沙漠横断中にフランス当局からアメリカ発行のパスポートを見せながらも、ドイツ人と間違えられた経験がある。このように考えれば、ボウルズにとってサハラ沙漠は「約束の地」であり、ユダヤ人の起源であるイスラエルの民は、出エジプト後、「約束の地」を求めて沙漠を移動した。イスラエルの「約束の地」エルサレムは、ヘブライ語で「平和の一族」を意味する。ボウルズが求めた「約束の地」は奴隷から解放された「平和の土地」であった(外山 五一—五三)。

このように、ボウルズが描く「旅行者」ポートの使命を重ね合わせることができる。厳密にはキリスト教徒ではないポートが、生前、「原っぱの上か砂丘のなかにひそかに無名のまま埋められる」(1949, 253) ことを望んでいたことは象徴的であるだろう。ボウルズは『シェルタリング・スカイ』を一九四七年に書き始め、その年にモロッコ定住を決意した。『シェルタリング・スカイ』出版後、ボウルズは作曲をやめ、作家に専念する決意をしている。

『シェルタリング・スカイ』は、「旅行者」という観点から「旅行記」を考える契機を与えているだろう。小説では、ポートが「日記」を書き、映画ではキットが「作品」を書くという設定は、「旅行記」を書く行為に通じるものである。「旅行記」からは旅行者が訪れた場所がその人の証拠として「特権化」され、そこに書き手の権威が加わる。その書き手の主張が旅行記ではなされ、その主張はそこで「特権化」される仕組みである。その訪れる場所とは、モレズビー夫婦が目指す場所のように、いまだに荒野な「プリミティブ」な場所であることも多い。したがって、書き手の「特権化」が否応なしに証拠として旅行記では暗示される。その背景には、書き手が住む「近代的」な場所から遠ざかり、「失われた」あるいは「変容した」ものを求めて、〈本当のもの〉（オウセンティシティ）を求める現象がある。旅行記らしきものを書く「旅行者」のモレズビー夫婦は、自称「旅行者」であるが、モレズビー夫婦が「旅行者」というのは「ある場所から他の場所へゆっくり移動する」(1949, 14)「旅行者」の意味となる。この「旅行者」の意味の追究は、次節で「民族誌」との関連で議論したい。

「観光客」には「特権化」は付随しない。「観光客」は「彼自身の属する文明を疑問なしに受け入れる」(1949, 14)ため、映画冒頭のカフェでフランス人らしき夫人にタナーがウィンクする場面は、タナーが今後行う移動に「セクシュアリティ」が伴っていることを暗示している。彼の「観光」は、「おおむね数週間ないし数か月ののちには家へ戻る」(1949, 14) タナーの「オリエンタル・セクシュアリティ」目的の観光である。実際には、タナーの役目は次のようなことになる。まず、タナーがブーシフ行きの汽車にキットと二人で乗る場面は、男女の「セクシュアリティ」を意識させつつ、二節で言及したポートとの関係を壊す不倫を示唆する。次に、ブー・ヌーラからメッサドへ行くために、ライル母子とタナーがモレズビー夫婦と別れた時には、彼はモレズビー夫婦の関係を再構築するのに一役買った。さらに、ポートの死後、行方不明のキットを救うのはタナーであり、彼女の行方を模索するために、彼はアメリカ領事館のフェリー嬢と絶え間なく連絡を取り合う。タナーのこの連絡があって、キットは沙漠の奥地から北アフリカで最初に上陸した街に帰還できた。映画では、このようなセクシュアリティが強調され、ポートとキットとの関係の破壊が試みられ、その逆に強化された。最後にキットを救うというタナーの役目が実現したのは、「自身が属する文明」を維持できたからであり、同時に映画では、マンハッタンの上流階級で知られるタナーが「自身が属する文明」を象徴する現地の「アメリカ領事館」との密な連絡があったからである。

三　旅行者と人類学の眼差し

まず、「旅行者」キットの議論に入りたい。ポートの死後、主人公キットがアラブ人ベルカシムにレイプされる場面／記述では、被植民者である「他者」の性的優越性が示される。ここで注目すべきは、映画冒頭で、タンジールに降り立つキットは、ニューヨークから来たばかりで厚化粧の教養ある作家のアメリカ人女性が、ベルカシムの「奴隷化」以降、ベルカシムの妻たちを欺くために、「男装」して若いアラブ人男性を演じるという設定になっていることである。そのような彼女の顔からは次第に化粧がとれ、日焼けをした肌黒い顔へと変容し、それがアメリカ人から「仮の」アラブ人男性への変容と読み取ることができる。オリエントの沙漠という「他者」が、ある意味で社会的常識を逸脱する「変装」を許容し、アラブ人男性という「他者」に降伏し、白人の言説が崩壊する「コロニアル・ロード・ナラティヴ」の様相を呈しているだろう。

このように、白人のディスコースを崩壊させてまで、ボウルズは何を主張したかったのか。この「変装」を契機に、キットは現地の生活空間にアラブ人を装い入り込むことができた。映画では省略されているため理解不能であるが、小説ではキットは以下のようなことを知った。

たとえば彼女はこの家がベルカシムの父親のものであることを知った。彼の一家は北の方メケリアから移ってきたので、メケリアにもう一軒彼らの家がある。ベルカシムは兄弟たちと交代で隊商を率いてアルジェリアとスーダンの各地を往復している。そしてまたベルカシムがその若さでメケリアに一人とこの家に三人の妻をもっていること、召使いたちを別にして、この建物には父親と兄弟の妻たちも含まれて二十二人の女たちが住んでいることも彼女は知った。(1949, 382)

西洋人が他者を支配するという構図はこの「変装」で転覆され、それと引き換えに、キットの「現地民化」が表面化する。ボウルズの記述の大きな特徴は、「コロニアル・ロード・ナラティヴ」の形をとりながら、「現地民」の視点に立とうと試みる記述か、あるいは「現地民」の視点で記述する点にある。言い換えれば、キットの「変装」は、人類学者による現地民の装いに類似する。この視座では、キットはポートの死後、新たに現地での生き方を模索したことになる。付記すれば、オリエンタルな「他者」であるはずのアラブ人ベルカシムによって、逆に西洋人キットには「他者」としての女性が結びついている。「オリエントの女性化」は「コロニアル言説」には特徴的であるが、二つの『シェルタリング・スカイ』は、ベルカシムを他者として女性化することができていない。現地民の生活水準という地平に立つとき、二つの『シェルタリング・スカイ』のキットのように、オリエントの隷属状態にある女性が、主体行為を行うことが可能なのは、「現地」の生活に可能な限り入り込むことであろう。こう考えると、ベルトルッチは、現地で「トゥアレグ族の文化ではレイプという肉体的な暴力は存在しない」(Negri 60) ことを学んだが、それは、彼らの女族長部族社会という視座を提示することであったろう。あたかも人類学者が現地から出発点に戻ってくるように、その可能性を探るキットは上陸した場所に帰還する。

この議論を補足するため、映画で削除されてしまった小説の箇所について触れておきたい。ポートが死んだその地でキットが訪れたユダヤ人経営の店は、小説では詳細に記述されていた。そのユダヤ人とは、ダウド・ゾゼフという人物で、キットと「ユダヤ人として住むことの難しさ」を話し合ったのである。そして、彼はポートにミルクを飲ませたいキットの気持ちを汲み取り、自分の赤ん坊用に配給されているミルク二缶をキットに渡したのである。このように、現地に住む人々から話を聴き取るキットの姿は看過できない。

タンジールからブーシフへ行くために、キットが汽車に乗る場面／記述がある。キットは、「一等車」から現地民が多く乗る「四等車」へ移動する。そこは「土着のベルベル人とアラブ人ばかりの四等乗客たちが、裸電灯の弱い照明の下で、汚いホームに積み上げられた包みや箱のごった返すなかを、右往左往している」(1949, 83) のである。そこで、彼女はブヌルースを着たムスリム（イスラーム教徒）を「その眼つきには同情の色も反感もなかった。好奇心すらないのではないか」(1949, 84) と分析する。ブルヌースはモロッコ人男性の民族衣装であることから、ボウルズの「現地人レベル」の細部描写が『シェルタリング・スカイ』には存在する。細部をボウルズが記述することは、オリエントを代弁・表象することでもある。

現地民アマルのおかげで、現地で郵便と電信の仕事をしているジェフロワとキットは知り合い、アメリカ領事館員と連絡が取れるようになる。この経緯は映画では省略されているが、現地民とキットとの「情報交換」は、小説『シェルタリング・スカイ』のプロットを大きく左右する要因である。アマルがキットに気づいたのも、「西洋人によるアラブ風の服装」をしている彼女に市場の黒人たちが騒いでいたからである。西洋の人類学者は「オリエントでは東洋風の衣装」を着ることが多いが、これは「傲慢さと敵対心」を隠し、「アラブ人として生きているという証」を確保するためである。キットの場合は、ベルカシムによってこの「証」が確保されていたことになる。映画では、ベルカシムの家の屋上にある部屋に監禁状態で閉じ込められたキットは、いつのまにか書き上げていたと思われる未発表の原稿の一枚一枚をその部屋の天井に吊っていく。その行為は、人類学者が「アラブ人としてここで生きている」という証をもとにした参与観察を通して、「民族誌」を生成する行為に通じるものがある。劇作家としてのキットは、その監禁状態でも「書く」ことで生き生きとして見えるのは、彼女が現地アラブ人にコミットし、「私はここにいる」という「特権化」を主張し、「プロト民族誌」的な物語に「経験」を付与できるからではないだろうか。

「旅行者」ボウルズにも、同様のことが言える。映画の冒頭で、タンジールに降り立つモレズビー夫婦とタナーの荷物を運ぶ役割が、アラブ人の少年であった。同様に冒頭でのタンジールのカフェで靴磨きをする少年もアラブ人だった。このアラブ人の意味を理解するために、小説の第一部「サハラのお茶」にある「サハラのお茶」の意味を読み取ることが必要である。この場面は、映画では削除されているからである。小説では、オランの郊外に、トルコ人の堡塁のテント村があるという設定である。そこには淫売女マルニアがおり、彼女は「三人の娘であるウートカ、ムーナ、アイチャの話」をポートに向かって始めたのである。その話は次のとおりである。「マルニアの生国に近い場所から来た三人の踊り子は、アルジェ、チェニス、そしてオランに出稼ぎにくるが、最もやりたいことは、「サハラ沙漠でお茶」を飲むことであった。収入もそれほどでなかった彼女らはサハラへ行ってお茶を飲むことができない状態であった。ある日、美しいらくだに乗った背の高い美男子タルクイ人が来ると、彼は自分の故郷について話すと彼女らはそのことに聞き惚れた。タルクイ人が彼女らに踊ってくれるようにいい、その後、三人の娘と愛し合い、彼は銀貨を彼女らに一枚一枚与えた。タルクイ人が去ってしまうと、彼女らは悲しいことばかりで、サハラ沙漠でお茶を飲むことも程遠かった。そこで、彼女らがお金をある商人に渡すと、その商人は自分の隊商でイン・サラーへの道が見える高い砂丘へと娘たちを連れていった。それから、タルクイ人が住むタマンラセットを見渡せる砂丘の丘の頂上へ彼女らは上り、お茶を入れたのである。これが三人の娘による「サハラ沙漠でお茶」の話である。ポートが聴いたのは現地のアラブ人女性であるから、「ネイティヴ・インフォーマント」としての役割がマルニアにはあり、この意味で「旅行者」ポートには人類学的視点がある。

同様に映画では削除された、ブー・ヌーラ駐屯部隊の指揮官・ダルマニャック中尉の「ヤミナ事件」も注目に値する。古新聞『アルジェリアの声』に包まれた幼児の死体を彼は集落パトロール中に発見した。その幼児の母親であるヤミナ・ベント・ムスタファは、自分の妊娠を母親から隠し続けたが、ついに、母親の留守を狙って子どもを産みおとし、新聞紙に包んで捨てたのである。この「事件」によって、ヤミナは地方監獄に収容されたが、そこで、全守備隊員に襲われ、殺されたというニュースが流れた。フランス人の保護下にある現地民が死んだことで、中尉の権威は落ち、「現地民の心理」を扱う彼の適格性が疑われた。『クルアーン』（イスラームの聖典）では子供の誕生はアッラー（唯一・絶対の神）の意図である。しかも、ファキーフ（イスラーム法学者）のなかには、妊娠中絶や出産後の嬰児殺しは殺人とみなす者もいる。ボウルズが「自分が生きていた現実から借りてきた細部を原稿のなかに散りばめ」(Briatte 149)、[7]「アルジェリアの声」を反映させたことは確かである。

小説『シェルタリング・スカイ』では、ポートの職業は明確ではない。出入国管理局でポートが上陸した際、彼の旅券の職業の欄は空白のままであった。書類の職業の欄は空白では許可が下りなかったため、小説ではキットがポートを作家だとしたにすぎない。ポート自身は「自分に何らかのレッテル、身分を押し付けねば気がすまぬ役人どもの頑固さに憤慨していた」(1949, 199) のである。あえて言えば、小説で描かれるポートは作家という要素があるとしても、書くという仕事に従事した人類学的旅行家である。ポートは日記を書く時、「地方色」を織り交ぜる（1949, 199)。これは「人類学的視座」の表象とも言える。

結

ボウルズの定住地であったタンジールは、ウィリアム・バロウズやアレン・ギンズバーグなどのビート・ジェネレーション作家たちの「ホーム」となった。一九六〇年代の「ヒッピー」の作家たちの多くもボウルズを慕い、タンジールへと渡った。タンジールは、トルーマン・カポーティ、テネシー・ウィリアムズ、ジャック・ケルアックなどが来ることで活気がもたらされた。だが、ボウルズは、アメリカ人作家としては極めて例外的である。一九六〇年代に多くのヒッピーとボウルズは出会ったが、それは不愉快なものであったという。例えば、ギンズバーグがタンジールに来たときには、マラケシュへ共に行ったが、そのような行為によって「ビート・ジェネレーション」の一員と彼は思われたくなかった(Negri 44)のである。ボウルズは、一九四七年の五月のある夜、「白い街」のタンジールの夢を見たという。その夢によってボウルズはその夏にモロッコ行きを決断し、八月にモロッコ内陸の街フェズで『シェルタリング・スカイ』を書き始めた。ボウルズにおけるオリエンタルな沙漠に関する記述には、植民地言説、セクシュアリティ言説、そして人類学的言説が織り込まれる。沙漠の移動は西洋文明の果てという根源への探求であり、ポートとキットの根源を求める探求でもある。言い換えるなら、ポートとキットの移動は「アメリカの夢」の代償として機能した。ベルトルッチは「二人は何か新しいものを求めて旅立つのだ。自分たちの夢が打ち砕かれてしまったために、北アフリカで粉々になってしまった夢をもう一度作り直そうとする」(松竹株式会社事業部「監督・インタビュー　ベルトルッチは語る」『シェルタリング・スカイ』)のである。このことが新たな「ロード・ナラティヴ」、つまり「コロニアル・ロード・ナラティヴ」を生成したともいえる。

ポートは自国の文明から疎外化され、それを拒否した「国籍離脱者」であって、彼の新しい「選択される中心」は現代から疎外化された周辺の第三世界のアラブ世界である。ユダヤ系アメリカ人のボウルズが、一九三八年にはアメリカ共産党に入党することなどを考えると、「赤狩り」を背景として「国籍離脱者」の選択を彼は迫られたと考えられる。小説『シェルタリング・スカイ』に登場するユダヤ人ダウド・ゾゼフへの好意的な記述は、ユダヤ系アメリカ人ボウルズを示唆するものであり、現地人への共感を示す根源的なものを暗示している。

ボウルズは、自身で直接モロッコを移動の地と決めたわけではない。彼はフランスでガートルード・スタインからモロッコ行きを薦められたのである。ボウルズは一九二九年に初めてフランスへ行くが、その時アンドレ・ジッドの『贋金つかいの日記』を持ち込んでいた。キュビズムの眼をもつシュールリアリスムの作品に影響を受けたボウルズは、フランスに一九三一年再び訪れ、スタインに出会うことになる。そのとき、ボウルズはフランスからモロッコへの眼差しのあることを知った。ボウルズの初期作品「尖塔歌」(一九二八)はシュールレアリスム的作品であり、シュールレアリスムの影響下にある雑誌『トランジション』を通してスタインとは交流があったのである。一九三一年にボウルズが初めてモロッコを訪れた時、駐在するフランス軍を見ながら、「崩壊寸前の文化の崩壊は避けられない」(Negri 41)し、「いわゆる文明化された世界の表象はここにはもはや存在しない」(Negri 41)と痛感したのである。その際、ボウルズはフランス軍がアラブ人を見下す人種差別主義者であると実感した。

一九三〇年代前半のフランスでモロッコへの眼差しは意外と知られていないが、「シュールレアリスムと民族誌学」が大きな影響力をもっていた。一九二五年にフランスでは民族学研究所が設立された。それは、フランスにおけるフィールドワーカーの養成と民族誌学的研究がその目的であった。同年の一九二五年には、アンドレ・ブルトンによって「シュールレアリスト第一宣言」が発表されていた。一九二九年には雑誌『ドキュマン』が創刊されたが、シュールレアリストと民族誌学者が足並みを揃えたものであった。この時期は、フランスがモロッコを植民地支配していた時代であり、シュールレアリストは被植民地モロッコ側を擁護していたという背景がある。

一九三六年にモロッコの伝統音楽録音のためグッゲンハイム財団から給費を求めたボウルズは、人類学者の素質がある。一九四五年のボウルズの創作態度は、次のように知ることができる。

> アラペッシュ族やタラユラマ族の伝承文学を報告する民族学関係の著作を前にいくつか読んでいた。徐々に、未開族の精神に倣った観点に立って、自分自身で神話を創り上げたいと考えるようになった。そうした精神状態を真似る唯

一の方法は、かつてのシュールレアリストたちのように意識のコントロールを放棄し、心に浮かんだ言葉をすべて書きとめることだった。(Briatte 126)

一九四七年にフェズで『シェルタリング・スカイ』を書き始めたボウルズは、その年に同地でアラブ人のアハメド・ヤクービーと知り合った。ヤクービーと知り合った彼は、ヤクービーの話すアラビア語による現地即興物語に関心を寄せ、その話を英訳して一九五三年には「魚を食べる魚を夢見た男」としてまとめ、一九七九年に『五つの眼』にその作品が収録される。一九五五年にはヤクービーの話を記録するためテープレコーダーを購入している。テープレコーダーは一九五五年ごろから手に入るようになったため、ボウルズはアラビア語を録音し、それを書きとめ翻訳することができるようになった。ボウルズの長編小説三作目である『蜘蛛の家』（一九五五）では、アラブ人ムスリムの日常生活など詳細な描写も見られ、主人公と思われるアラブ人ムスリムのアマールはヤクービーがモデルと考えられている。一九五五年ごろからボウルズは翻訳を始めることになったが、モロッコ人の語り手のラヤチ・ラルビやモハメッド・ムラベットなどのアラブ人の「ネイティヴ・インフォーマント」からの現地の話を翻訳し、テープレコーダー入手後に八巻のテープとしてまとめて『五つの眼』を出版した。これは、作家でありながら「人類学的旅行家」という側面をもつボウルズの姿を示している。「コロニアル・ロード・ナラティヴ」としての小説『シェルタリング・スカイ』には、アメリカ人ボウルズが、アラブ人のアラビア語を翻訳するという作業の「コロニアル・トランスレーション」に至る、現地民が行為主体に変容する可能性が暗示され、同時に、現地を経験しながら「会話」を通して「他者」を理解する〈実証的〉人類学的要素が組み込まれている。人類学者が書く民族誌と同様に、経験主義のアメリカ人作家ボウルズのテクストは、異文化表象に係る「資料としての物語」の価値がある。

注

1 以下、邦訳として、ミシェル・グリーン『地の果ての夢 タンジール――ボウルズと異境の文学者たち』新井潤美他訳を参照。
2 以下、邦訳として、エドワード・サイード『オリエンタリズム上・下』板垣雄三・杉田英明監訳を参照。
3 以下、邦訳として、ポール・ボウルズ『シェルタリング・スカイ』大久保康雄訳を参照。
4 自伝的要素については、次のような諸点を指摘しておきたい。一九三三年にボウルズがガルダイヤに滞在中、アメリカ人ジョージ・ターナー(George Turer)に出会って、チュニジア横断を一緒に行っている。このターナーが『シェルタリング・スカイ』では、タナー(Tunner)として描かれている。またこの作品の執筆時期に、ボウルズはモロッコとスペインを旅行中、奇妙なイギリス人母子に出会う。この二人連れはボウルズの行く先々に出没する。この二人連れはライル母子としてこの作品に登場する。概して、「ボウルズがたとえキットという登場人物にジェインのイメージを投影したとしても、彼の想像はそのように制限されたものではない」(Negri 47) ことが言えるだろう。
5 小説『シェルタリング・スカイ』のモレズビー夫婦のアフリカでの出発点は、アルジェリアのオランである。その地はアルベール・カミュの実存主義的小説『ペスト』(一九四七) の舞台であり、疫病の犠牲となる場所である。ポートは腸チフスで死ぬことから、「疫病」と「無」が連動する。なお、小説の地名と映画の地名はほぼ同一であるが、架空の地名が多いことから映画ではモロッコのタンジールやザゴラなどの各地、アルジェリアのベシャールやベニ・アベスなどの各地で、さらにサハラ沙漠を横断し、ニジェールのアガデスで、一九八九年九月から一九九〇年一月にかけて撮影が行われている。エル・ガアという地はおそらくアルジェリアのエル・ゴレアをモデルにしている。
6 以下、邦訳として、ポール・ボウルズ『止まることなく』山西治男訳を参照。
7 以下、邦訳として、ロベール・ブリアット『ポール・ボウルズ伝』谷昌親訳を参照。

引用・参考文献

Allen, Water. *The Modern Novel*. New York: Dutton, 1964.
Briatte, Robert. *Paul Bowles, 2117 Tanger Socco*. Paris: Plon, 1989. ロベール・ブリアット『ポール・ボウルズ伝』谷昌親訳、白水社、一九九四年。

Bertens, Johannes Willem. *The Fiction of Paul Bowles: The Soul is the Weariest Part of the Body*. Amsterdam: Rodopi N.V., 1979.

Bataille, Georges, ed. *Documents*. Paris: Saint-Germain, 1929.

Bertolucci, Bernard, Jeremy Thomas, Mark Peploe, Debra Winger, Campbell Scott, Jill Bennett, Timothy Spall, Eric Vu-An, John Malkovich, Amina, Sotigui Kouyaté, Philippe Morier-Genoud, Vittorio Storaro, Gabriella Cristiani, Ryūichi Sakamoto, and Paul Bowles. *The Sheltering Sky*. 1990. Burbank, CA: Warner Home Video, 2002.『シェルタリング・スカイ』（日本劇場公開）、松竹富士株式会社配給、一九九一年。

Bowles, Paul. Ed. and trans. *Five Eyes*. Santa Barbara: Black Sparrow Press, 1979.

——. *The Sheltering Sky*. New York: A New Directions Book, 1949.　ポール・ボウルズ『シェルタリング・スカイ』大久保康雄訳、新潮社、一九九一年。

——. *The Spider's House*. 1955. Santa Rosa: Black Sparrow Press, 1982.

——. "Spire Song," *transition*, No.12 (1928–03): 120–22.

——. *Without Stopping*. New York: Putnam, 1972.　ポール・ボウルズ『止まることなく』山西治男訳、白水社、一九九五年。

Caponi, Gena Dagel. *Conversations with Paul Bowles*. Jackson: UP of Mississippi, 1993.

Desmond, Jane. "Ethnography, Orientalism and the Avant-Garde Film," *Visual Anthropology* 4 (1991): 2–6.

Galloway, David. "Paul (Frederick) Bowles." *Contemporary Novelists*. Ed. James Vinson. London: St James Press; New York: St. Martin's Press, 1972. 147–50.

Gide, André. *Le Journal des faux-monnayeurs* (*The Journal of the Counterfeiters*). Paris: Eos, 1926.

Green, Allen. *The Dream at the End of the World: Paul Bowles and the Literary Renegades in Tangier*. New York: Harper Perennial, 1991.　ミシェル・グリーン『地の果ての夢　タンジール――ボウルズと異境の文学者たち』新井潤美・他訳、河出書房新社、一九九四年。

Negri, Livio, and Fabien S. Gerard, Eds. *The Sheltering Sky: A Film by Bernardo Bertolucci*. Based on the Novel by Paul Bowles. London: Scribners, 1990.

Patteson, Richard F. *A World Outside: The Fiction of Paul Bowles*. Austin: U of Texas P, 1987.

Said, Edward W. *Orientalism*. 1979. New York: Vintage Books, 1994.　エドワード・サイード『オリエンタリズム上・下』板垣雄三・杉田英明監訳、平凡社、一九九三年。

Solotaroff, Thedore. *The Red Hot Vacuum*. New York: Atheneum, 1970.
松竹株式会社事業部編『シェルタリング・スカイ』(パンフレット)、松竹株式会社事業部、一九九一年。
外山健二「サハラ沙漠の移動――『シェルタリング・スカイ』の自伝性とポート夫婦をめぐって」、大塚英文学会『OTSUKA REVIEW』、第四十一号(二〇〇五)、四九―六二。

聖なる野生と繰り返す越境
――コーマック・マッカーシーの『越境』をめぐって

俺たちが国境を越えたのではなく、国境が俺たちを越えていったんだ
（「デコロナイズ」アズトラン・アンダーグラウンド）

本城　誠二

序――境界と越境について

コーマック・マッカーシーの『越境』[1]においては、ニューメキシコとメキシコの「境界」が、通常の定義である領土の境界という意味だけでなく、北米と南米の国境でありつつ同時に文明と自然、現在と過去が、生と死とが重層的に織り合わされたボーダーとして描かれている。そしてその「境界」を「越境」した先は、遅れて来たアメリカン・アダムが無意識に憧れる、しかしすでに失われた約束の地である。そこはまたラテン・アメリカ文学のマジック・リアリズムにおいても描かれたように、南米の自然と侵略者のスペイン人によってもたらされた旧世界のカトリックの倫理とが複雑に混在するリアルでありながら想像上のトポスとも言えるだろう。

「境界」というのは、それが発生した時にすでにその内と外の両方においてその「境界」を動かそうとする動きを内在する。「境界」は、政治的・文化的な支配権の拡大を意味しながらも、「境界」を設定する事によって抑圧するものへの関心を引き起こす。そしてその故に、「境界」は「越境」によって抑圧してきたものから報復される。そんな

凮に空間的な意味のみでなく、時間と歴史、そして政治や文化史的・地政学的な意味において様々なイマジネーションをかき立て、定義の一元化を拒む「境界」がそこにはある。

『越境』においては、主人公は捕まえた狼をメキシコに連れ戻すための「越境」をはじめとして、盗まれた馬を取り戻すために、最後は失踪した弟を探すために、「越境」を繰り返していく。しかし当初の目的を持った旅はことごとく失敗してしまい、放浪の身となって帰還することになるが、主人公はなぜこのように失敗に終わる越境を繰り返すのだろうか。

一　一回目の越境——ビリーと狼

狼の発見

『越境』の物語は、主人公ビリーと狼の旅、ビリーと弟ボイドの旅、ビリーのみの単独行、そしてボイドを探すビリーの四つのパートに分かれる。繰り返される越境に関して言えば、捕まえた狼を故郷の山に帰そうとしてメキシコへ向かう一度目の越境。アメリカにもどった後、盗まれた馬を取り戻そうと、生き残った弟のボイドとメキシコへ向かう二度目の越境。そして失踪した弟のボイドの消息を知るための最後の三度目の越境が描かれる。

さて小説の第一部（三—一二七）冒頭でビリー・パーナムの一家が現在の土地へ来た由来と、少年のビリーがなぜ狼に魅入られるのかが語られる。一家はニューメキシコ州のグラント郡に母方の祖母（メキシコ人である事が最後に近い部分で語られる）と妹の墓を残して、九年前に同州の南にあるヒルタゴに移住してきた。馬でメキシコまで柵に突き当たらずに行けると語られるこのヒルタゴの「ブーツのかかと」(*boot-heel*) と呼ばれる南に突き出した地方はメキシコのチワワ州及びソノーラ州と接している。

この地に越してきた時七歳だった少年のビリーは狼の群れをまじかに見る。ビリーの言葉で狼に対する気持ちが直接語られることはないが、狼が持つ自然、その野生と自由に魅かれているのは以下の引用からも明らかである。

> ひどい寒さだった。少年は待った。……やがて彼らはやってきた。飛び跳ね身を捩り踊るようにして。……全部で七匹の群れは少年が伏せている場所からほんの二十フィートの処にやってきた。月の明かりでアーモンド形をした目が見えた。息遣いが聞こえた。……彼らは少年をじっと見ていた。少年は息をつめた。狼たちも息をしなかった。……家に帰るとボイドが目を覚ましていたが少年はどこへいってきたとも何を見たともいわなかった。少年はその夜のことを誰にも話さなかった。（四）

このようなビリーと狼たちの印象的な交感から、狼がこの物語の前半で象徴するアメリカが失った野性を体現する神話的な存在であることがわかる。また「狼は夕暮れや夜明け以外にはめったに見ることができなく、夜と荒野を支配していて、多くのインディアンの部族により神話的な宇宙の中心とされている」（オーエンズ　七五）動物であり、この狼の群れを「超現実的な光景、エピファニー、野生の呼び声」[2]（オーエンズ　七四）とする指摘も頷ける。

物語は薪を取りに出かけた十六歳のビリーと弟のボイドが狩りをしているインディアンとの出会いから始まる。インディアンは兄弟に食べ物を持ってくるよう命令し、家のことをあれこれ問いただす。このインディアンとの出会いは後にビリーの不在中に一家を襲う事件と関連がありそうだが、明確に語られるわけではない。

一方、パーナム家では放牧場でメキシコから来た牝狼に仔牛が殺された事が話題になり、夕食後に父親と兄弟は十マイル離れたS・K・バー牧場まで行き、サンダース老人に罠を借りる。父親とビリーはさっそく借りた罠を仕掛けに出かける。しかし狼は仕掛けた罠をすべて見つけ出していた事が後からわかる。この狼は、罠にかかって殺されたつがいの牡からやむをえず離れていて、子をはらんだ孤独な牝狼だった。親子はさらに四つの罠を仕掛け、さらにビリーは一人で一日かけて狼を追う。

狼を探す旅の中で、罠に仕掛ける擬臭をさがして尋ねたアルフォンゾ老人は「狼は偉大な秩序に属している存在で人間の知らない事を知っている」（四五）という狼の神話的な意味について教える。ビリーは一人で罠を仕掛けるが、それがカウボーイの焚火の中なので、父親にひどく叱られる。しかし、翌朝ビリーが一人で罠を見に行くと、そこに狼がかかっていた。

ビリーは格闘の末、捕獲した狼をメキシコに連れ戻そうとする。その理由については、アメリカで目にする最後の柵のある牧場主に説明する。

メキシコへ連れて行くんです。……メキシコへ連れていって放してやるつもりなんだ。……あの狼は誰にも渡すつもりはないんです。ただ連れていって放してやりたいだけです。あいつはメキシコからきたんです。（六八）

このビリーの言葉には、ビリーが少年の頃に見た狼に対する気持ち、その野生と自然に対する憧れが込められている。しかもこの牝狼は、ビリー親子が何度もかけた罠をことごとく見抜いた生き残る技術に長けた兵である事も彼の尊敬を勝ち得た理由であり、そしてこのように常識的には無謀とも見える試みをさせるのに十分な価値のある存在となっている。

ビリーの巡礼

ここから「ビリーの巡礼」（ウェイド 一九二）が始まる。牧場のメキシコ人の使用人に狼の手当をしてもらい、国境を越え、メキシコのソノーラ州に入る。その後の狼を連れたビリーの道中では、なかなか懐こうとしない狼に手を焼きながら、次第に狼と鳥を分け合って食べるような関係に変わっている。しかし途中で男たちにつかまり、警察に連れて行かれ、警察署長に狼を取り上げられる。ビリーは何とかして狼の居場所を突き止めるが、狼は祭りの見世物として厩舎の馬房につながれている。

闘技場のなかにただ一匹でいる狼は見るも哀れな姿をしていた。鉄の杭のそばに戻って蹲っていたが頭を床に寝かせだらりと出した舌を土につけ、毛衣は土と血にまみれ、黄色い目は何も見ていなかった。二時間近く、この見世物のために用意された犬の半分以上を二匹ずつ相手にして戦ったのだ。……
ビリーは柵を越え狼のほうへ歩み寄りながらライフルのレバーを動かして薬室に弾を送りこみ、十フィート手前で床尾を肩づけして血に濡れた狼の頭をねらい、撃った。（一二一―一二二）

ビリーは狼のもつ野生の高貴さを理解しない人への報復として、その気高さを奪われた狼を葬る。狼の死骸を買い取るのに自分のライフルで支払ったビリーは、その死骸を鞍に乗せ運ぶ。ピラーレス山脈の斜面に遺骸をおろし、ビリーは懺悔をするような姿勢で眠りこんでしまう。目覚めたビリーは狼の遺骸にふれ、野生の動物の豊饒さ、恐れと脅威と美しさを感じる。

第二部（一二九―二一四）の冒頭でビリーは狼を埋葬して、放浪する。ライフルがないので、竹と木で弓矢を作り、獲物を取る野生の生活そのものが、野生（＝狼）の救出に失敗して「山中の煉獄に償いを求め、自己処罰の巡礼に赴く」（オーエンズ、八八）過酷な放浪として描かれる。またビリーはもともと「生き残る者の特質を備えていて、様々な技術を持ち、臨機応変の才があり、辛抱強い」（ウェイド　一九三）から、荒野で生きる資質や資格を備えているが故に原始的な放浪とサバイバルが可能になっていると言える。

ビリーはアリゾナ州ダグラスから国境を越えて家に戻るがそこには誰もいない。翌々日保安官に会いに行き、二人組の泥棒（インディアンと目撃者は言っている）に両親がショットガンで撃たれ、六頭の馬を盗まれたが、幸いボイドは隠れて難を逃れていた事をビリーは知らされる。十七歳になっていたビリーの町を行く姿は、町の人の目にはぼろぼろで汚れた異様な姿をしていて、羨望と嫌悪の両方を感じさせるような様子をしていたと描かれる。それは通常の生活を営む者にとって、制度や社会の束縛を離れた自由と野性を体現していながら、同時に自己追放者としての孤児の異形の姿でもある。

二　二回目の越境——ビリーとボイド

語らないビリー

ボイドは預けられた家でビリーを待っていたが、何をしにどこへ行くと言う事についての会話はないまま無言の了解のうちに、二人は盗まれた馬を探す旅に出かける。ビリーが狼を連れての旅では狼にしきりに語りかける場面もあるが、基本的に「ビリーは人といる時にもあまり語らない。……彼はどこに行っても話をする人たちと出会う」（カント 一九六）人物として描かれている。この孤独な、語らないビリーは、旅先で様々な階級や人種の人々と出会う。それは農民、商人、労働者、牧童、盗賊、医者、役者、ジプシー、そしてインディアンであるが、皆彼らの方から彼に物語を語る。

十日後に盗まれた六頭のうちの一頭キーノを見つけ、現在の持ち主のドイツ人の医者から馬の売渡証書を寄こしたのはソトというカサス・グランデスに住む仲買人である事を知り、ビリーとボイドはカサス・グランデスを目指す。そこで家畜仲買商ソトの共同経営者ヒーヤンと交渉するが、メキシコで人を探すのは大変だし、過去の不正を正しても意味はないと諭される。途中二人の男と一緒にいる少女を救う時の、ボイドの向う見ずさと馬と銃の扱いのうまさと、英雄性が際立つ。「ある意味ではヒーローはボイドで、名前のない少女は本能的に彼に惹かれ、お互いに相手に魅力を感じ合う」（カント 二〇二）。ここでのボイドは、国境三部作の他の二作[3]『すべての美しい馬』、『平原の町』のジョン・グレイディと同様に女性との関係による試練もしくは苦難を経験する人物として描かれる。

ボイドの失踪

第三部（二一五―三三二）で、三人はエヒード（農民の共同利用地）にたどり着き、食事と寝る場所をあてがわれる。大農園から出発する時、馬に乗ったボイドの後には少女が乗っている。

道で立ち往生している旅の一座に援助の手を差し伸べたビリーに、プリマドンナが旅について「あまり長く旅をしていると最初の目的を失う。兄弟でもそんな旅を続けるのは難しい」（二三〇）と諭すが、それはこの後の二人の離別を予言しているようでもある。また少女が母親に会いに町に行きたいが、ボイドに一緒に来てほしいと、ビリーに頼むが断られ、馬に乗せられて一人出発する。

その後盗まれたベイリー、トム、ニーニョの三頭の馬を見つけ、牧童たちを尻目にショットガンと投げ縄で三頭を捕獲し、自分たちが馬の持ち主だと言って馬を取り戻すが、牧童が仲間を連れて戻ってくる。四丁のライフルと五人の男たちに囲まれ、リーダー格の片腕の男にビリーは書類を見せるが、馬を取られてしまう。翌日農園の支配人キハーダという人物に馬を返してもらうが、その翌日また片腕の男たちに会い、そこでのいざこざから片腕の男が馬から落ちて動けなくなる。二人は逃げようとするが、ボイドが追手に撃たれてしまう。幸い通りかかったトラックにボイドを載せてもらい、ビリーは一人で追手から逃げる。

逃亡の一夜、ビリーは狼の群れと両親とボイドの眠る家の夢を見る。マタ・オルティスという町で、けがをした白人の少年がトラックで運ばれていった事を聞かされ、サン・ディエゴのエヒードで、ボイドを見つける。カサス・グランデスの医者に来てもらい、治療を受けるボイドはビリーに、少女と待ち合わせた場所に行ってほしいと頼む。もうすでにボイドについてメキシコ農民のあいだで、「正義を体現する金髪の若い英雄」という神話ができつつあった。というのは、ボイドが殺したと思われている片腕の男は、土地の住民を政府軍に売り渡したラス・バリタスの農園の支配人だったからである。ビリーが少女をボイドのいるエヒードに連れてきた後、ボイドと少女がいなくなり、何週間も二人を探したビリーは、アメリカに戻る。

第四部（三三三―四二六）でビリーはニューメキシコ州コロンバスから国境を越えて、戦争の事を知る。コロンバス、エルパソ、アルバカーキの三か所で徴兵検査を受けるが、心臓の音のせいではねられる。テキサスやニューメキシコの様々な牧場で働いて、二年後サンダース老人のところに行くと、ボイドの事が話題になった。またメキシコに出かけようとするビリーは、牧場のメキシコ人家政婦に「これからまた長い旅をするんですか」と聞かれ、「うん、長い旅をするんだ。終点がどこなのか知らないし、そこへ着いたと気づくかどうかもわからないけど」（三五四）と答える。このビリーの旅についての言葉は、やはり最後まで続く、旅とも放浪とも区別のつかない彷徨いを無意識に予言している。

三　三回目の越境――ビリーの単独行

弟を探す

ビリーはメキシコのベレンドで二頭の馬の通関手続きを取って、入国許可証をもらい、チワワ州に入る。酒場で暴飲し、二日酔いのビリーは、ある女性から食べ物をもらい手相をみてもらう。二人いる弟のうち、一人は死んで、一人は生きていると言われる。ボイドと三年前に来たカサス・グランデスに、次の日はサン・ディエゴのエヒードに来るがムーニョス一家はもう引き払っていなかった。

　ボキーヤからナミキバに来たビリーは、あの少女は有名な盗賊になり、弟の骨は墓地に埋められていると言われる。酒場で北の国から来た白人の若者の歌を聞かされる。また戻ってきたカサス・グランデスのホテルの庭で少女が金髪の英雄の若者について歌っているのを聞く。

　このボイドの英雄性については、「主人公はビリーだけれど、ヒーローはボイド、……より感受性、倫理感、直観が強い」（アンダーソン　一三五）という指摘もあり、インディアンとの会話で家の事情を話してしまうビリーに対して、「はじめからあいつ（インディアン）の処へなんかいかなきゃよかったんだ」（一二）とボイドが正しい判断を下す場面もある。またビリー自身も「おれの弟は……頭もおれよりよかった。馬のあつかいのことだけじゃない。何だってそうだった」（四二一）とボイドについて語る。しかしこの野生児のようなヒーローであるボイドの面倒を見るビリーは、『平原の町』においても、ボイドのように暴走するジョン・グレイディに関して同様の役割をする。そういう意味では国境三部作におけるビリーはいわば後述のように“brother's keeper”として人物設定をされている。

　ビリーは農園の見張り小屋で一人の男に会う。その男は、二人に馬を返してくれた農園の支配人キハーダだった。キハーダからボイドがサン・ロレンゾで撃たれて死んだ事、警察署長の兄弟を殺した事、少女は死んではいない事などを聞かされる。

　ここでは、ソノーラ州のヤキ族のインディオであるキハーダによるメキシコの政治と歴史観が語られる。インディオはスペイン人とインディオの混血からなるメキシコに忠誠心を持っていない事、ウィリアム・ハーストの所有する農園と貧しい農民について、アメリカの勝手な介入など。メキシコ人の歌コリードは貧しい者の歴史であり、ボイドの事を歌っていると言うよりも、歌いたい事、歴史上の事実よりも民衆の心に真実である事を歌っている。

再び骸を運ぶ

ビリーはボイドの遺体をアメリカに持ち帰りたいと言い、それに対してキハーダは、ボイドは世界が彼のために選んだ場所、いるべきところ、彼自身が選んだ場所にいる、それは幸運な事だと諭す。しかし、ビリーはブエナベントゥーラの町に行き、郊外の墓地でボイドの墓を見つけて、ボイドの墓を掘り起し、衣服に包まれた骸を取り出す。

遺骸を運ぶビリーは、四人の追剥に襲われ、金目のものがない腹いせにニーニョを刺される。その後、飛行機を載せた筏を引いている六頭の牛を連れたジプシーの一行と出会い、弟の骸を運ぶビリーに、ジプシーのリーダーは、「すべての旅が死人を同伴している」と指摘される。馬の手当をしてくれた代金を払おうとするビリーに、旅をして暮らす者の仁義だよと言われ、「でもおれは旅をして暮らす人間じゃないんだ」とビリーは答える。その後出会ったいい馬に乗った身なりのいい男との会話で、ビリーは母方の祖母はメキシコ人、野生児の、頭も馬の扱いもうまかったボイドについて語る。珍しく自分から語るビリーは、旅が最後に近づいている事を知っているようでもある。

国境に辿りついたビリーは、久しぶりに自分の国で眠り、夢を見る。その夢では神の巡礼が何事かの労役を終えて帰ってきたかのように見え、ビリーのこの帰還を象徴しているようでもある。翌々日、アニマスの町のはずれの墓地で墓穴を掘っていると、保安官が車でやって来て判事に証明書を貰って来てやると言う。ボイドを埋葬した後、ビリーはニューメキシコやアリゾナの牧場で働き、そののちまた放浪を繰り返す。それは目的を持った旅でもなく、いつどこに着いたかもさだかでない、果てしのない放浪だった。

四　三つのエピソードの意味

『越境』では、ビリーが出会う人物によって語られる三つエピソードがビリーの運命を予告するような役割を果たしている。このような寓意的で抽象的で宗教的とさえ言えるエピソードが小説の内部に埋め込まれているのは国境三部作の中でこの『越境』だけである。それがこの作品を他の二作と比べると難解な作品にしているが、小説内物語というポストモダン小説的構造が、様々な解釈の可能性を秘めた開かれた小説にしているとも言える。

そのエピソードの中の一つ目（一四三―五八）は、第一部の冒頭で狼を葬ったビリーが廃墟になった町で出会った教会の管理人の話である。アメリカとの戦いで両親を亡くした少年が、長じて妻を迎え息子を授かる。しかし仕事で家を空けた時に、地震で息子を亡くす。男は町を出て、放浪し、首都で伝令となる。後に恩給生活者となった時、男は故郷に戻り、教会で神と論争をはじめる。司祭も答を出せない問いを発したまま、男は死んでしまう。

この一つ目のエピソードの意味するところは、自分に責任のない災難に見舞われ続けるという点において旧約聖書のヨブ記に似ているけれど、この小説のこの流れの中で語られる意味としては、家に戻って両親が泥棒に殺された事を知るビリーの運命を予見しているとも言える。

第三部でけがをしたボイドをメキシコ人農民のトラックに託した後、ビリーは革命戦争で両目を失った人物に出会う。二つ目のエピソード（二七四―九四）はこの盲目の老人の妻が語る。反乱軍の兵士だった老人は政府軍につかまり、反革命政府軍のドイツ人大尉に反抗して両目を吸い取られてしまった。命だけは助かった元兵士は、やはり政府軍に父親と兄たちを殺された少女と出会い、一緒に暮らすようになる。老人はビリーに、この世界に正義は少ししかなく、人は皆、目の見える者も見えない者も、暗闇の中で苦しむのだと告げる。

このエピソードの後に、ビリーはボイドを見つけ、医者を探して治療を受けさせる。しかし病癒えたボイドは少女と二人で失踪してしまう。盲目の老人が最後に言った「手に触れたものが本当は塵だとわかれば、せいぜい実在した痕跡でしかないと悟ることができる。それこそが神の慈悲の証で、祝福である」(二九三)という言葉の意味を、ビリーによるボイドの発見と喪失という出来事の哲学的な、もしくは宗教的な預言と解釈することができる。

飛行機を載せた筏を引いている六頭の牛を連れたジプシーから聞かされる「山の上に墜落した二機の飛行機の話」が三つ目のエピソード(四〇四―一二)である。一九一五年ソノーラの山の中に墜落した飛行機を操縦していて死んだパイロットの父親が飛行機を山から降ろそうと手配する。父親はなぜ飛行機を取り戻したがるのか。息子の遺体はとっくに山の中で土になっているのだから、飛行機は息子の棺桶に過ぎないのではないか。このような疑問にもかかわらず依頼により飛行機の残骸は山から河原に降ろされる。その後解体して筏で下流に運ぼうとするが、突然の洪水に見舞われ、すべて川に流される。このエピソードはボイドの骸をアメリカに持ち帰ろうとするビリーの行為の無意味さを暗示しているようでもある。

五　孤児と番人の文学的系譜

孤児の兄弟

第二部冒頭の放浪の途中で出会ったビリーはインディオの老人に「たとえ孤児であっても放浪はやめてこの世界のどこかに落ち着かなければいけない」(一三四)と諭される場面がある。ビリーは自分は孤児ではないと答えるが、老人はビリーの事を孤児だと言い続け、孤児もまた世界の一部だから、人と関わって生きなければならないと主張する。

アメリカ文学にはハーマン・メルヴィルからマーク・トウェイン、そしてウィリアム・フォークナーに至るまで、キャノン(アメリカ文学における正典)作家にも「孤児文学」といえる作品がある。それはアメリカ自体が、父たるイギリス（そしてヨーロッパ）から自ら離れた「孤児」的国家である歴史的・文化的事実とも関連している。そして自己追放者としての孤児（アメリカ）はまた、キリスト教の神や国家のリーダーとしての大統領に規範としての親を求め続ける。トウェインの描くトム（『トム・ソーヤーの冒険』一八七六）は、両親を亡くし、弟シドとともに亡き母の妹である叔母ポリーのもとに暮らす孤児である。しかし一緒に冒険をするハックの方が飲んだくれの父親はいるけれど「社会の制度から疎外された孤児」としての特徴を備えている。またフォークナーの『八月の光』（一九三二）のジョー・クリスマスの黒人で孤児という出自は二重に疎外されていると言える。

『越境』のビリーは、自ら両親のいる家を出て放浪の旅を始める。そういう意味では、『白鯨』のイシュメルと同様、自己追放者というか、主体的かつ選択的孤児と言える。ビリーの場合は故郷であるアメリカを捨てて、失われた野生の象徴としての狼とその故郷であるメキシコを共に目指す孤児と言えるだろうか。このメキシコというアメリカの南の地を目指すのは、ユング的下降の変奏とも言え、ビリーは無意識に崇高な目的地を目指すが、そこは同時にアナーキーな暴力の偏在する地でもあり、祖母の故郷である、いわば様々な意味づけが可能なポストモダン的なトポスなのである。

弟の番人

様々な意味付けが可能な場であるメキシコを旅するビリーは、同時に弟ボイドを伴う／探す／骸を運ぶ役割を担う。『平原の町』においても年下のジョン・グレイディに関して同様の役割を果たすので、国境三部作におけるビリーはいわば“brother's keeper”として描かれていると解釈する事ができる。

「兄弟の番人」は周知のように『旧約聖書』の「創世記」第四章で描かれる兄カインによる弟アベルの殺人の物語に出てくる表現である。カインは、アベルの神への捧げものが受け入れられ、自分のそれが受け入れられないと知って、弟を妬み殺してしまう。弟の所在を聞かれると「私は、弟の番人ではない」とカインは答える。つまり聖書では否定的に使われているけれど、そこから派生的に「兄弟の面倒を見る人」という風に肯定的に変化して使われるようになる。現在も同名の小説、映画、テレビ・シリーズ、バンド、そして友愛的な組織を指す名前としても使われているので、単に血のつながった兄弟だけでなく、同胞や特定の共同体に属する仲間を意味しているようである。文学や芸術の分野における「兄弟の番人」の例としては、ジョイスの弟による『兄の番人』という伝記や、弟テオと画家ゴッホの関係を挙げる事もできる。それは芸術家とその兄弟、非凡な才能を持つ者とその兄弟、または卓越しつつ狂気にかられる者とその兄弟という意味であり、その意味では主人公のビリーは勝算もなく勝負に出ようとする無謀な弟ボイドの番人でもあった。しかしここでは番人であるビリーもけっして秩序や常識の側にいる登場人物でもない点が、単なる「兄弟の番人」とは異なる。

六　繰り返す越境の意味

この物語の中で、ビリーは狼と弟の両方の番人のような役割を果たしつつ、越境を繰り返すが、その目的であった捕まえた狼をメキシコに返す事も、ボイドを生きてアメリカに連れ戻す事も失敗に終わる。彼がしたのは、狼と弟の骸を運んで埋葬する事だった。ビリー自身は「こっちへきたのはこれで三度目なんだ。捜しにきたものが見つかったのは今度が初めてだ。でもそれはおれが望んでた通りのものじゃなかった。」（四一七）と言っているように、捜したものが見つからずに繰り返す越境には彼にとってもどのような意味があったのだろうか。ビリーが望んではいなかったけれど見つかったのはボイドの骸で、結局ビリーが意図せず成し遂げたのは狼とボイドという骸になった野性を葬る＝聖化することだったと解釈することも可能である。そのことは前述のように複数の研究者がビリーがみた狼の姿をエピファニーと表現したり、ビリーが狼を連れ戻す旅を巡礼として意味付けたりしていることとも関連している。また三つのエピソードの寓意的で宗教的な内容と語り口からも、ビリーの旅とこの物語全体が明らかにある種の宗教的なトーンで語られていることがわかる。

さらに国境を意識しないビリーには、通常のアメリカ人にとって「アメリカの果て」の果てであるメキシコも母方の父祖の地でもある事は、狼を連れ戻したメキシコでの以下の場面でも明らかである。

おまえはこの国を勝手に入ってきて何をしてもいい国だと思ってるだろう。そんなこと思っちゃいない。この国がどんな国かなんて考えたこともない。いいやおまえはそう思っている、と大農園主の息子はいった。おれたちはただこの土地を通り抜けていきたいだけだ、とビリーはいった。誰に迷惑をかけるつもりもない。ただ通り抜けていきたいだけなんだ、それだけだ。
よその国に勝手に侵入してか？
ビリーは顔を横に向けて土の上に唾を吐いた。狼が脚を体に押しつけてくる感触が伝わってきた。この狼はもともとメキシコにいたのだ。狼は国境のことなど何も知らないのだとビリーはいった。（一一九）

ただ通り抜けて狼を故郷の山に返したいために、狼と同様に国境など意識せず、何度も越境を繰り返す。その旅の中でビリーの上に次々に襲いかかる過酷な運命からギリシャ悲劇に譬えられることもある。また、繰り返し越境することによって意図せずアメリカ大陸の南北の国境を無化し、ある意味では南北アメリカとその周辺を一つの文化圏とする「アメリカス」を結果的に実現する旅とも言える。それは冒頭に掲げたロスのチカーノ・バンド、アズトラン・アンダーグラウンドの「デコロナイズ」（一九九五）のリフレーンにあるように「俺たちが国境を越えたのでなく、国境が俺たちを越えていったんだ」という脱国家的言説とも通底する考え方を体現しているとも言える。

しかし国境を無視する旅は、当然のように国境の内（アメリカ）と外（メキシコ）の両方から理解されない。そのためはじめは目的を持ったビリーの越境は、そのよき意図を実現する事に失敗したために、旅が放浪となりさらには漂流となってしまう。狼とボイドという聖なる野性を救済できなかったために、自分を罰するためにあらゆる共同体から自己を追放すること、それがビリーの放浪または漂流の意味するところなのではないだろうか。

注

1 『越境』から引用した日本語は翻訳を参考にした。頁数は原著のものである。

2 引用文献の日本語は拙訳を使用し、頁数は原著のものである。

3 国境三部作の時間的構造と登場人物について。

マッカーシーの国境三部作における作品の発表の順序と扱っている時代が異なる。発表の順序は『すべての美しい馬』（一九九二）、『越境』（一九九四）、『平原の町』（一九九八）であるが、物語の時間と舞台としては、第二作『越境』が一九四〇―四四年のニューメキシコ州の牧場とメキシコ各地、第一作『すべての美しい馬』が一九四九―五〇年のテキサス州とメキシコの牧場、そして第三作『平原の町』が一九五二年のニューメキシコ州の牧場とリオ・グランデ川をはさんだメキシコの町を舞台とする。

登場人物については、『越境』の主人公のビリー・パーハムは十六歳から二十歳、弟のボイドが十四歳から十六歳（この年で亡くなる）。『すべての美しい馬』では主人公のジョン・グレイディの十九歳から二十歳までが描かれる。最後の『平原の町』では再び主人公のジョン・グレイディは二十一歳になり、二十八歳のビリー・パーハムが同じ牧場で働いている。

引用・参考文献

McCarthy, Cormac. *The Crossing*, New York : Vintage Books, 1995.『越境』黒原敏行訳、早川書房、一九九五年。

Anderson, Elisabeth. *The Mythos of Cormac McCarthy: A String in the Maze*, Germany: VDM Verlag Dr.Muller, 2008.

Hall, Wade, and Wallach, Rick, Eds. *Sacred Violence: A Reader's Companion to Cormac McCarthy*. El Paso: Texas Western Press, 1995.

Owens, Barcley. *Cormac McCarthy's Western Novels*. Tucson: U of Arizona P, 2000.

ツァラル島再訪

——マット・ジョンソンの『ピム』におけるダーク・ピーターズの復権

白川　恵子

一　冒険旅行記《メタ・ロード・ナラティヴ》パロディの連鎖

二〇一一年に出版されたマット・ジョンソンの『ピム』は、エドガー・アラン・ポウの『ナンタケット島出身のアーサー・ゴードン・ピムの物語』（以下、『ピムの物語』）の続編物語である。一見、人を食ったかのような露骨な剽窃的タイトルを有する本書は、出版されるや否や大手新聞・雑誌各紙の書評欄に絶賛の文言が躍る好評を得た。既にグラフィック・ノヴェルや歴史的ノンフィクション作品を含む複数の執筆で評価され、小説の仕掛け技法を熟知するヒューストン大学創作科教授でもあるジョンソンが、大御所ポウによる唯一の小説の続編パロディを書いたのだから、早々に注目されても何ら不思議はない。[1]

『ピム』の高評価は、ジョンソンがアメリカ文学（ないしはアメリカ社会）の人種的潜在意識を作為的にパロディとした点に起因する。ジョンソンが白人と見紛う容貌をもつフィラデルフィア出身のアフリカ系アメリカ人作家とあっては、作中に人種的揶揄やエッジの効いた捻りが数多く盛り込まれるのも道理である。そもそもポウ作品に表象されているアンテベラムの人種状況を想起させる物語素の数々——例えば、グランパス号上での黒人料理人による反乱やツァラル島の黒き先住民たちの狡猾さ——が、奴隷制下における作家自身の恐怖を写し取り、[2]かつ南極大陸の完全なる白き世界が、メルヴィルの『白鯨』に文学的イメジャリーを与え、ひいては、こうしたポウの黒白対比への鮮烈な揶揄が、トニ・モリスンの『白さと想像力』の根底に蟠踞しているのならば、ジョンソン作品の背後に、読者が、アメリカ文学史上の数多の人種的潜在意識を無／意識的に書き込んだテクストの介在を透かし見るのは、至極当然であろう。ジョンソンの『ピム』は、メタ・ナラティヴであると同時にメタ批評でもあるのだ。

ポウ作品からジョンソン作品へと引き継がれているのは、人種的要素だけではない。本家本元の『ピムの物語』自体が、ベンジャミン・モレルやジェレマイア・N・レナルズ、ジョン・L・スティーヴンス、キャプテン・クック、R・トマスといった複数の海洋探検旅行記を――場合によっては剽窃と非難される程にまでに――参照して書かれ、さらには、ポウに触発されたジュール・ヴェルヌやH・P・ラブクラフトが、ジョンソンに先んじて、『ピムの物語』の続編を描くとき、何よりもまずポウその人が、小説によって実録文書のパロディを提示し、と同時に、パロディの対象者としても措定されることになる。これら一連の派生物語は、空想科学小説や、旅行記・冒険譚としての文学的ジャンル枠内にくくられるのみならず、連鎖する物語の生成系譜そのものが、ある種の文学史を形成してしまう。

ジョンソンの『ピム』は、確かに前述のジャンル規範に入るけれども、主人公一行が、移動し続ける過程で、人種を巡る思索を展開し、新たな発見を重ねる様は、本作がロード・ナラティヴとしても成立することを示している。[3]尤も、数多の災難を乗り越え移動し続ける主人公の不屈の精神や、入り組んだ枠組み構造に連結する不可解なオープン・エンディングからして、ジョンソンの『ピム』以前に、ポウの『ピムの物語』もまたロード・ナラティヴの準拠枠に入るのは明白だ。パロディとは、いわばオリジナルの反転や反復に他ならないのだから、プロットの運びそのものの中に、ポウが糊塗した人種的物語素の反転的提示がなされるのだとすると、ジョンソン作品は、メタ・ロード／レース・ナラティヴと呼ぶにふさわしい。両作家による旅の道程は、人種を巡って比喩的に競い合う。ダーク・ピーターズを従えた白人主人公の南極海域への冒険探求譚が、アングロ・アメリカの拡大支配に対するポウの無意識的な正当化と解される一方で、前者に疑義を呈するジョンソン作品は、文学史上黙殺されたピーターズの自伝に導かれて始まる混血主人公の人種的・社会的自己探求譚である。両者の明白なる連鎖は、アメリカ文学／批評史という道程をも知らしめる。人種的多様性を恣意的に標榜するアメリカ大学教育の欺瞞を主人公が暴くエピソードで本作が始まるとき、『ピム』は、単なる移動と自己探求の物語では終わらない。巨像が凌駕する白き世界を描いたポウは、ピムが語る物語の背後にピーターズを埋没させ、混血の先住民に語らせはしなかったけれども、ジョンソンのナラティヴは、剥奪されたピーターズの声を復権させ、マイノリティーから見た物語の再構築によって米文学の修正途上を担うのである。これらの要素を『ピム』内に見出し、示すのが本稿の目的であるが、本作における「ロード」性は、物語の進捗を辿り、作家の批評的揶揄を示すことによって必然的に詳らかになるだろう。

二　真正ダーク・ピーターズ発見

『ピム』が、作者ジョンソンの分身とも言うべきクリストファー・ジェインズの自己探求譚《ロード・ナラティヴ》であるのは間違いない。主人公を南極海域へと誘う契機そのものにも、人種を巡る大学の組織的戦略過程と米文学史上の想像的新発見といった複数の路程が仕組まれている。本書は、ニューヨーク某大学の英米文学終身職《テニュア・トラック》の地位を拒否され免職となったクリスが大学研究機関の欺瞞に対して吐く痛烈な批判で始まる。そして、彼の人種に関する社会意識こそが、ダーク・ピーターズ復権の道程を拓くのである。そもそも、一見白人にしか見えないクリス（一三五）が伝統的な白人大学において唯一の黒人教授として採用されたのは、大学側が彼を人種的多様性検討委員会《ダイヴァーシティ・コミッティ》にマイノリティ・メンバーとして参入させるためであった。むろん、委員会は名目にすぎず、白人研究機関が黒人を利用する構図は、ラルフ・エリスンが描いた小説世界と同じく、徒労と知りつつ、「この黒人青年を走らせ続ける」ためのあざとい戦略でしかない実態をクリスは知っている。「怒れる黒人」として雇用され、名目だけの委員会に入れられても、それでは「白人性」に対して闘っていることにはならず、むしろ倒錯した白人性を助長しているに過ぎない（一七─一八、二〇）。委員会に黒人を組み込む既成事実によって、大学は、実質的に白人中心主義の罪の意識を和らげているのであって、委員会の存在が根本的な人種的不公平を解消する訳ではない。白人性の補完のために「走り続ける」黒人役を否定するべく、彼は委員会への出席を拒否し続け、割り当てられた黒人文学ではなく、あえて白人作家──特にポウ──における差別的人種表象を研究対象とする。トニ・モリスンの文学論に倣い、クリスは「黒き戯れ──文学的想像力における白人性」と題する授業によって、人種問題の根本は、黒人教授が黒人文学を教えるという本質主義では解決しえないと訴えかける（七─八）。白きアメリカが黒き存在をいかに無意識的に恐れ、意識的に無効化してきたのかを解き明かさなくてはならないのであって、形式だけの委員会設置といった人種問題の表層的な糊塗では意味がない。だが、こうした抵抗精神によって、彼は大学を解雇されるのである。人種に関するアメリカ文学批評史における問題点を指摘し、高等教育機関における文学教育の現状を露呈するクリスの批判精神が南極への旅の発端であるならば、本作は、アメリカ文学／批評史の形成に関する真相探究譚でもあるわけだ。

さて、失職したクリスは、同じころ、馴染みの古書商から、元奴隷らしき人物による未刊の体験記を入手する。そして、ダーク・ピーターズが拙い筆で記したこのナラティヴこそが、クリスをツァラル島探索へと向かわせ、本書の物語を駆動させる基軸となるのである。つまり、ポウがフィクションとして描いたピーターズ（およびピム）は、「実在」していたのだという米文学史上の「新発見」が、ポウ作品の謎──唐突に閉じる終結部の白き世界は何なのか、そしてピムの「死」の一方で、最終的に唯一生き残ったにも関わらず、物語上から姿を消したダーク・ピーターズは「その後」どうなったのか──を解くためのクリスの出発点となるのである。ただし、ここで注意しておきたいのは、ピーターズを混血の先住民とするポウの人種規定とは異なり、ジョンソンが彼を「黒人」としている点だ。ピムと同等以上の個性を発揮し活躍する混血の相棒は、クリスによって改めて「黒人」として「新発見」されるのだ。作家は、ポウの他作品から多くの箇所を引用し、アンテベラムの白人作家による黒人表象が、ピーターズのそれに近似している事実を、失職した主人公に列挙させている（二四—二五）。クリスは、クロウ・インディアンの出自を自称・自賛するピーターズの子孫を訪れ、その遺伝子に先住民の要素がほぼ皆無である科学的「事実」をコミカルに報告するのである（第四章）。黒人性を否定して、ロマン化された先住民性を前景化する人種概念は、ポウだけでなく二十一世紀の黒人自身の内部にも根深く残存している皮肉が、ここにはある。

ツァラル島を離れ、南極点付近で白き巨像と出会ったとき、ピーターズは、「黒人」であるが故に、ピムとともにその白き謎の巨人らが生息する地へ同行することが許されず、文字どおり足蹴にされて、ボードに戻される（六七）。ピーターズは、餌づけ用にヌーヌーの遺体を刻み、ナマコを食すことで何とか飢えを凌ぐ（一一〇）。漂流していた彼は、幸運にもブルー・フォーチュン号に助けられ（六七）、アメリカに帰還するのだが、そののち、自らの体験を自伝として出版しようと考え、拙い筆致で体験記の構想を書く。とはいえ、提示する主体が有色である場合、体験記を出版しうる体裁にするためには、文学的素養をもった白人の代筆者が必要だった。そこで彼は、ピムの友人であるポウを訪ねるのである。ポウが『南部文芸通信』誌に書いた二号分のナラティヴを読み、この作家こそ自伝執筆の補助依頼をするにふさわしい人物であると考えたからである。そこでピーターズは、ポウが好奇心を持つであろう失踪したピムの情報と、ピムとの冒険に関する内容を記した自伝の三頁分を作家に送り、自伝の代筆を依頼。その後、ポウの住まいを訪ねたピーターズは、作家の机上に、自分が送った数頁分の紙束が置いてあるのを見つけ、それを掴んで、酒場で酩酊しているポウのもとへと向かう（六五）。もちろんポウは、この唐突な依頼を断り、黒人訪問者を追い返す。その後、白人作家はピーターズのナラティヴ内容を盗み、念願の長編小説としての『ピムの物語』を完成させるのである（第五章）。ところがピーターズがポウに送った原稿には、南極点での白い世界以降の内容が書かれていなかったため、ポウのエンディングは中途のまま唐突に閉じられた。ピーターズは、それでも諦めなかった。なんと齢八十を過ぎてなお、彼は、フランスのジュール・ヴェルヌを訪れ、自伝の代筆を依頼したのである。拒絶は繰り返され、ピーターズの懇願を無視したヴェルヌが『氷のスフィンクス』を上梓するのは、これより二年後であった（三一〇―一二）。結局、ピーターズが自伝を出版することはなかったが、その未刊の書『有色人種ダーク・ピーターズ自身によって書かれた真実の興味深い物語』が、大学解雇のタイミングで偶然クリスの手に渡り、これにより、「ピーターズ復権」を果たすべく、主人公の南極圏への旅が開始されるのである。

　子孫マハリア・マティスが保存してきたピーターズの遺骨を「いまだ発見されていない偉大なるアフリカン・ディアスポラの故国」、換言すれば「西洋化や植民地化」といった「白人性による堕落を免れた」（三九）伝説のツァラル島に埋葬するのが、クリスの旅の究極目的だ。自らの黒人性を否定し、先住民であらんと熱望するマハリアにとって、ピーターズは、ある種の人種的重荷に過ぎない。ポウやヴェルヌに文学的に搾取され、「先住民の混血」というポウの記述を盾に、二十一世紀の現在に至るまで、身内からすらも体よく利用されているピーターズの偽りの出自を正し、その社会的復権を果たすのだと、クリスは誓う。ツァラル島の第一発見者であり、そこからピムを脱出させることによって、以降、白人至上主義による堕落、植民地主義、人種殺戮や奴隷制といった諸悪から島を守ったのは他ならぬピーターズなのだから、世界で唯一、白人支配から免れた純粋黒人文明が存続するツァラルの地に埋葬されることこそ、ピーターズ伝説にとって望ましい完成形であるとクリスは考える（八三）。つまり彼は、自らピーターズと文化的／文学的継承関係を結び、比喩的な子孫として立ち働くのである。従って、これ以降、幻のツァラル島を再発見し、訪れる路程こそが、文学史上、地理学上の従来的な通念を覆さんとするクリスのナラティヴの執筆意義となるのである。それは、とりもなおさず、自らの黒人としてのアイデンティティ模索を、伝統的白人大学のご都合主義によって否定されたクリス自身の復権でもあるのだ。こうして人種に関する大学求職競争《アカデミック・ロード・レース》で、敗北したクリスが『ピム』における人種的謎を解明する冒険譚《ロード・ナラティヴ》が始まるのである。

三　ピムとの遭遇

南極圏への旅は、クリスのいとこで元公民権活動家のブッカー・ジェインズ船長が加わることで、具体的に稼働しだす。奴隷制時代の遺物収集を趣味に持つ船長は、愛犬ホワイト・フォークスの首輪に、実際の奴隷の枷鎖を使用するラディカルさを有している（九九—一〇〇）。だが彼がクリスの旅に同行するに至ったのは、失職した元大学教師の高邁な人種意識に共感したからではない。ブッカーという名が示唆するように、経済的営為を基盤とする人種参画を仕切るジェインズは、南極圏の氷をアメリカで飲料水として販売するビジネス「クレオール氷雪掘削会社《マイニング・カンパニー》」を設立し、クルー全員の事業への参加を前提条件に、職業としての船長役を引き受ける。元手いらずの金儲けを狙っているのだ（七三）。

船長のみならず、旅に同行する他のメンバーもまた商業主義に貫かれている。クリスの幼馴染ガース・フライアソンは、肥満のジャンク菓子中毒で、殊に「リトル・デビー印のケーキ菓子」を片時も手放せない。大衆的な「光の画家」として有名なトマス・カーヴェル（トマス・キンケイドのパロディ）作品の熱烈なる収集家・愛好家であるガースは、南極圏に暮らしていると噂される画家に会いに行くためにクリスと行動を共にする。ジャンク菓子といい大量生産されるキンケイド的絵画といい、ガースの心身は、安価な経済流通品に支配されていると言って良い。クレオール・カンパニーは、水のペットボトル販売ビジネスが主要目的なのだから、クルーには、一応の「専門家」が必要となる。ジェフリーとカールトン・デイモン・カーターは、ゲイのカップルで、胡散臭くも、汚水処理サービス業とブログ用のビデオクリップ制作業者とのふれこみだ。彼らは南極冒険を『氷上の黒人たち』というアフロ・アドベンチヤー・ブログにして有名になろうと目論んでいる（七五―七七）。さらに、クリスの元恋人の夫が妻同伴でクルーに加わるが、洒落者の弁護士レイサムとアンジェラ夫妻はいわば新婚旅行の物見遊山で南極に来たのであって、社会的地位を確立したレイサムに、黒人としての人種意識など全くない。新規事業遂行のため、アメリカ商法上なくてはならない弁護士も、南極の氷上での過酷な「肉体労働」に関しては、ひとえに足手まといであって、実質上、何ら役に立たない。

　ポウ小説において、ピム一行がツァラル島で狡猾な黒色蛮族の襲撃を受け、それを乗り越えた後に、神秘的な気配漂う白色世界に到達したならば、クリスらもまた、伝説のツァラル島を再発見し、ピーターズ復権の目的を遂げる前には、同様に人種的苦難を体験せねばならない。南部白人作家が提示する路程の逆転、つまり、クリスとクレオール・カンパニー一行による白色巨人テケリ族《テケリアンズ／テケリアン・モンスターズ》との遭遇は、新捕囚／奴隷逃亡体験記の様相を帯びる。アンテベラム期の南部白人ピムにとっての理想の世界は、ポストモダン時代の黒人文学研究者クリスにとって、新たな隷属の場に反転するのである。だが、そもそも、クレオール・カンパニーの一行が、このテケリ族に捕囚され、奴隷労働を強いられる経緯については、一寸、説明が必要だろう。

　白皮症の巨大な野人的怪物――クリスら一行は、侮蔑的に「白雪野郎《スノー・ホンキーズ》」（一〇五）とか、「白子白人《ホンキー・アルビノズ》」（一四二）、「雪猿《スノー・モンキーズ》」（二五八）と呼ぶのだが――と氷雪の地下迷宮で彼らと共に暮らすピムの存在を知ったクレオール・カンパニーのメンバーは、この発見によって金儲けができると色めき立つ。新種生命体の発見に対する知的所有権の獲得、ピムの推定年齢と人間離れした不死の謎――これは、「クラクト」と呼ばれるテケリ族の食物による効果らしい（二一八）――を解明して不老長寿を謳う奇跡の食品ビジネスを立ち上げる可能性、いや、もっと単純に、南極版氷のホテル経営や、これらをウェブで動画配信して有名になるための版権入手や命名権など、あらゆる商業的利得に思いをめぐらす（一一一―一三、一二八、一三二、一四二―四三）。彼らは、テケリアンというエイリアンをアメリカ式資本主義の搾取対象として捉えているのである。一方、翻ってピムから見れば、クレオール・カンパニー一行は、皮肉にも、「白人奴隷商人」クリスに率られた奴隷集団にしか写らない（一三四）。要するに、双方の側が経済営利を基盤として他者を商品化しようと考えているわけだ。ともあれ、世紀の発見を世に知らしめるために、一行は、まずテケリ族の男女一組（クラキーアとフンカ）を「サンプル」としてアメリカに連れて行くよう契約を締結する。その報酬として、クラキーアとフンカを南極に連れ戻す折に、リトル・デビー印のケーキ菓子を、大量に――ただし、せいぜい三百ドル程度の金額にすぎないのだが――テケリ族長老に支払うと取決める（一四七―四九）。ところが、ベースキャンプに戻った一行を待ち受けていたのは、世界同時多発テロの影響（九七―九八）によるものと思われる通信の混乱――「ハルマゲドン」を謳う奇妙なメイル受信――という予想外の事態であった（一五一―五三）。電子機器の完全不通によって、テケリ族をアメリカに連れ帰るどころか、彼ら自身が身動きがとれず、南極からどこにも移動できない事態に陥ってしまう。しかも、有り余るほどあったケーキ菓子を、ガースが不用意にも食べつくしてしまったため、すぐに約束の報酬を支払うこともできず、契約不履行を問われた彼らは、テケリ族のために奴隷奉仕をするよう言い渡されるのであった（一五〇―五五）。ここでクレオール・カンパニー一行を隷属状況へと陥れる取引が、白人少女印のジャンク菓子によって成される廉価さは失笑を誘う。極寒の地での過酷な肉体労働と飢えのため、クリスは、スナック・ケーキのパッケージに描かれている白人少女が、現実世界に飛び出してきて、跳ね回る幻想を見る（一九二）。ジョンソンは、奴隷制度が今も昔も砂糖ビジネスに関与しているとの揶揄を忘れない。安直な営利主義発想は、クリスの本来的目的を阻み、ピーターズ復権どころか、自らが捕囚され、奴隷化される高い代償を支払う羽目になるのだ。

クレオールの「奴隷」を使用するテケリ族には、奴隷体験記にしばしば描かれる典型的主人像が当てはめられている。たとえば、クリスの主人クラキーア――のちにクリスは、ポウへのオマージュとしてオーガスタスと勝手に命名し直す（一六三）――は、温厚で同情的な性質の持ち主である。一方、ソーセージ・ノーズは激しやすく残虐な暴力型モデルで、怒りにまかせてジェフリーの左目を突き失明させる（一七一―七二）。またフンカは、奴隷であるブッカー・ジェインズと男女の仲となってしまう。ここでは、アンテベラム期の定番タブー――白人女性と黒人男性との性的混交――のテーマがコミカルに反復されるとともに、強硬な元公民権活動家が容易く奴隷情夫となる諷刺が示されている。仕える主人の類型は異なるものの、クレオール・カンパニー一行にとってテケリ族の地下迷宮は、ピムが言うところの「天国そのもの」（二一三）とは程遠い。ポウは、『ピムの物語』終結部にて、かの地の暖かさを強調したが、二十一世紀の奴隷制を再現するジョンソンの南極圏は、字義的にも比喩的にも、白く冷たい。

テケリ族の時間概念に従うと隷属契約期間が百年にも及ぶと知ったクリスは、親友ガースを伴って逃亡を企てる。果てなく続く氷原を移動し、飢えと寒さに苛まれた二人が偶然にも到達したのは、ガースの旅の本来的な目的地である敬愛する画家カーヴェル夫妻の住居であった。夫妻は、来たるべきハルマゲドンに備えて南極域にテラリウム「ウルトラ・バイオドーム」を建設し、外界から遮断された密閉空間で暮らしていたのである。カーヴェル氏は、ドーム内部を自作絵画や人工池の景観で人為的に装飾しており、「光の画家」よろしく、その風景内部を理想郷にしつらえている（二三九―四一）。ところが、一見、楽園に映るドームは、実際には、機能的な綻びを巧みに隠す偽装スペースであり、肝心のソーラーパネルすら壊れたままである。そもそもバイオドームは、生態系に負荷をかけぬ装置であるべきなのに、ここでは過剰なエネルギー消費と空調システムのために、周囲の環境を破壊しているのだった。カーヴェルのドームは、アメリカの家庭に、必ず一枚はあると言われるほど大衆的人気があるトマス・キンケイドの絵画世界を三次元的に提示した牧歌的空間だが、ガースがこよなく愛するこのアメリカ式理想は、表層的で独善的だ。何よりも皮肉なのは、テケリ族の奴隷制を逃れて到着したカーヴェルの理想郷においてすら、クリスとガースに農作業の労役が課されている事態だろう（二四三）。ドームの食糧貯蔵の限界ゆえとはいえ、結局、ここでも二人は「二級市民」でしかなく（二五四）、いわば「プランテーション」（二四九）の野働き《フィールド・ハンド》の奴隷としての役割を負っている。

ちょうどそのころ、テケリアンの一団が、クレオール・カンパニーの残りの「奴隷たち」を伴い、ドームに向かってやってくる。ドーム内部の気温を保つために作動させているボイラーが、排気口から高熱を放ち、その排気管は、テケリ族の地下帝国の氷雪を溶かしているため、存続の危機に直面した彼らは、カーヴェルに対してボイラーの作動停止を要求しに来たのであった（第二十章）。この怪物どもを迎えたカーヴェル夫妻とクリスらの一行は、テケリ族のうち特に凶暴なソーセージ・ノーズらを一掃すべく、彼らに友好的なふりをしつつ、共謀して毒殺を図る。殺鼠剤の犠牲になったのは、残虐な「主人」だけではなく、クリスに友好的であったオーガスタス（テケリ族名クラキーア）や罪のないテケリアンの子供も含まれるのであった（二九〇―九一）。ポウのピムが、死んだ水夫の偽装をして黒人料理人側を欺き、反乱首謀者たちを鎮圧したエピソードに対して、歯磨き粉で白塗り《ホワイト・フェイス》の偽装をしたガースは、死んだソーセージ・ノーズに成りすまして毒殺の事実を隠そうとするが、一行のたくらみはすぐに露呈し、テケリアンとの全面抗争となる（二九一―三〇二）。この間、「奴隷」のブッカー・ジェインズ船長と親密な関係となった「女主人」のフンカは、テケリアン仲間の怒りを買い、ともに殺害される。白い怪物との攻防は、銃撃戦では埒が明かず、クリスらは、熱に弱い彼らの特性に鑑み、ボイラーを全開にすることで「雪猿」を一掃し、テケリアンの氷の帝国を破壊させようと考える。この折、ボイラー爆破の危険な役目を買ってでたのは、ジェフリーとカールトン・デイモン・カーターであった。ゲイ・カップルの命を賭して、ドームの壊滅は完了する（第二十三章）。このドームの爆破が、ポウの『ピム』におけるジェイン・ガイ号の爆発解体に相当しているのは明白だ。したがって、ポウ作品において、ピムとピーターズが、ツァラル島での蛮族捕囚からの逃走と解放に際し、ジェイン・ガイ号の仲間を全て失ったように、ジョンソン作品においても、クリスとガースは、この爆破によって、クレオール・パンパニーの一行を失い、だからこそ、唯一生き残った二人は、物語の最終移動段階へと進むことができるのである。南極環境の利己的な破壊とテケリ族殲滅というアメリカ式文明の罪を清算するためには、カーヴェル夫妻やクレオール・カンパニーの一行もまた、白氷帝国とともに終焉を迎えなくてはならないし、支配者側と隷属者側双方の犠牲を払うがゆえに、氷上の白色至上主義帝国は、瓦解するのだ。無論、大団円への向かう直前も、『ピム』は、『ピムの物語』の図式を反転踏襲する。ポウ作品において、ピムとピーターズが蛮族ヌーヌーを人質として乗船させ南極点に向かったように、クリスとガースは、ピムを伴い、最終目的地である幻のツァラル島に向かうのである（第二十四章）。白きものを異常に恐れるツァラル族のヌーヌーが、南極点海域にて謎の死を遂げるのならば、ポウをパロディするジョンソンは、アルビノのテケリ族を神と崇めるピムにも、ツァラル島へ近づくボート上で死を与えるのが物語上の要請であると知っている（三一九）。こうしてクリスの旅の終結部において、白き存在は皆無となり、いまやクリスとガースの目前には、ツァラル族と思しき純粋黒人文明を堅持する者たちが、こちらへ手を差しのべて、振りながら、二人を出迎えるのであった（三二二）。

四　旅路の果て

かくして、ニューヨーク北西部の大学町から始まったクリス・ジェインズの旅路は、故郷デトロイトを経てシカゴ郊外に暮らすダーク・ピーターズの子孫のもとへと向かい、ピムの冒険とポウの物語の「真相」を知ったことで、北半球から南半球へと大きく展開していく。アルゼンチンはブエノス・アイレス経由で南極点付近まで航行し、テケリ族の地下迷宮からカーヴェル夫妻のバイオドームへと雪原を逃走ののち、更にボートでの移動を続け、最終的にツァラル島と思しき陸地へと迫る。テケリアンによる二十一世紀南極版奴隷捕囚を体験したクリスの路程の先に用意されているのは、ポウ作品終結部における「謎」の反復的循環である。

ジョンソンは、ポウによる物語素と枠組み構造をあざといまでに反転踏襲する手法によって、アンテベラム期の南部白人のナラティヴを戦略的に奪取するのである。たとえば、エンディングに至る直前、ボートで南極海域を移動する三月一日から二十二日までの様子を日記風に綴る筆は、「白き世界」ならぬ「黒き世界」に接近しつつある周辺環境の変化を読者に伝えている。もちろん、ここで記録に付される日づけが、ポウの『ピムの物語』におけるそれと完全一致しているのは、言うまでもない。クリスとガースとピムを乗せた小舟は、灰色の火山灰が降りしきる生暖かい大気のなか、アザラシや巨大な黒鳥といった黒さを強調する生態系を観察しながら航行する。周辺海域は、完全に黒白逆転の世界だ。「ツァラル、ツァラル」と鳴く黒鳥の向こうに島を見つけた時、クリスは、ダーク・ピーターズの遺骨袋を胸に抱き、勝利の感情で言葉にならぬ叫びをあげる。そして、ふと見ると、黒きものを異常に恐怖するピムが、側らで既にこと切れていた（三一五―二二）。ここでクリスの南極冒険記は、茶褐色の人種を対岸に見たまま、ポウの『ピムの物語』同様、突如断絶し、幕を閉じる（三二二）。これより先、クリスとガースの消息の詳細は不明のままである。

かろうじて、二人のその後の片鱗が示されるのは、ポウの『ピムの物語』と同様の枠組み提示、すなわち、「序文」および「筆者覚書」の説明によってである。クリスの南極体験を挟んで配置される、本書出版の経緯と後日談部分に関する限り、固有名詞と若干の表現の変更以外は、徹頭徹尾、ポウの文言の複写となっている。二〇〇九年一月十九日、フィラデルフィアにて記されたクリスの「序文」によると、数か月前にアメリカに帰還した彼は、南極での奇妙な体験を発表するよう周囲から勧められるものの、それらの信憑性を明示しうる証拠がなく、またこれらの経験があまりにも信じがたいものであったため、出版を躊躇していた。だが、「歴史的白人研究機関であるバード・カレッジの言語文学の准教授ジョンソン氏」より、フィクションとして出版してみてはどうかと提案をもちかけられ、承諾。それが意外にも好評を博したために、改めて、自身の筆によって実話として体験記を上梓する運びとなったと説明される（三―四）。

加えて、これまたポウの『ピム』同様、「筆者覚書」部分では、クリス・ジェインズ氏の失踪によって、ツァラル島の真相に関するナラティヴの最後の数章が紛失した旨が報告されている。この欠損を補うべきは、「序文の中でその名前が述べられている件《くだん》の紳士」が適任と思われるのだが、彼は、「詳細について不確かで、概要しか提供できず、物語の終わりの部分が、自分には、どうしても信じられないのだという、まことに尤もな理由から」、仕事を引き受けようとしない。ことの真相を熟知しているはずのガース・フライアソンは、現在、ミシガン州在住だが、依然、黙したままである（三二七）。こうしてポウの描いた黒人蛮族島とは異なるはずのツァラルの真実は、未来へと先送りされる。とはいえ、ジョンソンは、彼自身がポウに対して人種的側面から戦略的に行った物語の剽窃搾取というメタ・ナラティヴの提示を、後続作家に対して許可しているわけではない。ポウのピムとピーターズに相同させるべく、作家は、クリスを行方不明にさせると同時に、ガースをアメリカに帰還させたが、『ピムの物語』において主従関係であった前者のそれに対して、クリスとガースは、幼馴染の親友関係にある。だとすると、作中、ピムがピーターズの主体的体験を無効化し、かつポウがその物語を奪ったように、クリスがガースを疑似的に抹消し、かつバード・カレッジの准教授ジョンソン氏が、二人の物語を奪って本作をしたためたのだろうという穿った反復的構図は、想定できない。なぜならば、ジョンソンの分身であるクリスとその相棒ガースとの間に、人種的な上下関係は成立していないからである。むしろ、ポウの物語枠組みを踏襲することによって、ジョンソンは、クリス（とガーズ）の物語を奪うのではなく、それを完成させるとともに、ポウに対するピーターズの復讐を代行していると読むのが正しい。「序文」と「作者覚書」にて言及される「ジョンソン氏」、「C・ジェインズ」、「ガース・フライアソン」には、後続の作家によって「復讐」されるべき人種上の搾取関係は見いだせないのだ。それにしても、「序文の中でその名前が述べられている例の紳士」が、仮にキャラクターとしての「ジョンソン氏」ならば、この「覚書」を記した「筆者」とは、一体誰なのか。ポウ同様、ジョンソンもまた、手ごわく狡猾だ。虚構内虚構を提示したポウのピムを自作内に取り込むことによって、さらに物語構造をメタレベルで深化させ、バート・カレッジ准教授ジョンソン氏を登場させる作家ジョンソンは、ポウを揶揄しつつ、読者を煙に巻く。長篇物語の出版を切望するがゆえにピーターズの物語を剽窃したポウの「盗作」という「虚構」を、ジョンソンは、ポウの『ピムの物語』に全面依拠しながら「創作」し、ピムを生き返らせた後に、再度、死に至らしめたのだから。「序論」でクリスが述べているように、現実がとてつもない嘘の上に築かれる当世、真実を提示しうるのは、むしろ虚構の場なのだ（四）という逆説的真理に、作家は手ずから説得力を与えているのである。

物語が未完のまま循環し、反復されるオープン・エンディングは、ロード・ナラティヴの特徴の一つと考えられるだろう。「筆者覚書」の最終部にて、ジョンソンは、「[クリス・ジェインズ氏の]最後の二、三章（わずか二、三章だからこそ）を失ったことは、返す返すも残念である。というのは、その失った部分は、ツァラル島そのもの、あるいは、少なくともそれに近似の地方に関する事柄に渡っているに違いないからである。この暗黒島に関する筆者の言及について、より理解を深められるように、我々は、エドガー・アラン・ポウ自身が選んだオリジナルの物語を、一字一句変えることなく提示する」（三二八）と記し、『ピムの物語』第十八章から二十二章までを、そのまま抜粋掲示して本書を閉じる。ちなみに、第二十二章は、ジェイン・ガイ号の爆破により船室から吹き飛ばされた奇妙な白い動物の死体を見て、蛮族が「テケリ・リ！　テケリ・リ！」と叫ぶくだりで終わっているのだが、これは、物語冒頭で大学を解雇されたクリスが、自分の代替として雇用されたヒップ・ホップ理論家モザイク・ジョンソンに対して叫ぶことばでもある（二一）。一見、拳を振り上げ、虚勢を張って、大学の人種政策に抵抗しているかのように見えるが、実際には、白人権威に追従するだけの新任黒人教員に対し、主人公は、ツァラルの蛮族が白きものを恐れる折に発する「テケリ・リ」という語を浴びせかけ、痛烈に「口撃」する。「実在」するテケリアンの白い帝国を崩壊させたのは、他ならぬクリス一行なのだ。しかも本書において、この語が、物語の出発地点と終結部に配置されるとき、読者は、白さに怯まず挑戦し続けたクリスの究極的な勝利を感じとるのである。

ロード・ナラティヴにおいて、その先に続く道は、歴史同様、常に開いているが故に、小説の合理的終結いかんによらず、物語の進行の継続を暗示させ、修正の可能性を拓く。『ピム』のオープン・エンディングに関して言えば、それは、十九世紀南部作家ポウが提示した虚構空間を、黒人現代作家ジョンソンが奪還する行為となる。テケリ族を一掃し、ピムの死を目撃した旅路の果てに、クリスは、ピーターズをツァラル島へと連れ戻す。そこは、世界中で唯一、白人がもたらした奴隷制度や植民地主義の諸悪に毒されずに存在するディアスポラの幻影空間であり、黒人にとっての約束の地である。つまり、ピムを生み出したポウに対して、クリスを主人公としたジョンソンは、ピーターズを比喩的に介在させながら、ツァラル島の黒人文明を守った真の英雄として権威を回復させている。彼は、白人作家のナラティヴ構造をそのまま乗っ取り反転反復することによって、ポウに自身の物語を奪われたばかりか、「黒人」としての本来の人種的アイデンティティまでをも無効化されたピーターズの無念を代理的に晴らしているのである。また、突如クリスが物語舞台上から姿を消すさまは、暴力的爆破によってテケリアンを滅ぼした罪に対する罰を甘んじて受け入れているかのような、二重の効果も上げている。

クレオール・カンパニーの一行を「奴隷」と見なし、黒人を侮蔑するピムとの会話は、クリスに改めて「白さ」の意味を考えさせる。彼は、結局、白さとは、「何か」なのではなく、何ものでもないことなのだと結論づける。白さとは、事実を隠蔽し、存在や歴史の痕跡を消し去り、無効化してしまう「無」なのだとクリスは言う。「こうやって白人ってのは、真っ白でい続けるんだ。歴史の染みを認め、受け入れるのを拒否することで、奴らは白くあり続ける。白さとは、何かであるということではなくて、何物でもないこと、何もないこと、つまり、全てを消去するということなんだ。現実の虚無の積み重ねによって真実を蔽い隠すことなんだ。ちょうどいま、雪嵐が僕らのテントを蔽い尽くし、この未開の地から僕らの存在の痕跡を全て払いのけようとしているのと同じように」（二二五）。ジョンソンが行っているのは、ポウ＝ピムによって奪われたピーターズの体験記を取り戻す作業であり、白色化され、無効化された「黒さと想像力」を奪還する路程の提示なのだ。クリスのロード・ナラティヴは、黒い「存在の痕跡」を隠蔽してきたアメリカ文学／史に対する修正主義的メタ批評としての効果をも発揮する。ピムに代わりナラティヴを司るクリス／ジョンソンによって、ダーク・ピーターズの重要性が再発見され、彼の権威はかように復活されたのである。

注

1　ジョンソン（一九七〇―　）は、コロンビア大学で美術学修士号を取得後、ラトガーズ大学、バード大学、コロンビア大学で教鞭を取り、現在は、ヒューストン大学創作科教授となっている。ジョンソンの作品は、『ピム』以外の小説に『ドロップ』（二〇〇〇）、『ハンティング・イン・ハーレム』（二〇〇三）、一七四一年のニューヨークの奴隷反乱を扱ったノン・フィクション作品に『奴隷の陰謀』（二〇〇七）、またグラフィック・ノヴェル作品に、『ジョン・コンスタンティン・ヘリブレイザー』（二〇〇五）、『インコグニグロ』（二〇〇八）、『黒い雨――ニューオーリンズ物語』（二〇一〇）、『ライト・ステイト』（二〇一三）がある。最新刊の『ラビング・デイ』は二〇一五年六月に創刊予定とのこと。なお、パーパーバック版に記載された『ピム』に対する書評の一部紹介は以下のとおり。「文句なく面白い」（『ニューヨーク・タイムズ・ブック・レビュー』）、「桁外れの面白さ……フィリップ・ロスの真面目さとコミカルさと奇怪さを易々と混ぜ合わせたような風を思わせる」（『ワシントン・ポスト』）、「最近読んだ中で最も切れが良く、類まれなる物語……ジョンソンの風刺的洞察力は、カート・ヴォネガットのような自由闊達さと、同等の熱烈なる人道的博愛主義に彩られている」（『ニューヨーク・タイムズ・マガジン』）、「ヴォネガットがラルフ・エリスンとジュール・ヴェルヌと一緒に麦酒を飲んでいるのを想像してみたまえ」（『ヴァニティー・フェア』）。

2　スーザン・ビーゲルは、グランパス号上での反乱に関して、ポウは、ナンタケットの捕鯨船グローブ号上での実際の反乱を参照していたのではないかと推測している。なお、この反乱には、ポウ作品同様、黒人使用人も加担している。

3　ロード・ナラティヴのジャンル的特徴については、ロナルド・プリモー、シェリルによる序章部分を参照のこと（二〇一三年にロナルド・プリモーによって上梓された『ロマンス・オブ・ザ・ロード』は、本ジャンルの先行研究を手際よく整理してくれている）。ただし本稿では「ロード」を自動車による陸路移動という狭義の使用に限定しない。実際、「ロード」という語には比喩的含意があるがゆえに、文学／文化的適応範囲を明確に定義するのは、存外難しい。例えば、アメリカ大陸探検記や未知の領域への旅行／冒険記、あるいは居住地を追われる強制移動の旅回りや、（犯罪）逃亡記、はては時空を超える空想科学小説や悪漢小説に至るまで、作中登場人物たちが、移動の道程で展開される事件や事象を自己探求と自我の発見・成長を交えて提示するナラティヴはおしなべて、広義の「ロード・ナラティヴ」に他ならない。そこには教養小説的要素もあれば、抵抗精神の発露もある。さらには、アメリカが建国以前より担っている帝国主義的拡大神話（あるいは反神話）の幻影すら見いだし得よう。『ピム』について言えば、こうした広義の比喩的な意味での路程を多分に示している。

引用・参考文献

Beegel, Susan F. "'Mutiny and Atrocious Butchery': The Globe Mutiny as a Source for Pym." *Poe's Pym: Critical Explorations*. Ed. Richard Kopley. Durham: Duke UP, 1992. 7–19; 277–80.

Johnson, Mat. *Pym: A Novel*. New York: Spiegel & Grau, 2011.

Poe, Edgar Allan. *The Narrative of Arthur Gordon Pym of Nantucket*. 1837. New York: Modern Library, 2002.

Primeau, Ronald. *Romance of the Road: The Literature of the American Highway*. Bowling Green, OH: Bowling Green State University Popular P, 1996.

——, ed. *Critical Insights: American Road Literature*. Ipswich, Grey House P, 2013.

Sherrill, Rowland A. *Road-Book America: Contemporary Culture and the New Picaresque*. Urbana: U of Illinois P, 2000.

＊本稿は、独立行政法人日本学術振興会科学研究費助成金（課題番号二四五二〇三二七）による研究成果の一部である。

移動と同化
——ヨシュア・シンガー『ヴィリー』論

広瀬　佳司

一　異色なユダヤ人作家——ヨシュア・シンガー

イスラエル・ヨシュア・シンガー（以下ヨシュア　一八九三—一九四四）は今ではイツハク・バシェヴィス・シンガー（以降バシェヴィス）の兄として知られるが、戦前のヨーロッパにおいては、兄ヨシュアの方が数段上の作家として名を馳せた。十一冊に及ぶ小説や短編集等を出版している。中でも一九四三年に出版された『カノフスキー家の一族』は傑作と目される。本論で取り上げる中編『ヴィリー』は、ロード・ナラティヴの視点から非常に興味深い。ユダヤ人は第二次世界大戦の戦前・戦後にかけて東欧を追われアメリカへ移住する。当然、ユダヤ系の文学には多くの作品が移動をテーマとして書かれている。しかし、アメリカに来てからの移動をテーマにする作品は少ない。大量移民のユダヤ人たちがニューヨークを中心とする大都市の労働搾取工場で働き、そこに生活基盤を持った結果、移民第二世代のユダヤ系アメリカ作家は、そのほとんどがニューヨークやシカゴという大都市で生まれ育った。そんな中で、『ヴィリー』の主人公のようにアメリカの大自然を背景にダイナミックに移動し、ドラマを生み出していく主人公というのは稀ではないだろうか。

言うまでもないが、ユダヤ人の移動の文学起源は聖書「出エジプト記」にある。モーセに導かれたユダヤ民族のエジプトからカナンの地への大移動がよく知られている。その意味で、ユダヤ人は移動の民でもある。この伝統は、現代のユダヤ系アメリカ人作家にはあまり見られない。その大部分が、アメリカ生まれで、特に大都市ニューヨークなどに在住しているからかもしれない。ごく最近では、西海岸サンフランシスコで創作活躍をするユダヤ系作家マイケル・シェイボン（一九六三―　）、テネシー州出身のスティーヴ・スターン（一九四七―　）などが出てきていることは、そのダイナミズムがまだ存在することを示しているように思われる。

ヨシュアは一九三三年に故郷ポーランドを脱出しアメリカへ渡り、四四年に客死する。死の少し前に発表された作品『カノフスキー家の一族』は文字通り、移動の文学である。戦前のポーランドのユダヤ社会を捨て、非ユダヤ教世界を求めてドイツへ移動し、ナチスの台頭後はその迫害を逃れ最終的にはアメリカへ移住する、カノフスキー一家の悲劇を描いた傑作である。本稿で主に扱う『ヴィリー』（一九三八）は後の傑作の原型とも言えるかも知れない。『ヴィリー』発表の翌年にスタインベックの『二十日鼠と人間』（一九三七）が出版された。農場への夢を抱きアメリカ大陸を旅する二つの作品にはロード・ナラティヴとしての類似点が見られる。

アメリカの二十世紀初頭におけるユダヤ人移民と言えば、ニューヨークのロウア・イーストサイドにあった労働搾取工場で、安い労賃で長時間働かされた姿が想起されよう。ユダヤ人にはニューヨークで働く労働者のイメージが非常に強いために、これまでユダヤ人農家を描くユダヤ系文学は例を見ない。

一九〇〇年にユダヤ農業・産業補助機構（ＪＡＩＡＳ）が設立された。主要都市郊外のユダヤ人の農家を援助する機構である。ニューヨークから遠くないニュージャージー（家禽の肉、卵、野菜等）、コネティカット（乳製品、野菜、家畜）、オハイオ州（フルーツ、野菜）の農場がよく知られている。多くの農家が伝統的なユダヤ教徒で、シナゴーグでの祈り、ユダヤ食事法カシェルートを守っていた。

こうした農場は大不況時にほとんどが消えて行ったが、残った農場は一九四〇年以降も農業を継続し、第二次世界大戦もしのいでいた。卵をはじめとする農作物の高い需要によって支えられたのだ。大戦直後がピークで、ユダヤ系アメリカ人の農業従事者は十万人を超え、二万五千世帯ほどもあった。[1]

ヨシュアの描いた『ヴィリー』にはユダヤ系農業従事者の成功の事例が活写されている。興味深いのは、農業とユダヤ教の伝統を結んだ点にあると思う。こうした作品は、後にノーベル賞受賞作家となる弟のバシェヴィスにも決して描くことのできないものである。『奴隷』（一九六二）や『愛の迷路』（一九七二）に見られるように、バシェヴィスの作品に登場する人物で百姓は粗野なポーランド人でしかない。

　ユダヤ教のロード・ナラティヴの基本は旧約聖書に遡る。「創世記」のヤコブ、ヨセフの移動のナラティヴ。「出エジプト記」にある、エジプト脱出から四十年にわたるモーセとユダヤ人の苦難の旅と神の奇跡。また、「ヨナ書」も代表的な移動の物語である。バシェヴィスを含め多くのユダヤ系作家が旧世界における移動、あるいは旧世界からアメリカへの移動をテーマにしている。この作品『ヴィリー』でも言及されているロード・ナラティヴは、ヤコブとヨセフの関係をも暗示する。しかし、アメリカの大自然を背景に物語を展開しているヨシュア文学は他のユダヤ系作家の追随を容易に許さない。

　ポーランドの農場生まれの青年ヴォルフは、ユダヤ人として育てられるが、父母の思いとは裏腹に宗教には何の関心も示さない。ヴォルフの夢は、ポーランドの大自然の中で自由に生きることであった。馬を愛し、乗馬を得意にしていた彼は、他のユダヤ人青年らが嫌うロシアの軍隊に志願し、父親の意を無視して勝手に入隊してしまう。当時のユダヤ人たちは、徴兵検査不合格になるためならば、たとえ体の一部を傷つけることさえ厭わなかった。エイブラハム・カハーンも、彼の代表作『デイヴィッド・レヴィンスキーの出世』（一九一七）で徴兵制度の恐ろしさを描いている。当時の常識から見れば、ヴォルフのような若者はユダヤ人の中では稀である。青白い顔をして、ユダヤ律法研究にふけるひ弱なユダヤ人とは対照的に、ヴォルフは肉体美を誇れるほどに体格にも恵まれていた。これまでのユダヤ人像を反転している趣さえあったのだ。おかげで、両親の懸念をよそに、ヴォルフは軍隊でも多くの功績をあげ帰郷する。

ヴォルフは入隊する際に、帰ったら農業を継ぐので決して農地を売らないように父親に約束をさせていたが、その約束は破られてしまう。正統派の父親にはユダヤ社会から孤立し、田舎で家畜の世話や畑仕事に明け暮れることが耐えられなかったのだ。そのために、ヴォルフが留守の間に農場を売り払い、多くのユダヤ人が住む都会へ移住してしまっていた。このことに幻滅を覚えたヴォルフは両親に別れも告げず新大陸アメリカへ渡ってしまう。

アメリカへの長旅で三等客室、すなわち船底に横たわるユダヤ移民たちは、疲れと船の揺れで食欲もでない。そんな中で、一向に食欲も落ちず立ち動くヴォルフの姿は、今までのユダヤ文学に描かれたユダヤ人像とは大きく異なる。この辺の描写は滑稽なほど非ユダヤ人的である。

結果としてヴォルフは、ユダヤ人迫害が始まる少し前にアメリカへ渡る。しかし、多くのユダヤ人が、ユダヤ人社会を形成するニューヨークにはなじめず、ヴォルフは都会から離れ田舎暮らしを求めて結局農夫になる。しかし、彼の希望に反してユダヤ教の世界は彼を再び捉えてしまう。「ヨナ書」のヨナのように、ユダヤ教から逃げ切れない主人公の移動のナラティヴである。

多くのユダヤ人が迫りくる迫害を逃れてアメリカへ渡った一九三〇年代にヴォルフがポーランドを離れる理由は、父親に象徴されたユダヤ教に染められたポーランドのユダヤ人社会に反発し、新大陸アメリカでの農場を夢見たためである。つまり、父親に象徴された宗教世界から脱出し、自由に自然の中で生活がしたいというのがヴォルフの夢である。この辺が、神の命に従わずその手から逃れようと旅を続けるヨナの姿と重なる。

そんな彼もニューヨークの労働搾取工場で、こまごました作業を続けることができなかった。彼には、父とは対照的に反都会的な精神があった。工場で知り会う男に誘われてニューヨークを離れ、近隣の田舎町の農家を訪れて行商を始める。ごみごみした都会を離れたヴォルフは、まるで「檻から出された獣のように」（二二二）牧場や、草原へと飛び出していく。

ヴォルフは鼻腔を全開にしてきれいな空気を味わい、草原、穀物、野の花、そして水の香りを胸いっぱいに吸い込んだ。すると手に力がみなぎり、何かしたいという衝動に駆られた。（略）どれほどの道中を来たであろうか、いつもヴォルフが先導し、相棒は後からついてくる。その土地は初めての場所なのだが、ヴォルフには、田舎で培った経験からどの道や小道を通ればよいのかがわかる。親しみを感じるのか犬も彼には吠えないばかりか、頭を出して撫でてもらおうとさえする。（略）道中ずっと咳き込む相棒にヴォルフは草原や森に関する知識を披露した。どのライ麦が夏物で、どれが冬物なのか。どの土地が肥沃で、どこが砂地なのか。キャベツの葉がどれで、ジャガイモの葉はどれか、など。草の名前、木やキノコの名前など何でも知っていた。畑を通りかかるとヴォルフは、トウモロコシの実を採っては口で噛んでみて、収穫の時期であることを知り、百姓らしい喜びを感じた。（二二二—二二三）

ユダヤ人が知らないアメリカの農村空間へ移動し、そこに同化を求めるヴォルフの姿が見て取れよう。この移動こそが、後の彼の生活を大きく生まれ変えさせる通過儀礼なのかもしれない。今までのユダヤ人作家が描くことのできなかったヨシュアの真骨頂なのだ。他のどこにも見つけることのできない自己発見を可能にする場所。規制の厳しい社会から自由になる空間。それこそ、人類学者が「境界」と呼ぶところの路上の生活である。それが、「変遷中」という通過儀礼なのである（二四九）。ヴォルフの目的のない旅は、ある意味で『不思議の国のアリス』が入り込む異次元の世界への通路なのかもしれない。

いつものように相棒と一緒にとある農場を訪れた時に、オート麦を食べ過ぎ苦しんで倒れている馬に、何の手当もできず呆然としている農夫の姿が目に入る。ヴォルフにはその原因がすぐにわかった。素早く適切な処置を施し、ヴォルフは馬の命を救う。老いた無口な農場主はヴォルフの手際よさに心を奪われた。心を動かされたのは農夫だけではなく、その娘エステルも同様であった。事が落ち着いて、「神は信じるかね?」（三二）と尋ねた時、ヴォルフは「当然です！」（三二）と即答する。これで、農場主はすっかり彼を気に入り娘と農場をヴォルフに託そうと心に決める。

ユダヤ教の宗教空間を嫌いアメリカへ移住してきたヴォルフだが絶対神は受け入れている。子供の頃、ユダヤ人の息子として家庭教師をあてがわれ「雅歌」を覚えるように強制されたが、その気にならなかったヴォルフは、とうとう家庭教師にも見切りをつけられてしまう。しかしながら、信仰心は身についているようである。この点に作家ヨシュアの宗教に対する態度の変化が見られる。『今はなき世界』（一九四四）では、自分の生い立ちを赤裸々に描いている。そこで見られるヨシュアは、ラビの息子として当然であるが、幼い時はユダヤ教正統派であるハシド派の生活を余儀なくされた。しかし、心待ちにしていた救世主メシアの出現が結局実現しないことで信仰心は薄れ、ついにはユダヤ教徒の生活を捨て、世俗的な世界に入る。作家業もその一つである。そして、宗教の代わりに共産主義や社会主義へと惹かれていく。そのためにロシアやポーランドの警察から追われる経験も持っている。アメリカへ移住してから描いた『同志ナハマン』（一九三九）の主人公も社会主義運動家として獄中生活をする。その際に、自分は絶対神を捨てたにもかかわらず、それに代わる普遍的なものを社会主義イデオロギーの内に求めていることに気づく。それはかつて父親が神を絶対視していた姿とかわらないことに思い至る。作家自身、形式的なユダヤ教からは離れていても、信仰心は失っていないことがヴォルフの姿からも理解できる。

二　ユダヤ教とキリスト教の共存

これまで見てきたようにヴォルフは容易にアメリカの農場生活に順応していく。そして、農場主に認められた彼は、農場主の娘エステルと結婚することになる。エステルとは、ユダヤ人女性によくある名前である。事実、ヴォルフの妹もこの名前であった。旧約聖書の「エステル記」に因る名前であることは言うまでもない。ヴォルフが移り住んだ農場の場所は意図的に伏されているが、ニューヨークから馬車でも半日で来られる場所であるから、恐らく遠くてもニュージャージー州やロングアイランドくらいの場所であると考えられる。農場主が地下鉄や鉄道に関してほとんど知らないところからも、ニューヨーク市からはかなり離れた場所であることは推量できる。若い時に社会主義運動に奔走したヨシュアは、戦争中の執筆であったことも大きく関係するであろうが、物語のモデルとなった地名を一切述べていない。アメリカに移住してからも、労働者の新聞『フォワード紙』のレポーターをしていたヨシュアは、その辺に関しては非常に神経質になっている。共産主義に対して厳しい三〇年代、四〇年代のアメリカを生きた彼にとっては、当然のことかもしれない。

最後の名作『カノフスキー家の一族』でも同じように、アメリカに移住してくる主人公たちが移り住んだ土地の地名を明らかにしていない。ただ、卵や野菜をニューヨークの客が車で買いに来るということがあるので、距離的には車で何時間かで移動可能な場所であることは間違いない。しかし、交通手段がまだまだ馬車が主だった時代のアメリカ農村部であることから、反ユダヤ主義というものの考えがこの農村には伝わっておらず農場主もその娘エステルも、ユダヤ人に対する感情的な拒否感は全くない。

ヴォルフはある日、農場主に連れられて彼らの教会へ入ることになる。ユダヤ教には無関心であったヴォルフだが、さすがにキリスト教会に入るのは抵抗があった。ポーランドで外から覗いたことはあったが、ポーランドの教会はカトリック教会であるから、キリスト像、白い宗教儀式用のガウンを着た神父、ステンドグラスのイメージであった。また、キリスト教会は「ユダヤ人にとっては不幸な事件を想起させた。中傷や誹謗、またユダヤ人家庭から家出し、改宗した娘たちという連想と結びついていた」(三七)。

ところが、このアメリカの農村部の教会内には「偶像もなければ、故郷ではあれほど恐れていたユダヤ人への憎悪もない。ユダヤ教会のように懐かしく思えた」（三七）。前述したように、ヨシュアが自らの経験からそうしたキリスト教会を見聞しているのかも知れないが、もう一つには作家自身の希望の表れではなかったろうか。『カノフスキー家の一族』でも、ユダヤ教とキリスト教徒の融和を何とか図ろうとする作家の努力が見られる。それゆえに、ユダヤ人医師と反ユダヤ主義者の家に生まれロシア正教徒として育った看護婦との恋愛結婚を描き、その息子のアイデンティティ・クライシスという悲劇を通じてユダヤ教徒とキリスト教徒の融和を訴えかけている。

そのような理由から、この作品『ヴィリー』が現実的な小説なのか、それとも宗教的な融合をめざしたヨシュアの観念小説なのかを判断することは難しい。いずれにせよヨシュアがアメリカと旧世界を『フォワード』紙の特派員として世界を飛び回った結果生まれた作品であることは間違いない。

スタインベックの『二十日鼠と人間』の主人公たちが喚起するロード・ナラティヴには決して窺うことができないユダヤ教とキリスト教の微妙な関係が、ヨシュアが語るロード・ナラティヴの主なテーマだ。アメリカの大自然を背景に繰り広げられる二つの宗教の新たな関係が展開されている。これが稀代なユダヤ系作家ヨシュアの持ち味であるダイナミズム、つまり移動のテーマである。弟のバシェヴィスは生まれ故郷のポーランドに固執しユダヤ教の教えをモチーフにして、ユダヤ民話・伝承を現代小説にアレンジして作品を仕上げている。アメリカを舞台にした作品でも、バシェヴィスは住み慣れたニューヨークを舞台に選ぶことで移動のテーマにはあまり興味を示さない。兄ヨシュアとは、その意味で対照的で、バシェヴィスは閉じられた空間に彼自身の文学世界を限定している。

旧約聖書にあるヤコブの息子ヨセフのカナンの地からの追放とエジプトでの成功物語においてもそうだが、ユダヤ人の移動には大きな宗教的な問題と人種的な問題がかかわる。それは、ユダヤ教と異宗教の交錯と異宗結婚の問題でもある。ヨセフはエジプト王ファラオにその手腕が認められ国を治める。

ファラオは更に、ヨセフにツァフェナト・パネアという名を与え、オンの祭司ポティ・フェラの娘アセナトを妻として与えた。ヨセフの威光はこうして、エジプトの国にあまねく及んだ。（「創世記」四一章四五節）

ヨシュアの小説に戻ると、ヴォルフも農場の馬の病気を即座に見抜き、手当をすることでその命を救った。その結果、キリスト教徒の農場主の娘エステルと結婚し農場主となる。正にヨセフと似た運命をたどるのである。ユダヤ人とキリスト教徒が何の違和感もなく融和することのできる空間が果たして三十年代のアメリカにあったのかどうかは定かではないが、ヴォルフはユダヤ人としてのフロンティアを切り開いたことになる。しかしながら、異宗結婚をしたヴォルフには子供ができなかった。長編『カノフスキー家の一族』には異宗結婚の結果生まれたアイデンティティ確立ができない少年の悲劇が描かれている。必然的に生じるそうした深刻な問題をこの中編小説では故意に避けたのかもしれない。

ヴォルフは結婚を機に名前をアメリカ風に変え、ヴィリーと名乗るようになる。それはヨセフの物語にも重なる。ユダヤ人のアイデンティティ確立に必要な三要素とは、名前、言語、服装である。ヴォルフは、少しずつ英語に慣れていき名前もヴィリーとなり、服装もアメリカ風に変えた。町のユダヤ人も彼がユダヤ人であると長年気づかなかったほどである。ユダヤ人の移動に伴う同化を成し遂げた観がある。

三　ユダヤ教空間の移動――「小さな靴屋」との比較

アメリカに来て十数年が経ち、すでに農場主のロビンは死去し、アメリカの農場生活にも溶け込み、ヴィリーは両親に手紙も書かかないまま故郷のことをすっかり忘れていた。時代はそんな彼を驚かす。いよいよナチスの手がポーランドのユダヤ人にも及ぶ時代となったからだ。アメリカの新聞にも迫害の状況が刻々と伝えられる。ヨーロッパでは「武装した人々が、戦争に突入していくさまが」(四四)報道されていた。一九三九年以降のポーランドの様子である。田舎暮らしだけしか知らない妻エステルにとって、ヨーロッパでの戦争は全くの他人事でしかない。「日本の大地震」(一九二三)の記事と同じくらいに遠い世界の出来事でしかなかった。しかし、ヴィリーにとってそのニュースは長年忘れていた両親や兄弟、親戚のことを喚起させる問題であった。移動することで切り離してきた過去が、現実味を帯びて再び彼に襲いかかったのである。両親には何も告げず故郷を捨て、アメリカに来てしまったヴィリーは、忘れられないロシアでの経験を思い出し不安に駆られる。

ロシアでの出来事を彼は思い出した。鋤を持ったコサック兵は平和な時ですら、たまたま道で出会ったユダヤ人を理由もなく鋤でなぐる。文字通りの殺人鬼であった。今は戦争が起きているから、コサック兵たちが何をするのか想像もつかない。ユダヤ人町のユダヤ人を焼いているかもしれない。生きていればその中にヴィリーの両親、兄弟姉妹、親戚もいるかもしれない。自分の農場で彼がこうしてゆったりと座り平和に暮らしている間にも、両親たちは家を焼かれて家を追われ、森に隠れているかもしれない。もしかすると手を差し出してパン一切れを物乞いしているかもしれない。(四七)

こうしてヴィリーは久しぶりに故郷のことを思い出す。すぐに老いた両親を危険な東欧から呼び寄せることを妻エステルに相談して、その手続きに入った。同様のことを、ヨシュアの実弟バシェヴィスも同時期のテーマを「小さな靴屋」(一九五四)という短編であらわしている。おそらく、ヨシュアの作品の影響があったものと考えられる。

久しぶりに両親にイディッシュ語で手紙を書こうとするが、ヘブライ文字が出てこない。ヴィリーがすっかりアメリカ社会に同化してしまったことが窺われよう。それでもやっと書き上げた手紙を投函すると、しばらくして、感動的な手紙が両親から送られてきた。父からの手紙は、ヘブライ語交じりのイディッシュ語で書かれており、ヴィリーにはとても理解できない。そこでユダヤ教学を学んだ教養ある町のユダヤ人薬屋に読んでもらう。

「天の声のように、お前からの貴重な手紙が届いた。何しろお前のことはすでにあきらめていたからね。思い出すたびに悲しみに襲われ、もう死んでしまったと考えていたよ。（略）聖書でヤコブの許に息子ヨセフが生きている知らせが届いた時の様に、わしも、息子が生きているぞ！と叫んだよ。」（五一）

明らかに聖書のヤコブとヨセフの話と、ヴィリーの父親ヒルシ・ルービンとヴィリーの話が重ねられている。若い時にユダヤ教を忌避した作家ヨシュアであるが、ユダヤ教の世界観を作品の基本にしていることが興味深い。ヴィリーが、父のヘブライ語聖書から引用を交えたイディッシュ語の手紙が読めないということは、二人の世界観の相違も暗示している。ユダヤ教の価値観のみで生きてきたヒルシと、そんなユダヤ教の世界を捨てて自由な国アメリカへ移住しアメリカ社会に同化したヴィリーの相違である。

バシェヴィスの描く「小さな靴屋」は、戦争が始まり危うくなったポーランドに一人残された老父が、アメリカで成功した実業家の息子たちの家に迎えられる物語である。ヴィリーの父親とは対照的に律法学など何も知らない、ただの老いた無学な靴職人である。「学」のない彼が唯一誇れるのは、一人一人にあった靴を真心こめて作り上げる伝統の技だけであった。靴工場を営む富裕な息子たちには、昔の懐かしい靴づくりの父親像でしかない。しかしながら、裕福な息子たちもそんな父親の後姿から、忘れかけていたものづくりの伝統精神を再び学んでいく。ユダヤ文化が若い世代に引き継がれる心温まる物語である。

さすがのヴィリーも不安になり両親を呼び寄せる前に、町のラビに非ユダヤ教徒の女性と結婚した事情を話した。

やはりアメリカのラビである。彼は、形式だけしか問題とせずに、本質的な宗教上の問題など考慮する必要がないと断言するのだった。

「アメリカには、いずれにしても完全なユダヤ人もいない。安息日、ユダヤ食物に関する戒律、結婚式、純粋な血筋なんてものは存在しない。それじゃ戒律がないのかといえばそうじゃない。安息日に蝋燭に灯をともし、乳製品と肉を分けて一緒には取らないことなどは学ばなければね。でもすぐ覚えるさ。ユダヤ人であろうとすればそれで十分！」（五八）

このラビの発言には当然皮肉も含まれているが、一九三〇年代の移民世界の状況を活写しているものであろう。ヴィリーの父親は、ユダヤ教に生涯を捧げたラビも驚くほどの「碩学」の人物である。戦前のロシア・東欧のユダヤ社会にあっては中心に位置する立場でもある。対照的に、幼い時からユダヤ律法学に興味も示さず、ひたすら馬に乗り自然の中での生活に満足し、ロシアでの軍隊生活も楽しみ、ユダヤ社会を嫌いアメリカへ移住し、さらにユダヤ社会の中心であるニューヨークを嫌い農村地帯の農場主になった息子ヴィリーは、正統派ユダヤ教徒の見地から見ればアウトローである。父ヒルシと母親がアメリカに呼び寄せられて起きる親子の対立は予想通りであった。

ヴィリーの母親は女性特有の融通を利かせ新世界アメリカの生活に順応しようと努力するが、父親ヒルシに妥協はあり得ない様子であった。母親はもともとポーランドでも小作農の娘であったことから、アメリカの農場にも徐々に慣れていきそれなりの喜びを覚え、義理の娘であるエステルとも馬が合った。旧世界との乖離は当然のものとして受け入れる母親は、エステルにも優しく振舞う。またエステルは反ユダヤ主義の考えもないキリスト教の信者であったために、新たな宗教儀式を守ることに抵抗はなく、義母からユダヤ教の仕来りを一つずつ学んでいき、本当のユダヤ教徒の女性の様に変わっていった。義母は片言の英語を学び、エステルも片言のイディッシュ語を学んだのである。

料理を通して古い伝統的なユダヤ料理もエステルは学んでいくのだった。

問題はヒルシとヴィリーという実の父子の関係である。新世界アメリカに移住しても父親ヒルシは、息子が異教徒的であることに理解を示さなかった。幼い頃からユダヤ教の律法を学ぼうとしなかった息子に冷ややかな視線を向けたヒルシの昔の態度がまた繰り返される。両者の世界観はことごとく相反するものであった。

ユダヤ人が多く住むニューヨークにヴィリーは何の関心もない、そればかりか避けるようになっていた。対照的にヒルシは、後にニューヨークから車で訪れる同郷の人々の間で水を得た魚の様に活き活きとしている。

農場に着いてヒルシがまず最初に腹を立てたことは、ヴィリーの家の各部屋にユダヤ式の部屋用のお守りメズザーが全くついていないことだった。ユダヤ教的な観点から見て、ヴィリーの家は清浄ではないとヒルシの目には映ったのだ。ヴィリーは父に指摘され初めてそのことに気づく有様。このことは、二人にとってのユダヤ教の意味の理解が根本的に異なることを象徴する重要な出来事でもあった。息子は、正統派のユダヤ人なら当然被るべき室内帽子ヤムルカも被らない。ユダヤ教正統派にこだわる父ヒルシにとれば、自分の息子がユダヤ人としての基本的な習慣さえ守れていないことに我慢がならなかった。中でも、ユダヤ教の最も大切な〈安息日〉を守らず、農場での仕事をしていることには我慢がならなかったのだ。ついに、二人は大声の口論となる。

「安息日に我が家で、ユダヤ法に反し仕事をすることは断じて許さん！　わしは父親だぞ、忘れるな！」（七三）とヒルシは、旧世界のユダヤ教の常識をアメリカに同化した息子に押し付けようとした。もちろん息子も黙ってはいない。当然のこと、息子も今まで抑えてきた不満を吐き出すように激しく言い返す。

「父さん、ここアメリカじゃ、旧世界の安息日はありえないよ。安息日に、ユダヤ人が雇って仕事をさせていた異教徒（シャベスゴイ）なんていないからね。牛や馬は安息日なんて理解しないよ。いつだって餌が必要なのさ」（七三）

バシェヴィスの「小さな靴屋」に登場する旧世界から来た父親は、ユダヤ教学の知識もないただの靴職人であるために、アメリカに同化して成功した息子たちを叱ることもない。独り静かに昔ながらの手法で、家族たちのためにこつこつと心を込めて靴を作っている。その靴は、息子たちが工場で大量生産する靴とはわけが違い、各々の足にぴたりと合うから皆に喜ばれる。ヒルシとは違い宗教儀式など一言も口にしない寡黙な父親像である。そんな父親の後姿を見ることで息子たちは、黙って父親の傍らに座り、昔ながらの靴づくりを思い出しながら趣味の仕事に参加する。いかにも、自然な形で精神伝統が息子らに受け継がれていく。

宗教と早くから決別したヨシュアがユダヤ教の戒律の世界を描き、成人するまでユダヤ教を学んだ弟のバシェヴィスがあまり宗教的な要素を描かないというのも興味深い。

四　移動と境界線——宗教と世俗の境を越える自動車

農場とユダヤ教空間の融合はこの作家独自の世界である。十九世紀末にアメリカへ移住したユダヤ移民の第二世代が、一九三〇—四〇年代になると台頭してくる。彼らはユダヤ教から離れ、すっかり新世界に同化した世代である。その世代も、旧世界の宗教世界に、ある種の懐かしさを覚える。そんな時期に農場に移り住んだヒルシ・ルービンは時宜を得て時の人となる。

ヒルシは農場の近隣の町のラビにも不満であった。ユダヤ律法を無視して異教徒の様な出で立ちのアメリカ生まれのラビである。このラビにもヒルシは意見をするが、ラビはヒルシの学識に敬服しヒルシの言うことに耳を傾けた。噂が噂を呼び、町の裕福なユダヤ人たちがフォード車でヒルシの農場を訪れるようになった。彼らの目的は、ヒルシと議論を交わし、旧世界のユダヤ人の生活を子供たちにも見せることだ。旧世界から来た英語もわからない老いた父親を連れてヒルシに会いに来る実業家もいた。

町の知り合いを通して、ヒルシは偶然、同年代のユダヤ人に出会った。息子が大きな洋服屋を営み、つい最近その父親を旧世界から呼び寄せた。しかし、父親は成功した息子の立派な家で、イディッシュ語を理解できない孫たちに囲まれておろおろし、どうしても落ち着かず、毎日泣いてばかり。挙句には、船切符を買い、旧世界に送り返して欲しいと、息子に哀願した。もちろん、息子は父親を故郷には送り返したくなかった。そんな事情で、息子は何とか父親が楽しめるようにと、仕事の無い日曜日に、老いた父を自分の新車に乗せて時折農場に連れてくる。ヒルシと話して気分転換をしてもらおうというわけだ。

> 最初のうちは、役立たずの父を楽しませるための厄介な仕事だ、とその実業家は考えていた。ところが、農場独特な田舎の静けさにすっかり心を惹かれるようになった。新鮮な空気を吸うと食欲が出た。ここで主婦たちが準備してくれる料理は美味しく故郷の味がした。（八一）

車社会が徐々に浸透し、町のユダヤ人たちが子供を連れて、ユダヤの新年祭（ロシュ・ハシャナ）をはじめとするユダヤの祝日にヒルシの農場を訪れるようになる。ヒルシは故郷から、羊皮紙に書かれた律法の巻物を持参してきていた。この巻物こそユダヤ人教会シナゴーグには欠かすことができない心臓部分なのだ。つまり、ヒルシは旧世界から宗教上の核を移動してきたことになる。

ユダヤの宗教社会が、「父」という形でヴィリーを追いかけ、そして彼を凌駕する。その上、車という交通手段の発達のおかげで、皮肉にもアメリカ人となったヴィリーの農産物の収入よりも、父親がユダヤ教という宗教で牽引する人々からの収入が上回ることになる。しかし、ヴィリーにとって父がもたらす収入などどうでもよかった。そればかりか、自動車の頻繁な訪れによって自然破壊や家畜たちが脅かされるのが気になった。ヴィリーの農場を訪れる都会の人々の侵入。田舎と都会を自由に結ぶもの。世俗と宗教の境界線を自動車がたやすく超えてしまう。都会のアメリカ社会と伝統的なユダヤ教精神世界、両者を結ぶものがフォード車でもある。

農場の収入も義父のおかげで飛躍的に増えたこともあり、エステルは夫以上に義父を尊敬するようになる。「義父に対しては、聖職者を見るときのように敬意を抱くようになった。客として、町のラビまでが彼を訪れるようになると、ますますその敬意は増した。」（八三）その結果義父も義理の娘エステルに優しく接するようになっていくのだ。こうした作品構造は多くのユダヤ系作家が描く作品とは対照的である。バシェヴィスの「小さな靴屋」にあるように、無力な老父がアメリカへ渡り、なかなか土地になじまず苦労する様子が描かれることが普通である。ヨシュアの物語は、およそ他のユダヤ系作家が描けない旧世界のユダヤ教という精神世界が、同化したユダヤ人の精神構造を脅かすのである。

結

ハシド派出身のヨシュアが描くユダヤ系のロード・ナラティヴの特徴は、エスニシティの交錯であり、ユダヤ教の空間の移動も伴う特殊性である。そこには新たなユダヤ教空間の変容が見られる。

「創世記」では、ヤコブの息子ヨセフがエジプトへ奴隷として売られていく。ヨセフはそこでエジプトの王ファラオに認められ成功し、土地の非ユダヤ人女性と結婚する。その後、ヤコブ一家が飢饉で苦しむことになり、ヨセフが最高権力者になったエジプトへ移動した。ファラオの許可を得て、ヤコブはユダヤ人の共同体を建設する許可を得る。そこは、「聖書ヘブライ語」が支配する異空間でもある。この聖書の世界と同じように、ヨシュアの描く主人公ヴィリーも父が支配するユダヤ教の世界から逃れ、アメリカへ移る。そこで非ユダヤ人の農場主の娘エステルと出会い結婚し、農場主となり、キリスト教世界の空間に身を置く。しかし、後にヒトラーの迫害が激しくなる旧世界から逃れてくる両親をアメリカの農場に迎えることになる。ここまでのところでは聖書のヤコブとヨセフの話の現代版である。

相違点は、ヨシュアの描くヴィリーの父親ヒルシ・ルービンは、キリスト教徒のアメリカ人農場を、ユダヤ教的な意味で神聖な空間に〈聖別〉しようとすることだ。今までユダヤ人を迎えたことがほとんどない田舎においては、まだ反ユダヤ主義が存在せず、旧世界ヨーロッパとは大きな相違であった。ニューヨークという都会にあってはユダヤ教の世俗化が進み、ユダヤ教空間は変容しているが、ヴィリーの農場では、まだその意味での自由が許された。つまり、アメリカにおけるユダヤ教上でのフロンティアがここに見られる。しかし、三〇年代の乗用車の普及が広まり、ニューヨークからくるユダヤ人客が増加していく。この農場もまたアメリカ社会への同化が避けられないところで作品は終わっている。

ユダヤ人の移動とエスニシティの交錯はアメリカでも進んでいくが、ユダヤ教にあっては人的な交錯が〈聖別空間〉の変容という新たな問題もはらんでいる。それは生活言語ではない宗教言語である〈聖書ヘブライ語〉に象徴されている。これが他民族の移動には例が少ない、完全な同化を拒否するユダヤ系アメリカ人の文化背景でもある。ユダヤ系の文学におけるロード・ナラティヴは、異宗教間の衝突と交錯の問題を考慮に入れなければ成立しない。そこに、聖書ヘブライ語という聖なる言語が深くかかわり、ユダヤ系アメリカ人の魂のよりどころがあると言っても過言ではあるまい。

註

1　Irwin Weintraub, *Jews in American Agriculture: The History of Farming by Jews in the Unities States*. (Jewish Agricultural Society. 1954) を参照した。

引用・参考文献

Singer, Isaac Bashevis. "The Little Shoemakers" (*Gimpel the Fool and Other Stories*. New York: Noonday Press, 1957.

Singer, Israel Joshua. "Vili" Forverts, Apr. 7–25, 1936. A version of "Vili" adapted for schoolchildren appeared after his death. Ed. Zalman Yefroyskin. New York: Arbeter-ring mitelshul, 1948.『ヴィリー』広瀬佳司訳、大阪教育図書、二〇〇七。この作品からの引用はすべてこの翻訳による。

James Clifford, *Routes: Travel and Translation in the Twentieth Century*. Cambridge: Harvard UP, 1997

長崎からニューヨークへの道
――パキスタン系作家カミラ・シャムシーの『焼けた影』

中地　幸

二〇一三年二月一日、十五歳という最年少のノーベル平和賞の候補が発表された。[1] パキスタンの人権活動家マララ・ユスフザイである。ユスフザイはタリバンの圧力のもとで暮らす人々の惨状を告発し、パキスタンにおける女子教育の必要性を説いたことで、二〇一二年十月にタリバンにより銃撃を受けた。二〇一三年には受賞は逃したが、その活動が高く評価され、二〇一四年一七歳の史上最年少者としてノーベル平和賞を受賞した。

二〇〇一年のアメリカにおける同時多発テロから十年余りが経過し、二〇一一年には同時多発テロの首謀者ウサマ・ビン・ラーディンが殺害されたが、イスラム過激派のテロ活動はいまだ治まる気配はない。二〇一四年九月、オバマ大統領はイスラム過激派組織イスラム国を壊滅させることを宣言し、シリアへの空爆拡大を決定した。欧米諸国と中東との緊張関係はますます増すばかりである。

マララ・ユスフザイおよびカミラ・シャムシーの祖国パキスタンは、イギリス植民地であったインドのうち、イスラム教徒が多数派をなす地域として、一九四七年に独立し、建国された国家である。一九九八年のインド・パキスタン両国による核実験、カシュミールをめぐるインドとの緊張の増加、一九九九年ムシャラフの無血クーデターによる軍事政権樹立、二〇〇一年九月十一日のアメリカ同時多発テロとその後のアメリカ軍による隣国アフガニスタン空爆などにより、パキスタンは常に政治的緊張の渦中にあり続けた。パキスタンはアフガニスタン戦争では、米国支持にまわり、そのためにF十六戦闘機を含む多額の軍事援助を米国から受けたが、これに対して国内ではイスラム原理主義者などを中心にイスラム教徒が抗議行動を行い、国内抗争も絶えないという状況にあった。二〇〇八年、親米派のムシャラフ大統領が辞任すると、パキスタンは軍事パートナーをアメリカからロシアに切り替えたとも言われている。二〇一一年ウサマ・ビン・ラーディンはパキスタンで潜伏しているところを殺害されたことから、ビン・ラーディン潜伏へのパキスタン軍の関与などもささやかれており、パキスタンと英米との関係も決してよいとはいえない状況にある。

しかし、このような政治的に緊迫した状態にあって、マララ・ユスフザイだけでなく、近年、多くのパキスタン系の若手の英語作家たちが平和のために声をあげ、自らの立場を明らかにしている。多くの作家たちは英米で教育を受け、ある意味英米社会への同化が可能な立場にあるが、彼らはあえてパキスタン人としての立場や視点を強調し、現在の政治的な問題に取り組んでおり、今や彼らは新しい英米文学の担い手として高く評価されているのである。

例えば、一九七一年ラホール生まれのモーシン・ハミッド はプリンストン大学、ハーバード法科大学院を卒業した作家だが、その第二作『やる気のない原理主義者』（邦訳『コウモリの見た夢』二〇〇七）はアメリカでアニスフィールド・ウルフ賞とアジアと系アメリカ文学賞を受賞したほか、イギリスでブッカー賞の最終候補となった。また一九六四年オカラ生まれのムハンマド・ハニフはイギリスのイーストアングリア大学を卒業したジャーナリストであるが、その処女作『爆発するマンゴー事件』はイギリスのガーディアン・ファーストブック賞にノミネートされた。さらにダートマス・カレッジとイェール法科大学院を卒業した一九六三年生まれのダニヤル・ムエヌディンは『他の部屋での他の驚嘆』（二〇〇九）が評価され、ピュリッツァー賞の最終候補者に挙げられた。その他パキスタン出身で英語圏文学で注目を浴びる作家には、一九六六年パンジャブ州の都市グジュラーンワーラに生まれ、イギリスのマンチエスター大学で教育を受けたパキスタン系イギリス人作家ナディーム・アスラムや、一九七四年にカラチに生まれ、アメリカのジョージタウン大学で経済学と英文学の学位を取得したカラチ在住作家H・M・ナクヴィや、一九六九年にラホールに生まれ、アメリカのホバート・アンド・ウィリアム・スミス大学とアリゾナ大学から学位を取得し、数々の文学賞を受賞し続けているウズマ・アスラム・カーンなどがいる。

これらのパキスタン出身の作家たちの英語圏での活躍は、パキスタン系英語文学作家の「第二波」とも「パキ・パック」とも呼ばれるものだが、特徴的なのは、英米の教育を受けながらもパキスタン人というアイデンティティに回帰し、あえてパキスタンをめぐる歴史的、政治的問題に取り組んでいる点であろう。彼らは、西欧的な立場に身をおき、外の視点を身に着けながらも、同時に国家を代表し、パキスタン国民の声を担った存在なのである。とりわけ、本稿でとりあつかうカミラ・シャムシーは、パキスタンの声を代表する知識人としてパキスタン本国でも重要視されており、西洋社会とイスラム社会の「境界」から声をあげる果敢な発言者と位置づけられている。

カミラ・シャムシーは、一九七三年、パキスタンのカラチに生まれ、アメリカのハミルトン・カレッジおよびマサチューセッツ大学アマースト校で創作を学んだ。[2] 一九九八年に『海辺の町にて』を発表して以来、次々と小説を出版しており、二〇〇〇年に『塩とサフラン』、二〇〇二年に『カルトグラフィ』、二〇〇五年に『途切れた韻律』をイギリスのブルームスベリー社から出版している。これらの作品はイギリスのジョン・レウェリン・ライズ賞の候補作となった。また二〇一四年には、『すべての石には神が宿る』を発表した。

『焼けた影』（二〇〇九）はシャムシーの五作目の小説で、イギリスでオレンジ賞候補となった作品である。主人公は、長崎で原爆の被害にあったヒロコ・タナカという日本人女性で、物語は長崎、インド、パキスタン、アフガニスタン、ニューヨークを舞台に展開する。物語の歴史的背景としては、一九四五年の長崎原爆、一九四七年の印パ分離、一九七九年のソ連のアフガニスタン侵攻とそれに引き続く内戦、一九九八年のインドとパキスタンでの核実験、二〇〇一年のアメリカ同時多発テロ事件があげられるが、このような状況設定には、戦争、植民地主義、ディアスポラ、民族紛争といったものがもたらす苦難を、国家単位を超えた苦難として捉えるシャムシーの視線があるといっていいだろう。長崎からニューヨークに至るヒロコの「道」には、シャムシーの平和への祈りが込められているのである。

本稿では、「ロード・ナラティヴ」という本書の全体テーマを見据えたうえで、シャムシーの『焼けた影』について論じていくが、まずはロード・ナラティヴというジャンルの中で『焼けた影』を考えてみたい。

一　カウンター・ロード・ナラティヴとしての『焼けた影』

ロナルド・プリモーは『ロマンス・オブ・ザ・ロード』（一九九六）において、ロード・ナラティヴがアメリカにおける最も人気の高いジャンルであり続けた理由について、それが自己探求の物語であることと独立と自由と逃避の表現であることをあげ、ロード・ナラティヴに超絶主義思想や、ビルダングズ・ローマン、ピカレスク小説といったジャンルの混淆を見る。具体的には彼はロード・ナラティヴのパターンとして以下の四点を指摘する。すなわち、⑴ロードに出て行こうとする決心は、たいてい現状への不満足、そして変革へ欲望に支えられており、物語はしばしば社会的、政治的抗議の形式をとる。⑵国家的アイデンティティの模索が作者たちをロードに駆り立てる動機となっている。⑶ロードの旅行者は、たいてい自由を求め、旅を通して、自己を再規定しようとしている。⑷ロード・ナラティヴは基本的に古く伝統的なナラティヴ・パターンをとる（一五）、というものである。「ロード・ナラティヴ」というジャンルは、基本的にアメリカの開拓者精神の具現、すなわち、自分たちの力で世界を変えられると信じるアメリカ的オプティミズムの表現と捉えることができるだろう。どこまでも続く道は、無限に開けた可能性のメタファーであり、アメリカン・ドリームの表象となりうるのである。

しかしながら、プリモーも指摘するように、「五〇年代、六〇年代のアメリカン・ロード・ナラティヴは成功、高速移動を目指す白人男性の世界を提示しており、ほとんど女性や多文化的経験への興味は示さない」白人男性中心主義的で排他的な文学でもあった（一〇八）。また、プリモーのあげる四つの項目自体もすでに互いに相反する特質を持っていることも明らかであろう。ロード・ナラティヴは、変革を求める反体制的な性質を持ちながらも、結局は伝統的なナラティヴ・フォームの中でアメリカの国家アイデンティティを探るもので、国家主義的で伝統主義的な色彩の強いナラティヴなのである。この点はアメリカ文学という領域そのものが、ヨーロッパを「旧世界の暴政」としたうえで、自らを「新世界の民主主義」の代表として位置づけていこうとする国家主義的イデオロギーに満ちた領域であったことも併せて考えていくべきであろう。グレッチェン・マーフィーはジョン・クインシー・アダムズ起草の一八九三年のモンロー宣言、すなわちその後のアメリカの外交政策姿勢の基礎となったとも言われるアメリカ大陸とヨーロッパ大陸の間の相互不干渉への提言は、十九世紀から二十世紀にかけてのアメリカ、ヨーロッパ、ラテン・アメリカの関係を規定する重要な役割を果たしたこと、そしてアメリカ文学もまたモンロー宣言のイデオロギーを内包しながら、国家ナラティヴを紡ぎだすことに寄与したことを『半球的想像力』（二〇〇五）において述べている。しかしマーフィーによれば、モンロー宣言で確認された「新世界の民主主義」は、実際は、ネイティブ・アメリカンへの抑圧、また奴隷制といった植民地主義的兆候を顕著に備えたものであった（五）。また世界をヨーロッパとアメリカという二つの半球に分断して思考するモンロー主義の姿勢は「アジアを完全に無視したもの」であり（六四）、さらにはラテン・アメリカは人種的に民主的自己支配が不可能な地と考える偏りのあるものであった（五）。一方、西部開拓は、ヨーロッパの拡大する帝国と市場への抵抗として承認された（一九）。モンロー主義下のアメリカのこのような矛盾した傾向は、ロード・ナラティヴにも引き継がれていったものと考えられるのである。

このような観点からロード・ナラティヴを見たとき、『焼けた影』はロード・ナラティヴのカウンター・ナラティヴとして位置付けられるものであるといえるだろう。その最大の理由は、この作品がアメリカへの幻滅を描いた物語であるという点である。『焼けた影』はアメリカによる長崎の原爆投下をもって始まる。主人公ヒロコはその犠牲者であり、彼女が旅を続ける理由は、変革や変化への希望や自己再定義への欲望といった個人的理由からではない。彼女は安住を許されないからこそ、移動するのである。ヒロコは被爆者として差別されることに耐えかねて、日本を脱出する。しかし、行き着いた先のインドもまたパキスタンとの分離の時代にあり、ヒロコはインド人の夫とともに、パキスタンに渡ることになる。しかしインドとパキスタンは核実験で競いあうようになり、ヒロコはそこから逃れ、ニューヨークに辿りつくが、行き着いたアメリカでは九・一一のテロを経験することとなる。このように、国家間の政治紛争のために、ヒロコは一つの場所に安住することができないのである。ヒロコにとってのニューヨークは偏狭な人種差別社会であり、暴力に満ちている。長崎原爆というアメリカによる不必要な原爆投下の問題から作品を始め、九・一一を作品の最後に持ってくることにより、シャムシーはアメリカの外交政策を批判すると同時に、民主国家アメリカの矛盾を浮き彫りにしているといえよう。また、ヒロコという国家間を移動し続ける主人公を通し、シャムシーは戦争時において強く意識される国家的アイデンティティというものに疑問を投げかけている。

ここで『焼けた影』が、アメリカ文学という国家的文学カテゴリーの枠の中に入るかどうかというそもそもの問題も、問うこと自体が無意味であることは自明の理であろう。この作品は新しい「九・一一文学」であるが、作者はパキスタン系で、ロンドンに在住しており（現在では最も注目される若手英国小説家である）、また主人公は日系である。二〇〇一年の九・一一と二〇〇五年のハリケーン・カトリーナ、そして二〇〇八年のリーマンショックを経て、アメリカが主権国家としての地位から転落しつつある現状を受けて、国家文学というものの枠組み自体の有効性を疑問視する声はアメリカでは、いまだかつてなく大きくなっているが、近年見られる「地球文学」や「惑星文学」という用語の登場と流行もこのような世界事情を背景としていると言えるだろう。ワイ・チー・ディーモックは『惑星の影――世界文学としてのアメリカ文学』（二〇〇七）の序文において国家を中心にした文学の地図作成についての疑問を投げかけている。ただし、批評家たちは、国家言語に基づいた人文学批評が終わりの段階に来ていることには意見は一致しても、何がその代りの新しいモデルになるかという点では共通した見解は持っていないというのがエミリー・アプターが分析する現状である。ともかくも、アジアというモンロー主義の外交政策の中でかえりみられなかった地域出身の英語文学作家たちの台頭もこの状況に追い打ちをかけていると言えるだろう。パキスタンだけでなく、インド、中国、東南アジア出身の作家たちが今、アメリカ文学の賞を数々さらっており、アメリカ文学が多国籍な文学であるというこの現実は、私たちに「アメリカ文学」をその枠組みから問い直さなければならないという課題を与えるのである。

二『焼けた影』と作家シャムシーの意図

さて、本題に入る前に、まずは『焼けた影』のあらすじをみてみよう。『焼けた影』は四部から構成されている。第一部でヒロコとそのドイツ人の恋人コンラッドは長崎で被爆する。コンラッドは爆心地で直接熱線を浴びたために、ただ長い影だけを残し、姿もろとも全くなくなってしまった。タイトルにある焼けた影の一つはコンラッドの影である。一方、ヒロコは生き残るが、その背中に着物の鶴の模様が黒くケロイドとして残ってしまう。これもまた焼けた影である。第二部においてヒロコは日本での被爆者への差別に耐えられず、イギリス植民地下にあるデリーに向かう。デリーにはコンラッドの姉のエリザベスがイギリス人の夫ジェームズ・バートンと子供のハリーとともに暮らしていた。ここでヒロコはエリザベスと生涯にわたる友情関係を築くとともに、バートン家で働くインド人のサジャッド・アリ・アシュラフと恋に落ち結婚する。第二部は印パ分離が描かれる部分で、サジャッドとヒロコはパキスタンへ移動し、バートン家がイギリスに引き上げるところで終わりとなる。第三部は第二部から三十五年後の話となり、ヒロコとサジャッドの間に生まれた一人息子のラザを中心に据えながら、ソ連軍のアフガニスタン侵攻後パキスタンとアフガニスタン国境で活動するムジャヒディンの問題が描かれる。第三部の終わりでサジャッドは不慮の事故で亡くなる。第四部は第三部からさらに二十年後の話で、ヒロコはエリザベスとその孫のキムとともにニューヨークで暮らすという展開となり、九・一一やアメリカのイスラムフォビアの問題が描かれる。

以上のとおり、物語は歴史に翻弄されるヒロコを中心に展開するが、なぜパキスタンのシャムシーが小説を書くにあたり、長崎で被爆した日本人女性を物語の主人公としたのかについては誰もが疑問に思うところであろう。この点についてシャムシーはインタビューで次のように語っている。

> 最初のアイデアはそんなに飛躍したものではありませんでした。というのは、私はパキスタン人の登場人物について書こうと思っていたからです。インドとパキスタンが核実験をしている頃を舞台にするつもりでした。大変曖昧で、おおざっぱな考えしかもっていませんでしたが、パキスタン人の青年とその祖母に日本人がいて、その祖母が長崎で被爆していたとしたら、青年は他のパキスタン人とは違った家族の歴史をもっており、原爆への考えも違っているだろうと思ったのです。そういったことを考えたとき、あら、どうしてこの青年には日本人の祖母がいるのかしら、いったいこの女性はどうやって、パキスタンに来たのかしら、インドとパキスタンが核実験をしていたときに、この人は生きていたかしら、などと考えるようになりました。[3]

シャムシーの説明によれば、どうやら彼女の興味は長崎への原爆ではなく、インド・パキスタンの核実験の問題にあったようである。小説の構想において、最初は主人公をパキスタン人男性とし、その祖母を長崎で被爆した日本人と設定していたが、途中から日本人女性を主人公とする案に変えたという。このような構想の段階からしても、シャムシーが日本に対するエキゾティシズムから日本人女性を主人公にしたわけではないことがわかる。むしろ、シャムシーはなんとかアメリカの日本への原爆投下問題をインド、パキスタンの核実験の問題と絡めたいと考えていたのである。その二つを結びつける存在として、国境を超える主人公ヒロコが誕生したというわけだ。

さらにこの設定の引き金となったのは、シャムシーがアメリカで学生だった頃から、長崎への原爆投下の問題に関心を持っていたということである。シャムシーは次のように語っている。

> 私が最初に長崎に魅了され、原爆投下に興味を持ったのは、私がハミルトン・カレッジの大学生で、授業に出た時のことでした。何だったのかよく覚えていませんが、授業のある時点で、誰かがアメリカの外交政策の失敗について話し、言ったのです。もし広島への原爆投下を正当化するとしても、いったいその三日後の長崎への原爆投下はどう正当化するのかと。それは私の心を打ちました。[4]

「なぜ二度目の原爆投下なのか」――この疑問は作品の中でヒロコの中に燻り続ける疑問として、第二部の中で描きだされる。ヒロコは、「わたしにはまだわからないことがあるのよ。どうして二度目の原爆を落とさなくてはならなかったのか。最初の原爆だって想像以上だったのに、なぜ二度目の原爆を?」(九九)と疑問を投げかける。

この、なぜ「二度目の原爆か?」という疑問への答えは第二部では明らかにされず、小説の終局に用意される。第四部において、ヒロコとエリザベスの孫娘のキムは、九・一一後のイスラムフォビアが強くなったニューヨークでラザに頼まれて、アフガニスタン人のアブドラが逃亡するのを助けるが、このときキムが結局カナダまでアブドラを送り届けながらも、最後には警察に通報してしまうという事件が起こる。小説の最後でヒロコは、「でも今、あなたのお蔭で初めてわかったわ。どうして政府が二度目の原爆を投下した時に皆が拍手喝采したかってことが」と長崎原爆を例に出して、キムの人種偏見を責める。つまり、長崎への原爆投下は、アメリカ政府の異民族への恐怖心と人種的偏見の結晶であり、それは、九・一一以後のアメリカのイスラム系住人への態度に共通するものだというのがヒロコの論理である。つまり、アメリカによる不必要な原爆の投下であった長崎原爆は、九・一一以降のアメリカのアフガニスタン空爆やイラク戦争、イスラム系住人への暴力と差別と関連しているとシャムシーは考えているのである。

二〇〇一年の『ガーディアン』誌でシャムシーはアメリカのメディアが伝える偏ったパキスタン観を批判した。[5] パキスタンは民族、経済、政治などにおいて、非常に多様な側面を持った国家であるにもかかわらず、アメリカのメディアはそういった複雑な側面を見ようとせず、パキスタンをタリバン派と短絡的に決めつけてかかるといったことがその批判の焦点であった。また『焼けた影』を出版したのと同じ年にシャムシーは『攻撃——イスラム教徒による事件』（二〇〇九）を出版したが、そこで彼女はイスラム教徒の多様性を次のような言葉で強調している。

> 私は九八パーセントがイスラム教徒の国に住んでいましたが、そこには多様な人々がいました。軍事的なジハードの戦士から、旋回しながら祈る修道僧、断食しない者、祈らない者、酒も婚前交渉もためらわない者など。私はもちろん信仰あるイスラム教徒です。イスラム教徒とは多様な人々を含んでいて、決して一色ではないのです。（九）

シャムシーはこのように、欧米の単一的なイスラム観に強く異議を申し立てている。

『焼けた影』において興味深いのは、シャムシーがアメリカの外交政策における非西洋人軽視、そして民主国家アメリカの「暴政」と国粋主義を、第二次大戦から現在に至るまでの世界の歴史と結びつけることにより明らかにしていくことであろう。日系アメリカ人歴史家ロナルド・タカキは『ヒロシマ——なぜアメリカは原爆を落としたのか』（一九九五）において、アメリカが日本への原爆使用に踏み切った理由には、ロシアとの関係だけでなく、ルーズベルト大統領の黄色人種への人種差別があったことを指摘したが、シャムシーは『焼けた影』において、空間と時間を越

え、形を変えて繰り返される非西洋人へのアメリカの暴力の歴史を概観したのである

三　アフガニスタン国境への道、あるいは逃亡

ところで、カウンター・ロード・ナラティヴとして『焼けた影』を読むときに重要なエピソードが二つある。それは、第三部で描かれるラザのアフガニスタン国境への旅であり、第四部におけるアフガニスタン人アブドラのアメリカからカナダへの車での逃亡劇である。

一九八二年から八三年のパキスタンを舞台とする第三部は、ヒロコとサジャッド・アリ・アシュモフとの間に生まれたラザをめぐって展開する。第三部では、ヒロコは五十代、そして夫のサジャッドは六十歳になろうとしているが、被爆の影響でヒロコになかなか子供ができなかったために、息子のラザはまだ十六歳の少年である。高校生のラザは、試験、そして進路に悩んでいる。ラザは、試験になると緊張して、文字が見えなくなり、答案を白紙で出してしまうのである。ラザは皆に馬鹿だとあざ笑われるのを恐れている。またラザは将来にも不安がある。というのも女友達のサルマは、ラザに「誰も被爆者の子供なんかと娘を結婚させやしないわ。相当焦って自暴自棄にならないかぎりはね、ラザ。あなたは奇形かもしれないのよ。どうしてそうじゃないっていえるの」（一八九）と言って、彼を拒絶するからである。ちょうどアシュモフ家を訪れてきたジェームズ・バートンの息子であるハリー・バートンは「アメリカに行けば、誰でもアメリカ人になれる」（一八五）とラザにアメリカの大学への進学を進めるが、ラザはアメリカでの学費を払うこともできなければ、奨学金を勝ち取る自信もない。「たぶん、運命を受け入れればいいのだ。失敗者という運命を。被爆者のモンゴロイドなのだから」（一九五）とラザは懊悩する。そんな時、偶然、アブドラという少年と港で知り合いになり、ラザは自分はハザラ（アフガニスタンに住むモンゴル系の少数民族）だと偽って、アブ

ドラの知り合いが運転するトラックに乗り、アフガニスタンの国境まで行ってしまう。ラザの旅を動機づけるものは、伝統的ロード・ナラティヴの旅のように、現状に対する不満、そして変化への欲望である。自分を変えたいラザは、日系パキスタン人というアイデンティティさえ放棄することを望んでいる。

しかし旅の行先は決して夢をさそう場所ではない。何も知らないラザが行き着いた場所は、アフガニスタンとパキスタンの国境地域にあるムジャヒディンたちが暮らす埃っぽいキャンプであった。自らの闘いをジハードと呼び、イスラム原理主義を支持する反政府ゲリラ、ムジャヒディン達には、残忍で狂信的なテロリストのイメージが付きまとうが、実際はその地方の無垢な少年たちが兵士に名乗りをあげ結集した集団であるという事実をシャムシーはこの作品の中で伝えている。ラザをキャンプへと誘ったアブドラは嬉々として言う。「僕は十四歳になったんだよ。お兄ちゃんたちが僕が十四歳になったら、訓練キャンプに来てもいいって言ってくれたんだ。」（二一〇）。アブドラの家族はパシュワールの避難民キャンプに暮らしており、兄たちは皆ムジャヒディンになっている。アブドラにとって、ムジャヒディンになることは、大人になることを意味しており、極めて自然なことである。

しかしながら、嬉々とするアブドラの傍らで、ラザはキャンプに来たことを激しく後悔し始める。そこは岩と岩に囲まれた秘密の場所で、町から遠く離れており、一人で逃亡するのは不可能な場所であるからだ。ラザが旅において知るのは、自由や可能性ではなく、個人としての自己の無力さである。家を出て初めて、ラザは自分がいかに両親に守られた生活をしていたかを知る。『焼けた影』におけるこの描写は、アメリカを走るロード・ナラティヴが、独立を表現しているようでありながら、実は「ホーム」というドメスティックな枠を出ないお遊びにすぎないことを対照的に示しているともいえよう。パキスタンからアフガニスタンへの道は、アメリカ国内の旅とは本質的に違う。パキスタンとアフガニスタンの国境は、様々な政治的力が拮抗する極めて危険な紛争地域であり、個人が単独で自由や独立を望むことはできない世界なのである。

ラザにとって、この旅は自己の無力さを痛感しただけに終わる「失敗」であるだけではない。幸か不幸か、ラザはアブドラの軽率な言葉から、ＣＩＡの使いではないかと疑われ、元の場所に送り返されることになるが、この時、事態にショックを受けたアブドラは、ラザをかばおうとして必死に大人たちに訴える。「これは僕が何か言ったせいなの？　そういう意味じゃないんだ。彼はＣＩＡといいたんじゃないんだよ。僕らと一緒に戦いに来たんだよ、アフガンなんだ。彼もムジャヒディンになりたいんだ。それが彼の望みなんだよ。僕は怒ってたから、嘘をついちゃったんだよ」（二三二）。そしてその言葉も役に立たないと知ると、「ごめんよ。ハザラのラザ、兄弟」とラザに囁く。このアブドラとの思い出は、その後二十年もラザにつきまとうことになる。自分が知り合いのアフガニスタン人を通し、キャンプに戻らなかったこと、アブドラに連絡しなかったことをアブドラは裏切りと思っているのではないかとラザはその後もこの旅の結果を気にし続けるのである。

このアブドラとラザの関係が復活するのが、第四部である。ハリー・バートンを通してＣＩＡで働くようになったラザは突然アブドラの兄から連絡を受け、アブドラが今ニューヨークにいて、ＦＢＩに追われているので、逃亡を助けてほしいと頼まれる。アブドラは不法滞在をしているために、ＦＢＩが彼の部屋をノックしたときに窓から飛び降りて逃げてしまったのだが、そのためにテロに関わっている人物ではないかという余計な疑いを受け、より難しい状況に追い込まれてしまったのである。アフガニスタンにアブドラは帰国したいのだが、アメリカからは出国ができない。唯一できる出国の方法はカナダ経由である。ラザは、ニューヨークからカナダへアブドラを送る役を、ハリー・バートンの娘であるキム・バートンに頼む。ヨーロッパ系のキムは運搬を担う人物として、最も怪しくない外見の持ち主であるからである。こうして第四部の後半では、キムがアブドラを車の後にのせてカナダへとハイウェイを疾走するロード・アドヴェンチャーが繰り広げられるのだが、カウンター・ロード・ナラティヴとしての意義はこれが第三世界の人間の逃亡を描いているという点であろう。しかしながら、第三部のラザのアフガニスタン国境への旅が失敗に終わり、またカラチに帰ってきたラザが直面するのはＣＩＡに間違われて銃で撃たれる父サジャッドの姿であったように、第四部の逃亡も成功には終わらない。キムは無事アブドラをカナダまで届けるものの、その後不安にかられ、警察に通報してしまうのである。

この作品において象徴的であるのは、登場人物たちが決してどこにも行きつかないことであろう。登場人物たちは逃亡を試みるが、決して平和な土地に行きつくことはできない。また、この小説の登場人物たちの多くは、小説の最後の段階においてアメリカに集うことになるが、アメリカはもはや夢の国ではない。ヒロコが、インドとパキスタンの核実験を前にアメリカに入国したとき、入国審査官はヒロコのパキスタンのパスポートにスタンプを押しながら「ここなら安全だよ」（二八六）と言う。その時ヒロコは背中に奇妙な痛みを覚えるのだが、ヒロコは、それが長く飛行機に座っていた結果からではなく、彼女の背中のケロイドの鳥が不満足であるというサインであろうと予測する。そしてヒロコが次の遭遇するのが、九・一一であり、それに続くイスラム系住民への抑圧であり、暴力である。これこそは「誰もがアメリカ人になれる」という民主主義的なアメリカン・ドリームの完全崩壊を象徴するものといっていいだろう。日系移民ヒロコの旅は閉塞的な空間において終わるのである。

二〇〇五年に『ステレオタイプを砕く――イスラム教徒女性は声をあげる』というイスラム教徒女性たちによる九・一一についての随筆、作品を集めた本が出版されたが、この本に、ナディア・アリ・マイワンディは「九・一一とアフガン・アメリカン・コミュニティ」と題したエッセイをよせ、当時アフガニスタン系の住人が置かれた状況について次のように語った。

九月一一日の後の数日間、そして数週間は、アメリカにおける全てのアフガニスタン人、イスラム教徒の安全を危機に陥れました。アフガニスタン人では自分はギリシア人やイタリア人、あるいはヒスパニック系だと言って嫌がらせを防ごうとしましたし、アラーのペンダントは服の下に隠しました。アメリカ人の騒乱は一種の暴力へと発展しました。人びとは傷つけられ、ビジネスも立ちいかなくなりました。非イスラム教徒や中東や中央アジア出身者でなくても、危険にありました。シーク教徒のインド人たちが長い髭があってターバンを巻いているというだけで殺されました。チェロキー族の女性が轢き殺された時、加害者は「国に帰れ」と叫んだのです。（三〇）

九・一一が何の罪もない多くの人々を殺し、恐怖に陥れた恐るべきテロ事件であったことは言うまでもないことであるが、その直後のアメリカで、異常心理に囚われた人々が、肌の色の浅黒い民族的マイノリティに対し、暴力的な態度をとったことも私たちは忘れてはならないだろう。シャムシーはこれを単なる偶発的な異常心理と捉えなかった。彼女はその歴史的根の深さを長崎原爆まで立ち返り、考えようとしたのである。

ヒロコの旅、ラザの旅、そしてアブドラの旅は全て希望に満ちた世界へたどり着かない。彼らは皆、国家間の対立に翻弄され、それを逃れるように旅を続けるが、最後まで安住できる「ホーム」を見つけることができないのである。パキスタンの裕福な家庭に生まれたシャムシーは、ディアスポラを余儀なくされた移民作家とはまた違った立場に立つ作家だが、故郷を離れ、異国の言葉を使い自己を表現せざるをえないという立場においては、やはり彼女も旅を続けるディアスポラ作家であると言えるだろう。「国に帰れ」という言葉に耐えなければならない状況におかれた人々への同情、そして多くの悲劇的状況を作り出す国際社会の構造へのシャムシーの批判が『焼けた影』には見いだされるのである。

結

以上、ロード・ナラティヴのカウンター・ナラティヴとして『焼けた影』を見てきたが、『焼けた影』はスパイ小説でもあることを最後に付け加えておきたい。ヒロコのドイツ人の恋人の姉の子供であるハリー・バートンは、インドからの帰還者としてイギリスの学校で同級生からいじめられるという暗い経験を持つ人物だが、彼はアメリカの大学に進学した後、国際的な視野を生かしてCIAの一員となる。その関係からヒロコの息子のラザもCIAの情報局員として働くようになる。CIAで働きながらも、純朴なイスラム原理主義者の親友アブドラへの忠義心に心を引き裂かれるラザの姿は、欧米社会とイスラム社会の間で常に引き裂かれる思いを抱えるシャムシー自身の姿を反映しているといえるかもしれない。

ところでこの二人の人物がCIAの情報局員になるという設定には意味がある。というのはCIAの情報局員として二人は世界同時多発テロの前奏曲を聞いていたからである。同時多発テロが起こる前の十余年間は、アメリカと世界との関係が大きく動いた時期であった。一九八九年のベルリンの壁の崩壊、そして一九九一年のソ連邦崩壊により、第二次大戦以後の冷戦状態は事実上終結を迎え、一九九〇年代以降アメリカは超大国として世界に君臨するようになる。そうしてアメリカは、一九九一年に湾岸戦争に踏み切り、パレスチナ問題を中心に中東への介入を強めていく。こうして中東とアメリカの関係が泥沼化していく中で、二〇〇一年に世界同時多発テロが発生するが、『焼けた影』においてハリーとラザは一九九〇年代を通し、政治的に緊迫した場所に身を置き続けた人物たちとして描かれるのである。

ハリーは九・一一には驚かなかった。一九九五年のオクラホマシティ連邦政府ビル爆破事件とジバードとの関係を確信していたからである。このとき、ハリーはコンゴ民主共和国にいて、ベルギーのダイヤモンド輸出会社の安全確保のために働くアメリカ企業アークライト・アンド・グレン社に協力していたのだが、このようなＣＩＡの活動の背景には、冷戦の終結で東側からの武器給与を受けられなくなった反政府組織が資源国のダイヤモンドの密輸出や密売などを通し、武器を手にいれるといった、いわゆる「紛争ダイヤモンド」をめぐる動きがあったからである。一方、中東の言語も得意なラザはアークライト・アンド・グレン社のマイアミのオフィスにいて、様々なクライアントたちの会議やメールや会話を翻訳する仕事をしていたのだが、アークライト・アンド・グレン社はすでにアメリカ軍とも契約を結んでいた。アル・カイーダは「紛争ダイヤモンド」の不正取引により資金を得ていたというが、[6]すなわち、この九・一一の前奏曲をハリーやラザは聞いていたのである。このように『焼けた影』の後半はスパイ小説の形式を取りながら、アメリカと中東や第三世界との関係が描き出されている。複雑に絡みあう世界情勢を描いた『焼けた影』に、国境にとらわれない新しい「世界文学」としての九・一一文学の可能性を見ることもできるのではないだろうか。

注

1 二〇一三年二月二日『朝日新聞デジタル版』「銃撃されたマララさん、ノーベル平和賞候補ＡＦＰ報道」（伊藤和貴）<http://www. asahi.com/international/update/0201/TKY201302010471.html> なお二〇一四年の受賞については、ノーベル賞のオフィシャル・サイトを参照。

2 Shamsie については Muneeza Shamsie 編集の *And the World Changed: Contemporary Stories by Pakistani Women* (New York: The Feminist Press at the City University of New York, 2008) の三一五—一六頁を参照されたい。

3 "The Voice of the Month: Interview with Kamila Shamsie for 'Burnt Shadows.'" PakUS Online. Web. 13, Sep. 2011. <http://www.pakusonline.com>

4　同右

5　Kamila Shamsie, "My Home is not the place you see on TV." *The Gardian* (1 Nov, 2001): n.pag. Web. 18. March, 2013. <http://www.guardian.co.uk/world/2001/nov/01/pakistan.afghanistan>

6　米国大使館東京日本「国際テロ年次報告書二〇〇一年」（二〇〇二年五月二一日発表）の「アフリカ概観」の項を参照。Web.18. March, 2013. <http://japan2.usembassy.gov/j/p/tpj-jp0153.html>

引用・参考文献

Apter, Emily. "Untramstlatables: A World System." *New Literary History* (2008): 581–598.「翻訳不可能なもの――世界システム」中地幸訳『世界文学史はいかにして可能か』木内徹・福島昇・西本あづさ監訳、成美堂、二〇一一年。

Dimock, Wai Chee, and Lawrence Buell, eds. *Shades of the Planets: American Literature as World Literature*. Princeton: Princeton UP, 2007.

伊藤和貴「銃撃されたマララさん、ノーベル平和賞候補ＡＦＰ報道」『朝日新聞デジタル版』(2 Feb. 2013): n. pag. Web.2.Feb, 2013. <http://www.asahi.com/international/update/0201/TKY201302010471.html>

「国際テロ年次報告書 アフリカ概観」米国大使館 (21 May 2001) Web.18. March, 2013. <http://japan2.usembassy.gov/j/p/tpj—jp0153.html>

Maiwandi, Nadia Ali. "9.11 and the Afgan-American Community." *Shattering the Stereotypes: Muslime Women Speak Out*. Ed. Fawzia Afzal-Khan. Northampton, MA: Olive Branch Press, 2005. 29–32.

Murphy, Gretchen. *Hemispheric Imagination: The Monroe Doctrine and Narratives of US Empire*. Durham: Duke UP, 2005.

Primeau, Ronald. *Romance of the Road: The Literature of the American Highway*. Bowling Green: Bowling Green State University Popular P, 1996.

Shamsie, Kamila. *Burnt Shadows*. London: Bloomsbury, 2009.

——. "My Home is not the Place You See on TV." *The Gardian* (1 Nov. 2001): n. pag. Web.18 Mar. 2013. <http://www.guardian.co.uk/world/2001/nov/01/pakistan.afghanistan>.

——. *Offence: the Musulim Case*. London: Seagull Books, 2009.

Shamsie, Museene. *And the World Changed: Contemporary Stories by Pakistani Women*. New York: The Feminist Press at the City U of New York, 2008.
Takaki, Roland. *Hiroshima: Why America Dropped the Atomic Bomb*. Boston: Little Brown, 1995.
"The Voice of the Month: Interview with Kamila Shamsie for 'Burnt Shadows.'" *PakUS Online*. Web. 13 Sep. 2011.

第三部

民族の多様性／南部、あるいは辺境のトポス

北極星をめざして
――地下鉄道の文化史

松本　昇

歴史家チャールズ・ブロクスンは、黒人奴隷の身分であった曾祖父のジェームズ・ブロクスンが地下鉄道の助けをかりてカナダへ逃亡し、ついに自由を獲得したことを、ペンシルヴァニア州ノリスタウンにある自宅の裏庭で祖父から聞いた。それは、第二次世界大戦中のある日の午後、チャールズが十歳のときのことであった。以来、神秘に満ちた地下鉄道がチャールズの想像力を掻き立てると同時に、曾祖父への思いがしだいに募ることになる。それから四十年後、チャールズは、曾祖父が辿ったであろう逃亡の軌跡を辿る。チャールズは、かつて奴隷州であった南部を皮切りに自由州の中西部へ向かった。そして、旅の終わり近くのカナダを目前にして、エリー湖の湖畔に佇んだ。そのとき彼は、極寒の冬に歩いて渡れるくらいに凍結した湖を想像しながら、次のような感慨に耽った。

わたしの曾祖父は、寒風吹きすさぶ冬に、氷のうえを渡ろうとして悪戦苦闘したのだろうか。曾祖父は思いやりのある渡し守を見つけて、ヨルダン川の象徴ともいえるこの湖を渡してもらったのだろうか。彼はまったく別のルート――ニューイングランド地方――を通ることもできたであろう。もし曾祖父がニューハンプシャー州を通過したとすれば、彼はかなり好奇の目で見られたかもしれない。（ブロクスン　三五）

一八五六年、曾祖父のジェームズ・ブロクスンは、十代のとき、デラウェア州から逃げた。祖父は自由をめざしての彼の逃避行についてはほとんど知らなかった。というのも、「南北戦争が始まる何年も前に地下鉄道の謎めいた駅に隠れながら、北部へ逃亡した何万人もの黒人奴隷たち」（ブロクスン 三）と同様、曾祖父は死ぬまで地下鉄道のことは祖父に話さなかったからだ。祖父が地下鉄道について詳しいことは知らなかったのだから、ましてや孫のチャールズが知るはずがなかった。おそらく、それだけにかえって、チャールズは地下鉄道を調査したいという誘惑に駆られたものと思われる。やがてチャールズは、ウィリアム・スティルの『地下鉄道』（一八七二）のなかに、曾祖父の名前を発見し、曾祖父がフィラデルフィアへ逃亡してきたことを知ることになる。『地下鉄道』は、フィラデルフィアへ逃げてきた黒人奴隷たちの名前と史実をスティルが記録した、七八一ページにおよぶ書物である。

地下鉄道に惹きつけられたのは、なにもチャールズのような歴史家にかぎったことではない。作家もまた、地下鉄道に魅了されてきた。その証しとして、地下鉄道を題材にした小説はいくつもある。思いつくままにそれらの題名をあげると、ハリエット・ビーチャー・ストウ、いわゆるストウ夫人の『アンクル・トムの小屋』（一八五二）を筆頭にして、E・L・メドウクロフトの『秘密の地下鉄で』（一九四八）、アン・ペトリの『ハリエット・タブマン』（一九四八）、サリー・キャリガーの『レヴィ・コフィンと地下鉄道』（一九七五）、トニ・モリスンの『ビラヴィド』（一九八七）、デイヴィッド・ブラッドリーの『チェイニーズヴィルの出来事』（一九八五）、アレックス・ヘイリーの『風変りなクリスマス』（一九八八）などがある。また少年少女向けの本にいたっては、フランシス・ウィリアム・ブローインの『オーランドーを探して』（一九六一）、F・N・モンジョの『北斗七星』（一九七〇）、フランシス・キャヴァーの『南北戦争に火をつけた男の話』（一九七五）、アリス・チルドレスの『ガラガラ蛇が音を出すとき』（一九七五）、コンラッド・R・ステインの『地下鉄道の物語』（一九八一）、ヴァージニア・ハミルトンの『幾千もの人、死せり』（一九九三）といった具合に、枚挙に暇がない。

このように、アメリカでは地下鉄道に関心を抱く人たちがいる。ところが、わが国では地下鉄道のことはあまり知られていない。しかも、地下鉄道を断片的に扱った論考はあるものの、それに焦点を絞ったものはないといってよい。果たして、地下鉄道はいつ頃発生したのであろうか。それは、どのような人物がかかわり、どのように運営されていたのだろうか。本稿の目的は、これらの問いに答える作業の一環として、地下鉄道の実態を探ることにある。

一　逃亡奴隷

地下鉄道の実態を探る前に、本稿の外堀を埋める意味で、当時の逃亡奴隷に先ずふれておこう。十七世紀から奴隷解放宣言が出された十九世紀半ばにかけてアメリカに奴隷制がしかれていたとき、南部の黒人奴隷の生き方には、大ざっぱに分けて三つの選択肢があった。ひとつ目は、ストウ夫人の小説『アンクル・トムの小屋』に登場するアンクル・トムのように、白人の主人にたいして「従順」であることであった。ふたつ目は一八三一年に反乱を起こしたナット・ターナーのように、主人に「反逆」することであった。ターナーの反乱は失敗に終わった。彼は捕えられ、行動をともにした仲間たちといっしょに木に吊るされてしまった。一説によれば、激怒した白人が彼の耳を切りとって豚のえさにしたとも、彼の皮で財布をつくったともいわれている。そして、三つ目の選択肢がプランテーションからの「逃亡」である。「天国はケンタッキーよりいいところ」(ストウ　三六二)とは死に際のアンクル・トムのせりふであるが、天国は黒人奴隷にとって永遠の故郷のひとつであった。奴隷制の時代には、天国のことがよく歌われた。これは、彼らが死を願うほど現実の生活がいかに過酷なものであったか、また、死ぬことで、彼らがいかに天国への安らぎを求めていたかを物語っている。黒人霊歌に託して表現する彼らの死への願望は、ある意味で、現実という地獄から天国へといいたる、一種の質的な垂直志向の逃亡であるといってよい。

これにたいして、奴隷制のあるプランテーションから地理的に遠ざかる水平志向の逃亡がある。早くも独立戦争の頃には、十万人近くの黒人奴隷がプランテーションから逃げたとされている。猿谷要によれば、これは「当時の黒人奴隷総人口の約五分の一にあたる数字である」（猿谷 二九）という。その後も、黒人奴隷の逃亡はつづいた。ほとんどの労働力を黒人奴隷にたよっていた南部諸州では、このままだと政治と経済の崩壊になりかねなかった。そこで制定されたのが、一七九三年の逃亡奴隷取締法である。この法律は、黒人奴隷の逃亡を手助けした者に五百ドルの罰金を課す、というものであった。この年よりも以前に黒人奴隷の逃亡を取り締まる州の条例は南部にすでにあったが、この法律はアメリカのすべての国民が守らねばならない連邦法である。

逃亡奴隷にとっての約束の地カナーンはカナダであったと、われわれはすぐに連想しがちである。しかし、十八世紀まではそうではなかった。それまで彼らは西部や東部へ逃げたり、カリブ諸島へ逃げたりした。ヴァージニア州からノースカロライナ州北東部にかけて広がる大湿地帯、いわゆるグレート・ディズマル・スワンプに逃亡する者もいた。さらに、フロリダへ逃げてセミノール族と結婚し、その部族の庇護のもとに生きる者もいた。セミノール族が一八三〇年代にオクラホマへ強制疎開させられたとき、一部のセミノール・ブラックには彼らと行動をともにした者もいた。ある意味で、これは、第二次世界大戦中に日系アメリカ人が強制収容所に送還させられたとき、友情の証としていっしょに収容所に入ったメキシコ人を彷彿とさせる。

南部の黒人奴隷にカナダの存在が知られるようになったのは、主として一八一二年から一八一五年にかけての米英戦争による。これは、アメリカ合衆国がイギリスにたいして宣戦布告し、五大湖とカナダを戦場にした戦いである。歴史家のジョン・ホープ・フランクリンはその著『アメリカ黒人の歴史』（一九四七）のなかで、アメリカ軍の兵士として戦争に参加した黒人奴隷について、次のように述べている。

一八一四年にニューヨーク州は、有色人からなる二連隊の編成を定めた法律を成立させている。各連隊は千名を少し上回る数からなり、その兵士は他の兵士と同じ報酬を受けることになっていた。もし主人の許可を得て奴隷が入隊した場合には、その奴隷は戦争終了後、自由を与えられることになっていた。（フランクリン　一六九）

アメリカ軍についた黒人奴隷は、一部は自由を獲得したが、そのほとんどが白人の主人のもとに送還された。ところがどういうわけか、南部の黒人奴隷には負の側面ではなく、正の側面だけが伝えられた。黒人の兵士たちは、前線で人間らしく勇敢に戦った、と帰還兵や南部を旅する白人の商人によって伝えられたのである。このうわさは黒人奴隷のあいだでまたたく間に広がった。以来、彼らは自由州の北部を、さらに自由の地のカナダをめざすようになった。黒人奴隷の北部やカナダへの逃亡の流れは、地下鉄道の発生とほぼ時期を同じくする。

二　地下鉄道

地下鉄道の起源

地下鉄道とは、黒人奴隷が北部やカナダへ逃亡するのを援助する秘密組織のことである。この組織はゆるやかなかたちで十八世紀後半にすでにあったが、強固なものになったのは十九世紀になってからである。トレド・クナベンシュウは論文「地下鉄道」（一九〇四）のなかで、地下鉄道という名称の由来に関連して、次のように述べている。

……一八三一年、タイス・デイヴィッズという名の黒人がケンタッキーから逃げた。主人がすぐ近くまで追跡してきたので、彼は、オハイオ川の岸辺に着くと、捕まらないように川に飛び込んで泳いで渡らざるをえなかった。主人は小舟を見つけると、それに乗ってタイスのあとを追った。主人は対岸に着くまでは黒人を見失うことがなかったが、そのあと黒人は姿を消した。主人は長いあいだ捜索してから、「あの黒んぼうは、地下道(underground road)を通って逃げたにちがいない」といった。この話は地下道のあるところで、面白おかしく語られた。(クナベンシュウ　三九六)

一方、地下鉄道という名称を用いたのは、『地下鉄道――ペンシルヴァニア州チェスターおよび近隣における地下鉄道』(一八八三)の著者R・C・スメドレーである。スメドレーによれば、逃亡奴隷を追跡してきた主人たちは途中で彼らの姿を見失ってしまうので、「どこかに地下鉄道があるにちがいない」(スメドレー　三五)といったのが地下鉄道の起源であるという。しかし、一般に地下鉄道の起源は一八三〇年代とされているが、スメドレーが語るこの話は少なくとも一八三〇年の話ではないように思われる。第一、地下道を逃げたとされるタイスに関する話は一八三一年のことである。第二に、サウスカロライナ運河鉄道にみられるように、アメリカではじめて蒸気機関車で乗客を乗せて運行したのは一八三〇年であるが、鉄道が普及していったのは、一八三一年以後のことである。これらのことを考慮するとき、地下鉄道という呼び名は一八三一年以降にしだいに定着していったものと考えられる。奇しくも、一八三一年は、奴隷制即時撤廃論者のウィリアム・ロイド・ギャリソンがボストンで反奴隷制週刊紙『リベレーター』を発刊した年にあたる。これより以降、奴隷制廃止運動は大きな盛りあがりをみせることになる。

暗号

本物の鉄道の発展に伴なって地下鉄道では、コミュニケーションの手段として鉄道関連の言葉が用いられるようになった。日常会話のなかでこの種の言葉を使っても、部外者からは鉄道の話をしているものと思われて怪しまれることがなかったからだ。たとえば「車掌」は黒人奴隷を誘導する人のことであり、「駅」は逃亡の途中で黒人が泊まるか、あるいは一時的に隠れる家のことである。その家の持ち主は「駅員」もしくは「駅長」と呼ばれた。「終着駅」は、エリー湖岸辺のオハイオ州北部にある町サンダスキーのような地下鉄道の終点のことである。車掌には、南部の様子を熟知している元奴隷がなるばあいが多かった。ジョサイア・ヘンソンもそのなかのひとりであった。ヘンソンは、一七八九年六月、メリーランド州チャールズ郡に奴隷として生まれた。彼は有能な奴隷として主人から信頼されていたが、主人からだまされたことがきっかけで、一八三〇年に妻子とともにアッパー・カナダへ逃亡する。彼は二回ケンタッキー州に侵入し、黒人奴隷を自由の地へ連れだしたとされている。

地下鉄道では、鉄道関連の言葉のほかに、さまざま暗号が用いられた。J・ブレーン・ハドソンはその著『地下鉄道事典』(二〇〇二)のなかで、そのうちの重要なものをあげている。「歌、ダンス、窓から見えるランプやロウソクの灯り、鳥の鳴き声、ドアや窓を連続して叩く音、木に結びつけられたリボン、折れた枝、馬をつなぐための、付き添い役の忠実な若い黒人奴隷をかたどった杭、キルト」(一八八)。[1]

オハイオ州ハドソンのハインズヒル・ロードの近くに、白人のベンジャミン・パイアット夫妻が住んでいた。夫のベンジャミンは連邦判事であったが、妻は地下鉄道の駅員として黒人奴隷の逃亡を夫に内緒で手助けしていた。屋敷の芝生の庭には、馬をつなぐための装飾をほどこした杭として、「片手を差しのべた、付き添い役の若い黒人をかたどった鉄の像」(ブロクスン 一五)があった。その像が、逃亡奴隷や地下鉄道の車掌のための暗号になっていたのである。つまり、鉄の像に旗がついているばあい、彼らは屋敷のなかに入ることができた。そして旗がないばあい、彼らはそのまま通りすぎていかねばならなかったのである。

一八二〇年頃、後にハリエット・タブマンとして知られるようになるアラミンタ・ロスはメリーランド州ドーチェスター郡で奴隷の子として生まれた。彼女は十二歳のときから、銃と鞭をもった奴隷監督官に監視されながら、畑仕事をさせられた。四四年に自由黒人のジョン・タブマンと結婚。しかし一八四九年に彼女の持ち主が死ぬと、彼女は夫を残してペンシルヴァニア州へ逃亡する。以来タブマンは、地下鉄道の車掌として囚われの身の同胞たちを自由州へ連れだすために、奴隷州へひそかに侵入することになる。昼間は森に隠れ、夜に岩だらけの山を越えての逃避行は困難をきわめた。夏には蚊に悩まされたり、冬には凍傷にかかったりしながらの逃避行であった。疲れ果てた黒人奴隷たちのなかには、弱音を吐く者もいた。そんなときタブマンは、携帯していた銃を取りだし、「歩きな、さもないと死ぬよ！」（ブラッドフォード 二〇）といって脅した。また彼女は、ひもじい思いをした黒人奴隷たちを森に残して、食料を探しに最寄りの地下鉄道の駅へ行くことがあった。食料を手に入れた彼女は、森に近づくと、近づいているのは追跡者ではなく自分であることを彼らに知らせるために、黒人霊歌を歌った。

次の黒人霊歌は、「そっと行け」とならんで、タブマンが気に入っていた「揺れずに走れ、花の戦車」（“Swing Low, Sweet Chariot”）である。

揺れずに走れ、花の戦車よ
わたしを迎えにやって来る
揺れずに走れ、花の戦車よ
わたしを迎えにやって来る

ヨルダンの彼方を見れば
見えるのは何
わたしを迎えにやって来る、天使の群れ
わたしを迎えにやって来る

わたしより先に着いたら

わたしを迎えにやって来る
伝えておくれ、わたしもすぐに行くからと
わたしを迎えにやって来る

ときには喜び、ときには悲しむ
わたしを迎えにやって来る
でもわたしの心は天国を向いたまま
わたしを迎えにやって来る（皆河宗一訳 二一〇―一一）

「揺れずに走れ、花の戦車」は字義どおりに解釈すれば、死にゆく人を見送る黒人霊歌である。死にゆく人はみずからの死期を悟り、「天使の群れ」が「花の戦車」とともにやって来る光景を幻視でとらえている。“chariot”は十八紀頃の四輪軽装馬車と訳すこともできるが、ここでは、古代ギリシャ・ローマ時代の（一頭立て二輪）戦車のほうがふさわしい。この世で黒人奴隷は、裸足のまま日没から夜明けまで馬車馬のように働かされてきた。「花の戦車」には、せめて死ぬときだけは華麗な戦車に乗りたい、しかも一刻も早く天国へ行って安らぎたいという黒人奴隷の思いがこめられているからだ。かつて『彼らの目は神を見ていた』の作者ゾラ・ニール・ハーストンは、黒人思想家のW・E・B・デュボイスが黒人霊歌を「悲しみの歌」と決めつけたことに反発して、「黒人霊歌が悲しみの歌であるとは、馬鹿げている」（ハーストン 九〇二）と述べた。ハーストンは、黒人が悲しいときにだけ黒人霊歌を歌うとはかぎらない、と考えていたのだ。彼女の見解を考慮に入れると、「揺れずに走れ、花の戦車」は、見送る人が死にゆく人にたいして、この世で懸命に生きてきたのだから、天国ではゆっくり休むようにという思いをこめて、心のなかで拍手しながら、彼を明るく陽気に天国へ送り出す歌であると解釈することができる。

一方、この歌を地下鉄道に関連づけて考えると、別の解釈が成り立つ。「天使」は黒人奴隷を誘導する車掌のことである。「ヨルダン」は南部の奴隷州と北部の自由州の境界を流れるオハイオ川である。したがって、この歌は、車掌が自由の地へ連れだすためにやって来たのだから準備をするようにと、黒人奴隷に呼びかける歌となる。

地下鉄道は、網の目のように張りめぐらされていった。犬を連れた南部からの追っ手や、賞金稼ぎのクーン・ハンター (coon hunter) が待ち伏せしていることもあり、その場合、黒人奴隷は別のルートで逃亡する必要があったからだ。やがて二大ルートができあがっていった。ひとつは海岸ルート、つまり東部ルートであり、もうひとつは中西部ルートである。

二大ルート

海岸ルートとは、アパラチア山脈の東側に位置し大西洋に面したヴァージニア、ノースカロライナ、メリーランドといった奴隷州から北部の自由州へ、そして最終的にはカナダへ通じるルートである。新南部の黒人奴隷たちのなかには、近くの港町から船に乗って（船の倉庫に隠れるか変装するかして）、ニューイングランド地方の港町に着き、そこから陸路でカナダをめざす者もいた。最初から陸路で逃げる黒人奴隷たちは、境界州であるメリーランド州のフレデリックやボルチモアに辿りつくと、ニュージャージー州またはペンシルヴァニア州のフィラデルフィアを経由して、ニューヨーク州かニューイングランド地方へ向かった。フィラデルフィアには地下鉄道の「総裁」と称されたウィリアム・スティルがいたし、ニューヨーク州のオルバニーにはステファン・メイヤーズがいた。地下鉄道の「終着駅」のひとつシラキュースにはジャーマン・ローガンが、ロチェスターには、奴隷制廃止を訴えるための週刊紙『北極星』を刊行したあのフレデリック・ダグラスがいた。彼らはみな、昼間は自分たちの駅に逃亡奴隷たちを泊めて食事や衣類を提供し、夜に馬車に乗せるか歩かせるかして、北極星をめざして北に進む手配をした。

中西部ルートとは、アイオワ、イリノイ、インディアナ、オハイオといった中西部の州を経由するルートである。ミズーリ州やカンザス準州（一八六一年、州に昇格）から逃げてくる黒人奴隷にとって、アイオワ州は重要な通過ルートであった。たとえばジョン・ブラウンと彼の仲間は、一八五八年の真冬に、女性や子どもを含む十一の黒人奴隷を馬車に乗せたり歩かせたりして、ミズーリ州からカナダまでの千六百キロの旅を敢行したとき、アイオワ州を通った。これは、地下鉄の歴史上もっとも大胆な冒険であったとされている。ブラウンが二十一人の仲間とともに、連邦軍の兵器庫ハーパーズフェリーを襲撃する十カ月前のことである。

だが、中西部でもっとも重要なのはオハイオ州であった。トニ・モリスンの小説『ビラヴィド』の舞台がその州のシンシナティになっていることからも窺い知ることができるように、シンシナティは複数のルートが交差する地点であり、地下鉄道の「中央駅」と呼ばれていた。シンシナティを筆頭に、オハイオ州のいくつかの町には、白人の奴隷廃止論者たちがいた。プレズビテリアン派の白人の牧師ジョン・ランキンもそのなかのひとりである。ランキンはテネシー州に生まれたが、何年間かケンタッキー州に住んだのち、逃亡奴隷を手助けするために、一八二二年にオハイオ州リプリーに引っ越しした。彼の家はオハイオ川を見おろすリバティ・ヒルという高台にあり、対岸のメイン郡からも見ることができた。ケンタッキー州から逃げてくる黒人奴隷にとって、彼の家の窓から洩れるロウソクの灯りは、何年にもわたって「安全な避難所へみちびく目印」（シーバート 一〇九）であった。

三　ストウ夫人

ストウ夫人は小説『アンクル・トムの小屋』のなかで、追っ手に迫られたエライザが、わが子を脇に抱えながら、オハイオ川を渡って必死に逃げる場面を、次のように描写した。

エライザは狂おしく叫んだかと思うと、宙を飛び、岸辺の濁った流れを越えて、向こうの氷のいかだに飛び移った。それは必死の跳躍であった。絶望と狂気にかられた人にしかできない行動であった……彼女が乗った大きいうす緑色の氷の塊は、彼女の重みで上下に揺れ、軋んだ。しかし、彼女は一瞬たりともそこにとどまっていなかった。すさまじい叫び声をあげながら、死にもの狂いになって、氷の塊を次から次へと飛び移っていった。（ストウ　五二）

この場面は、多くの黒人奴隷が逃亡する主な理由を端的に説明している。黒人奴隷が逃げる主な理由はふたつある。ひとつは、川下に売られていくことから生じる恐怖であった。とくに一八三〇年代の深南部では綿花栽培が盛んに行なわれており、深南部に連れていかれると、黒人奴隷は銃と鞭をもった監督官のもとで、一日でひとり当たり八十キロから九十キロの綿花を摘むという重労働を課せられることになるからだ。そして、もうひとつは、エライザのように、売り飛ばされて家族の仲を引き裂かれることからくる悲しみであった。

ある日の晩、エライザは、彼女の主人でケンタッキーの農園主シェルビー夫妻が、借金の埋め合わせとして彼女の子どもを奴隷商人へイリーに売らねばならないと話しているのを聞いた。子どもと離れ離れになりたくないエライザが瞬時に思いついたのは、オハイオ川を渡ってカナダへ逃亡することであった。季節は春のはじまりで、オハイオ川の水嵩が増し、不安定な氷の塊が川面に点在していた。ふつうに考えると、このような状況ではオハイオ川を渡れるはずがなかった。だが、追っ手によってぎりぎりの状態にまで追いつめられたエライザは、すさまじい「叫び声」をあげながら、氷の塊を次々に跳び移ってオハイオ川を渡ったのだ。「南部の熱い風は、両腕に抱いた赤ん坊たちがひとりずつ引き離されてゆくときの、母親の哀れでみじめな叫び声とむせび泣く声で満ちていた」（ブラウン　三六）と母親の悲しみを描写したのは『ヘンリー・ボックス・ブラウンの奴隷体験記』（一八四九）の著者ヘンリー・ブラウンであるが、エライザの叫び声には、子どもを売り飛ばされてゆくときの黒人奴隷の母親たちの「哀れでみじめな叫び声とむせび泣く声」が響いている。

ストウ夫人は『アンクル・トムの小屋』をみずから解説した本のなかで、この小説は「実際に起きた出来事を集めて整理したものである」（ストウ 五）と言明した。とすれば、エライザ・ハリスは実在の人物をモデルにしたものであり、彼女がオハイオ川を渡ったことも現実にあった出来事であるということになる。では、ストウ夫人はエライザに関する情報をどこから入手したのだろうか。

エライザがオハイオ川を渡ったあとの『アンクル・トムの小屋』のあらすじを素描すると、次のとおりである。エライザが意識が朦朧とした状態でオハイオ州側の土手に着いたとき、彼女を引きあげてくれる人がいた。その人は、エライザの主人であるシェルビー夫妻の農園からそれほど遠くないところに農園をもっているシムズ氏であった。彼女がシムズ氏に助けを求めると、彼は「わたしにできるのは、あそこに行きなさいということだけなんだよ」と、「大きな白い屋敷」（ストウ 五三）を指さしていった。その大きな白い屋敷はバード上院議員の屋敷であった。エライザはその直後に姿を消す。彼女はバード上院議員の屋敷に逃げこんだあと、意識を失ってしまう。「若いやせた女が、破れて凍りついた服をまとったまま、ふたつに並べたテーブルのうえで死んだように横たわっていた。靴は片方しかなく、靴下は破れ、足からは血が流れていた」（ストウ 七〇）。バード氏は、逃亡奴隷をかくまったことで逃亡奴隷取締法によって自分が逮捕されるかもしれないし、翌朝には追手が自分の屋敷にやって来るかもしれないと判断して、その晩のうちにエライザを、十キロほど離れたところに住む奴隷解放論者ヴァン・トロンプのところに、ぬかるみの道を馬車で連れていった。

エライザがヴァン・トロンプのもとに連れていかれてからどれほどの日数が経っているのかわからないが、エライザは、いつの間にかオハイオ州の「クエーカー教徒のセツルメント」（ストウ 一一六）にあるシメオン・ハリデイ（妻、レイチェル）の家に、しかもいつの間にか夫のジョージと一緒にいる。エライザはハリデイ夫妻に親切にされるが、それでも彼女は、夫とともに安全な地カナダへ行きたがった。そこで、ハリデイ夫妻の知り合いでクエーカー教徒のフィニアス・フレッチャーが、エライザらを馬車に乗せて凍りついた道を通って北をめざす。紆余曲折の末、エライザら逃亡の一行は、オハイオ州サンダスキーからエリー湖に停泊している船に乗りこむ。「エリー湖の青い波が日光を浴びてさざ波を立て、キラキラと輝きながら踊っていた。爽やかなそよ風が岸辺のほうから吹き、堂々とした船は、勇ましくまっすぐ波を切っていった」（ストウ　三三五）。こうして、エライザらは、カナダのアマーストバーグに無事に着き、自由を獲得したのである。

　さて、ストウ夫人はエライザ・ハリスの話をオハイオ州リプリー在住のプレズビテリアン派の牧師ジョン・ランキンから聞いたと指摘するのは、『川を越えて』（二〇〇二）の著者アン・ヘゲドンである。それは、ジョン・ランキンの三人の息子、とりわけ長男であるローリ・ランキンの「アダム・ローリ・ランキン自伝」を拠り所にしたものである。ヘゲドンは、息子たちの説明を整理して、『アンクル・トムの小屋』の登場人物エライザのモデルになった黒人女性が子どもを抱いてオハイオ川を渡ったのは一八三八年であると確信する。そこでヘゲドンは、「ジョン・ランキンはその話を、一八三八年から、ストウ夫人がシンシナティから引っ越しするときまでのある時期に話した」（ヘゲドン　三〇〇）としたうえで、ふたりが会ったのは、一八三九年の反奴隷制協会の年次大会か、レーン神学校でのことである、という。そしてヘゲドンは、ストウ夫人が『アンクル・トムの小屋』を解説した本のなかでジョン・ランキンの実名を出さなかったのは、彼が重い罰金を課せられるうえに投獄される恐れがあったからだ」（ヘゲドン　三〇〇）、というのである。[2]

　たしかにヘゲドンの推測には信憑性がある。一八三二年に、父ライマンがレーン神学校の学長として赴任することになり、ストウ夫人はオハイオ州シンシナティへ父と一緒に引っ越しした。そして一八三六年に彼女は、レーン神学校の教授カルヴァン・ストウと結婚した。二十五歳のときである。ストウ夫人の家はシンシナティのウォルナット・

ヒルズにあり、そこが地下鉄道の駅になっていたことからわかるように、彼女はジョン・ランキンと同様、地下鉄道の駅長や奴隷廃止論者としても活動していた。それゆえ、ふたりが反奴隷制協会の年次大会に出席し、そこで出会ったであろうことは十分に考えられる。またジョン・ランキンの息子はレーン神学校の学生であった。一八三九年頃、父は息子のいるレーン神学校を訪れてカルヴァン教授に会った。その場にはストウ夫人もいた。そのとき、父が一年前に起きた出来事、つまりエライザ・ハリスの話をすると、ストウ夫人はときどき、「まあ、ひどい！ すごい！」（ヘゲドン 一三九）と感嘆の声をあげたという。

しかしながら、ストウ夫人はエライザのことをジョン・ランキンからだけ聞いたのではないように思われる。エライザがランキン邸に逃げこんだとき、「ランキン一家は彼女の本当の名前を知らなかった」（ボードウィック 二一六）からだ。ランキンにとって、エライザは助けを求めてやって来る多くの黒人奴隷のひとりにすぎなかった。ランキンは、濡れた衣服から乾いた古着に着がえさせ、食事を与えると、いつものようにエライザ親子を馬車で地下鉄道の次の駅へ連れていくように息子たちに指示したのである。[3] ストウ夫人がエライザという名前を聞いたのはジョン・ランキンからではなく、リーヴァイ・コフィンからであったと思われる。コフィンはインディアナ州ニューポートにあるクエーカー教徒のセツルメントで、地下鉄道の駅長として数多くの逃亡奴隷をかくまっていた。彼の書物『リーヴァイ・コフィン回想録』（一八七六）には、エライザ親子が「数日間」（コフィン 九九）彼の家で食事をともにしたあと、オハイオ州サンダスキーからエリー湖に浮かぶカナダ行きの船に乗ったことが書かれている。しかも、一八五一年にコフィンが妻のキャサリンを同伴してカナダを訪れ、ある会合に出席したとき、妻に話しかけてきたエライザのことが記載されているのだ。最初キャサリンはエライザに気づかなかったが、当時のことを回想しているうちに、自分が「彼女にエライザ・ハリスという名前をつけた」（コフィン 一〇一）ことをようやく思い出した。おそらくストウ夫人はニューポート時代のリーヴァイ・コフィンと面識がなかったかもしれない。しかし、一八四七年にオハイオ州シンシナティへ移住したあとの彼にストウ夫人が接触する機会は、何度もあったはずである。以上のことから推測すると、ストウ夫人はジョン・ランキンとリーヴァイ・コフィンからエライザに関する情報をえて、一八五〇年の逃亡奴隷取締法の影響を受けながら、『アンクル・トムの小屋』を執筆したものと考えられる。そのこともあって、この小説に登場する、「大きな白い屋敷」の主人バード上院議員はジョン・ランキンを、「クエーカー教徒のセツルメント」に住むシメオン・ハリデイはリーヴァイ・コフィンを彷彿とさせる。

四　一八五〇年の逃亡奴隷取締法以降

テキサスの所属をめぐってアメリカとメキシコとのあいだで一八四六年に始まったいわゆる米墨戦争は、四八年にアメリカの勝利で終結した。この結果、アメリカはカリフォルニアやニューメキシコなど広大な土地を得たものの、今度はそれらの土地をめぐって奴隷制推進派と反対派の対立が激化した。一八四六年、メキシコから獲得するであろう土地には奴隷制の拡張を禁止するというウィルモット条項が法案として国会に提出された。南部にしてみれば、米墨戦争の以前でさえ奴隷州の総人口が自由州のそれに比べてかなり少なかったので、カリフォルニアなどが自由州になることは耐えられるものではなかった。ジョン・カルフーンを中心とする南部議員たちは、連邦からの脱退をちらつかせながら、カリフォルニアなどに奴隷制を敷くことを主張した。一方、北部にしてみれば、「今後西方に州ができるとき、北緯三十六度三十分以北の地には奴隷制度を禁止すること」(猿谷 四三)を定めた一八二〇年のミズーリ協定を破棄してまで、カリフォルニアなどを奴隷州にすることは、とうてい容認できるものではなかった。

一八四九年三月四日、第三十一回合衆国議会は、南北間の対立が戦争の引き金になりかねないような険悪な雰囲気のなかで開かれた。奴隷制推進派と反対派の白熱した議論がつづくなか、上院議員のヘンリー・クレイが妥協策として、「カリフォルニアは自由州として連邦に加入する」(キャンベル 四)代わりに、「テキサスは特定の土地をニューメキシコに譲渡し、その補償を受けること」(フランクリン 二六六)や、逃亡奴隷の取締を強化することなどを提案。この提案を有力な議員ダニエル・ウエブスターらが支持することで、決着がついた。このとき、逃亡奴隷取締法案が提出されて成立した。この法律の骨子は、以下のとおりである。

一・裁判所によって任命された連邦委員がこの法律を施行することができる。連邦委員は、逃亡奴隷を取り戻すための許可証をその主人、もしくは代理人に与えることができる。

二・逃亡奴隷の所有者もしくは代理人は、判事や連邦委員の許可を得て、奴隷が逃亡した州や準州に連れ戻すことができる。

三・逃亡奴隷の確保を邪魔したり奴隷を匿ったりした者は、千ドルの罰金を支払うと同時に、六カ月の懲役に服さねばならない。

こうした法律の内容を聞いて、当時、北部にいたおよそ十万人の逃亡奴隷たちは窮地に陥った。「マサチューセッツでは、この知らせを聞いてからわずか三十六時間以内に、四十人の黒人がカナダに向かって出発した。ペンシルヴァニアのある地方では、黒人の人口が九四三人から四三七人に減少したというし、サンティ・レイクの黒人居住区は、わずかな間に廃墟と化したそうである」(猿谷 七一)。またピッツバーグでは、ホテルの黒人ウェイターのほとんどがカナダへ逃げた。ニューヨーク州ロチェスターにある黒人バプティスト教会でも、ふたりを除くすべての教徒が、拘束されて奴隷州に連れ戻されることを恐れて、カナダへ逃亡した。フィルモア合衆国大統領がこの法案に署名したのは一八五〇年九月十八日であるが、この日から三カ月の間におよそ三千人の逃亡奴隷がカナダをめざしたとされている。当然のことながら、もともと奴隷制に不満を抱いていた多くの人たちが、「急速に増えてゆく逃亡奴隷を助けようとして」(シーバート 三三八)地下鉄道に加わった。

一八五〇年に逃亡奴隷取締法が制定されて以来、ニューヨーク、デトロイト、ピッツバーグなど各地で逃亡奴隷の拘束が次々に起きた。『スレイブ・キャッチャー』（一九六八）の著者スタンリー・キャンベルによれば、逃亡奴隷の訴訟事件が一八五〇年に二十二件、五一年に六十七件、五二年に二十三件、五三年に三十一件あったという。[4] ボストンでも、五一年四月、二十三歳の黒人トーマス・シムズが拘束された。彼はジョージア州サバンナの奴隷で、そこから船に乗って逃げてボストンに着いていたのだが、夜に追跡者に捕えられ、そのまま裁判所へ連れていかれたのである。裁判所のまわりに鎖が張られ、裁判は厳重な重苦しい雰囲気のなかで行なわれた。トーマス・ウェントワース・ヒギンソンら奴隷制反対論者たちが抗議したにもかかわらず、四月十三日、シムズは連邦委員によって強制送還を命じられた。そして、三百人の警官たちに護送されて港に着くと、サバンナ行きの船に乗せられたのである。

複数の地域で逃亡奴隷取締法に反対する集会が開かれた。ボストンでも、一八五〇年十月十四日、逃亡奴隷取締法に反対する集会が開かれ、数百人の人々が集まった。彼らは、逃亡奴隷取締法はキリスト教の黄金律に反するし、またアメリカ独立宣言の趣旨にも反するという点で、意見が一致していた。この集会のとき、黒人を新たな危険から守るための監視委員会さえつくられた。しかしながら、五〇年代の前半では、この法律に異議を唱えたのはセオドア・パーカー、ウィリアム・カレン・ブライアント、ラルフ・ウォルドー・エマソン、チャールズ・ビーチャーといった、一部の著名な牧師たちであり、彼らの意見に賛同する人々であった。しかも、この法律に反対する運動は自由州の一部の地域に限られていた。オハイオ州やミシガン州では意見がふたつに分かれていた。黒人にたいして人種的偏見が強かったインディアナ州にいたっては、一八五一年に黒人の定住を禁止する条項が制定されたほどである。世論の形成に多大な影響をおよぼす人たちは牧師や有力な実業家や国会議員であるのだが、「彼らは大衆に、逃亡奴隷取締法の施行に反対することが連邦の分裂につながると懸命に働きかけた」（キャンベル　六六）のである。それゆえ、大衆のあいだには、逃亡奴隷取締法に不満を抱きながらも、この法律を黙認する雰囲気が漂っていたのだ。

ところが、一八五四年になると、状況は一変することになる。同年五月三十日、合衆国大統領フランクリン・ピアスがカンザス・ネブラスカ法案に署名し、この法律が実行力をもつようになったのである。一九二〇年のミズーリ協定で、北緯三十六度三十分より北側では奴隷制度を禁止するという取り決めがあったのだが、カンザスはこの線上に位置していた。カンザス・ネブラスカ法は、カンザスを自由州にするか奴隷州にするかは住民の決定に任せるというものであった。その結果、ミズーリからは奴隷制推進派が流れこんできた。一方、ニューイングランドからも入植者を募集する運動が起こり、奴隷制反対派の入植者がカンザスに流れこんできたのである。こうして奴隷制推進派と反対派のあいだで抗争が起こり、死者さえ出た。いわゆるカンザスの流血である。

　カンザス・ネブラスカ法はミズーリ協定の事実上の破棄をもたらした。その結果、連邦の分裂の回避を優先させて逃亡奴隷取締法を黙認してきた政治家や保守的な牧師たちでさえ、奴隷制にたいして公然と異議を唱えるようになった。世論も奴隷制反対でもりあがるなか、コネティカット、ミシガン、マサチューセッツといった自由州は、個人の自由保護法を制定し実行していった。また、ヴァーモント、ニューハンプシャー、ペンシルヴァニアは一七九三年の逃亡奴隷取締法に反対してすでに個人の自由保護法を制定していたものの、いままで実行していなかったのだが、今度は確実に実行に移した。この法律の骨子は、逃亡奴隷として拘束された者には弁護士をつけること、逃亡奴隷関連の裁判では州刑務所の使用を禁止する、というものであった。これに加えて、奴隷制の反対を標榜する一八五四年の共和党の結成や、マーガレット・ガーナー事件のようないくつもの訴訟事件が北部諸州の奴隷制の反対に拍車をかけた。その間、サウスカロライナが連邦を脱退したのを皮切りにして、南部のほかの州も次々に脱退していった。北部諸州が南北戦争が起こることに気づいたときには、「もう遅すぎた」(キャンベル 九五)のである。

結

共和党や世論の後押しもあって、一八五〇年代の半ばに地下鉄道の活動はピークに達した。しかもその活動は公然と行なわれ、ときには輸送手段として本物の鉄道が利用されることがあった。たとえばサンダスキー・マンスフィールド・アンド・ニューアーク鉄道の車掌であったＨ・Ｆ・ペイデンは、地下鉄道の駅員でもあったこの鉄道会社の役員に頼まれて、サンダスキーにあるエリー湖の港まで逃亡奴隷を乗せていった。また、個人の自由保護法の制定および実施にともない、逃亡奴隷はカナダをめざす必要はなくなった。彼らは北部にいても、比較的安全に生活できようになったからだ。地下鉄道の長年の地道な活動が、間接的であるにせよ、個人の自由保護法の制定および実施をもたらし、奴隷制反対という世論が盛りあがるきっかけになった。逃亡奴隷を安全な地へ連れだすことを目標にしてきた地下鉄道はその役割を果たし、しだいに消えていったのである。

注

1　キルトが地下鉄道の暗号として用いられたという指摘は、興味深い。筆者の知るかぎり、資料としては Xenia E. Cord の *Underground Railroad Quilts* (2004), Eleanor Burns & Sue Bouchard の *Underground Railroad Sampler* (2003) のほかに、二つの論文がある。また小説には、Jennifer Chiaverini の *The Sugar Camp Quilts* (2005) などがある。

2　ストウ夫人は *A Key to Uncle Tom's Cabin* のなかで、エライザの話を「オハイオ州在住のプレズビテリアン派のある牧師」（ストウ 二二）から聞いたと、職名だけを示すにとどめている。この本が出版されたのは、逃亡奴隷取締法が制定されてから三年後の、一八五三年のことである。

3　『アンクル・トムの小屋』の登場人物バード上院議員のモデルと考えられるジョン・ランキンは、たいてい息子たちに、逃亡奴隷を地下鉄道の次の駅に連れて行くように指示した。しかし、この小説では、ジョン・ランキンがエライザのモデルとなった黒人女性とその子どもを馬車で連れていく。

4 逃亡奴隷取締法が制定された一八五〇年代以降については、Stanley W. Campbell の *The Slave Catchers: Enforcement of the Fugitive Slave Law, 1850–1860* (1970) を大いに参考にした。

5 マーガレット・ガーナー事件は一八五六年に起きた。同年の冬、凍結したオハイオ川を歩いて渡りシンシナティへ逃げてきた十七人の逃亡奴隷のうち、ガーナー一家に起きた事件である。九人は地下鉄道によってカナダへ無事に着いたものの、ガーナー一家は追っ手に取り囲まれてしまう。窮地に追いつめられたマーガレットは、南部に連れ戻されるくらいなら、戦って死のうと決意する。そこで彼女は、自分の四人の子どものうち、ひとりを殺害する。裁判にかけられたあと、ガーナーは、アーカーンソーの白人所有者のもとに連れていくために、子どもと一緒に蒸気船「ヘンリー・ルイス」号に乗せられる。途中でこの船は、別の蒸気船と衝突する。そのとき、ガーナーは赤ん坊を凍てついた川のなかに投げこみ、自分も飛び込んだ。ガーナーは救い出されたが、赤ん坊は見つからなかった。そのことを聞いてガーナーは、狂喜したといわれている。トニ・モリスンがこの事件を題材にして小説『ビラヴィド』を書いたことは、よく知られている。Lerner, Gerda, ed. *Black Women in White America: A Documentary History* (60–63) を参照。

引用・参考文献

Blockson, Charles. "Escape from Slavery: The Underground Railroad." *National Geographic* (July 1984): 3–39.
Bordewick, Fergus M. *Beyond for Canaan: The Epic Story of the Underground Railroad, America's First Civil Rights Movement*. New York: Amistad, 2005.
Bradford, Sarah H. *Harriet Tubman: The Moses of Her People*. 1993. Norderstedt: SMK Books, 2012.
Brown, Henry. *Narrative of Henry Box Brown*. 1850. Manchester: Rhistorical Publication, 1861.
Campbell, Stanley W. *The Slave Catchers: Enforcement of the Fugitive Slave Law, 1850–1860*. Chapel Hill: UP of North Carolina, 1970.
Coffin, Levi. *Reminiscences of Levi Coffin*. 1876. Richmond: Friends United Press, 1991.
Franklin, John Hope. *From Slavery to Freedom: A History of Negro Americans*. New York: Alfred A. Knoph, 1967.『アメリカ黒人の歴史』井出義光・木内信敬・猿谷要・中川文雄訳、研究社、一九七八年。

Hagedorn, Ann. *Beyond the River: The Untold Story of the Heroes of the Underground Railroad*. New York: Simon & Schuster, 2002.
Hudson, J. Blaine. *Encyclopedia of the Underground Railroad*. Jefferson: McFarland & Company Inc., Publishers, 2006.
Hurston, Zora Neale. *Hurston: Folklore, Memoirs, & Other Writings*. USA: The Library of America. 1995.
Knabenshue, Toledo. "The Underground Railroad." *Ohio Archaeological Society Quarterly* vol. 14 (1904): 396–403.
Lerner, Gerda, ed. *Black Women in White America: A Documentary History*. New York: Vintage Books. 1972.
Siebert, Wilbur H. *The Underground Railroad: From Slavery to Freedom*. 1898. Mineola: Dover Publications Inc., 2006.
Smedley, R. C. *History of the Underground in Chester and the Neighboring Counties of Pennsylvania*. 1883. U.S.A.: Stackpole Books, 2005.
Still, William. *The Underground Railroad: A Record of Facts, Authentic Narratives, Letters*. 1872. Chicago: Johnson Publishing Company Inc., 1970.
Stowe, Harriet Beecher. *Uncle Tom's Cabin*. 1852. New York: Norton & Company, 1994.『アンクル・トムの小屋（上・下）』、大橋吉之輔訳、旺文社文庫、一九八〇年。
——. *A Key to Uncle Tom's Cabin: Presenting the Original Facts and Documents upon Which the Story Is Founded*. 1853. Washington: Kennikat Press Inc., 1968.
猿谷要『アメリカ黒人解放史』サイマル出版会、一九七一年。
松本昇他編『アフリカ系アメリカ人ハンディ事典』南雲堂フェニックス、二〇〇六年。
皆河宗一『アメリカフォークソング55話』三一書房、一九七二年。

ハーストンと連邦作家計画
――「フロリダ・ガイド」としての『彼らの目は神を見ていた』

深瀬　有希子

作品の内容に作家の人生がいかに反映されているかを見いだしたり、あるいは逆に、作品自体が作家の人生を作り上げてしまうことを指摘したりする、このような視点から読まれてきた小説があるとすれば、ゾラ・ニール・ハーストンの『彼らの目は神を見ていた』（一九三七）は、まさしくその一例と言えよう。ハーストンの伝記作家ロバート・ヘメンウェイは、本作品執筆はハーストンが一九三一年にニューヨークで出会った当時二十三歳の西インド諸島出身の男性との恋愛がきっかけとなっている、と記している。これに加え、昨今まで出版されず散逸していたハーストンの論考を編纂したパミラ・ボーデロンも次のように指摘する。ハーストンが一九三八年四月から三九年八月まで参加していたフロリダ州連邦作家計画（Federal Writers' Project）の活動を去る直前に、これもまた当時二十三歳で同じく連邦作家計画の一員であった男性と結婚したのは、『彼らの目』の主人公ジェイニーとティー・ケイクとの関係を「再創造」したかったためだろう、と（四八）。ハーストン伝記において、彼女と恋愛関係にあった人々と同様にしばしば言及されるのは、彼女を支えたパトロンたちである。本稿では『彼らの目』が、フロリダ州の特殊性を広く国民に知らしめるための「ガイド・ブック」たる性質を備えている点で、ハーストンの最大のパトロンとも言える一九三〇年代ローズヴェルト政権による連邦作家計画と連動した作品であることを考察していく。

一　連邦作家計画による『フロリダ・ガイド』

ここではまず、『彼らの目』の二年後に出版された『フロリダ・ガイド』（一九三九）の特徴を見てみたい。連邦作家計画の中心メンバーの一人であったキャサリン・ケロックは、いわばアメリカ版『ベデガー』を想像して、全米各州を紹介する『アメリカン・ガイド』を作ることを重要な活動と考えた。本稿で扱う『フロリダ・ガイド』はその一部をなす。連邦作家計画の指揮の下、全米各州を紹介する『アメリカン・ガイド』は、アメリカ合衆国を訪れる外国人のためのみならず、アメリカ人のための案内書であることをも目的としていた。しかし大不況下にあっては、作家たちを救済するために施行された連邦作家計画、ないしこの『アメリカン・ガイド』作成に対して、その経済的意義を認めず否定的態度を示すアメリカ国民も多かった。よって本書出版の計画段階では、活動予算を政府から獲得するために、観光業促進によるアメリカ経済の活性化という目的を前面に打ち出さざるをえず、鉄道、バス、ホテル業からの資金援助も受けて、この全米規模にわたる『ガイド』制作が実施された。しかしながら、連邦作家計画のナショナル・フォークロア・エディターのＢ・Ａ・ボトキンや、ニグロ・アフェアーズ・エディターのスターリング・Ａ・ブラウンらの本意は、あくまでも「国民文学」としての『ガイド』を生みだし、アメリカ文化の再創造を果たすことにあった。

ここで改めて連邦作家計画の組織構成を説明すると、全米規模で統括を行うナショナル・ディレクターを頂点に、州の統括を行うステイト・ディレクター、さらには実際に『ガイド』の中身となる各州の情報を現地調査し、それを書き記すリリーフ・ライターという階層関係で機能していた。この組織構成のためか、出来上がった『ガイド』にはある特徴が見られる。例えば『フロリダ・ガイド』は、ステイト・ディレクターであったカリタ・ドジェット・コースの下で本書が編集されたことは明らかであるものの、現地調査員の固有名は記されておらず、『ガイド』のなかのどの情報を誰が収集し書いたのかは不明である。フロリダ州連邦作家計画に参加していたハーストンも、基本的にはこのような固有名を与えられない調査員、書き手にすぎなかった。しかしながら、他の調査員たちとは異なる仕方でハーストンが『フロリダ・ガイド』に関与した事実もまた本ガイドから分かる。というのも、本ガイドには、それよりも二年前に出版された『彼らの目』から、例外的と言っていいほどの長さの引用がなされているからである。

ハーストンはフロリダ州連邦作家計画に加わる以前、一九三五年九月から三六年三月まで連邦劇場計画(Federal Theatre Project)で活動していた。後に『フロリダ・ガイド』に引用されることになった『彼らの目』の執筆自体は、奨学金を獲得して連邦劇場計画を辞め、念願であったジャマイカからハイチへの調査旅行中になされたゆえ、地理的また経済的な面では本小説は連邦作家計画の影響下で創作されたわけではない。しかしながら、『フロリダ・ガイド』のなかに『彼らの目』が例外的な分量をもって引用されている事実は、本小説には、短期間ではあるがハーストンが関与した連邦作家計画の方針に合致するような性質があるからなのではないか、と思わせるのである。

二　ジェイニーの匿名性、農業安定局によるドキュメンタリー写真の匿名性

『彼らの目』で描かれる幼少期のジェイニーが経験したあるエピソードは、『フロリダ・ガイド』に見られる匿名性、すなわち、州の地理・歴史・文化等に関する情報を収集し記した者たちの固有名は明らかにされないという特徴を、『ガイド』出版に先だってさりげなく示しているようである。ここで紹介するのはジェイニーが「黒さ」を初めて自覚した場面で、注目したいのはその自覚を促した媒体が写真であり、それはどこからともなくやってきた人物に許可なく撮られたと描かれている点である。

たいてい白人の子供たちと一緒にいたから、わたしは六歳くらいになるまで、自分が白人じゃないってことを知らなかった。その頃はわからなかったのよ。だけど、ある男が写真を撮りにやって来てね。そしたらシェルビーが、いちばん年上なんだけど、大人たちに内緒で、わたしたちの写真を撮ってって、その人に言ったの。一週間くらいして、その男は、ウォッシュバーン夫人にお金をもらおうと思って、写真を持ってきたの。夫人はお金を払ってから、わたしたちをさんざん叩いたわ。（略）みんなはわたしをアルファベットって、呼んでたわ。だって、わたしは、本当にたくさんの人たちから色々な名前で呼ばれていたんだもの。わたしは、長いこと写真を見ていたら、それが自分の服や髪だっていうことがやっとわかったの。だから、わたしはこう言った。「えっ、えーっ、わたしは黒人なんだ！」

（八―九）

この出来事が起こったのは、『彼らの目』の時間軸では一八九五年頃、場所は西フロリダで幼いジェイニーが祖母とともに白人の敷地に暮らしていたときのことである。ハーストンはこの場面の時代設定から数十年後の一九二〇年代から三〇年代に、文化人類学の植民地主義的視線の比喩としての「スパイグラス」を持つのみならず、公共事業促進局 (Works Progress Administration) 本部に何度か申請書を送ってようやく入手した録音機を携え、フロリダ州にて現地調査を行った。その事実をふまえて本場面を見直すと、ニューディール政策の一環として一九三五年に農務省の下で再定住局 (Resettlement Administration) として始まり、三七年に改組された農業安定局 (Farm Security Administration) による「農村写真の記録」が連想される。

アメリカを代表する写真家ドロシア・ラングやウォーカー・エヴァンズらを輩出した農業安定局による一九三〇年代ドキュメンタリー写真の表現形式に関して、宮本陽一郎は、写真の被写体の個人名を出さないことがかえって「民衆」という概念を作り出し、被写体の匿名性がひるがえってアメリカ的伝統である「個人」の尊厳を示したと論じている（二〇七―〇九）。このような三〇年代ドキュメンタリー写真の操作性を念頭に置き改めて先の引用場面を読むと、ある人物が許可なしに写真を撮ったという記述の後に、ジェイニーは幼いとき「アルファベット」と呼ばれていたという、彼女の匿名性が語られているのに気づく。

名前にまつわるこの描写には奴隷体験記の典型的形式が見てとれる。奴隷体験記では、元黒人奴隷がかつて白人主人に一方的に与えられた名前を、逃亡後に自身で改めるというエピソードがしばしば紹介される。混血のジェイニーが「黒人」であることを自覚するこの場面は、フロリダ州はジャクソンヴィルの出身で『彼らの目』が出版された翌年に没した、ジェイムズ・ウェルドン・ジョンソンの自伝的小説『元黒人の伝記』(一九一二)の「物騙り(シグニファイング)」であることは明らかである。のみならず本場面がさらに示すのは、「アルファベット」という匿名性を与えられた幼いジェイニーが、後に農業安定局の格好の被写体となる可能性であり、またニューディール時代の黒人表象という主題でもある。ハーストンが『彼らの目』で試みたのは、「アルファベット」と呼ばれた匿名の黒人存在を、国民文学の代表に作り上げることだったのかもしれない。

三　フロリダ州の「ガイド」作家としてのハーストン

『彼らの目』を否定的に論じた同時代批評の代表例には、リチャード・ライトが『ニュー・マッセズ』誌に載せた「笑いと涙のあいだ」(一九三七)や、「ニュー・ニグロ」に対して「オールド・ニグロ」を自称したスターリング・ブラウンが『ネイション』誌に載せた書評がある。連邦作家計画のニグロ・アフェアーズ・エディターであったブラウンは、各州でまとめられる黒人の歴史や文化についての報告書に、他のどの編集者よりも頻繁に目を通して、情報の正確さや表現の政治的正しさを追求し、人種的偏見を助長する表現があれば訂正を求めた。『ガイド』における黒人表象にそのような立場を示したブラウンは、ハーストンが描く「黒人表現」や「詩的性質」に評価を示し、「彼女の描く黒人はナイーヴなプリミティヴではない」と述べるも、ハーストンの民族誌的小説『騾馬とひと』（一九三五）を批判したときと同様に、『彼らの目』には黒人共同体が直面する経済的苦境が描かれていないと指摘した。

全米各州の『ガイド』に描かれる人種民族表象に偏見のない正確な記述を求めたブラウンとともに、連邦作家計画のナショナル・フォークロア・エディターとして勤めていたボトキンらは、『ガイド』編纂にあたり「貢献度に注目するアプローチ」(contribution approach) ではなく、「参加度に注目するアプローチ」(participation approach) という手法をとることを目指した。まず「貢献度に注目するアプローチ」とは、ある人種民族集団のなかで例外的に突出した者のみを取り上げて、その人物が規範たる「白い」「アングロサクソン」アメリカ文化社会に重要な「貢献」をなしたとして称賛する語り方を指す。その一方、ボトキンらが選んだ「参加度に注目する」という態度は、いわゆる「普通の人」が自身の日常生活について語る声を記録することにより、異なる出自や文化背景を持つ人々が、アメリカ文化社会の形成に等しく「参加」している様子を総体的に描写するのに重きを置く編集方針であった。（ハーシュ一二〇、一三六―三七）

先にあげたブラウンによる『彼らの目』書評には、彼も賛同した「参加度に注目するアプローチ」と、彼自身が考える黒人文学の在り方との関連もまた示されている。彼は、「黒人小説は、偉大なるアメリカ小説と同じくらい達成することが難しい」と述べ、「黒人小説」と「偉大なるアメリカ小説」とを同じ土俵にのせている。つまりブラウンが考える黒人文学、黒人作家のあるべき姿とは、いわゆる「白い」「アングロサクソン」アメリカ文学への「付け足し」や、「白い」「アングロサクソン」アメリカ文学への「貢献」者であることではなく、「アメリカ」文学への「参加」者であることの追求であった。

そこで疑問となるのは、先ほどから述べているように、ブラウンから「ナイーヴなプリミティヴ」的性質こそないが黒人共同体の経済的苦境を描いていないと評された『彼らの目』が、彼が編集を担った連邦作家計画の一成果である『フロリダ・ガイド』のなかに例外的な長さをもって引用された事実は何を意味するのか、という点である。本小説には、『フロリダ・ガイド』に引用された部分であるフロリダ州はパホキーにおける黒人民衆や黒人移住農民の日常生活のみならず、ネイティヴ・アメリカンやバハマ人の様子も描かれている。次の引用は、エヴァグレイズ湿地帯に住むジェイニーとティー・ケイク、及びバハマ人たちのやり取りである。

エヴァグレイズにいる「ソーズ」とよばれるバハマ人労働者たちと、ティー・ケイクとジェイニーがまず親しく付き合うようになると、彼らはアメリカ人たちのなかに次第に溶け込んでいった。アメリカ人の友人たちに自分たちの踊りがおかしく思われないと知ると、人目につくところでも踊るようになった。ひとたび踊り方を覚えると、アメリカ人もほとんどが「ソーズ」と一緒に踊るようになった。（一五四）

この描写からも、『彼らの目』はフロリダ州の特徴を紹介する「ガイド」の役割を果たしていると言える。興味深いのは、バハマ人に対して、ジェイニーとティー・ケイクの方は明確に「アメリカ人」とみなされている点である。ジェイニーとティー・ケイクは「黒人」とも「アフリカ系アメリカ人」とも呼ばれていない。また、より「民衆」に近いニュアンスを持つ言葉（crowdやfriends）がジェイニーらに対して用いられ、かつそれに「アメリカ」という全体性が与えられている。さらにこの場面では、ジェイニーやティー・ケイクという「アメリカ」の「民衆」のなかにバハマ人が徐々に受け入れられ、「参加」していく過程が描かれている。しかも、その「参加」を促しバハマ人らとの交友関係を積極的に作るのは、「アメリカ人」であるジェイニーやティー・ケイクのリベラリスト的態度なのである。

四　白人女性編集者の手紙に「付け足された」ハーストンの「自己推薦書」

「貢献」よりも「参加」に焦点をあてるという連邦作家計画の方針をより明らかに意識してハーストンが著したと思われる「作品」がある。フロリダ州南部調査旅行の一員になるべく自らを売り込むために書いた論考「フロリダ調査旅行の提案」（一九三九）である。かつて一九二〇年代のハーストンのパトロンであったシャーロット・オズグッド・メイソンに対して、一九三〇年代のハーストンのボスであったカリタ・ドジェット・コースは、ハーストンを調査旅行の一員として推薦するために、連邦作家計画のナショナル・ディレクターであるヘンリー・G・アルズバーグ宛てに、「ニグロ・エディターであるハーストンは、この調査研究を実行するうえで十分な知識を持っている」という内容の手紙を送った。その手紙に「添付される」形で報告されたのが本論考であった。白人女性編集者コースの手紙に「付け足される」形でハーストンの論考が示された事実は、雇われ作家の「ニグロ・エディター」というハーストンの立場を、ひいてはブラウンが修正しようと試みた当時の黒人文学の姿を痛烈に語っていると言えよう。[1]

さて、その論考は独特な構成をとっている。まず、かつてハーストンが黒人インフォーマントから聴いたと思われるフォークロアの一節を冒頭に配し、それに続いてフロリダ州各地域の概説を付けるという形式をなす。ハーストンの民族誌的小説『騾馬とひと』を思わせる構成は、彼女の文化人類学者・民俗学者・編集者としての能力を提示している。また他の特徴としては、黒人インフォーマントの固有名が明記されているという点があげられる。個人名の明記は、農業安定局によるドキュメンタリー写真の表現形式であった写真から個人名を削除し匿名性によってアメリカ民衆の全体性を作り上げる手法、とは異なる。ハーストンが用いた、個人名の明記とその人物が語る日常生活とを報告書内に記すという手法はむしろ、ブラウンやボトキンらが提示した方針に通じると言ってよい。つまり、傑出した人物の偉業を紹介するのではなく、いわゆる「普通の人々」が彼らの日常生活について語る機会を提供しその経験談を収集することでアメリカ民衆の物語を再構成し一体感を追求するという、『アメリカン・ガイド』の方向性にハーストンは沿っているのである。

それはまた、彼女が本論考の「要約部」でフロリダ州には多文化主義的特徴があるゆえに同地を調査する意義がある、と強調する点にも示されている。

要約——合衆国にはフロリダほど、音楽や民話、社会民族的習慣について記録すべき事象がある州はほかにはない。たしかにカリフォルニアには、フロリダで目にすることはない中国人、日本人、フィリピン人がいる。しかし、そうしたアジア文化は私たち自身の文化とはだいぶかけ離れているようなので、アメリカ文化に入ってくるとは思えない。フロリダほど、人種が互いに主張しながら混ざりあうという歴史を持つ州はほかにはない。フロリダほど、様々な題材に富む州はほかにはない。またフロリダは、いまだ同化せずに変化し続ける要素を持っている、という意味においてフロンティアでもある。さらにフロリダでは、活き活きとした民衆文化の核心を観察するための機会に巡りあうことができる。フロリダにおいて様々な事象を記録する行為は、合衆国、ヨーロッパ、アフリカの大部分を追跡するようなものである。というのも、それらの人々はこの地に魅了され、そしてまたそれぞれの方法でフロリダ文化に恩恵をもたらしたからである。フロリダは、巨大な坩堝——つまりアメリカの内部にある、坩堝なのである。

ジェロルド・ハーシュは、全米規模で企画された『アメリカン・ガイド』の性質について次の様に述べる。「民族的多様性という考えは（一九二〇年代の）同化政策の結果、あるいはそれに対する抵抗であった。にもかかわらず、連邦作家計画によるガイドはたいていの場合、アメリカ化、同化、さらには、坩堝という文脈で民族集団について語っていた」（一三三）。この見解をふまえれば、『アメリカン・ガイド』のナショナル・ディレクターであるアルズバーグ宛てに「添付」資料として届けられたハーストンの本論考は、連邦作家計画の上層部が志向する文化政策を意識して書かれたと言ってよく、またそれがハーストン流「自己推薦」の振る舞いであった。しかしながら、たとえ連邦作家計画が「参加」という目標を打ち出して、一九二〇年代の同化政策に代わる肯定的意味合いを与えられた坩堝としてのアメリカを志向したとしても――その態度をハーシュは「ロマンティック・ナショナリズム」と呼ぶのだが（一三）、ハーストンがその有効性に完全に同意していたと断定することは難しく、よって彼女が一九三〇年代以降に著した作品等をも含めたさらなる考察が必要となってくるのである。

五　ニューディール時代を振り返るハーストン――「リベラリズム」再考

ハーストンが連邦作家計画を去ってから十三年後の一九五一年十二月、タイプライターを打つ彼女の写真とともに、彼女の論考「黒人有権者はタフトを評価する」が『サタデー・イーヴニング・ポスト』誌に掲載された。そこでハーストンは、ウィリアム・ハワード・タフトの息子で、当時の共和党大統領候補選を戦おうとしていたロバート・A・タフトを支持しつつ、同時にニューディール時代を振り返る。自身こそローズヴェルト政権下における連邦作家計画の雇われ作家であったハーストンが、ニューディール政策に異議を唱えたロバート・タフトを今となって支持するのは、彼が特定の集団に与しない真の「リベラリスト」であるからだ、と述べる。

黒人としての私たちは、これまで用いてきた意味で、タフトをリベラルであるとみなしはしない。というのは、繰り返し述べるように、タフトは誰に対しても支持という立場をとらないからである。タフトは、黒人支持派でも、白人支持派でも、労働者支持派でも、経営者支持派でも、あるいはほかの誰に対しても支持という立場をとらない。彼は自身が正しいと信じる大義や出来事に対して賛成の立場をとるのである。（略）これまでの経緯からすると、タフトは人種や特定の集団に対する敵意をあおり立てて、私たち黒人のための英雄的な援護者のように自身を見せかけたりはしないだろう。(二五一)

ハーストンによれば、ニューディール時代における「リベラリズム」の意味は、不均衡や不平等を前提としたうえで、ある一方の立場の者に対してのみ与えられた言葉であった。その意味で、「リベラル」な白人や「リベラル」な共産主義者はいるけれども、「リベラル」な黒人という表現はそもそも用いられない、とハーストンは考える。「リベラル」という形容詞が誰に適用されるのかについてすでに論じた点を確認するならば、ハーストンは『彼らの目』のなかで、ジェイニーとティー・ケイクという「アメリカ人」が、彼らの土地や文化にバハマ人が「参加」するのを受け入れる「リベラリスト」的態度を持つ様を描き、坩堝たるフロリダ州の「ガイド」としての役割をも果たす『彼らの目』を世に問うた。しかしながらそれより十数年たった五十年代になると、ハーストンは自身が『彼らの目』のなかで描いた「リベラリスト」的態度なるものが、ある種の不均衡を前提にして成り立っているのではないかと考え始める。のみならず彼女は、ニューディール政策によって経済的援助を受けた黒人たちは、正しい情報を精査すべく政府に批判的視線を投げかける態度を失ってしまった、と黒人側の問題点をも指摘するようになる。

六　ある黒人フォークロアが示したハーストンの人生「ガイド」

フロリダ州連邦作家計画を去った一九四〇年代以降から五〇年代にかけてのハーストンは、特に雑誌に論考を寄稿して生計をたてるも、一九六〇年、貧困のうち独り身でセイント・ルーシー福祉施設にて没した。ハーストン伝記で常に言及されるこの最期の姿は、黒人女性の経済的自立という主題において、トニ・モリスンの小説『スーラ』(一九七三）に見られる黒人女性スーラの埋葬場面を思い起こさせる。そこでは、スーラが家族や友人から孤立して死したものの、ハーストンとは異なり「十分な額の死亡保険がかけられていた」ために、一九四〇年という経済的不況の時代にもかかわらず、彼女の埋葬は白人の手によって優雅になされたと描かれている（一七二―七三）。

モリスンはまた本小説にて、ニューディール政策による雇用拡大の朗報に活気づく黒人共同体の様子のみならず、雇用の機会獲得をめぐり異民族間で起こった競争にも触れる。極めつけに本小説は、ニューディール政策の下で行われた建設作業現場での事故により多くの黒人死者が出る場面を描いて幕を閉じる。ここに見られる、ニューディール政策の恩恵を享受できない黒人「民衆」と、その黒人共同体には見放されるも白人の手により丁重に埋葬されたスーラという「個人」との対比は、ニューディール政策あるいは連邦作家計画が目指した、アメリカ民衆の一体感を作り語ることの難しさを示している。

他方、これまでみてきたハーストンの『彼らの目』や彼女が連邦作家計画の活動中に著した論考の特徴について確認すると、それらにはニューディール政策に対する批判的知見は十全にあるいは表立っては示されておらず、むしろ、連邦作家計画が志向した「参加度に注目するアプローチ」との親和性を見いだすことができた。しかし、後にブラック・フェミニストの代表とみなされるようになるジェイニーが、夫の前で何度か沈黙してしまう場面が示唆するように、『彼らの目は神を見ていた』を執筆した当時のハーストンの胸の内（inside）に隠されて、同時代には示されなかったものがあったとすれば、それは四〇年代以降の論考に徐々に現れてきたことが分かった。[2] 以上の点から、ハーストンと連邦作家計画との関係性をまとめると、ニューディール政策またはフロリダ州連邦作家計画とは、ハーストンを経済的に支えたというよりも、彼女が作家としての経歴の後半で展開した「リベラリズム」の再定義のみならず、連邦作家計画時代の自身の振る舞いすらをも見直すことを彼女に動機づけた点で、芸術的自立を促したパトロンであったと言えよう。

近代文化人類学の「スパイグラス」を手に愛車に乗り、ひとり故郷フロリダ州の黒人フォークロアを収集するハーストンを撮ったある一枚の写真は、モビリティを謳歌する黒人女性の姿を語っているようだ。けれどもこの自由奔放な作家、民俗学者の背後には、パトロンの存在が透けて見える。ハーストンの自伝的作品『路上の砂塵』（一九四二）に記されているように、彼女は広大なフロリダ州を駆けめぐり、ときには命が狙われる危険にもさらされた。

わたしは自分の墓をつくる
わたしは自分の墓をつくる
ああ、すすけた道を運んで行っておくれ
冷たい板のうえに寝かせておくれ
けれども墓はわたしが自分でつくるのさ（一四六）

物語が逆に作家の人生を作り上げてしまうことがあるとすれば、人生の最期を語るこの唄は、ハーストンの人生を導く一つの「ガイド」であったのかもしれない。

注

1 ハーストンはコースの好意により、当初は六七・五〇ドルの月給を一四二・五〇ドルへ昇給してもらう待遇を受けた。しかし連邦作家計画内での役職については、ハーストンは公的文書などで「ニグロ・エディター」と呼ばれるにすぎず、ブラウンのような正式な編集者としての肩書は与えられなかった。

2 『彼らの目』では、“inside”と“outside”という表現が繰り返して使用されている。これに注目した脱構築ブラック・フェミニズム批評の代表的論考に、Barbara Johnson, “Metaphor, Metonymy, and Voice in *Their Eyes Were Watching God*” in *Black Literature*

and Literary Theory, ed. by Henry Louis Gates, Jr. (1984) や Henry Louis Gates, Jr., "Zora Neale Hurston and the Speakerly Text" in *The Signifying Monkey: A Theory of African-American Literary Criticism* (1988) がある。本稿はこれらの先行研究にニューディール文化政策という視点を導入し、ハーストンの創作上の修辞や手法をさらに深く考察することを試みた。

引用・参考文献

翻訳は下記を参照したが、文脈にあわせて若干の変更を加えた。

Bordelon, Pamela. *Go Gator and Muddy the Water: Writings by Zora Neale Hurston from the Federal Writers' Project*. New York: Norton, 1999.

Brown, Sterling. "Review." 1937. *Zora Neale Hurston: Critical Perspectives Past and Present*. Ed. Henry Louis Gates, Jr. and K. A. Appiah. New York: Amistad, 1993. 20–21.

Hemenway, Robert E. *Zora Neale Hurston: A Literary Biography*. 1977. Urbana: U of Illinois P, 1980.

Hirsch, Jerrold. *Portrait of America: A Cultural History of the Federal Writers' Project*. Chapel Hill: U of North Carolina, 2003.

Hurston, Zora Neale. *Dust Tracks on A Road*. 1942. New York: Harper Perennial, 1996.『ハーストン自伝　路上の砂塵』常田景子訳、新宿書房、一九九六年。

——. "A Negro Voter Sizes Up Taft." *The Saturday Evening Post* 8 December 1951: 29, 150–152.

——. "Proposed Recording Expedition into the Floridas" 1939. TS. Lib. of Cong., Washington D.C.

——. *Their Eyes Were Watching God*. 1937. New York: Perennial, 1990.『彼らの目は神を見ていた』松本昇訳、新宿書房、一九九五年。

Morrison, Toni. 1973. *Sula*. New York: Vintage, 2004.『スーラ』大社淑子訳、早川書房、二〇〇九年。

Work Projects Administration. *Florida: A Guide to the Southernmost State*. 1939. New York: Oxford UP, 1955.

宮本陽一郎『モダンの黄昏——帝国主義の改体とポストモダニズムの生成』研究社、二〇〇二年。

本稿は日本学術振興会科学研究費補助金若手研究B「ニューディール時代のアメリカ黒人文学文化とナショナリズム」［課題番号 25870777］による研究成果の一部である。

アイロニック・ノスタルジック・ロード・ナラティヴ
――フォークナーの「馬泥棒に関する覚え書」を読む

金澤　哲

一　フォークナー流ロード・ナラティヴ

一般にフォークナーと言えば、ミシシッピ州ヨクナパトーファ郡という「神話的小宇宙」について書き続けた作家であって、ロード・ナラティヴを書いた作家というイメージは希薄であろう。ところが彼の作品には、意外なほどロード・ナラティヴの要素が含まれている。

まず、特にロード・ナラティヴとの関連が深い作品として『死の床に横たわりて』（一九三〇）を挙げることができる。この小説はバンドレン家の母・妻であるアディを葬るために一家が敢行する困難な道行きを描いたものであるが、タイトルは『オデュッセイア』から取られたものであり、またごく短い移動距離の間に火や水による試練が次々と降りかかるなど、ロード・ナラティヴのパロディと呼べるような性質を持っている。

また、中期の作品では『エルサレムよ、我もし汝を忘れなば』（一九三九。初版時のタイトルは『野性の棕櫚』）も忘れることはできない。この作品は「野性の棕櫚」および「オールド・マン」という二つの物語が対位法的に組み合わされてできているが、「野性の棕櫚」では見習い医師だったハリー・ウィルボーンが人妻シャーロットと駆け落ちし、ニューオーリンズからシカゴ、ユタ、テキサスさらにはミシシッピ州メキシコ湾岸へと逃亡を続け、最終的に中絶手術に失敗してシャーロットを死なせてしまう。一方、「オールド・マン」は一九二七年のミシシッピ川大洪水の際、パーチマン刑務所から救援活動にかり出された一人の囚人が、ニューオーリンズまで流されたあげく、なんとか「塀の中」の不自由へと帰還するまでを描いたものである。こらら二つの対照的なストーリーから成る『エルサレム』は、全体としていわばロード・ナラティヴへの批評といった趣を持っている。

　このように、フォークナーの作品にはロード・ナラティヴが重要な役割を果たしているものがいくつもある。ただし、その用い方は一筋縄ではいかず、むしろパロディ的な性格が入り込むことが多いように思われる。

　本稿では、そのようなフォークナー流ロード・ナラティヴの一例として、一九五四年に出版された『寓話』中のエピソード「馬泥棒に関する覚え書」を取り上げ、その特徴を考えていきたい。『寓話』は第一次世界大戦末の西部戦線で発生した「自発的停戦」の顛末を描いた作品であり、現代に蘇ったキリストと目される「伍長」に対する「歩哨」や「連絡兵」あるいは「元帥」たちの反応がメイン・プロットを構成する。それに対し、このエピソードは記録破りのサラブレッドを盗みだした三人の男たちが、馬を連れて二十世紀初頭のアメリカを逃げ回るというストーリーであり、メインプロットで重要な役割を果たす「歩哨」の過去を説明するためのサブプロットである。[1]

　あまり知られていない作品なので、「馬泥棒に関する覚え書」のあらすじをもう少し詳しく紹介しておこう。舞台は第一次世界大戦の直前、一九一二年から一四年にかけてのアメリカである。『寓話』の主要人物の一人である英国人「歩哨」は、このエピソードでは記録破りのサラブレッドに献身的に尽くす「馬丁」として登場する。というのも、この駿馬（牡馬）と「歩哨」＝馬丁は、出会った直後から互いに深く愛し合うようになり、その結果、この馬丁がいなければ駿馬もただの駄馬同然、全くの役立たずと化すという始末だったからである。ちなみに、この両者の関係を語る語り手のレトリックは『寓話』の特徴である誇張に満ちたもので、それによれば、この関係は古のパリスとヘレンにも喩えられるべきものであり、いわば人類史に光り輝く純愛物語の一章を飾るものだったのである（八〇七）。

ところがその駿馬は、アメリカに到着した直後に鉄道事故に巻き込まれ、三本足でしか動けなくなってしまう。このとき馬丁は、ともに馬の面倒を見ていた黒人説教師とともに馬を盗み出し、愛する馬をどこまでも競走馬として生かし続けようと決意する。黒人説教師の孫を加えた三人と駿馬は、かくして追っ手を逃れながらアメリカ中を駆け巡り、その間、各地の草競馬で奇跡の勝利を重ねていく。この逃避行はおよそ一年続くが、むろんいつまでも続くはずもなく、最終的に彼らはミズーリ州の小さな町で捕まってしまう。だがその直前、馬丁は愛する駿馬を自らの手で撃ち殺し、かくして両者の純愛物語は悲劇的結末を迎えるのである。

だが、ここでこのエピソードは終わらない。悲劇の後、馬丁は一晩刑務所で過ごしただけで、姿を消してしまう。同様に黒人説教師と息子も、まったく行方をくらましてしまったばかりか、町の人々の記憶からも消え失せてしまう。その後、なぜか町に戻ってきた黒人説教師が逮捕されてしまうと、町の人々は集団で裁判所に押し寄せる。その町には馬丁と駿馬の関係の真実を早くから見抜いていた連邦捜査官の依頼を受け、ニューオーリンズの凄腕弁護士が待機していたが、町の人々はその弁護士をも巻き込んで即興裁判を開廷する。ところが指導者気取りの弁護士が空虚な雄弁を振り回しだすと、人々はあっさりと彼を無視し、自分たちの力で黒人説教師を解放してしまうのである。

以上が「馬泥棒に関する覚え書」のあらすじである。これだけを見ても、このエピソードが現実離れした物語であり、いかにもフロンティア的なトールテールであることは明らかであろう。怪我をして三本足となったサラブレッドがなお走り続けるのみならず、レースに参加して次々と勝利を収めるというのは、現実にはとうてい不可能であり、まさにトールテール的である。エピソード後半を占めるミズーリの田舎町での裁判劇にしても、わざわざニューオーリンズからやってきた弁護士は何の役にも立たず、黒人説教師を解放するのは無学な町の人々の直接行動なのである。ここにもきわめてフロンティア的な価値転倒と滑稽な逆転劇を見て取ることができる。

一方、このエピソードをジェンダーの観点から議論することもできるであろう。具体的には、駿馬と馬丁の関係をイヴ・セジウィックの言う「男同士の絆」としてとらえ、さらにそこに人種などの問題を絡めて論じるというアプローチである。[2]

さらに、先に述べたとおり「馬泥棒に関する覚え書」を、フォークナー流のロード・ナラティヴとしてとらえることもできる。それは駿馬と三人の男たちがアメリカ中を逃げ回るというストーリー展開からだけでも明らかであるが、いかにもフォークナーらしく、このエピソードは複雑なひねりのあるロード・ナラティヴとなっている。以下、詳細に検討していきたい。

二　アイロニカル・ロード・ナラティヴ

まず「馬丁」がアメリカにやってくる経緯から始めよう。そもそも彼は競馬で有名なイングランドのニューマーケット生まれで、馬の世話だけをして生きてきた男だった。だが駿馬との出会いは、彼の運命を大きく変えてしまう。語り手によると、その馬は「馬丁と出会うまではたんにレースに勝っていただけだったが、その降臨後は記録を破り始め」、「七年経っても破られない記録を作った」（八〇六）。その記録によって馬がアルゼンチンの「皮革と小麦のプリンス」（八〇五）に買われたとき、馬丁は必然的にその取引に付随して南米へと渡っていくこととなった。その馬は馬丁がいなければ駄馬同然というていたらくだったからである。さらに駿馬は南米に渡って最初のレースで「いついかなるところでどんな馬によっても破られないような記録」（八〇六）を打ち立てる。すると翌日、稀代の駿馬はアメリカの「石油王」（八〇六）に買われてしまい、その結果、駿馬と馬丁はニューオーリンズへと渡ってきたのである。

さて、ここで注目すべきなのは、駿馬と馬丁がたどってきたイギリス〜アルゼンチン〜アメリカという「ロード」である。この「ロード」は、「新大陸」へと向かったヨーロッパ人のたどったトランス・アトランテックな道のりのパロディであるように思われる。というのは、馬丁のアメリカ移住は彼自身の望んだものでは全くなく、ひとえに愛する駿馬が大西洋を超えて売買された結果だからである。その取引において馬丁はあくまで馬の付属品であり、彼は自らの意志とは関わりなくアルゼンチンそしてアメリカへと移動する。その意味で、彼は金銭の力に支配された奴隷状態であったと言ってもいいように思われる。このような馬丁の「ロード」のありようは、多くの移民たちが胸に抱いていたアメリカン・ドリームの皮肉な転倒であり、いわばそのパロディとなっていると言ってもいいであろう。

もっとも、馬丁のアメリカ移動は駿馬への純愛に基づく例外的なものであり、それゆえ彼の事情を歴史的な移民像と比較する意味はないという主張も可能であろう。また、「馬泥棒に関する覚え書」自体、一種のトールテールであり、それゆえ歴史的な解釈にはなじまないという主張もありえるかもしれない。だが、そもそも駿馬と馬丁の関係を人類史を飾る不滅の恋愛物語の一環として語ること自体、一定の政治的意義を持つことは否定できない。たとえば語り手は両者の関係を「窃盗ではなく、受難、犠牲、神格化であった」と定義して、次のように述べる。

窃盗ではなく受難、犠牲、神格化だった——片端になった馬を出来心から連れて逃走する一味などではなく、だいたいその馬の値打ちはたとえ五体満足でも追跡費用を埋め合わすため何週間も前になくなってしまっていたのだが、むしろ情け深い伝説の不滅の一場面であり、その伝説こそ人間自身に関わる伝説の頂点を成す栄光で、それは最初のつがいとなった子供たちが世界をまったく失ったときに始まり、以来つがいとなった原型から彼らは依然として天国に挑み、年代記の煤に汚れ血の染みついたページを背景に依然つがいのまま依然不滅であった……アダムとリリス、パリスとヘレン、ピュラムスとティスベー、その他記録もないすべてのロメオとそのジェリエットたち、世界で最も古く最も光り輝く物語が、パリスやロッキンバーその他いかなる地上の壮麗な掠奪者たちを飾ったのと同様、がに股で口汚いイギリスの馬丁をつかのま縁取ったのであった。(八〇七)

繰り返すが、このように高潮した語り口によって描かれているのは、ニューマーケットに生まれ育った「がに股で口汚いイギリスの馬丁」と、いかに優れた脚力を持つとはいえ一頭の馬との関係である。ここにあるのは確かにトールテール風の誇張に満ちた饒舌であるが、ここで重要なのは、この語りから生じてくるアイロニーである。[3] そしてこのアイロニーは、エピソードを歴史と関連づけて解釈することを無意味にするというよりは、むしろ歴史的事実を異化することによって、非現実的として片付けられがちな可能性を切り開くようなものであろう。いわばそれは異説・外伝への指向であり、逸脱的であると同時に深く価値転倒的なものである。その意味でこのアイロニーを、バフチンのカーニヴァルと結びつけることも可能であろう。

　このようなアイロニーの働きは、「馬泥棒に関する覚え書」の後半、ミズーリの田舎町で繰り広げられる裁判劇において顕著に読み取ることができる。先に簡単に触れたように、それは無学な町の人々の直接行動による滑稽な逆転劇であり、まさにカーニヴァル的な群衆劇となっている。またそれは、『寓話』のメインプロットにおいて「伍長」を現代に蘇ったキリストと見なすときに働いているアイロニーと同じものである。

　これらの点を踏まえたとき、駿馬と馬丁によるアメリカへの「ロード」は、大西洋を越えてきたヨーロッパ人たちが胸に抱いていた「アメリカンドリーム」という「成功の夢」にアイロニカルな光を投げかけていると言ってもいいであろう。「馬泥棒に関する覚え書」の特徴とは、饒舌な語りから生まれるこのようなアイロニーであり、このロード・ナラティヴには本質的に価値転倒的な性格を持っているのである。

　ちなみに巽孝之は『アメリカ文学史』中の「映画『すべての美しい馬』考」と題するコラムにおいて、英米日の文学作品を挙げながら「馬と人間の種族を超え、時空を超えたロマンス」の存在に触れ、「並みいる動物たちのなかでも、馬ほどに、タブーを侵犯するたぐいの想像力をかきたてるものはない」と述べている（一七五）。このコメントはまさに「馬泥棒に関する覚え書」中の馬丁と駿馬の関係を言い表したものだと言えるであろう。問題は、上記のアイロニーである。「馬泥棒に関する覚え書」の場合、馬と人間の関係は強いアイロニーの下に置かれており、けっして美化されてはいない。それゆえ巽の言う「タブーを侵犯するたぐいの想像力」は語り手の饒舌なレトリックのなかに霧消してしまい、この物語から美しいロマンスを感じることは不可能である。

だが、フォークナーは「タブーを侵犯するたぐいの想像力」をまったく別な方向に生かしている。それが右に述べた価値転倒的アイロニーなのである。

三　資本主義からの逃走

怪我をして三本足でしか走れなくなった駿馬を連れ、馬丁と黒人説教師さらにその息子からなる三人組が逃げ回った地域は、「合衆国中央部（カナダとメキシコも）」（八一四）、「ミシシッピー―ミズーリー―オハイオ流域全体」（八一四）、「カナダとメキシコとロッキー山脈とアパラチア山脈の間」（八一五）と説明されている。また、彼らの逃避行全体について語り手は次のように述べている。

二十二ヶ月の内十六ヶ月は、五つの別々に組織されたが今では執念でまとまった集団――連邦政府、一連の州警察、鉄道会社・保険会社さらには石油王の雇った私立探偵たち――が彼らを追跡した――びっこの馬と英国人の馬丁、年寄りの黒人と馬に乗る十二歳の子供を――イリノイからメキシコ湾またカンザスからアラバマの間に広がるミシシッピ流域一帯を縦横無隅、その辺鄙な奥地の四分の一マイル走の数々を馬は三本足で駆け続け、ほとんどで勝利したのだった。（八〇七）

このように、馬丁たちが逃げ回った地域はアメリカの中央部を占める広大なミシシッピ川流域である。その広大な地域を馬丁たちは追っ手を避けて、辺鄙な奥地から奥地へと逃げ回っていく。それは二十世紀初頭に未だ残されたフロンティア的空間への逃走であった。

では、そもそも馬丁たちはなにを求めて逃げ回ったのであろうか。この点に関しては、連邦捜査官の理解が当たっていたように思われる。逃避行の最後、ついに逃げ切れなくなり駿馬を自らの手で殺してしまった馬丁に向かって、彼は次のように言う。

君はいつでも馬を引き渡すことができたろうし、そうすれば馬は生きてることができただろうが、それが問題じゃなかったんだね。ただ生き続けさせることじゃなかったし、君があの馬で勝ったと人々がいつだって信じるだろう数千ドルいや数十万ドルのためでもなかったんだ。（略）わかった、わかった。理由はあの馬が走れるように、走り続けられるように、少なくともレースに出て負け続け、少なくともゴールできるようにするためだったんだね。たとえあの馬は三本足でレースを走らなければならず、実際に三本足で走ったにせよ。なぜならあの馬は巨人であり、レースを走るために三本の足どころか馬として認められるため先に蹄の付いた足一本さえあればよかったんだから。なのに彼らはあの馬をケンタッキーの牧場に連れ戻して女郎小屋に閉じ込め、そこでは一本の足さえ必要ないどころか、射精のリズムに合わせて動く機械の付けられた移動式クレーンから釣り下げられた吊り帯さえいらなかったんだ。なぜならブリキのカップを持ちゴム手袋をはめた女郎屋の主人が巧みに――。（八一六）

捕まってしまえば駿馬はすかさず種馬にされてしまい、もはやレースに出ることはできなくなる。馬丁はその運命から愛する馬を救うべく、ひたすら逃げ続けては駿馬をレースに参加させ続けたというのである。要するに、馬丁は駿馬に走るというその本分に沿った生き方をひたすらさせてやりたかったのである。だとすれば、馬丁が望んでいたのは自由だったと言うことができるであろう。「馬泥棒に関する覚え書」とは、駿馬を連れた三人が自由を求めてアメリカ中央部を駆け抜けるロード・ナラティヴなのである。

では、その自由とはなにからの自由であったのだろうか。それは怪我をした駿馬をたちまち種馬に換えてしまうもの、つまり馬主の経済的論理であり、より一般化して言えば資本主義そのものであった。そもそも駿馬と馬丁がアメリカに移動してきたのは、その馬の脚力に価値を見いだした大金持ちたちの金銭の力によるものであった。その同じ力が怪我をした馬から最大限の経済的利益を得るべく、走ることしか望んでいない駿馬を種馬にするのである。馬丁が抵抗を試み逃げ出したのは、彼自身を故郷から遠く連れ去り、愛する馬を性的資源に還元する金銭の力＝資本主義そのものだったのである。

このように考えたとき、彼らが逃げ回ったアメリカ中央部の意味が見えて来るであろう。それは未だ資本主義に犯されていないフロンティア的ユートピアがあるべき地域だったのである。そして、アパラチアからロッキーに広がる広大なミシシッピ川流域は、馬丁たちの夢を一定かなえることができた。というのは、馬丁たちの逃避行を可能にしたのは、この広大な地域に残されていた「辺鄙な奥地の四分の一マイル走の数々」（八〇七）であり、追っ手が報せを聞きつけて駆けつける前に姿をくらますことができる奥深い森林や人目に付かぬ街道だったからである。その意味で彼らのたどった「ロード」とはむしろ道なき道であり、彼らの逃避行は「テリトリー」へと脱出するハックルベリー・フィン的なものであったと言えるかもしれない。また、ここに「自由の国」アメリカの可能性が地理的・物理的に実現されていたと言ってもいいであろう。

だが彼らの自由への逃走は、言うまでもなく敗北に終わる。それは決して馬丁と駿馬の間の愛が弱かったからではなく、愛は金の力に勝てないからであった。その事情を語り手は次のように説明している。

［馬丁と駿馬は］破滅を運命づけられていた、というのは、なにも情熱は儚いものだからとか（略）、掠奪は窃盗であり

> 窃盗は悪いことで悪いことは栄えないのだからといった理由ではなく、たんに印刷されたビラの上に記されたドル記号の後にひたすら繰り返されるゼロのおかげで、ビラが目が入り噂が広がる範囲内にある者は一人残らず（ということはカナダとメキシコとロッキー山脈とアパラチア山脈の間の目が見え耳が聞こえるすべての人間たちだった）ほとんど狂ったように駿馬の居場所についてのほんのちょっとした囁きを待ち構えていたのだった。（八一四―一五）

ここで注目したいのは、馬丁たちの逃走自体が金銭の力に支えられていたとも考えられる点である。すなわち、彼らの逃走が可能だったのは駿馬がレースに勝ち続け、必要な金を手に入れることができたからであった。さらに重要なことに、フロンティアの人々が馬丁たちの逃走を支援したのは、彼らが三本足の馬で大金を稼いでゆく馬丁をヒーローと見なし、そこにアメリカンドリームの実現を見たからであった。もっとも、実は馬丁たちは大金をかき集める余裕などなく、逃走を続けるのに必要な金を手に入れるとすぐに逃げ出しており、捕まったときも大金などまったく持ち合わせていなかった。だが、駿馬の参加したレースを目撃し、馬丁たちの逃走に手を貸した人々は、馬丁が大金を稼いだものと信じて疑わず、その思い込みはますますエスカレートしていったのである。[4]

この点がもっとも明らかになるのは、「馬泥棒に関する覚え書」の後半部分、ミズーリの田舎町で繰り広げられる裁判劇においてである。紙数の関係で詳細は省くが、町の人々が黒人説教師を助けるために直接行動に訴えるのは、なにより彼らにとって馬丁が大金を稼いだヒーローであったからであった。

さて、このように考えると、馬丁たちの自由からの逃走はいわば前提から矛盾していたように見える。すなわち、彼らは金銭の力から自由になろうとしながら、実は大金を稼いだと思われたことによって逃走を続けることができたのである。潔癖な立場からすれば、確かにこれは矛盾であろう。

だが、フォークナーはここで金銭の力について微妙な区別をしているように思われる。すなわち、馬主たちに代表される大金持ちたちが体現するのはいわば国際的な資本主義であり（彼らがアルゼンチンの「皮革と小麦のプリンス」あるいはアメリカの「石油王」だった点を思い出してほしい）、それに対し、馬丁や彼を英雄視した人々のあり方は賭博やギャンブルに熱狂する反資本主義的な精神なのである。

もちろん、このような区分が経済史的にどこまで妥当なものかは議論の余地があろう。だが、「馬泥棒に関する覚え書」において作者フォークナーがこのような図式を考えいていたことは、ほぼ間違いないように思われる。というのも、このように考えると馬丁のもう一つの特徴、サイコロ賭博の名人だったという設定が非常に自然かつ有機的な意味を持つことになるからである。

確認しておくと、馬丁はアルゼンチンからアメリカに向かう船中で生まれて始めて「サイコロとの一体感そして相性」（八〇八）を発見し、結果的に「当代きっての巧みなサイコロ使い・サイコロ賭博師」（八〇七）となったとされている。これはかなり唐突で奇妙な設定であるが、次のような図式を考えると納得がいくようになる。馬丁は国際的な資本主義の原理によって大西洋を右から左と売り飛ばされていったのであるが、まさにその途中で反資本主義の原理に目覚め、以後その力で資本主義に対抗していくのである。

また、このエピソードの中でジョン・マレルといった伝説的アウトローの名前（八二一）や「いにしえの銀行強盗や列車強盗たちの亡霊」（八一五）の存在が言及されるのも、同じ理由からであろう。このように、「馬泥棒に関する覚え書」とは、資本主義に抗する反資本主義的ギャンブラーたちのロード・ナラティヴだったのである。

四 「帝国主義的ノスタルジア」とアイロニー

ここまで、フォークナーの考えていたであろう図式に基づいて議論を進めてきた。だが、実は「馬泥棒に関する覚え書」の資本主義批判には、おそらくフォークナー自身まったく意識していなかったレベルでの問題がある。以下、その点を検討することで、議論をさらに拡げてゆきたい。

注目したいのは、およそ一年続けられた逃避行の末、もう逃げられないと観念した馬丁が愛する駿馬を殺してしまうという物語展開である。ここには「愛するものを殺す」という逆説がある。先に見たように、この点については連邦捜査官による解釈があり、作品内の論理を踏まえる限り、その解釈は正鵠を得ているように思われる。すなわち、馬丁は愛する駿馬が種馬とされ、いわば性的資源として搾取されるのを阻止するため、自らの手で駿馬を殺してしまったのである。それはなによりも愛の行為であった

だが突き放して見れば、ここには一種の「性嫌悪」あるいは「異性愛嫌悪」があるように思われる。さらに言えば、馬丁の行動原理は「純愛」が汚されるくらいなら、愛する相手を殺すこともいとわないというものであり、それは身勝手であると同時に、家父長制社会において男性が女性を支配するために用いてきた論理そのものである。

一方、非常に興味深いことに、この逆説はカレン・カプランによってモダニズムの美学と結びつけられている。『移動の時代――旅からディアスポラへ』において、カプランはモダニズムとポストモダニズムにおける「旅」・「移動」のレトリックを分析することで、両者の関係を脱構築し、複雑な相互浸透関係を明らかにしようとしているが、近代そしてモダニズムの特徴を説明しようとする中でレナート・ロサルドの「帝国主義的ノスタルジア」という概念を導入し、以下のロサルドの言葉を引用している。「帝国主義的ノスタルジアの中軸には逆説がある。その逆説とは、ある人間が誰かを殺しておきながら、その犠牲者への哀悼に沈んでいるということである。」（七五）

馬丁の行動がまさしく「帝国主義的ノスタルジア」の一例であることは、疑いようがない。ということは、愛する駿馬を自らの手で殺してしまった馬丁は、自覚せぬままモダニスト的原理に陥っていたのであり、この点は彼の反資本主義的態度を考えると皮肉なように思われる。なぜならモダニストたちの「近代」とはまさに帝国主義＝国際資本

主義の時代であり、彼の反資本主義的態度とは相いれないものだからである。すなわち、反資本主義的逃走を繰り広げた馬丁は、まさにその最後の局面で自らを裏切り、モダニズムの陥穽にはまってしまったのである。

もっとも、この点は馬丁というよりは作者フォークナーが陥った罠、あるいはフォークナーの限界といった方が適切かもしれない。というのも、ここまで述べてきたような反資本主義的物語をあえてアメリカのフロンティア的空間を舞台にして書くこと自体に問題が内在しているように思われるからである。なぜなら、このような設定の物語は必然的に「失われた過去」へのノスタルジアを伴わざるを得ないからである。このノスタルジアこそ、実はモダニズムの好んだ美学であり、それはまたきわめて政治的なスタンスであった。

もう少し説明しよう。フレドリック・ジェイムソンはエルネスト・マンデルを引用して、資本主義はまず市場資本主義（蒸気機関の時代）、次に独占段階・帝国主義の段階（電気および内燃機関の時代）、最後に多国籍資本主義（電気および核エネルギーの時代）の三段階を経て発達すると述べている（三五）。「馬泥棒に関する覚え書」の舞台となった一九一〇年代は、二番目の帝国主義の段階と見なすことができる。それに対し、フロンティア的空間を馬が駆け続けるという設定は、明らかに資本主義以前の世界を想起させるものである。馬丁の反資本主義的逃走の支えとなったギャンブルという行為も同様である。

ということは、フォークナーは資本主義・帝国主義に対抗するのに、資本主義以前の空間および振る舞いにたよったのである。それゆえ「馬泥棒に関する覚え書」の根底には「失われた過去」へのノスタルジアがある。その意味でこのエピソードをノスタルジック・ロード・ナラティヴと呼ぶことも可能であろう。そしてそのノスタルジアは、先に触れた「帝国主義的ノスタルジア」と同根のものである。その意味で、フォークナーはまぎれもなくモダニズムの作家であり、「馬泥棒に関する覚え書」は反資本主義を掲げるモダニズム作品なのである。ここには明らかな矛盾がある。

だが、話はここで終わらない。なぜなら、右の議論はすでに指摘した「馬泥棒に関する覚え書」の特徴を忘れているからである。それはこのエピソードに遍在するアイロニーである。先に触れたように、このエピソードの語り口はトールテール的な誇張に満ちており、そこからカーニヴァル的なアイロニーが生じていた。このアイロニーは、いま述べたノスタルジーとは相反するものであり、むしろそれを打ち消す性質のものである。

馬丁による駿馬殺しに関して言えば、確かにそれは悲劇的出来事として読むことができ、帝国主義的ノスタルジーの一例と呼べるようなものである。だが、このエピソードが畢竟、人間と馬の関係を描いていることを忘れてはならない。家父長制暴力の原理を表す命題は、ここでは人間から馬へと適用されており、そのことを思い起こすとき、我々はこの悲劇から一定の距離を置かざるを得ない。そしてこの距離が、アイロニーを生むのである。

だとすると、フォークナーのテキストはノスタルジーを喚起すると同時に、アイロニーによって「帝国主義的ノスタルジア」を批判していると言えるのではないだろうか。さらに言えば、このような語りのあり方はモダニズム的というよりはポストモダン的であろう。

最初に説明したように、「馬泥棒に関する覚え書」は一九一二年から一四年にかけてのアメリカ中央部を舞台としている。一九一〇年代と言えば、アメリカの独占資本主義化・帝国主義化が進行した時期であり、文学史上ではまさにモダニズムが誕生した時期である。その時代を舞台にフォークナーは資本主義の論理に抗する馬泥棒＝ギャンブラーの物語を書いたことになる。

一方、このエピソードを含む『寓話』は一九四三年から執筆が始まり、途中長い中断期間を挟んで一九五四年に完成された。また「馬泥棒に関する覚え書」は一九四七年に書かれたことが、ほぼ確実である。[5] 一九四〇年代後半から五〇年代と言えば、アメリカが第二次大戦を経てソビエトとの冷戦に突入していった時期であり、先に触れたジェイムソンの図式によれば核エネルギーを原動力とする多国籍資本主義の時代がいよいよ始まった頃である。文学史的に言えば、モダニズムからポストモダンへの移行期に当たる。

このような背景を考えたとき、『寓話』そして「馬泥棒に関する覚え書」に、モダニズム的特質とポストモダニズム的特質が混在していることはごく自然であろう。またカプランによれば、モダニズムとポストモダニズムは二項対立的に区分されるものではなく、互いの領域に入り込み区分不可能なものであった[6]。このエピソードにおけるノスタルジーとアイロニーは、まさにそのような関係にあるように思われる。

すなわち、「馬泥棒に関する覚え書」はモダンとポストモダンの不分明な境界線上を語り抜けるアイロニック・ノスタルジック・ロード・ナラティヴであったと言えるであろう。それはいかにもフォークナーらしい、ひねったロード・ナラティヴであった。

注

1 ライブラリー・オブ・アメリカ版 *A Fable* の八〇五—四一ページ。なお、このエピソードは、『寓話』出版以前の一九五一年に単独で出版されているが、その版と一九五四年にランダムハウス社から出版された *A Fable* 該当箇所との間には、若干のテキストの異同がある。本稿ではあくまで『寓話』の一部と見なし、テキストはライブラリー・オブ・アメリカ版に従う。また、本文中で言及した箇所のページ番号は、カッコに入れて示した。

2 拙論、「「男たち」の『寓話』——「馬泥棒に関する覚え書き」を読む」参照。

3 「馬泥棒に関する覚え書」におけるアイロニーの重要性を最初に指摘したのは、シュトラウマン (Straumann) である。彼はアイロニーがこのエピソードを決定づけていると述べた上で、それが『寓話』全体においても機能していると指摘している。

4 この点については、拙論「「男たち」の『寓話』——「馬泥棒に関する覚え書き」を読む」で詳しく論じた。

5 『寓話』の創作過程については、拙著『フォークナーの『寓話』——無名兵士の遺したもの』、六九—一九七を参照。「馬泥棒に関する覚え書」については、同書一三五—四四参照。

6 「移動についてのポストモダン言説の内部で、したたかなモダニズムの比喩表現が流通していることが示しているのは、ポストモダニティがモダニティと結びつく、矛盾した、不連続で、不均等な過程を通じて作動しているということである。」（五七）

引用・参考文献

Faulkner, William. *Novels 1942–1954: Go Down, Moses, Intruder in the Dust, Requiem for a Nun, A Fable.* New York: Library of America, 1994.

Jameson, Frederick. *Postmodernism, Or, The Cultural Logic of Late Capitalism.* Durham: Duke UP, 1991.

Strauman, Heinrich. "An American Interpretation of Existence: Faulkner's *A Fable.*" 1955. Trans. Grace A. Goodman and Olga W. Vickery. *William Faulkner: Four Decades of Criticism.* Ed. Linda Welshimer Wagner. Michigan State UP, 1973. 335–357.

カプラン、カレン『移動の時代――旅からディアスポラへ』村山淳彦訳、未来社、二〇〇三年。

金澤哲『フォークナーの『寓話』――無名兵士の遺したもの』京都あぽろん社、二〇〇七年。

――「『男たち』の『寓話』――『馬泥棒に関する覚え書き』を読む」*ALBION*（京大英文学会）復刊五六号、八七―一〇一、二〇一〇年。

巽孝之『アメリカ文学史――駆動する物語の時空間』慶應義塾大学出版会、二〇〇三年。

自由のための新たなロードの物語
――チャールズ・ジョンソンの『牛追い物語』に示された東洋的「道」

山田　恵

奴隷として中間航路を経由し強制的にアメリカ大陸に連れてこられたアフリカ系アメリカ人の歴史は、十九世紀初めまでは自由を前提とする「旅」とは無縁の移動の歴史であった。しかし、その後、自由を得るために自らの意志による移動が始まる。一八一〇年から一八五〇年までの間に三万人から十万人の奴隷が地下鉄道の助けを借りて自らの意志で自由州やカナダに逃れたと推測されている。そういった形で自由を得た北アメリカやカリブの元奴隷の多くが体験記を書き、雑誌に掲載された何千という記事に加えて、単行本の形で五十冊以上のものが出版された。このような奴隷体験記は、アフリカ系アメリカ人の自由を求める移動の旅を記録した最初期のロードの物語であると言える。

現代アフリカ系作家チャールズ・ジョンソンの『牛追い物語』は、一九八二年出版の完全なフィクションである。しかし、この作品は、奴隷の強制的な移動という過去の歴史を踏まえつつ、奴隷体験記を中心とした多様なテクストを改変しながら、現代に生きるアフリカ系作家の視点から、自由を求める新たなロードの物語を提示している興味深い作品となっている。

ジョンソンは自らの著作を「哲学的黒人小説」と呼んでいるが、『牛追い物語』は彼が最初に著した哲学的黒人小説で、しかも「形而上学的奴隷体験記」(xv) と作家自身が位置づけている作品だ。[1] この作品は作家と同じアフリカ系作家による古典的自伝であるフレデリック・ダグラスの自伝だけでなく、メルヴィルの『ピエール』やエマソンのエッセイといった十九世紀のアメリカ白人作家による古典的テクストもシグニファイしているが、そのシグニファイするテクストはそれだけにとどまらない。[2] 主人公アンドリューの誕生秘話やその後の遍歴に見られるような荒唐無稽なストーリーは、ピカレスク小説を連想させ、また、主人公が白人の世界に入り、白人の妻と結婚して幸せを得るという物語の展開は、明らかにパッシング小説を意識して書かれている。こういったテクストの重層性がこの小説の特徴となっているのであるが、本稿では特に東洋思想との関連を指摘することで、その形而上学的ロードの物語の特徴を浮き彫りにしたい。

一　ネオ・スレイヴ・ナラティヴ『牛追い物語』の特徴

二十世紀後半以降、マーガレット・ウォーカーの『ジュビリー』（一九六六）、ウィリアム・スタイロンの『ナット・ターナーの告白』（一九六七）、オクタビア・バトラーの『キンドレッド』（一九七九）、トニ・モリスンの『ビラヴィド』（一九八七）など、現代作家による奴隷制時代の物語「ネオ・スレイヴ・ナラティヴ」が著わされるようになった。これらの物語の多くはフィクションとして分類されるが、その殆どはオーラルヒストリーや実在する過去の奴隷体験記を研究したうえで、史実を重視しつつ奴隷の歴史を語りなおす物語が大半を占めている。

『牛追い物語』は、一八三七年頃に生まれた奴隷の主人公のアンドリューの一人称の語りで、隷属の状態から、隷属から解放された後の一八六五年までの出来事を語る奴隷体験記の形式で書かれており、この点においては従来の奴隷体験記の形式を踏襲している一方、その語りが多くの奴隷体験記で語られてきたような奴隷についての歴史的な常識を覆しながら展開することに大きな特徴がある。

例えば、物語の冒頭でアンドリューの誕生秘話が明らかにされるが、アンドリューの語るところによれば、彼は、奴隷主のジョナサン・ポーキングホーンの悪ふざけによって、黒人奴隷である父親ジョージ・ホーキンスと、奴隷主ジョナサンの妻で白人のアナとの間に生まれたという説明がなされている。フレデリック・ダグラスの自伝においても、ダグラス自身が、母は奴隷で父は白人だと聞いていたと語っているように、奴隷制時代は、白人奴隷主と女奴隷との間の混血が大半であった。しかし、そういった歴史的事実とは全く逆の、奴隷の黒人男性と奴隷主の妻である白人女性との混血であるという自らの誕生秘話を語るアンドリューの物語は、奴隷をめぐる一般的な常識を覆すものとなっている。

このような特異な誕生秘話に加え、この物語では、奴隷と識字という問題に関しても常識を覆す設定がなされている。ダグラスの自伝においても強調されているように、奴隷制度のもとで奴隷が読み書きを教わることは異例であった。しかし、ジョンソンはあえて、形而上学や東洋思想の素養を身につけた、白人と変わらぬ容姿を持つ黒人奴隷を主人公に設定している。しかも、この主人公のアンドリューは、単に識字能力があるだけでなく、ジョナサンが彼のために雇った特別な家庭教師に英才教育を授けられる。八歳でギリシャ語を学び、十二歳の時にはすでにクセノフォンとプラトンを読み終え、発声、演説、ピアノのレッスンを受け、ラテン語、モナド主義、文献学、東洋思想を学ぶという設定になっているのだ。

このように奴隷制度の常識をあえて覆すような設定をしている背景にはどんな作者の意図があったのであろうか。ジョンソン自身は次のようにこの作品について説明している。

それは奴隷体験記です。私は奴隷制度の歴史を否定したかったのではありませんが、この本は単に法的な、あるいは政治的な奴隷制度についてのものではありません。それは性、感情、心理、形而上学といった他の種類の隷属の境遇に関するものです。主人公のアンドリュー・ホーキンズはこれらのあらゆる種類の隷属の境遇を乗り越えなければなりません。そして、その中には、家畜扱いの奴隷制度より根本的なものもあります。他の私の本同様に、そういった探求に東洋哲学がとても役立ちました。（マックウィリアムズ　二六二―六三）

つまり、その答えは奴隷制度だけでなく、他の種類の隷属の境遇を扱うためであったと言えるだろう。また、この引用でも触れているように、ジョンソンのネオ・スレイヴ・ナラティヴの最大の特徴は東洋思想を盛り込んでいるところにある。次にその点に焦点を当てることで、この物語の特徴をさらに明らかにしてみたい。

二　アンドリューの自己探求の旅と『十牛図』

『牛追い物語』の最大の特徴は、東洋思想における「道」のモチーフを用いているところにある。このことはジョンソンが『牛追い物語』の中表紙に、道教の道を旅する人間のシンボルを用いていることに端的に示されている。また、ジョンソン自身のコメントや、物語のタイトルとの共通性という観点から、さらには本稿のテーマであるロードという観点からも特に重要だと思われるのが『十牛図』との関係である。[3] 二〇〇五年のペーパーバック版のイントロダクションのジョンソン自身の説明においても、『十牛図』がこの作品を書き始めた一九七五年当初からのテーマであったことを明言している。

ジョンソンが注目した『十牛図』は、北宋の末、十二世紀ごろに廓庵禅師が考案したと言われ、『信心銘』『証道歌』『座禅儀』とともに、古くから『禅宗四部録』と呼ばれて平易な禅の入門書として親しまれてきた。それは、禅の修道の過程を牧人と牛との関係になぞらえ、十枚の絵と頌によって示したもので、これらの絵における牛は真の自己で、牧人は真の自己を探す自分を表していると言われている。

ここでこの十枚の絵の表す内容を簡単に説明しておこう。「尋牛」で真の自己である牛を探す旅に出た牧人は、「見跡」で牛の足跡を見つけ、それを追い、「見牛」でついに牛を見つける。そして「得牛」で牛を捕まえ、「牧牛」で牛を手なずけ、「騎牛帰家《きぎゅうきけ》」で牛にまたがって家に帰る。牛をつれ帰った牧人は、「忘牛存人《ぼうぎゅうそんにん》」で安堵して牛のことなど忘れ、転寝をする。すると、「人牛倶忘《にんぎゅうくぼう》」で何もなくなり、ただ空のみになる。しばらくすると空の中から自然が戻り「返本還元《へんぽんげんげん》」の状態になる。ふと気がつくと、牧人は人間の世界に戻り、迷える童子に手を差し伸べている。これが最終的な解脱である「人廛垂手《にってんすいしゅ》」の状態である。

それではジョンソンは『牛追い物語』にどのようにこの『十牛図』を組み入れているのだろうか。

出典　鈴木大拙『禅について』[4]

『牛追い物語』のエピグラムには、『十牛図』の最初の図である「尋牛」の説明が引用されている。

森を通って途方に暮れ、藪の中で恐れながら、彼はまだ見つからない牛を探している。『十牛図』[5]

まさにこの牛を探す牛追いのように、『牛追い物語』の主人公アンドリューは自由を得るために自分の農園を出て、遍歴の果てに最後に解脱に至る。ここでアンドリューの旅のあらすじと『十牛図』との関係を簡単に追ってみよう。

第一部第一章「私の素性、私の教育の要約、クリップルゲートでの生活、契約」ではすでに説明したアンドリューの生い立ちと生まれ育った場所から移動することになったいきさつが語られる。アンドリューは同じ農場の奴隷ミンティと結婚するための自由黒人証明書を得るため、義父の奴隷主であるジョナサンの知人のフロ・ハートフィールドという女性の所有するリヴァイアサンという名の農園に一年間働きに出ることになる。この場面は、『十牛図』の一枚目の図、牛を求めて旅に出る「尋牛」の場面と重なっている。

第二章「家を出る」はアンドリューのリヴァイアサンまでの旅の場面である。アンドリューが働きに出る際に道案内役として農場まで付き添ってきた実の父のジョージは、アフリカを誇りに思う気持ちを忘れてはならないし、決して白人として通すことを考えてはならないと念を押して別れる。この場面は『十牛図』では牛の足跡を見つける「見跡」に当たる。[6]

第三章「感覚への奉仕のなかで」と第四章「感覚への奉仕のなかで（二）」は、働きに出た農場リヴァイサンで未亡人のフロ・ハートフィールドにアンドリューが性的に奉仕する場面である。『十牛図』では牛を見つける「見牛」にあたる。自由を得るための場所にたどり着いたはずであるが、ここでアンドリューは性的隷属の状態に陥る。

第五章「新たな区切り」では、アンドリューが逃亡を決意するまでのいきさつが語られる。アナがフロに送った手紙から、クリップルゲートの奴隷の半分が手放されたことを知ったアンドリューは、両親やミンティのことが気がかりになり、農場の様子を確認しに戻るためにフロに賃金の支払いを持ち出す。しかしこのことがフロの機嫌を損ねてしまう。その結果、アンドリューはレブという奴隷と一緒にリヴァイアサンの近くのイエロードッグという塩の採掘場で働かされることになり、再び移動の旅へと出る。しかし、その採掘場が地獄のような場所だと聞いていたアンドリューは、旅の途中でレブを自分の奴隷だと偽って自分は白人主人になりすまして逃げることを思いつく。『十牛図』では目的であった牛をつかまえる「得牛」と重なる場面であるが、ここでアンドリューは白人としてパスすることで隷属の状態から解放される。

第六章「イエロードッグ採掘場、クリップルゲートのカール・マルクス、タチアオイ」は実際に逃亡する場面である。アンドリューとレブは、リヴァイアサンからイエロードッグに向かう途中で、隙を見て逃亡に成功する。この場面は捕まえた牛を手なずける「牧牛」にあたる。ここでは解放という目的を手中にするために見事に白人になりすますアンドリューの姿が描き出されている。

第二部は、アンドリューが白人の世界に入ってからの物語になる。第七章「中間航路——スパータンバーグへの道」で、アンドリューは、サウスカロライナ州のスパータンバーグに落ち着き、そこでウィリアム・ハリスという偽名を使い、白人と偽って生活することに成功する。『十牛図』では牛をつかまえて家路に向かう「騎牛帰家」にあたる。白人になることで自由を満喫するアンドリューの姿が描き出される。

第八章では奴隷体験記についてのメタフィクション的な語りが挿入される。第九章「アンダークリフ家、書くことと教えること、棺作りの決断」では、アンドリューは、ペギー・アンダークリフという町医者の娘に結婚を申し込まれ、その誘いのまま結婚し、教師として生活を続ける姿が描き出される。一緒に逃亡したレブは、逃亡奴隷を追いかける仕事をしているソウルキャッチャーから逃れるためにさらに北部へと逃亡する。この場面は、求めていた目的のうちのひとつであったはずのミンティとの結婚をあきらめて自由な生活を謳歌している状態を描き出しており、『十牛図』の「忘牛存人」に相当する。

第十章「神のおぼしめし」では、逃亡奴隷を追いかけるソウルキャッチャーのバノンがアンドリューを追ってやってくる。ちょうどそのとき、アンドリューは、偶然通りかかった奴隷市場でミンティがオークションに出されているのを見つける。この場面は『十牛図』の順番では「人牛倶忘」の場面に当たる。自分が黒人であることや、ミンティとの結婚を夢見ていたことなどまったく忘れている状態が描き出されている。

第十一章は再び奴隷体験記の一人称の語りについてのメタフィクション的な語りが挿入され、第十二章「使用人への奉仕で」ではアンドリューがかつて思いを寄せていたミンティに奉仕する場面となる。ミンティは重い病気にかかっており、奴隷として売り物にならない状態であった。アンドリューは妻ペギーに自分の過去を打ち明けて、ミンティを買い取るために彼女の父に代金を頼む決心をする。自分の過去を打ち明けることが結婚生活の終焉になるかもしれないことを覚悟したアンドリューだったが、妊娠していたペギーはアンドリューの元奴隷という告白を軽く受け流し、ミンティの面倒を見ることに同意する。そしてアンドリューはミンティを奴隷として買い取り、彼女の看病を始める。この場面は、『十牛図』では自然の状態に戻る「返本還元」を表している。妻に黒人であることを告白したことで自然な状態に戻り、病人の面倒を見るという奉仕に専念する姿が描き出されている。

そして最終章「解脱」はアンドリューの本当の解放の場面である。『十牛図』では「入鄽垂手」にあたる。ミンティはまもなく亡くなり、逃亡奴隷を追うソウルキャッチャーのバノンがアンドリューのもとに現れる。バノンに呼び出されたアンドリューは彼に殺されることを覚悟して外に出るが、バノンは養父のジョナサンが亡くなり、遺言によってアンドリューが自由の身になったことを伝えにきたのだった。バノンは、アンドリューの実の父のジョージも亡くなったという知らせも携えてきた。物語は、アンドリューの現在で幕を閉じる。一八六一年四月二十三日にペギーとの間に娘のアナが生まれ、義父のアンダークリフが抱き上げたこと、フロは再婚せずに過ごし、レブはリンカーンのために最高の棺を作ったことなどが語られる。

このように『牛追い物語』は、奴隷として生まれたアンドリューが、牛追いの途中で見つけた少女ミンティとの結婚を夢見て自由黒人証明書を得るために家を出て、遍歴の末に白人としての第二の人生を歩み、最終的には奴隷の身分から解放されて完全に自由を得るという物語になっている。このような筋書きは、隷属から自由へと至ったいきさつを語る奴隷体験記の形式を踏襲していると同時に、白人と変わらぬ容姿の黒人アンドリューが人種の境界を越えるという物語の展開から、パッシング小説の改変になっていることも明らかである。しかし、この物語の最終章が「解脱」というタイトルであることに明らかなように、この物語の中心となるテーマは、あくまで解脱へ至る道であり、この点において、このテクストが『十牛図』を明確に意識した改変になっていることが示されている。つまり、『牛追い物語』は、奴隷体験記とパッシング小説という歴史的に重要なアメリカ黒人文学の形式を用いつつそれらを改変しながら、同時に『十牛図』という禅のテクストを重ねることによって、奴隷体験記に見られる隷属と自由という文彩を改変しながら東洋的「道」を語るテクストになっていることが明確に浮かび上がってくるのである。

三　アンドリューの解脱

黒人奴隷アンドリューの「道」の物語は「解脱」の章で幕を閉じるが、それでは最後にアンドリューはどのような解脱にいたったというのであろうか。

アンドリューは次の引用に描かれているように、逃亡奴隷を追うソウルキャッチャーのバノンの肌に蠢く物を見ることで、父が自分と同様にフロ・ハートフィールドの愛人だったことや、自分が、かつて父の父であったこと、つまり、父が自分の子どもであったことを知ることで、肉体を失ったものたちが、目の前にいるバノンという一人のアメリカ黒人の中に生きていることを認識する。

私が見たものはまったく刺青などではなく、バノンの体の線にすし詰めになったさまざまな形、彼が子どものときから殺してきた生物で、無脊椎動物、羽をむしりとったハエ（略）真夜中に自分と同じ顔が見え、これは私の父で、フロ・ハートフィールドに見事なストロークを与えたときにしばらくの間死人のように見えた（略）そして私はこのエネルギーの場で彼の像を失い、そこで〈ひとつ〉と〈多数〉が私の父、彼の愛を、私に、何度も何度も地虫から巨大なウルシまであらゆる存在の中に返すのだった、それというのもこれらも私の父で、私がソウルキャッチャーの中に最後に見たもので、これが私から涙をこぼさせた——私自身の顔、なぜなら彼は狩りを始めたばかりの頃に私の肖像を複製していたから——私は私の父の父で、彼は私の子どもだった。（一七五—七六）

この引用部分は非常に長い一つの文で記されているが、そこには閉じられた自己という主体は存在しない。そこに描かれている認識は、自己は「始まりもなければ終わりもなく、存在しなかったこともなければ、これから先、存在しなくなることもない」という次の『バカヴァッド・ギーター』の引用に示されているような世界観に通じていることがわかる。

私は決して存在しなかったことはない。あなたも、ここにいる王たちも……また、我々はすべて、これから先、存在しなくなることもない。（略）
彼は決して生まれず、死ぬこともない。彼は生じたこともなく、また存在しなくなることもない。不生、常住、永遠であり、太古より存する。身体が殺されても、彼は殺されることがない。
彼が、不滅、常住、不変であると知る人は、誰をして殺させ、誰を殺すか。

人が古い衣服を捨て、新しい衣服を着るように、主体は古い身体を捨て、他の新しい身体に行く。
(『バガヴァッド・ギーター』三四—三五)

ウパニシャッドと『バガヴァッド・ギーター』に関する言及は『牛追い物語』の第十一章の一五三頁にもあり、著者がこれらの古典を意識していることは明らかである。「第一人称の視点の解放」と題された第十一章では、メタ・フィクション的な著者自身による語りによって、こういった東洋の古典の著者が、思考、意識、精神が閉じられたものではないことを本能的に知っていたという視点が提示されている。そういった視点を受けて最終章で描き出されているアンドリューの解脱の描写は、思考、意識、精神における完全な解放、あらゆる隷属の状態からの自由であることが示されていると言えるだろう。

結

奴隷のアンドリューが自由を得るために白人としてパスし、最終的にはあらゆる面での隷属から解放されて解脱に至るという『牛追い物語』というロードの物語には、力強く、知的で、精神的に成熟した主体的なアフリカ系アメリカ人の姿が描き出されている。

十九世紀を中心に書かれた奴隷体験記は、奴隷自身によって書かれた場合でも編集者の証言が序文として付けられるのが普通で、奴隷の声は白人の声によって権威づけられなければならなかった。また、フレデリック・ダグラスが、白人の奴隷制廃止論者であっても奴隷体験記の哲学については白人が考えるべきだと考えていると感じたように、アフリカ系アメリカ人自身が哲学的問題を理解することができるとは考えられてこなかった。

アンドリューの自己探求の旅では、こういった白人のプロパガンダを崩すことが明確に意図されているが、それだけでなくそのロードの物語には人種をめぐる本質主義の呪縛から逃れるための鍵が示されていると言えるだろう。それは、自己は完成したものではなく、常に変化するものだと理解することによって成し遂げられる悟りの境地であり、身体的な隷属だけでなく、あらゆる種類の隷属から解放された境地でもある。ジョンソンがこの物語を自ら、仏教の経典で、禅宗における根本教典のひとつ中国禅宗の第六祖・慧能の説法集である『六祖壇経』になぞらえて「壇本」(xvii) と言及している理由はここにある。

ジョンソンが東洋の古典に見出したあらゆる隷属からの解放へと至る解脱という道が『牛追い物語』には示されている。そのロードの物語は、東洋思想の魅力に惹かれ、仏教徒として執筆活動を続けているジョンソン自らの人生の旅路を表す物語でもあるのだ。[7]

注

1　引用はジョンソンによる『牛追い物語』のイントロダクションからのものである。以下、本稿における書物に言及のない引用頁はすべて『牛追い物語』による。

2　ここであげたテクストとの関連性についてはナッシュも指摘している。シグニファイの理論についてはゲイツを参照。Nash, *Charles Johnson's Fiction*, 107.

3　アメリカに『十牛図』が最初に紹介された時期については定かではないが、鈴木大拙がアメリカで出版した『禅について』ですでに絵入りで紹介されており、少なくとも二十世紀後半の禅ブームの時代にはアメリカの仏教界においても普及していたようである。鈴木は十牛図を "The Ten Cow-Herding Pictures" と訳し、十ページ以上にわたって説明を加えている。D. T. Suzuki, *Essays in Zen Buddhism*, 363–76.

4 Suzuki, D. T., *Essays in Zen Buddhism*, n.pag.
5 ジョンソンが引用している尋牛の英訳は、カプローによる『禅の三つの柱』の英訳と同じであることから、ジョンソンはこの著作から引用しているものと思われる。
6 主人公はのちに実際に白人としてパスすると言う選択を行うことから、この場面で自由を得るために白人としてパスすると言う選択枠があることが示されていることが「見跡」に当たると解釈できる。
7 ジョンソンの道の物語は、『中間航路』で海へと広がり、『ドリーマー』でキング牧師の空の旅へと発展している。

引用・参考文献

Byrd, Rudolph P. *Charles Johnson's Novels: Writing American Palimpsest*. Bloomington, IN: Indiana UP, 2005.
Conner, Marc C. and William R. Nash. *Charles Johnson: The Novelist as Philosopher*. Jackson: UP of Mississippi, 2007.
Douglass, Frederick. *Narrative of the Life of Frederick Douglass as American Slave*. 1845. Rep. *The Classic Slave Narratives*. Ed. Henry Louis Gates, Jr.243–331.
Gates, Jr., Henry Louis, ed. *The Classic Slave Narratives*. New York: Mentor, 1987.
——. *The Signifying Monkey: A Theory of African-American Literary Criticism*. New York: Oxford UP.1988.
Graham, Maryemma and Jerry W. Ward Jr. eds. *The Cambridge History of African American Literature*. Cambridge: Cambridge UP,2011.
Johnson, Charles, *Dreamer: A Novel*. New York: Scribner, 1998.
——. *Middle Passage*. London: Pan Books, 1990.
——. *Oxherding Tale*. 1982. New York: Scribner, 2005.
Kapleau, Philip. *The Three Pillars of Zen: Teaching, Practice, and Enlightenment*. 1965. New York: Anchor Books, 2000.
McWilliams, Jim, ed. *Passing the Three Gates: Interview with Charles Johnson*. Seattle: U of Washington P, 2004.
Nash, William R. *Charles Johnson's Fiction*. Chicago: U of Illinois P, 2003.
Selzer, Linda Furgerson. *Charles Johnson in Context*. Amherst: U of Massachusetts P, 2009.
Suzuki, D. T. *Essays in Zen Buddhism*. New York: Globe Press, 1949.

上村勝彦訳『バガヴァッド・ギーター』岩波文庫、一九九二年。
山田無文『十牛図――禅の悟りにいたる十のプロセス』禅文化研究所、二〇〇七年。

「大移住」をめぐるコール・アンド・レスポンス
——トニ・モリスン『ジャズ』とジェイコブ・ローレンス『マイグレーション・シリーズ』

宮本　敬子

現代アメリカを代表する作家トニ・モリスン（一九三一—　）は、一九七〇年に『青い目が欲しい』を出版して以来、白人主流文化の圧倒的体制のなかで他者化されてきた黒人表象を問い直してきた。そのようなモリスンが、アフリカ系アメリカ人の視覚芸術・文化に造詣が深いことは想像に難くない。実際モリスンは、小説家よりも画家に大きな影響を受けてきたことを次のように語っている。

私はいつも、自分の書くものは小説家より画家に大きな影響を受けていると考えています。私は画家たちの直接的な影響を感じることができるのです。自分が読んできた小説家にそのような影響を感じることはできません。黒人の人々の言語には暗喩やイメージがあまりにも豊かにあるので——彼らの話し方は具体的かつ鮮明で、その中にたくさんの色があり絵があるのです。そこには生き生きとした光景が満ちあふれています。黒人の話し方には、音に加えて光景という二つのものがあるのです。それで黒人の話し方はある種の音を必ず響かせねばなりませんが、同時にある種の絵も呼び起さなければならないのです。（テイラー・ガスリー　一七九—八〇）

モリスンは作家として活躍し始めた当初から、ロメール・ベアデンやノーマン・ルイスなどのアフリカン・アメリカン・アートにインスピレーションを受けて創作していることを明らかにしている（ストラウズ 五二―五三）。本稿では、モリスンに影響を与えているもう一人のハーレムを代表する芸術家、ジェイコブ・ローレンス（一九一七―二〇〇〇）とモリスンとの関係を考察する。[1]

ローレンスは、二十世紀のアフリカ系アメリカ人芸術家のなかで最も成功した画家であり、『マイグレーション・シリーズ』（一九四〇―四一）として知られる作品で有名になった。このシリーズは、第一次世界大戦中に始まった南部農村から北部工業都市へのアフリカ系アメリカ人の「大移住」をテーマにしたもので、人々の日常生活、労働、南部の風景、旅立ち、鉄道、そして都市などのシーンを、キャプション（短い解説文）を付けて六〇枚のパネルに描いたものである。ローレンスのパネルは、アフリカ系アメリカ人の歴史のなかで、「奴隷制度以降最も重要な出来事とされる」大移住（ウィルカーソン 一一―一二）を語るときにしばしば引き合いに出されるものであり、アフリカ系アメリカ人の歴史的アイコンになっているといっても過言ではない。

モリスンの『ジャズ』（一九九二）は、ハーレムに住む中年の夫婦ジョーとヴァイオレット、そしてジョーの若い恋人ドーカスを中心に、この「大移住」の流れに乗って南部からニューヨークへと移り住んだ人々についての物語である。『ジャズ』にはローレンスが『マイグレーション・シリーズ』で描いたさまざまな出来事や場面が登場する。『ジャズ』の読者であれば、小説の場面が具現化されているようなローレンスの絵を見ると、モリスンとこの歴史的アイコンであるパネルとの関係に心惹かれることだろう。これまでのところ、両者の類似性は言及されているものの、本格的な比較研究はなされていない。本稿では、ローレンスの『マイグレーション・シリーズ』とモリスンの『ジャズ』を比較検証し、両作品の類似性だけでなく、モリスンがローレンスの絵画をどのように参照し、小説テクストがジャズ音楽のように、ローレンスの「コール」にどのように「レスポンス」しているのかという観点から、モリスンの描く「大移住」を明らかにしたいと思う。

一　創造的再読行為の伝統のなかで

ローレンスはニュージャージー州アトランティック・シティ生まれであり、「大移住」を自ら経験したわけではない。両親が南部（サウスカロライナ州とヴァージニア州）から北部への移住者であり、彼が十三歳のときにハーレムに移り住んでいる。ローレンスは幼い頃から、両親や近隣の人々がこの「大移住」について語るのを聞いて育った。両親がジョージア州とアラバマ州からオハイオ州に移り住んだモリスンと同様、グレート・マイグレーションのいわゆる第二世代《セカンド・ジェネレーション》の証人《ウィットネス》である。一九四〇―四一年に制作発表されたローレンスの『マイグレーション・シリーズ』と、一九九二年に出版されたモリスンの『ジャズ』には約半世紀の隔たりがあるが、その創作過程にはいくつもの共通点がある。

ローレンスは、当時の芸術家の多くがそうであったように、公共事業促進局（ＷＰＡ）の連邦美術計画に資金を得て画家として出発した。ハーレム・ルネッサンスの芸術運動の流れのなかで、そして連邦美術計画のなかでも奨励されたように、トゥーサン・ルーヴェルテュール、フレデリック・ダグラス、ハリエット・タブマンなどアフリカン・アメリカンの歴史上の偉人を描くシリーズによってその地位を確立していく。[2] その後、ジュリアス・ローゼンウォルド基金[3]のフェローシップを得て制作した『マイグレーション・シリーズ』では、南部から北部へと移住した普通の人々の声や体験を、アフリカ系アメリカ人の視点から集合的に描き出している。モリスンもまた『ビラヴィド』（一九八七）において、マーガレット・ガーナーという奴隷制度に抵抗した歴史上の人物を題材としたが、その後に発表した『ジャズ』においては、時代背景であるハーレム・ルネッサンス期の著名人に焦点をあてるのではなく、南部からハーレムに移住した名もなき庶民の声を通して、アフリカ系アメリカ人の経験を物語っている。

ローレンスは、ローゼンウォルド基金に提出した計画書において、アメリカという国家全体に大きな影響を与えた「大移住」を描くのは、「黒人の人々に自らがアメリカ合衆国の発展に果たした歴史的役割を認識させ」、アメリカ全体にアフリカ系アメリカ人の「ほとんど知られざる歴史」を明らかにするためだと述べている（ヒルズ 九八）。モリスンの『ジャズ』もまた、歴史三部作をなす『ビラヴィド』、『パラダイス』（一九九八）とともに、奴隷制度、再建時代、大移住、そして公民権運動へと続くアメリカの歴史を、アフリカ系アメリカ人の視点から再構築しようとする試みである。

ローレンスはこのシリーズを制作するために、ハーレム一三五丁目にあるニューヨーク公立図書館ショーンバーグ分館に通い、さまざまな資料を調査・研究していた。モリスンがハーレムを代表する写真家ジェームズ・ヴァン・ダー・ジーの葬儀写真集『ハーレム死者の書』（一九七八）にインスピレーションを受けて『ジャズ』を執筆したのは有名だが、ローレンスもまた、一九三〇年代後半にニューディール政策によって推進され、『ライフ』や『ルック』などの雑誌に掲載されたドキュメンタリー写真に影響を受けて創作したことが知られている（ヒルズ 一二八―一二九）。ローレンスは、ショーンバーグでリサーチした折に、地域に生きる口承文化や、絵本、イラスト、漫画、とりわけ前述したドキュメンタリー写真など、その地域に特有《ヴァナキュラー》な視覚文化を参照し、意識的・無意識的に『マイグレーション・シリーズ』によってそれらに応答した。モリスンもまた、ランダムハウス社の編集員として、アフリカ系アメリカ人三百年の歴史や文化の様々な記録収集を行った『ブラック・ブック』（一九七四）の編纂に関わったことが、歴史三部作執筆のインスピレーションとなっている（テイラー - ガスリー 二四一）。

『マイグレーション・シリーズ』は、作品の時代背景であるハーレム・ルネッサンス期のモダニズム芸術と、ローレンスと同時代の一九三〇年代後半の文化や芸術の両方に応答している。モリスンの『ジャズ』もまた、時代背景であるジャズ・エイジやハーレム・ルネッサンス期の文化や芸術——ジャズ音楽はもとより、アラン・ロックの『新しい黒人』、前述したヴァン・ダー・ジーの写真、ウィリアム・フォークナーのモダニズム文学——に応答していると同時に、自己言及的〈語り手〉を設定することによって、モリスンと同時代のポスト・モダン文学にも呼応している。

以上のような創作過程の類似性はおそらく偶然ではない。モリスンとローレンスに交流があったことからも、モリスンがローレンスの作品に精通していた可能性は高いだろう。だが何よりも、二人の創作過程の類似性は、ローレンスの『マイグレーション・シリーズ』とモリスンの『ジャズ』が、アフリカ系アメリカ人によって受け継がれてきた創造的再読行為、ヘンリー・ルイス・ゲイツ・ジュニアのいう「シグニファイン（グ）」(signifyin[g]) する伝統の中で創造されていることを示しているのである。

二　色彩と動き

ローレンスの『マイグレーション・シリーズ』は、一見素朴で簡潔な説明文のついた六十枚の連続したパネルで構成されており、ダイナミックなキュビズム、大胆な色彩と動きを強調する構図によって「大移住」を表現していると言われる。『マイグレーション・シリーズ』のパネルに『ジャズ』で描かれている様々なシーンを見出すことは容易だが、両者の類似性はローレンスのパネルの最も大きな特徴である色彩と動きを通して浮かび上がってくる。ここではその類似性について、美術・文学批評における先行研究を含めて整理してみたい。[4]

まず色彩では、ローレンスは黒や茶の背景に赤、黄色、緑、オレンジなどの色彩を効果的に配置することによって、人々の動きを強調している。モリスンは『ジャズ』の中で、ヴァイオレットやローズ・ディア、ゴールデン・グレイなどの色彩を暗示する名前を登場人物につけるだけでなく、ヴァイオレットの金色の頭をした緑のオウム、ワイルドの居場所を示す赤い翼のワキアカツグミ、ドーカスの赤いドレスと黄色い靴、ヴェラ・ルイーズの緑のドレス、ゴールデン・グレイのクリーム色の肌と金色の髪、ワイルドの洞窟の金色の部屋、などローレンスが使用している色彩を数多く用いている。エリザベス・バウアーも指摘するように、『ジャズ』における色彩はローレンスの影響がもっとも現れているところであろう。

ローレンスの色彩によって生みだされた動きはまた、鉄道や道のイメージによっても強調される。ローレンスは、多くの南部黒人にとって移住手段であった鉄道や駅や線路を繰り返し描くことによって、北部へ向かう人々の流れを強調している。またローレンスの鉄道や線路は、階段や梯子のイメージへと発展していて、移住者たちの生活の向上やその期待を暗示したものとなっている（ヒルズ　一〇〇）。モリスンも、ジョーとヴァイオレットの人生をたえず動きを強調することによって表現している。二人は「列車のなかでダンスをしながら」（三二）北部ニューヨークへと向かい、始めは生き延びるためにあらゆる仕事を転々とし、生活水準が上がるにつれて住まいも転々とする。最後に百四十丁目のレノックス・アヴェニューにある広いアパートへと転居した時、二人がしていた仕事もシティを巡回するセールスマンと訪問美容師だった。ゲイツはローレンスの「鉄道、線路、道路、階段や梯子のモチーフが南部と北部をつなぐだけでなく、過去と未来もつないでいる」（「新しい黒人、移住、文化交流」二〇）と評しているが、モリスンもまさに道のメタファーによって、南部と北部を、過去と現在を繋いでいる。そもそもジョーのトレイス（Trace）という名字そのものが、道や足跡を示すものであり、その道は彼の過去と分かちがたく繋がっている。〈語り手〉によると、ジョーは「決まった道に縛られて」いて、「シティそのものがジョーをレコードの溝を回り続ける針のように、路上をぐるぐると歩き回らせ、したいことをさせ、敷かれている道が命じるところに行かせる」（一二〇）という。そのように人々を動かし続けるシティで、ジョーはドーカスを求めてさまようが、その道はやがてジョーの意識の中で故郷の南部で母を探し求めた道へとつながっていくのである。

パネルの中で最も動きを感じさせる暴動のシーンは、『ジャズ』の中でも印象に残る場面を思い起こさせるものだ。ローレンスは一九一七年のイースト・セントルイスの人種暴動（パネル 五二）や暴動によって爆破され燃え上がる家（パネル五一）を描いているが、それらはまさに人種暴動で両親を殺されたドーカスが経験し、心の奥にトラウマとして抱えているものだ。またジョーも同年人種暴動に巻き込まれ、パネル五〇のように白人に鉄パイプで殴られて「ほとんど殺されそうに」（一二八）なっている。

暴動のシーンでの、ローレンスの大きく描かれた手はキュビズムの影響を感じさせるものだが、ローレンスは自分の大きく描く手を「非常に貴重な道具」（ネスベット『境界を越えて』六五）であると語り、それぞれのシーンを象徴的に表す役割を与えている。手は人々の労働を表し（パネル 四、十一）、家族や移住者の絆を表し（パネル三、四五）さらには、暴力や、権力や、抑圧を表している（パネル 二二、四一、四二）。ローレンスの手足の象徴的な描き方は、モリスンにも共通している。モリスンも同じように手を、労働や、人々の絆や、暴力の象徴として用いている。綿摘みの労働のため「どんな手袋や靴もかなわないほど硬くなっている」（一〇五―六）ヴァイオレットやジョーの手足。またワイルドが母親であるしるしとして差し出すように求められる手、ジョーが嫉妬に駆られてドーカスを撃つ瞬間、銃が彼の差し出された手となる場面（一三二）、そして最後に小説の〈語り手〉が読者に呼びかける「あなたの手が今どこにあるかごらんなさい」（二二九）という言葉などが思い起こされるだろう。

最後に、物語の円環的構造についてだが、ローレンスは『マイグレーション・シリーズ』全体の物語を最初のパネルで示し、この北への「大移住」というテーマを繰り返し強調している。パネル一で人々の集団が、シカゴ、ニューヨーク、セント・ルイスという主要な北の都市へ向かう列車に乗り込む場面を描いており、そのあとのパネルで、彼らがなぜ北へ移住しているのかの説明をする。ジャニス・P・スタウトが最初に指摘したように、ローレンスの群衆が移動するパネル（一、二三、四五）は、『ジャズ』における歴史的・地理的「大移住」についての一般的叙述部分（三二）に鋭く捉えられている。ローレンスは説明のパネルの間に、徒歩で移住する人々の姿や、列車に乗る人々の姿を繰り返し描いている。キャプションにおいても、「移住は勢いづいてきた」（パネル　一八）、「移住は広がった」（パネル　二三）、「おびただしい数の移住者が到着した」（パネル　四〇）、「そして移住者はたえずやって来た」（パネル　六〇）などの説明が周期的に繰り返されている。モリスンもまた『ジャズ』を同じような円環的構造で描いている。モリスンは最初の章で物語の中心的出来事である三角関係を説明しているが、それにかかわったジョー、バイオレット、ドーカスの三人組を「作品のメロディーとして、そのメロディーを追って」いき、「語り手がメロディーに戻る」たびに「そのメロディーに気づいて満足するのは良いことだ」と語っている（スキャペル　一一一）。〈語り手〉はそのメロディーをさまざまに変化する視点から語り、さらにその間にジョーとヴァイオレットの過去や南部での出来事を物語っていく。ローレンスのシリーズの構造と同じように、最初に出来事全体を語り、そのテーマを繰り返すという、循環するパターンを構成しているのである。ローレンスの最後のパネル　六〇は、人々のまなざしが鑑賞者を見つめ返す構図となっているが、モリスンの〈語り手〉も小説の最後で読者に語りかけており、両者の終わり方も共通しているといえるだろう。

以上、類似点を整理してみると、モリスンが『マイグレーション・シリーズ』を念頭に『ジャズ』を執筆していることは明らかであろう。もちろん表層的な類似を示し、影響関係があるというだけでは十分ではない。モリスンはローレンスのパネルに描かれた歴史的出来事だけでなく、色彩やイメージやスタイルをも暗示することによって、何をしようとしているのだろうか。

三　女性表象とマイグレーション・カラー

『ジャズ』は「女性の出立と長い旅の物語を男性のものと対比させている」（一七四）とジャニス・スタウトが評するように、モリスンのグレート・マイグレーションは女性の視点や経験を豊かに描いている。ローレンスは働く女性の英雄的姿を好んで題材としたことで知られるが（ウィート 六八）、『マイグレーション・シリーズ』においては、女性の視点や経験がとくに前景化されているように見えるものは六〇枚のパネルのうち四枚のみである。[6] 移住する列車内で授乳をする女性（パネル 六）（図1）、飢えた子どもに脂肉を切り分ける母親（パネル 一一）、空の器が置かれたテーブルの上に顔を伏せて嘆く女性（パネル 一六）、そして南部で洗濯をする女性（パネル 五七）（図3）を描いたものである。どれも『ジャズ』で描かれる女性の経験を想起させるが、ローレンスのパネルでは、貧困に苦しむ女性の姿でさえ、どっしりと力強く描かれている。ここではパネル六と五七の二枚を手がかりに、モリスンがローレンスにどのようにレスポンスしているのかについて考えてみたい。

パネル六には「列車は移民で絶えずいっぱいになった」というキャプションがつけられている。[7] これは移住者が乗る列車の車内を描いたものであり、通路には、開いた鞄が置かれ、よく見るとその横には子供に授乳をしている母親が描かれている。通路に置かれた鞄と、そしてこの母親の鮮やかな黄色い衣装と赤ん坊を包んだ白い布によって、ローレンスは見る者のまなざしをこの母子の姿に惹きつけている。通路におかれた鞄は上へと登っていく階段の途中に置かれているようにも見え、また母子が身に纏う黄と白の明るい色彩は、北部でのよりよい生活への期待を暗示しているかのようでもある。開かれたスーツケースの中にあるものは何かわからないが、色の束のようなものが見えており、この車両内の主な色（黄色、水色、朱色、茶色）が収められていることがわかる。ローレンスは『マイグレーション・シリーズ』において多くの鞄を描いているが、大きく開いているのはこれだけである。何かを隠しているのではなく、色の束である中身を見せているこの鞄は、一体何を見せようとしているのだろうか。ゲイツは、ローレンスの色彩に大恐慌時代の色を見いだし、次のような思い出を語っている。

大恐慌時代のハーレムでは、私の母だけでなく、誰もが貧しかったがゆえに、生活を明るくするため、皆が明るい色で家中を飾り立てた。「家族の中にアートに傾倒している人がいるのですか」とよく聞かれ、いつも「いいえ」と答えていたが、自分のアートのセンスはこのような環境からきているのだと気づいていなかった。こういった影響を確かに受けていたのだが、それが起こっているとは気づいていなかった。後にこういったことが思い出となって初めて、自分がアートに囲まれていたと気づくのだ。（「新しい黒人、移住、文化交流」三二）

このゲイツの言葉を引用して、美術批評家のユッタ・ローレンセンは、『マイグレーション・シリーズ』の鮮やかな色彩は「このような時代の色を反映した複雑なもの」であり「色が時間の層を含む深みをもっている」と述べ、「マイグレーション・カラー」と名付けている（五七六）。そうなると、この通路に置かれた鞄の中の鮮やかな色は、移住する人々の希望や夢だけではなく、過去の悲しみや苦しみをも含んでいることになる。このパネルでさらに不思議なことは、「列車は移民で絶えずいっぱいになった」というキャプションとのギャップである。たしかに座席は人々で埋まっているが、この絵の中心はあきらかに通路（あるいは階段のようにみえる通路）だからだ。ローレンセンは、車両内の水色と「絶えずいっぱいになった」(packed continually) という言葉は、人々が非人間的に「詰め込まれた」別の強制移住を、つまり中間航路を想起させる、と解釈している。さらにこの鞄の中の色彩は、続くパネル七（図2）で描かれた綿畑の混沌とした色の束へと、すなわち奴隷制度へとつながっている。ローレンセンは、このように歴史的時間の層を含む「マイグレーション・カラー」は、この母子像と奴隷制度下の黒人女性の置かれた状況をつなぐものだとして、モリスンの『ビラヴィド』に言及している（五七八）。

図2
Panel 7: The Negro, who had been part of the soil for many years, was now going into and living a new life in the urban centers.

図4
Panel 58: In the North the Negro had better educational facilities.

（図 1~4）
Jacob Lawrence, *The Migration of the Negro: 1940–41*. Casein tempera on hardboard (60 panels), 12 x 18 in. or 18 x 12 in. (30.5 x 45.7 cm or 45.7 x 30.5 cm). Odd-numbered panels: The Phillips Collection, Washington, DC. Even-numbered panels: The Museum of Modern Art, New York, Gift of Mrs. David M, Levy; digital images © The Museum of Modern Art/ Licensed by SCALA/ Art Resource, NY.

図1
Panel 6: The trains were packed continually with migrants.

図3
Panel 57: The female worker was also one of the last groups to leave the South.

確かに『ビラヴィド』は、奴隷制度下における黒人女性の体験を、中間航路の記憶にまで遡って描いている。しかし母親の子殺しを題材とした『ビラヴィド』は、このパネルのように移住する母と子の姿を静謐に描くことはなかった。モリスンはむしろ、ローレンスが色彩によって暗示した黒人女性の壮絶な体験を、より前景化している。その意味において『ジャズ』がレスポンスしているのもこのパネル六である。ローレンスの母子像が聖母子像を思わせ、とりわけ（ローレンスのメンターでもあった）アラン・ロック編集の『新しい黒人』の口絵を飾ったウイノルド・レイスの『褐色のマドンナ』（一九二五）を参照しているとすれば、それとは対照的に、モリスンの描く母子像は葛藤に満ちている。『ビラヴィド』に引き続き『ジャズ』においても母と子の絆は引き裂かれたままである。ジョーの母親はワイルドと呼ばれる野生の女で、生まれたばかりのジョーを抱くこともなく彼の前から姿を消してしまう。ヴァイオレットの母は、人種差別や貧困との闘いに疲れ果て、三人の子供を残して井戸に身投げする。そしてドーカスも、一九一七年のイースト・セント・ルイスの暴動で両親を殺され、とりわけ母親が目前で焼死している。彼らはみな「母の喪失」を深い心の傷として抱え、あるいは「母への渇望」（一〇八）を心に抱いて生きているのである。

言うまでもなく、モリスン文学を貫く「母の喪失」や「母への渇望」というテーマは、アフリカ系アメリカ人にとっての「移住」、すなわち奴隷制度や人種差別、あるいは経済的搾取による「強制移住」や「追放」と表裏一体をなしている。ジョーはヴァージニア州の故郷の町が白人によって焼き払われたため、季節移住労働者となってヴァイオレットと出会い結婚する。再建時代以降ジム・クロウ法に席巻された南部を生き延びるために、二人は最悪の土地の小作人となり、借金を払うために奴隷同然に働き、鉄道の仕事についてやっと手に入れた土地も白人に奪われて追放されてしまう。彼らは「大移住」の流れとともにシティ（ニューヨーク）にたどり着くが、〈語り手〉の言うように「シティの生活は路上の生活」（一一九）である。二人の「母への渇望」は、彼らがシティにおいても「路上」にいることによってさらに強調される。すでに述べたように、ジョーは恋人ドーカスに母の面影を求め、シティの「路上」

をさまよい続けるが、その道はやがて彼の記憶の中で、母を追い求めてさまよったヴァージニアの山野へとつながっている。そして母ワイルドの拒絶は、象徴的母殺しへと、ジョーのドーカス殺害へとつながる。自殺者の母をもつことに苦しみ、母親になるまいと心に決め子供を産まなかったヴァイオレットは、五十歳になって突然激しい「母への渇望」に襲われる。心に「亀裂」が入ってしまったヴァイオレットは奇矯な行動を取るようになり、「路上」に座り込んで動かなくなったり、「通り」で他人の赤ん坊を盗みそうになったりする（一九―二二）。

さらにパネル五七を見てみよう。キャプションに「女性労働者もまた南部を出ていくのが最後になった集団のひとつだった」とあるように、これは南部に留まり洗濯をしている女性の姿である。北部に移住する十分な資金がなかった家族は、まず男たちが先に移住し、南部に残った女たちは資金を得るために働き続けた。南部における黒人女性の仕事は伝統的にドメスティック・ワークしかなく、その賃金は極めて低いものであったため、北部に移住するための資金を稼ぐことは困難だった。ローレンスはそのような環境で働く女性の姿を威厳あるものとして描いている。白い衣服を着た女性のピラミッド型の記念碑のようなどっしりとした姿、垂直に伸びた洗濯用のオレンジの棒、そして背景に干された何枚もの大きな絨毯や毛布は、彼女の力強さや断固とした決意を表しているという。このパネルがシリーズ最後のほうにあり、次のパネル五八（図4）には、鮮やかな色の服を着た女の子たちが、北部のより良い環境で学ぶ姿が描かれていることから、ローレンスがこの力強く働く女性の姿に希望を託したという解釈は妥当なものであろう。[8]

しかし、洗濯場の茶色い木の枠は船のようにも見え、水に浮かぶ多くの洗濯物は波間に漂う人々を思わせないだろうか。そして水の中を見つめる女性のうつむき加減は、彼女が棒で水に消えた人々を、中間航路で失われた人々を探しているように見えはしないだろうか。ローレンセンのいうマイグレーション・カラーを応用するならば、このパネルの白、黄色、オレンジ、という明るい色もまた、希望と愛、絶望と恐怖の重層的な時間をたたえているのである。

モリスンは、この洗濯する女性のイメージを「母の喪失」あるいは「母子の絆の喪失」へと再び結びつける。『ジャズ』のなかで、放浪する夫によって南部に取り残された女性といえば、ローズ・ディアである。「洗濯」という労働と女性の力強さを結びつけたローレンスとは対照的に、モリスンは「洗濯」をローズ・ディアの自殺の契機として、〈語り手〉に次のように自問させている。「いったい何だったのだろう、と私は考える。彼女が耐えることも繰り返すこともできなかった、最後の一つのこととは？　最後の洗濯がブラウスをあんまりひどく破ってしまったので、もう一度繕うことはできず、ぼろに変わってしまったからだろうか」（二〇一）。さらに続けてローズ・ディアの自殺の原因は、南部における激しいリンチと結びつけられ、そこで再び、家族を失った老女が何度も何度も「洗濯」をする光景が語られる。

たぶんロッキー・マウントでの四日間にわたる絞首刑の噂を聞いたためだろう。火曜日に男たちが、その二日後に女たちが吊るされた。または、手足を切断されて、丸太に縛り付けられたコーラス団の若いテノール歌手のニュースのせいだろうか。彼の祖母は、糞尿でいっぱいになった彼のズボンを手放すのを拒み、それを何度も何度も洗い続けた。三度目にすすいだとき、汚れは落ちていた。人々は、弟のズボンをはかせて彼を埋葬したが、老女は、もういっぱいの澄んだ水をポンプで汲み上げていた。（二〇一）

このように洗濯のイメージは、リンチにより孫を殺された老女の、血と汚物にまみれたズボンを洗濯し続ける姿へと展開される。『ジャズ』において洗濯のイメージは、迫害と暴力の南部に引き裂かれた母子の物語として語られているのである。

ローレンスは、女性の経験に焦点をあわせたパネルにおいて力強い女性の姿を描いたが、マイグレーション・カラーによって暗示される重層的時間によって、そこに内包されるメッセージはより複雑で繊細なものとなっている。一方モリスンは、ローレンスのマイグレーション・カラーが暗示するにとどめた黒人女性の壮絶な体験を言語化し、

「母の喪失」として前景化する。ここで興味深いのは、モリスンがローレンスのマイグレーション・カラーである金色を「母の喪失」と結びつけ、『ジャズ』における中心的な色として用いていることだ。『マイグレーション・シリーズ』における金色の複雑なイメージは、批評家によって最もローレンス的な色として評価されており、金色はいわばマイグレーション・カラーを代表する色である。このことは『ジャズ』において、なぜ金色が複雑で両面価値的に用いられているのかを説明してくれるだろう。白人女性と黒人奴隷の混血として生まれたゴールデン・グレイは、その金色の髪とクリーム色の肌からヴァイオレットの祖母トゥルー・ベルによって「金色の少年」と呼ばれ、ヴァイオレットに白人中心主義的美意識を内面化させてしまう。ゴールデン・グレイの乳母となったためにトゥルー・ベルは家族と引き離され、そのために一人で苦労したローズ・ディアは自殺することになる。ヴァイオレットが自己を取り戻し、自殺した母を受け入れるのは、最終部で自分の中の「金色の少年」を取り除いたと述べたときだった（二〇八―九）。一方で、ゴールデン・グレイが野生の女ワイルドを助けたことによりジョーは無事に生まれるが、母ワイルドはゴールデン・グレイの金髪にあこがれて姿を消してしまう（一六七）。黒人共同体において周縁化されたワイルドとゴールデン・グレイの住む洞窟は、丘の中腹の「根がさかさまに生えている木」の側にあり、その下をトレゾン(Treason) 川が流れているとあるように、転覆や反逆のイメージと結びついている（一八二）。アンジェラ・バートンも指摘するように、ワイルドとゴールデン・グレイは境界の撹乱や白／黒、文化／自然などの二項対立の転覆を暗示する存在である。そしてモリスンは母の胎内を思わせるワイルドの洞窟を「金色の部屋」として描き、〈語り手〉は最終場面においてこの「金色の部屋に留まりたい」（二二一）と語る。そこでは「不在の母」ワイルドはもはや不在ではなく、〈語り手〉を「見つめ、抱きしめ、理解する。手を差し伸べ」、そして〈語り手〉に「触れ、解放してくれる」という（二二一）。そのような「金色の部屋に留まりたい」という〈語り手〉の言葉には、モリスンのローレンスに対するオマージュが込められているのであろう。

以上見てきたように、モリスンは、ローレンスの『マイグレーション・シリーズ』にレスポンスしながら、自分自身の「大移住」の物語『ジャズ』を執筆した。黒人女性の視座を前面に出しながらも、「大移住」を一つのフラットな歴史的時間として語るのではなく、ローレンスのマイグレーション・カラーに込められた色彩のイメージを借りながら、その出来事のなかに存在する重層的な時間を浮かび上がらせている。モリスンの『ジャズ』は『マイグレーション・シリーズ』とのコール・アンド・レスポンスをとおして、幾重もの記憶の層をたくわえた共同体の歴史を紡ごうとしているのである。

注

1　モリスンとローレンスの交流関係は広く知られている。モリスンはローレンスの子ども向け画集『私はあなたを見て私を見た――若きジェイコブ・ローレンス』（二〇〇一）に序文を寄せている。また二〇〇一年九月八日ニューヨーク市リバーサイド教会で行われたローレンスの追悼式ではモリスンが弔辞を述べている。

2　ローレンスの伝記的情報および作品分析については、ヒルズ、ネスベット、ウィートを参照した。

3　シアーズ・ローバックなどの通信販売会社を起した実業家、慈善家で一九一七年に同基金を設けて、南部黒人教育と中東のユダヤ人援助活動を行った。

4　『マイグレーション・シリーズ』と『ジャズ』の比較をテキストレベルで最初に行っているのはスタウトである。大移住が音楽、文学、美術に与えた影響についての本格的研究を行ったのはグリフィンである。グリフィンはその著書全般にわたってローレンスの『マイグレーション・シリーズ』について言及しており、最終章ではモリスンの『ジャズ』を新しい移住物語として論じているが、両作品の比較分析はなされていない。またバウアーはモリスンとローレンスの両作品を相互依拠的に観賞することの意義を説明している。本節で整理している類似点はバウアーのものと重複する点も多いが、バウアーは両作品についての解釈を先行研究に依拠してしまっている。

5　『マイグレーション・シリーズ』の六十枚のパネルは偶数番号がニューヨーク現代美術館に、奇数番号がワシントンD・Cにあるフィリップス・コレクションに所蔵されている。パネルの多くは美術館のホームページ等オンラインで見ることができるので参照されたい。

6　このことは、アメリカ社会において、移住が白人男性的なものとして人種化・ジェンダー化されていることを考えると不思議ではない。スタウト、ジャクソン、ラッキー、ロジャーズ、スミス等の研究を参照。また、「大移住」についての歴史学・社会学的研究の傾向分析については、レイヒ参照。レイヒは、レーマンの『約束の土地』のような一般に広く読まれた研究が、南部から北部にやってきた黒人移住者は、田舎の小作農の南部人種秩序に根ざす依存の文化を北部に移植し、それが都市における黒人ゲットーの貧困の原因であるとする、いわゆる貧困の文化説とそれを支える根強い人種ステレオタイプに信憑性を与えてしまった点を鋭く批判している。

7　本稿ではローレンスが一九四〇—四一年につけたオリジナルのキャプションで、モリスンが参照したものを用いている。ネスベット『ジェイコブ・ローレンス』四八—五五頁参照。

8　フィリップス・コレクション・ホームページ <http://www.phillipscollection.org> 参照。

引用・参考文献

Bauer, Elizabeth. "Toni Morrison's *Jazz* and Jacob Lawrence's Images of the Great Migration." *Universal Journal: The Association of Young Journalists and Writers* site. <http://ajyw.org/articles.php?id=679916> (accessed Sep. 22, 2012)

Bouson, J. Brooks. *Quiet as It's Kept: Shame, Trauma, and Race in the Novels of Toni Morrison*. New York: State U of New York P, 2000.

Burton, Angela. "Signifyin(g) Abjection: Narrative Strategies in Toni Morrison's *Jazz*." *New Casebooks: Toni Morrison*. Ed. Lynden Peach. New York: St. Martin's P, 1998.

Gates, Henry Louis, Jr. *The Signifying Monkey: A Theory of Afro-American Literary Criticism*. Cambridge: Oxford UP, 1988.

——. "New Negroes, Migration, and Cultural Exchange," in *Jacob Lawrence: The Migration Series*. Ed. Elizabeth Hutton Turner. Washington D.C.: The Rappahannock Press, 1993.

Griffin, Farah Jasmine. "Who Set You Flowin'?": *The African-American Migration Narrative*. New York: Oxford UP, 1995.

Hills, Patricia. *Painting Harlem Modern: The Art of Jacob Lawrence*. Berkeley: U of California P, 2009.

Jackson, Blyden. "Introduction." *Black Exodus: The Great Migration from the American South*. Ed. Alferdteen Harrison. Jackson: UP of

Mississippi, 1991.
Lackey, Kris. *Road Frames: The American Highway Narrative*. Lincoln, NE: U of Nebraska P, 1997.
Lemann, Nicholas. *The Promised Land: The Great Black Migration and How It Changed America*. New York: Knopf, 1991.
Lorensen, Jutta. "Between Image and Word, Color and Time: Jacob Lawrence's *The Migration Series*." *African American Review* 40.3 (2006): 571–586.
Morrison, Toni. *Beloved*. New York: Knopf, 1987.
——. *Jazz*. New York: Knopf, 1992.　大社淑子訳『ジャズ』早川書房、一九九四年。
——. *Paradise*. New York: Knopf, 1998.
Nesbett, Peter T. and Michell Dubois, eds. *Over the Line: The Art and Life of Jacob Lawrence*. Seattle, WA: U of Washington P, 2000.
——. *Jacob Lawrence: Paintings, Drawings, and Murals (1935–1999)*. Seattle, WA: U of Washington P, 2000.
Reich, Steven A. "The Great Migration and the Literary Imagination." *The Journal of The Historical Society* 9.1. March 2009. 87–128.
Rogers, Lawrence R. *Canaan Bound: The African-American Great Migration Novel*. Urbana: U of Illinois P, 1997.
Schappell, Elissa, and Claudia Brodsky Lacour. "Toni Morrison: The Art of Fiction CXXXIV." *The Paris Review* 35 (1993): 83–125.
Smith, Sidonie. *Moving Lives: Twentieth-Century Women's Travel Writing*. Minneapolis: U of Minnesota P, 2001.
Stout, Janis P. *Through the Window, Out the Door: Women's Narrative of Departure, from Austin and Cather to Tyler, Morrison, and Didion*. Tuscaloosa, AL: U of Alabama P., 1998.
Strouse, Jean. "Toni Morrison's Black Magic." *Newsweek* (March 30, 1981):52–57.
Wheat, Ellen Harkins. *Jacob Lawrence: American Painter*. Seattle, WA: U of Washington P, 1986.
Wilkerson, Isabel. *The Warmth of Other Suns: The Epic Story of America's Great Migration*. New York: Vintage, 2010.

＊本稿は日本英文学会九州支部第六五回大会（九州産業大学、二〇一二年一〇月二七日）での発表原稿、および拙論「トニ・モリスンの描くグレート・マイグレーション――ジェイコブ・ローレンス『マイグレーション・シリーズ』との比較から」（西南学院大学英語英文学論集第五四巻）に加筆修正したものである。

ポストレイス時代におけるロードとコミュニティ
――サルバドール・プラセンシアの『紙の民』を中心に

井村　俊義

人びとがたどる道筋はすべてロードになる。道は陸だけではなく山や海や川にも刻まれる。空も例外ではない。また、そこをわずかながらの人数しか通らなかったからといってロードに値しないわけではない。廃墟の瓦礫のなかにわずかに残る痕跡もまたロードとなる。痕跡とは歴史のなかに埋もれて忘れられてしまった道である。ロードは単に物理的な存在ではない。行き交う一人一人の「感情」や、帰属しているコミュニティの「歴史」もまたロードを形成している。

フレデリック・ジャクソン・ターナーに代表される、北アメリカ大陸を真っ白なキャンバスと捉えていた時代と、ロードが無数に引かれている現代とを比べてみればわかるように、コミュニティもアイデンティティもロードの発展とともに格段に変化した。小説の分野においても、人種構成の複雑さを射程に入れたポストレイス時代に入り、ジュノ・ディアス『オスカー・ワオの短くて凄まじい人生』、サルバドール・プラセンシア『紙の民』、セッシュー・フォスター『アトミック・アステックス』などによるロードとコミュニティを意識した作品は、画期的な方法を駆使しながら新しい表現を模索している。一方で、チカーノ小説においては早い段階から、ロードはつねに重要なテーマとして描かれてきた。移動を宿命づけられた集団にとって、ロードはいつでも彼らとともにあったからである。

新しい世紀を迎えて、ロードとコミュニティを同一の地平で考えようとするチカーノの問題意識は、ますます普遍性を獲得するようになってきている。この論考では、新しい小説を代表するメキシコ系アメリカ人のサルバドール・プラセンシアの『紙の民』を中心におきながら、ロードとコミュニティの関係について考えてみたい。

一　ロードがもつ意味の変遷

北アメリカ大陸に刻まれたロードの最初期の痕跡のひとつは、スペイン人のアルバール・ヌニェス・カベサ・デ・バカ（以下、カベサ・デ・バカ）によるものである。エルナン・コルテスがアステカ帝国を征服して間もない一五二七年から一五三六年にかけて、カベサ・デ・バカは、テキサス州、ニューメキシコ州、アリゾナ州、さらにはルイジアナ州からいまのメキシコまでを徒歩で走破した。その軌跡から、ロードの原初的な意義を垣間見ることができる。それは、ひとことで言えば、ロードとは異文化および異界への通路だということである。地平線の向こうの異界を目指す通路がロードであり、そう心に描くだけで、私たちは異なる時空間へと連れ出される。ロードという思考形態を想定することなく、ロードを語ることはできない。大西洋を移動する航海者たちは出航する前に、洋上に引かれているラインがすでに見えていたに違いない。「船に乗りこむことは、近代性とその前史とされているものの普通に認められている関係性を概念的に考え直すための手段を約束してくれる」（三九）とポストコロニアル理論の代表的な思想家であるポール・ギルロイが記したことは、同じ内容を述べている。近代性を再考するための時空的位置に、跡には何も残らない船を選んだギルロイの発想は、ロードを語る際にも有効である。アメリカスのロードは太平洋と大西洋の上を走るロードと接続していると考えることで、ルーツとルートを併せもった移民のコミュニティをより正確に理解することができるはずだ。チカーノが祭壇（オフレンダ）を媒介にしてさまざまなトポスへと飛び、さらには、精神的な故郷であるアストランへと向かうように、物理的なロードが構築される前にはかならず、形而上的なロードがあった。

一五二七年に結成された探検隊が大西洋を横切り、フロリダ半島の沖までたどり着いたとき、彼らはハリケーンに襲われて難破した。約三〇〇人が犠牲となった。生き残った四人のうちの一人であったカベサ・デ・バカは、北アメリカ大陸を東から西へと歩いて移動することを余儀なくされる。「何もない (desnudo)」とカベサ・デ・バカが何度も記した土地には、まったく異なる文化をもつ人びとが居住していた。彼らとの接触のなかで、カベサ・デ・バカは「奴隷」になり、ときには「医者」や「英雄」になりながら生き抜いた。コミュニティの外部と内部をつなぐロードでは、訪問者はいったん宙づりの状態におかれ、既存の人間関係のなかへの布置が強引に試みられる。カベサ・デ・バカが生き延びることができたのは、自らを新しいパラダイムへと馴致させることができた柔軟性ゆえであろう。かつてアステカの王であるモクテスマがコルテスをケツァルコアトル神の再来と誤解したように、カベサ・デ・バカは異界から訪れたシャーマンと誤解されて崇められたこともあった。彼は自分を捕えたトライブの慣習に適応し、病気の者を治療した。簡単な薬と応急手当ての知識だけではなく、祈りや一般的な常識を使うことによって預言的な力を持っているふりをした。

しかし、それでも、インディアンはスペイン人たちよりも賢明であったと言える。なぜなら、先住民たちはカベサ・デ・バカらの服を脱がせて踊らせ歌わせることによって、彼らを近代性から引き戻したからである。身体を通すことによって、ヨーロッパ人たちは自らが背負っていた背景を揺さぶられた。文芸評論家の三浦雅士が『身体の零度』で、日本人が「表情」や「歩き方」を変えることによってはじめて近代性を獲得し得た、と主張したことと反対の動きを強制され、スペイン人たちは近代の縛りから引き離されたのである。小説や紀行文を読むことの意義はそこにある。つまり、「いま」の視点から過去を解釈することは決定的に不可能でありながらも、厚い記述の向こうにあるエピステーメーを透視させてくれるからである。結局、彼らは、先住民という異文化に大きな影響を受けた最初のスペイン人となった。

「未知」の土地と人びとを臨場感のある文章で記述したカベサ・デ・バカの文章は、スペイン国王のカール五世に献げられ、一五四二年に出版された。アメリカにしか生息しない動物（オポッサムやバッファローなど）や、雄大な自然（ミシシッピ川やペコス川など）を目にした最初のヨーロッパ人である彼の記述は、のちに文化人類学的な関心を呼び起こした。また、ユダヤ系ヒスパニックの批評家であるイラン・スタバンスらは「アメリカ南西部を対象とした最初の文学である」と評価した。スタバンスが論じたように、カベサ・デ・バカの文章と『闇の奥』は、コロニアリズムが暴力と憎しみと異文化の衝突の原因となることを明らかにしたという点で共通している。規定のラインの上だけを走るロードとは異なり、異文化との衝突が不可避なロードが描かれているのである。『闇の奥』でのカーツ大佐の最後の言葉である「恐怖！　恐怖！」は、カベサ・デ・バカの遍歴を代弁している。また、想像の範囲を超えたまったくの異文化は、超自然的な出来事の連続として捉えられるという点において、ガルシア・マルケスの『百年の孤独』の描いた魔術的リアリズムの系譜の端緒でもある。のちにインディオを擁護する立場をとったカベサ・デ・バカは、ヨーロッパ中心主義を批判した最初の一人でもあったと言えるだろう。

交通手段と通信機器の加速度的な発達によってそれぞれの土地の独自性が相対的に失われ、ロードが通路というよりも単なる時間的なラグへと変質した現代においては、路上や目的地に異文化を感知できる要素は極端に少なくなっている。かつて「こことは異なる何か」を求めて移動したアングロたちによる「西漸運動」は消滅し、アステカ人がもともと居住していたアメリカ南西部の土地へと向かう「北漸運動」も、ロードの発達によって意味を失いつつある。現実には、アメリカの国内外を網の目に走るロードの上を無数の車両と人が交差し合い、定まったベクトルはもはや存在しない。さらに、速さと量が劇的に増大したヴィークルが運ぶ「感情」と「歴史」は、必然的にロードの「質」の変化をもたらし、ロードとロードで繋げられる都市の質的変化をもたらすこととなった。かつて、ロードの上に出て移動するように促された人びとはもちろん、そうではない者にとっても、ロードは生活と不可分なものとなった。イギリスの社会学者であるジェラード・デランティは、このような技術的に高度化したロードの状況が生み出す社会について次のように述べている。

ポストモダンの社会では、周縁性はどこにでも存在する。ポストモダン・コミュニティはノマディックで、移動性が高く、情緒的で、コミュニカティヴである（一八三）

ロードの質的変化とともに、都市の中心と周縁という構造はゆるやかに崩壊し、やがてロードによる共同性がもたらす「郊外」が生まれ、人びとはあたかも遊牧民のように場所を移動する。したがって、現代のロードを従来のように「何かを目的としてある場所からある場所へと移動する際に利用されるもの」としてのみ捉えるだけでは十分に理解したことにはならない。現代においては、ロードが運ぶ人びとの「感情」とそれが織りなす「歴史」の飛躍的な増加によって、ロード自体があたかも一つの共同体を構成していると見受けられる場合さえある。また、それによって結ばれるコミュニティの性格が変容することによって、コミュニティとロードとの境界線はますます薄くなっている。あるいは究極の形式として、ジル・ドゥルーズが述べるように「遊牧民とはむしろ動かない者である」（四三七）とさえ言えるようになり「複数の場所と領土性に単一の空間を置き換えること、世界を都市に改造すること」（二四四）は、ロードの発達によって、ロードの上に築かれるようになる。

ポストモダン・コミュニティでは、カベサ・デ・バカや、あるいはトム・ジョード（『怒りの葡萄』の主人公）が長い時間をかけて乗り越えた長くて広大なロードはもはや存在しない。移動する際の時間の短縮は必然的に空間の圧縮を引き起こしているからである。もちろん、圧縮されるのはプロセスであって、地球の裏側にまで短時間で到達できる現代の交通機関の飛躍的な発展に目を向ければ、「空間が拡大した」と表現することもできるだろう。ヴィークルの質と量の増大によって圧縮された空間は、地球を小さくした上でロードとは関係のない土地を地球の裏側よりも到達困難な場所にしたのである。

シカゴからサンタモニカを結ぶ「ルート66」（一九二六年創設、一九八五年廃線）の宿場町だった街がことごとく廃墟と化し、都市の周辺に広がる郊外が世界中どこにでもあるショッピングモールを擁するようになったことは、ヴィークルの近代化と関係している。西漸運動や南西部発展の一環として象徴的な意味を担わされてきた「ルート66」は、かつてジョン・スタインベックがそう名づけたように、地平線の向こうにある「ここではない何か」を求めて新たなものを生み出す「母なる道（マザー・ロード）」であった。当時は、土地土地が独自の価値や文化を維持し、移動することそれ自体に意味をもつことのできた時代でもあった。そのような時代には、ロードはまさに文化と文化をつなぐ架け橋となり得たのである。すでに「ルート66」は、懐古的なイコンのようになっているが、しかし、人びとの「感情」と「歴史」を反映させることによって「マザー・ロード」は、重層的な意味をもち続けている。たとえば「ルート66」が記述や映像を介して運ぶ「ノスタルジー」という感情は、どこにもない「アメリカの原風景」というトポスを作り出し、多人種・多民族国家であるアメリカ人の帰る場所の一つとして機能している。

当初は『ルート66』というタイトルで製作されていたディズニーのアニメ映画『カーズ』（二〇〇六）では、すでに廃墟となってしまったセリグマンなどの街が舞台となっている。なぜ廃れてしまった街が子ども向けの映画で舞台となり、カリフォルニアに向けての古きよき道がレースの舞台となるのかは「ノスタルジー」と不可分の関係にある。アメリカの原初的なアイデンティティが「移動すること」とともにあるのなら、それを体現する場所はマザー・ロードしかあり得ないからである。

二　ロードが映し出す風景と『紙の民』

乗り越えるべき障害としての空間の重さが減ることによって、階級、人種、民族、ジェンダーなどのあらゆる境界線もまた影響を受ける。高速で動く社会においては既存の秩序をそのまま維持することは困難だからである。あらゆる移動は「境界線」と「境界線によって守られてきた秩序」に揺さぶりをかける。政治理論学者の杉田敦は『境界線の政治学』で、境界線と権力の関係について「〈われわれ〉とその外部との間に境界線があるように見えるためには、〈われわれ〉が同質的であるように見える必要がある」（一二）と述べている。境界線の溶融によって同質性の破壊が促進される世界においては、コミュニティ内の境界線と、コミュニティとロードとのあいだの境界線も少しずつ判別しにくくなっていく。

従来の小説とポストモダン小説のあいだのもっとも大きな違いは、その点にある。一九三九年に発表された『怒りの葡萄』で描かれた風景が喚起する情景には、乗り越えるべき空間と時間、そして階級がたしかに描かれていた。たとえば次のような描写である。「移住民が国道に増加してくると、恐慌が起こった。資産のあるものは、その資産のために恐怖にとらわれた。（略）町の人びと、おだやかな近郊の人びとは、自分を防衛するために寄り集まった」（下巻　九二）。現代の縮小された空間に引かれたロードの上には人びとはあえて集まることはなく、ゲイティッド・シティのなかでは異質な人びとはすでに排除されている。エスニックごとに分かれていたコミュニティであっても、速度の増加とともに融合するのではなく、さらに細分化が加速される。

スタインベックが小説全体にわたって克明に描いた風景描写や人物描写では、風景と人は同じ視線のなかで同じ画面の上で描かれ一体化していた。人物は背景の中に溶け込むことができたのである。『怒りの葡萄』の冒頭にある描写を引用してみよう。

オクラホマの、赤茶けた大地と、灰色の土地の一部に、最後の雨が、やわらかに降ってきた。それは傷あとだらけの大地を切りくずすことはしなかった。鋤が、あちこちの小川のあとを縦横に掘り起こしていった（上巻　五）

風景描写を通して登場人物の内面を想像させることができるのは、風景の中に人物を写し込むことができるからである。「ポストレイス」時代の新しい文学では、細かい風景描写は欠落している。その理由は、モータリゼーションの発達と大いに関係がある。フリーウェイを走る車から見える風景は、フリーウェイ以前の人びとが見ていたものとは異なるからだ。スピードを上げて走る車の中から人びとは風景の細部を見るのではなく、総体として観念的に風景を捉える。新しい小説では『怒りの葡萄』で描かれたような細密描写が決定的に欠如している。

一九七六年にメキシコのグアダラハラで生まれ、八歳のときにロサンゼルス郊外のエルモンテに移住したプラセンシアが描く風景描写は、スタインベックのそれとは大きく異なる。距離は乗り越えるべき苦難の表象ではなく、数値に置き換えられ、視点は自分との関連性の強度によって選択される。風景というよりは物質に焦点がおかれ、そこから喚起される想像力が五感を通して描写される。以下のような具合である。

エルモンテの町は、ラス・トルトゥガスから北に一四四八マイル、グアダラハラの街からは一五〇〇マイル離れていた。闘鶏もルチャリブレの闘技場もなかったけど、クランデロのお店とか、モツの煮込みを売る屋台とか、カトリック教会の鐘の塔は北に移動してきていて、花やスプリンクラーシステムのあいだに落ち着いていた。もともとエルモンテに住んでいたのは、サンタフェの道や舗装されたルート66を通って東部からやってきた人たちだったけれど、そのうちにみんなエルモンテを離れて、アーケイディアやパサデナの丘地に引っ越していった。花摘み労働者の雑踏も、メヌードの屋台でことこと煮えているオレガノとラードの匂いもない町に（三三）

ここにおいて、かつてのスタインベックの風景は、描写される対象としてはもう視界の中にはない。新しい小説においては、風景描写が人物の感情を代弁するのではなく、それぞれの物質に語らせるのである。プラセンシアの視線は物質の中に溶け込み、物質自体の奥に風景を見ている。それはもちろん、想像上の世界ではあるが、人びとはその風景を通して結びつくことができる。チカーノの想像上の故郷である「アストラン」も同じように、大地の上に境界線で囲うような領土を必要としない。

科学哲学者のガストン・バシュラールが「物質的想像力」と名づけたものは、ポストモダンな想像力と直結している。バシュラールは「故郷というものは〈空間〉の広がりというより物質だ、つまりは花崗岩あるいは土、風あるいは乾燥、水あるいは光なのである。その中においてのみわれわれはおのれの夢想を物質化し、それによってのみわれわれの夢はおのれに適した実体を捉える」（一九）と述べていた。観念的な風景と物質的な想像力のあいだで私たちは故郷を捉える。

風景描写の違いは、メキシコとアメリカの国境線を越境する際の表現でも確認できる。チカーノたちによる北（ノルテ）への志向は、ホセ・アントニオ・ビジャレアルの『ポチョ』やエルネスト・ガラルサの『バリオ・ボーイ』、ルイス・アルベルト・ウレアの『金網を越えて』などに代表されるように、チカーノ小説の根幹となる系譜であり『紙の民』においても越境は重要な意味を担っている。しかし、越境行為自体はもはや命を賭して乗り越えるべき障壁としては描かれていない。あくまでも、俯瞰的かつ抽象的に捉えられるに過ぎない。

> 太平洋岸からリオ・グランデまで走る白いチョークの線のところにやってくると、父さんはあたりを見回して、誰かついてきてないか、望遠鏡で見ている人間はいないかどうか確かめた。誰もいないと父さんは感じると、わたしたちはチョークの線を越えて、コンクリートの上に作られた世界に向かって歩いていった（二九）

米墨の国境線をチョーク線になぞらえた意味はおそらく、それが人工的な直線であることを示唆し、すぐに消せるほどの意味しか持ち得ないことのメタファーである。以下の部分も同様のパースペクティヴによって書かれている。「フリエタがティファナに着くと、かつてはチョーク線で引かれているのみであった国境は、見張り塔と鋼鉄のフェンスに変わっていた」(五四)。

プラセンシアの小説の特筆すべき点は、アメリカにおける人種構成等の複雑な現実を種々の技術を用いながらフィクションの力を借りて再現しているところにある。従来の歴史記述や小説では表現することが不可能な近代と前近代のあいだの「闇」を、斬新な着想によって可視化するのである。複数の視点を同一の紙面に再現し、意識と無意識までをも紙面に反映させようとする。文章にすることによって必然的に抜け落ちてしまう事柄を盛り込もうとし、直線的に進むと考えられている文章を攪乱させ、表現されなかった人間の無意識を紙面に組み入れようとする。また、錯綜した対立の構図を二項対立に単純化させようとせずに、そのまま提示するためのさまざまな仕掛けが施されている。状況を理解するために持ち込まれた対立構造をそのまま利用することはしないのである。

作品中の印象的な言葉として「悲しみの商品化」(五八)がある。悲しみなどの人間の感情が、資本主義の中で商品化されることによってのみ流通する状況を非難している。国家言語の普及とともに単純化されてしまった言語と、それに乗せられる感情の解放を提起している。人間が抱く感情は商品化されるものではなく、微細で深遠なものであるとプラセンシアは考えている。また、「要約というテロリズム」(一九一)という言葉からは、ロードになぞらえて説明するならば、人間の複雑な感情や行動や自然の細やかな動きなどすべてのものが、スピードの中で捨象されて語られてしまっている現実を述べている。小説が現実を写し取るとはどういうことなのか、という根源的な問題の投げかけでもある。

三　名称と物語

郊外では土地土地のアウラを脱色したショッピングモールが乱立し、都会では異文化との接触を避けたゲイティッド・シティが作られている現代の状況と比較すると、五百年前のカベサ・デ・バカがたどった「異文化への通路」からは遠く離れてしまっているように見える。異文化との接触を拒否するような状況のなかで、人びとはアイデンティティをどのようにコミュニティに託すのか。他者を鏡として成立する排他的な集団としてのアイデンティティは雲散霧消し、新しいコミュニティとともに新しいアイデンティティが発生しつつあるのだろうか。そもそもアイデンティティはロードの発達とともにどのように変容していったのか。あるいは、アイデンティティという概念自体があらためて問われているのだろうか。

一般に、帰属すべきコミュニティは名称とともに語られ、私たちはその名称から醸成される故郷のイメージに縛られている。生まれ育った国家や街は、名前を媒介にして私たちをいつまでもつなぎ止めている。名称があるからこそ私たちは故郷に帰ることができる。実際には、土地の風景は移ろいゆき、人の記憶も変容していくのだが、実体をともなわずとも名称は残り続ける。現実には、帰還するべきあの懐かしい土地はもうどこにも存在しない。その点において「故郷は人によって異なり、想像の中に構築される」とするチカーノの考え方は、土地と人の記憶が急速に変化するいまの時代にますます適合するようになっている。

ロードの活性化はコミュニティを急速に変質させ、現実と言葉を乖離させている。私たちが繋縛されている故郷は誰にとっても同じものではない。その時の「帰るべき場所」は、境界線によって区画されたある特定の土地を指すのではなく、あくまでも心象を投影することのできるトポスである。「グアダルーペの聖母」のようなシンボルが誘導する、心の中ではぐくまれた「風景」のなかにある。特定の地域を直線によって排他的に分断して理解するのではなく、心象風景のなかに存在する空間として理解するのである。

とはいえ、その心象風景に広がる情景もまた、かつてどこかで創作されたものである可能性は高い。「グアダルーペの聖母」がファン・ディエゴの前に現れたとされる一五三一年の出来事が、後年になってから時間を遡って物語に組み入れられたように、風景はナラティヴを通して私たちの前に姿を現すのである。メキシコ・アメリカ戦争とその後に締結されたグアダルーペ・イダルゴ条約の結果、アメリカ南西部がアメリカ領へと割譲されてから三十数年を経たあとに、ヘレン・ハント・ジャクソンの小説『ラモーナ』（一八八四）は刊行された。この作品は、フィクションが「故郷」を創出したひとつの例である。彼女が小説を通して描写する以前の南カリフォルニアおよびサウスウエストの風景はナラティヴが介在する前の風景であり、誰のものでもなかった。ジャクソンによる魅力的なストーリーと風景描写を通して言語化されることで、人びとは風景を発見し共有することができるようになった。私たちは風景の起源を忘却しながら反比例するようにして自らの心の内へとしまい込んでゆく。

セニョーラ・モレノの邸は、十九世紀初頭のスペイン人やメキシコ人の総督時代に栄えた上流階級の屋敷として、カリフォルニアでも最良の見本のひとつといえる。その屋敷で人びとは半ば野趣あふれ、半ば洗練された大らかで鷹揚な暮らしを営んでいた。それは、「ニュースペイン」という古い名称が人びとの心温まる追憶を誘って根強い愛国心を刺激し、大航海時代のインディーズの法則がそのまま土地の法則としてなおも残っていた時代のことである（一九）

ゴールドラッシュの影響をあまり受けなかったカリフォルニア州南部でジャクソンは、ヒスパニック文化が色濃く残る風景を、あるパースペクティヴを通して物語の中へと布置してゆく。インディアンとスコットランド人のハーフである主人公のラモーナが、自分に流れているインディアンの血に目覚め、さまざまな恋愛や生と死、そして、新しい住人であるアメリカ人との相克に巻き込まれる物語は、その過程で描かれ意味づけされるヒスパニック文化の風景とあいまって、当時のベストセラーとなった。

「ニュースペイン」のように、人は新しく移り住んだ土地に名前を付すことによってその土地を自分のものにしようとするが、そこに物語という網をかぶせることによって愛着を感ずるようになる。目の前にある複雑で多様な現実をそのまま把握することができなくても、人は物語を通して風景に意味を持たせることができるのである。チカーノによる民謡である「コリード」もそうであるし、各地に残る民話やフィクションは人びとの無意識をつなぎ合わせる役割を果たしている。

一方で、使い古された結構でしかない小説のなかで、名称だけを変えてエキゾティシズムを喚起させようとする作品がある。名前が人びとの想像力をかき立てることを利用した作品である。名称に込められた歴史を借用してある効果をもたらすのである。『紙の民』のなかでも「グアダルーペの聖母」(五二)「グリンゴ」「パチューコ」(六二)「パイサーノ」(七六)「マリンチェ」(一三八)のようなチカーノ文化を表象する名称が登場するのだが、作者はチカーノ小説の系譜を意識して言及したのだろう。しかし、ボードリヤールが『消費社会の神話と構造』で述べているように、これらは実体をともなわない「象徴交換」あるいは「メタ消費」のように私には思える。チカーノ的要素が小説のなかに無理矢理にはめ込まれた印象を受けてしまうのである。つまり、アメリカにおける異文化を表象しているのではなく、コンテクストとは孤立しておかれている記号としての「差異」でしかない。これらの言葉がなくとも『紙の民』はその発想においてチカーノ小説の先達たちの衣鉢を継いでいると言えるが、もちろん、ロードによって異文化が大量に流入したあとのポストモダン・コミュニティでは、異文化は差異として認識される傾向にあることも確かである。

十九世紀と二十世紀のはざまを生きたフランスの作家ヴィクトル・セガレンは、「エグゾティスムは順応することではない。つまり、人が自分の裡に抱きしめていたものが自分自身の外にあるということを完璧に理解することなのではなく、永久に理解不可能なものがあるということを鋭く直接に知覚することなのである」（一三八）と書いた。差異は永遠に埋めることはできず、チカーノ文化を表象する言葉は「悲しみの商品化」ならぬ「エキゾティシズムの商品化」となっている。とするならば、名称に頼らずともチカーノ文学の系譜を継ぐことは可能なはずだ。他者とのあいだにひろがる「理解不可能」な深淵を残したままにしておきながら、安易にエキゾティシズムを喚起する言葉を使う必要はないだろう。セガレンの一連の文章からは、こちらの尺度を安易に他者に適用することをいましめながらも、理解不可能なものにたいするある種の魅惑を感じとることができる。プラセンシアの小説にはチカーノのタームを使わずとも、チカーノ小説を感じさせる表現が頻出する。エキゾティシズムに逃げることなく、チカーノの世界を描写する表現とは次のようなものである。

　パトリアを離れた者たちにとって、トウモロコシ畑や歌鳥を思い出させるものといえば、それはつねに女であった（略）中央制御空調とリクライニング式のリビングチェアの快適さを捨てることなく故郷に帰る術であった（八五）

最後に、ロードに関する負の側面をもう一度、指摘しておきたい。前述したように、古来、歴史や地理は集落や都市の名称を使用することによって語られてきた。資本主義の影響によって人びとが都市に集まる近代以降は、国家にとって重要な都市以外の村落は相対的に看過されるようになる。国民国家が形成されてからは歴史と地理はそのようにして記述されてきた。

しかし、ポストモダン社会を推進してきたロードを通して私たちは、都市という「点」ではなくロードによる「線」によって歴史や地理を記述するようになっている。点である都市を中心とした放射線状の広がりではなく、土地を二つに分断するロードの機能について思いを致す必要がある。フリーウェイが通ることによって、土地や地図は大きな二つの集団に分割される。実際に、ロサンゼルスのチャベス・ラヴィーンにフリーウェイが通ることで、チカーノ共同体は分断された。プラセンシアが創り上げた現在進行形のチカーノ・コミュニティと並行して、フリーウェイには乗らずにそれを見上げている人びとがいることを忘れてはならないだろう。

Across the street – the freeway
Blind worm, wrapping the valley up
From Los Altos to Sal Si Puedes.
I watched it from my porch
unwinding. Every day at dusk
as Grandma watched watered geraniums
The shadow of the freeway lengthened (Cervantes: 11)

(通りを横切るフリーウェイはまるで、とかげのようにロスアルトスからサルシプエデスまでの渓谷に巻きついている。私はそれがほどけていくのをベランダから見ていた。毎日、祖母は黄昏時に、水に濡れたゼラニウムを見ている。その横には、フリーウェイの影が長く延びていた：筆者訳)

結

チカーノ・ムーブメントのさなかに、ロサンゼルス生まれのロン・アリアスは『タマスンチャレへの道』というタイトルの小説を発表した。チカーノ小説の系譜の中でも、魔術的リアリズムの手法をもっとも意識して書かれた小説である。『タマスンチャレへの道』では、リアルとフィクションの間の境界線は消失し、舞台はロサンゼルスのバリオからペルーの熱帯雨林へと一瞬にして飛ぶ。チカーノ研究の第一人者であるラモン・サルディバルはそのような手法を「チカーノ・リアリズム」（一二七）と名づけた。

タイトルとなっている「タマスンチャレ」は、メキシコに実在する小さな街で、気候的には熱帯地方との接点に位置し、「闇の奥」へと続くラテンアメリカの入り口にある。北が近代であり、南が反近代である。したがって、タマスンチャレはその狭間にあることを示唆している。北でも南でもない立ち位置にあえて立とうとしていると言える。しかし、小説内で展開される劇中劇で述べられるセリフである「タマスンチャレへの道はどこにも到達しない」は、近代と反近代の断絶を表現しようとしていると推測できる。つまり、闇の奥には到達点はないのである。カベサ・デ・バカが直面した漆黒の闇は、アリアスの物語によってふたたび意識化されたが、プラセンシアの『紙の民』は、現代の「闇の奥」にある新たな状況を剔出しようとしている。

ロードを中心に据えて書かれ続けるチカーノ文学の系譜を通して私たちは、ロードがもたらす新たなコミュニティの光と影を、時代時代に応じた苛烈な形而上的闘争の問題としても理解し、また、自らの問題としても引き寄せて考察することができるのである。

引用・参考文献

Arias, Ron. *The Road to Tamazunchale*. Temple: Bilingual Press,1987.

Cabeza de Vaca, Albar Núñes. *Chronicle of the Narváez Expedition*. New York: Penguin, 2002.

Cervantes, Lorna Dee. *Emplumada*. Pittsburgh: U of Pittsburgh P. 1981.

Delyser, Dydia. *Ramona Memories: Tourism and the Shaping of Southern California.* Minneapolis: U of Minnesota P, 2005.
Foster, Sesshu. *Atomik Aztex.* San Francisco: City Lights Books, 2005.
Galarza, Ernest. *Barrio Boy.* Notre Dame: U of Notre Dame P, 1971.
Jackson, Helen Hunt. *Ramona.* New York: The Modern Library, 2005(1883).
Novoa, Bruce. *Retrospace: Collected Essays on Chicano Literature.* Houston: Arte Publico Press, 1990.
Plascencia, Salvador. *The People of Paper.* San Francisco: McSweeney's Books, 2005.
Saldívar, Ramón, *Chicano Narrative: The Dialectics of Difference.* The U of Wisconsin P, 1990.
Urrea, Luis Alberto. *Across the Wire: Life and Hard Times on the Mexican Border.* New York: Anchor Books, 1993.
Villa, Raúl Homero. *Barrio-Logos: Space and Place in Urban Chicano Literature and Culture.* Austin:U of Texas P, 2000.
Villarreal, José Antonio. *Pocho.* New York: Doubleday, 1959.
ギルロイ、ポール『ブラック・アトランティック――近代性と二重意識』毛利嘉孝ほか訳、月曜社、二〇〇六年。
ジャクソン、ヘレン・ハント『ラモーナ』金澤淳子ほか訳、松柏社、二〇〇七年。
スタインベック、ジョン『怒りの葡萄』大久保康雄訳、新潮文庫、一九六七年。
セガレン、ヴィクトル『〈エグゾティスム〉に関する試論／羈旅』木下誠訳、現代企画室、一九九五年。
デランティ、ジェラード『コミュニティ――グローバル化と社会理論の変容』山之内靖＋伊藤茂訳、NTT出版、二〇〇六年。
ドゥルーズ、ジル『千のプラトー――資本主義と分裂症』宇野邦一ほか訳、河出書房新社、一九九四年。
バシュラール、ガストン『水と夢』小浜俊郎／桜木泰行訳、国文社、一九四二年。
プラセンシア、サルバドール『紙の民』藤井光訳、白水社、二〇一一年。
ボードリヤール、ジャン『消費社会の神話と構造』今村仁司・塚原史訳、紀伊國屋書店、一九九五年。
杉田敦『境界線の政治学』岩波書店、二〇〇五年。
三浦雅士『身体の零度――何が近代を成立させたか』講談社選書メチエ、一九九四年。

第四部

現代文学における
ロード・ナラティヴの展望

「トリップ」する文学
——サイケデリック旅行記の系譜学

馬場　聡

幻覚剤によって変性意識状態に入ることは、比喩的に「トリップ」と呼ばれる。『オックスフォード英語辞典』によれば、「トリップ」がはじめてこの語義で用いられたのはノーマン・メイラーの『僕自身のための広告』(一九五九)である。メイラーは自身のメスカリン体験を「長い私的なトリップ」(二四五)と表現している。興味深いことに、第二次大戦後のアメリカ文学には、幻覚体験によるトリップと字義通りのトリップ(空間移動)とが、分かちがたく結びついたテクストが少なからず存在する。

そもそも幻覚体験とロード・ナラティヴという物語形式とのマッチングは、冷戦期の社会状況を考えれば、あながち偶然とも言えない。大戦後、帰還兵が社会復帰し家庭を築く際に必要とされる住宅の需要もあいまって、郊外住宅地の整備と拡大が進められた。たとえば、四七年から建設がはじまったニューヨーク州のレヴィットタウンは、大量生産式の住宅が綿密に計画された区画整理地に建設され、そこで生活すること自体が新たな「アメリカの夢」とイメージされるようになる。モダンな住宅に、最新の家電製品と自家用車が持ち込まれ、『パパはなんでも知っている』(一九四九—五四)のようなホーム・ドラマにおいて理想的な生活の舞台とされた郊外の姿は、合衆国の豊かさの象徴となった。しかしながら、冷たい戦争と温かい家庭の狭間で、均質化された空間と「家庭」という制度に対する問い直しがはじまる。若者たちの聖典となったジャック・ケルアックの『路上』（一九五七）で描かれるハイウェイの旅路は、画一化された郊外と、そこで形成された保守的な価値観のオルタナティヴと目された。『路上』以降、ハイウェイの物語には薬物が持ち込まれるようになり、対抗文化的心性に後押しされた「意識変容」というもうひとつの「トリップ」が姿を現した。かつてラルフ・ウォルドー・エマソンが、麻薬を「人間の自由な空間への移動を支援するもの」（一二二）と評したように、旅と幻覚体験との連想は「サイケデリック旅行記」というジャンルをもたらす。これらふたつの、似て非なるトリップが併存するテクストの系譜に焦点を当てることで、一九五〇年代から七〇年代にかけての合衆国のロード・ナラティヴの変節過程を追ってみたい。

一　魔法の植物を求めて——南米の「冷たい」旅路

本節ではロード・ナラティヴと幻覚体験との関係について考える端緒として、南米・中南米における幻覚性植物探求の旅を描いた二つのテクストについて検討したい。この地域における幻覚性植物探求という主題は、当時の植物学界隈の研究動向と関係が深い。民族植物学《エスノ・ボタニー》の父といわれるリチャード・エバンズ・シュルティスは、四〇年代初頭からアマゾン北西部における調査に着手し、五〇年代初頭には、地域の先住民による幻覚性植物の利用に関する研究成果を発表していた。シュルティスを筆頭とするこの地域の植物研究がこの時期に活性化したのは、トルーマン政権による低開発地域援助政策（ポイント・フォア計画）によるところが大きい。冷戦期の合衆国を中心とする地政学的状況のなかで、本節で論じる幻覚性植物探求を主題とするテクストが書かれることになる。シュルティスの南米における幻覚性植物研究から多大な影響を受けた二人の人物のテクストについて考えてみたい。

五七年五月一三日号の『ライフ』誌は猛威をふるったマッカーシズムの終焉と未開地域への旅とを同時に報じてい

る点で興味深い。本号の冒頭を飾る「今週の出来事」コーナーにおいては、五〇年代の合衆国を席巻した赤狩りの主導者、ジョセフ・マッカーシー元上院議員が急性肝炎で他界したことをいささか控えめに報じる。一方、特集では、「魔法のキノコを探して」という記事が写真入り十七頁にも及ぶ分量で掲載されている。この記事を書いたのは、J・P・モルガン銀行の副社長で、幻覚性キノコの研究に情熱を傾けていたゴードン・ワッソンである。五五年六月、ワッソンは標高五五〇〇フィートの山岳地帯にある「ほとんどの人々がいまだにスペイン語すら話さない、世界の果てのメキシコ先住民の村」に分け入り、「藁葺屋根でレンガ造りの先住民の家」(一〇二)で、呪術師の指導のもと、幻覚性キノコを摂取する。彼はこのときの幻覚体験を「奇跡のモビリティ」(一〇九)と表し、「精神がゴムひものようなものによって、彷徨える感覚にくっつけられている」(一〇九)と形容する。『ライフ』に掲載されたこの記事は、パプア・ニューギニアの未開民族を取り上げた五七年二月号にはじまる「偉大な冒険」シリーズの第三弾に位置づけられる。このシリーズは、五〇年代の「封じ込めの文化」に浴した大衆に、プリミティヴな非西洋への関心を喚起させるに十分なものであった。こうしてワッソンの報告は、エキゾティックな未開地域への旅行記として、さらには、人間の意識に変容をもたらす物質の探求、つまり幻覚体験記として読まれることになる。

折しもシュルティスの調査やワッソンの旅と同時代に、作家ウィリアム・バロウズもアマゾン北西部にて、幻覚性植物を求めて旅していた。自身のドラッグ体験を綴った自伝的小説『ジャンキー』(一九五三)で、バロウズのペルソナであるウィリアム・リーは、合衆国を転々としながら、モルヒネにはじまり、ベンゼドリン、アヘン、ペヨーテなどの薬物を体験する。それに飽きたらず、最後には「直観と感情の接触、つまり、テレパシーによる接触」(一二七)を可能にするという「ヤーヘ」と呼ばれる植物を探しに、南米コロンビアに向かうところでこの作品は終わる。「ヤーヘこそ最後のブツになるかもしれない」(一二八)という最後のくだりは、のちにバロウズがアレン・ギンズバーグとの共同名義で刊行する『麻薬書簡』(一九六三)の伏線を成している。『麻薬書簡』は、バロウズがヤーヘ探しの南米旅行（一九五三）の折に、ギンズバーグと交わした手紙をまとめた、という体裁の疑似書簡体小説である。この作品の大部分は五三年に書かれたが、紆余曲折を経て、出版に至るのは六三年である。本書の中心をなす「ヤーへを求めて」において、ウィリアム・リーはパナマ経由でコロンビアに入る。そしてコロンビア国内を陸路および水路を利用して転々とし、プツマヨ県のモコアで初めてヤーへを摂取する。その後、エクアドルのエメラルダスを経て、ペルーのプカルパで手に入れた上物のヤーへを首都リマで摂取し、衝撃的なヴィジョンを見る。

批評家ブライアン・マスグローブは、本作品に関する論考において、「南米のジャングルで、英雄的な麻薬開拓者としての側面と、厚顔無恥な帝国主義的アメリカ人消費者としての側面が溶け合うことで、バロウズの自己像が形作られている」（一四二）と指摘する。なるほど、リーが南米各地の人々を描写する実に乾いた、時に侮蔑的な表現をみると、マスグローブが言う帝国主義的アメリカ人旅行者像が浮かび上がる。マスグローブは、リーが旅先の地に暮らす人々を「パナマ人は南半球きってのろくでなしだが、ベネズエラ人もどっこいだ」（五）、あるいは、「コロンビアに住んでいるのは、責任という概念すら持っていないやつらだ」（一六）のように辛辣に評する個所を自説の論拠としている。しかしながら、当地の人々に対するこれらの侮言は、バロウズの作品でおなじみの、憎まれっ子的な主人公兼語り手の人物造形によるものにすぎない。たとえマスグローブの指摘のように、リーに潜在する帝国主義的側面の発露があったとしても、リーの性質を、作家バロウズにそのまま重ねて論じることはできない。とはいえ、マスグローブの論考から派生的に意識させられるのは、このテクストが詳らかにする、歴史的に帝国の抑圧を受け続けてきた南米諸国の状況である。

リーが旅するコロンビアの首都ボゴタには、「コロンブス到着以前の時代のモノリスが建って」（八）おり、「ラテン・アメリカで見たほかのどの町よりも鬱々として、抑圧的なスペインの重圧が感じられる」（一〇）と、プレ・コロニアル期からスペインによる植民地時代にいたる歴史的なパースペクティヴが提示される。作品中、ボゴタ西方の町、カリに長く住んでいるアメリカ人は、「この国がひどい状態」であることを嘆き、そのような状況を生んだ根源は「ポイント・フォアとくだらない善隣外交と経済支援」（一二）であると、合衆国の南米政策を批判する。さらに、リーが、親米的な態度を示す「朝鮮戦争の退役兵」（一二）に対して、不快感をあらわにするくだりも興味深い。ラウレアーノ・ゴメス大統領は反政府勢力を封じ込めるために、戦略的に合衆国との緊密化をはかり、国内において「反共」政策を進めた。こうして、コロンビアは南米で唯一、朝鮮戦争の際に国連軍に兵士を派兵するに至る。コロンビアの隣国ペルーで、リーは「アメリカのポイント・フォア計画の実験農業局がある農場コミュニティ」を訪れ、「これまで出会ったことがないほど退屈な連中」に遭遇し、「この場所には停滞の恐怖を感じる」（四六）と述べている。冷戦下、合衆国を中心とするアライアンスを拡大するために、四八年に米州共同防衛条約が発効、さらにトルーマン大統領のポイント・フォア計画によって、南米各国の開発援助が展開された。前述した民族植物学者シュルティスは、本作品にも、ポイント・フォア計画によって派遣された合衆国農業委員会の関係者、シンドラー博士として登場し、リーは彼から助言を受け行動を共にしている。このように、決して長いとは言えないこの小品には、歴史的に帝国の支配を受け続けてきた冷戦下の南米諸国の状況が刻み込まれている。

すでに述べたように「ヤーへを求めて」は、リマにおける驚異のトリップ体験で幕を下ろす。

ヤーへは時空の旅だ。部屋は揺れ、動きとともに振動しているみたいだ。たくさんの人種の血肉、ニグロ、ポリネシア人、モンゴルの山岳民、砂漠の遊牧民、複言語をあやつる近東の人々、インド人——まだ受胎すらしておらず、生まれてすらいない新たな人種、まだ実現してすらいない組み合わせが体を駆けめぐる。数々の移民、砂漠やジャングルや山々をめぐる驚異の旅……カヌーで太平洋を横断し、イースター島へ。あらゆる人間の可能性が広大な静寂の市場に広がるごちゃまぜの都市。（五〇）

冷戦下の南米諸国を渡り歩くリーの「空間的な」旅は、ふいに、ヤーヘによってもたらされたサイケデリック・トリップに転化する。そこで彼の拡大された意識に現れるのは、冷戦下の南米から地理的、歴史的、イデオロギー的に脱コンテクスト化されたカオス状の「ごちゃまぜの都市」である。「あらゆる人間の可能性」は「広大な静寂の市場」にヘゲモニーなしに横たわる。南米リマにて、「精神の蔓」ヤーヘに導かれたアメリカ人旅行者が最後に見たヴィジョンは、冷戦期の合衆国と南米諸国との二項対立図式を溶解させる「ごちゃまぜの都市」という魔術的リアリティであった。

ワッソンの記事とバロウズの「ヤーヘを求めて」は、ともに中南米・南米を舞台とする幻覚性植物を追い求めるエスノ・ボタニカルな旅行記である。シュルティスの例のように、当時の民族植物学の調査研究が、冷戦期合衆国の南米政策という文脈なしには成立しえなかったように、ワッソンとバロウズのテクストもまた、冷戦下の政治的状況に支えられている。合衆国から南下する字義的な「旅」と幻覚性物質による比喩的な「トリップ」が併存するこれらのテクストは、六〇年代のサイケデリック文化の萌芽を条件づけた「意識の拡大」という言説の形成に少なからぬ影響を与えることになる。

二　「意識の拡大」という言説

アメリカ西海岸の対抗文化の状況を報じるアンダーグラウンド誌、『サンフランシスコ・オラクル』が六六年九月二〇日に創刊された。本紙創刊に寄せた「人間の証」なる記事に、対抗文化的心性とサイケデリクスとの浅からぬ関係が表明されている。

私たちの社会を迅速かつ健全に変える最も効果的な方法は、幻覚剤で意識を拡大し、対抗文化の流れに同調して、既存の社会から離脱することである。抗議することでは、十分な変革はもたらされなかった。実際、ベトナムの人々は救われていないし、我が国の黒人がおかれた状況もさして変わっていない。体制は現に存在しており、破壊を続けている。……東洋では修行と瞑想によってカメラではとらえられない内的認識という領域に向き合ってきた。今日、西洋社会は幻覚剤を通してこの領域に踏み込もうとしている。幻覚剤によってその領域に到達することが破壊をもたらすかもしれない。しかし、われわれはこの変革に注目し、その様子を映し出すことが新しいメディアの使命だと信じて疑わない。（コーエン 二）

この記事はティモシー・リアリーのクリシェ「ターン・オン、チューン・イン、ドロップ・アウト」というフレーズを引用しながら、幻覚剤を用いた「意識の拡大」に社会変革の可能性を見るものである。幻覚剤による「意識の拡大」が言説として当時の大衆文化の末端にまで浸透するに至った要因として、アンダーグラウンド・プレスの役割は大きかった。東海岸ではニューヨーク界隈の『イースト・ヴィレッジ・アザー』、西海岸ではロサンゼルス界隈で流通した『ロサンゼルス・フリー・プレス』を皮切りに、サンフランシスコ・ベイ・エリアを拠点とする『バークレー・バーブ』、『サンフランシスコ・オラクル』等の出現により、主流メディアがゴシップ的にしか取りあげなかった新しい文化の動向が生々しく報じられることになる。とりわけ冒頭で引用した『サンフランシスコ・オラクル』は、十万部を超える発行部数はもとより、ゲーリー・スナイダーやギンズバーグらビート系文学者による寄稿や、リチャード・グリフィン、ブルース・コーナーらサイケデリック・アーティストによるデザインに彩られ、大いに好評を博した。二年間の発行期間の紙面を概観すると、ティモシー・リアリーやケン・キージーら、サイケデリックの伝道師たちの思想と動向を紹介する記事が存分に掲載されていることがわかる。これら六〇年代中盤以降に広く流通したアングラ紙の情報がなければ、「意識の拡大」という言説は形成されなかっただろう。

した「意識の拡大」という言説が広く流布するにあたって、幻覚剤が人間の精神に与える影響と可能性を学術的に模索したハーバード大学の若き研究者一派の功績は大きい。その筆頭に挙がるのは、臨床心理学者にして、後年、サイケデリックの導師に転向するティモシー・リアリーである。リアリーは、ワッソンの魔法のキノコ探求譚に大いに触発されて、六〇年にメキシコでマジック・マッシュルームによる幻覚を体験したのをきっかけに、その主成分であるサイロシビンの調査に着手する。リアリーを一人の若き有能な心理学者という立場から、サイケデリック革命の伝道師へと転向させたのは、一九六二年のＬＳＤとの遭遇だった。

リアリーは学内における研究を行うかたわら、学外においてもアレン・ギンズバーグらビート派の芸術家を巻き込んだ実験を展開する。彼の幻覚剤による意識変容の試みは、大学という公的空間から次第に対抗文化の只中へ拡大していく。大学内での反対派の圧力が強まったこともあり、リアリーは自由な研究環境を求めてハーバードを辞して、哲学者アラン・ワッツらと「内的自由を求める国際連合（ＩＦＩＦ）」を設立、その後それを改組してニューヨーク州ミルブルックに「キャスタリア財団」を設立する。いわゆるお堅い制約が多い公的研究機関のオルタナティヴとして私設研究所を作ったことで、彼は意識革命へ舵をきることになる。

東海岸におけるリアリーの活動が科学的知見に基づくものであったのに対して、西海岸では作家ケン・キージーを中心として文化的、芸術的な試みとしてのアシッド・テストが繰り広げられた。キージーはアルバイト先であった復員兵病院でＬＳＤやメスカリンなどの幻覚剤を体験する。この当時の幻覚体験に着想を得て書かれたのが彼の代表作『カッコーの巣の上で』（一九六二）である。この作品の執筆後、キージーは取り巻きのメリー・プランクスターズとともに特別仕様のスクールバスで全米を横断し、ＬＳＤセッションを繰り広げる。キージー自身が主人公を演じるこのバス旅行は、次節で論じるトム・ウルフによる『クール・クールＬＳＤ交感テスト』（一九六八）において文字通りロード・ノヴェルとして結実する。

三　サイケデリック・ハイウェイの走り方

批評家ケイティ・ミルズは『ロード・ストーリーと反逆者』（二〇〇六）において、第二次大戦後のロード・ナラティヴを「自律性（オートノミー）と移動性（モビリティ）というアメリカ人の自意識を運ぶもの」（三）と評し、「オートモビリティ」なる概念を提示する。ミルズの論考では、ビート系文学者のテクストに、その「オートモビリティ」発動の契機が求められ、支配的な文化に対する抵抗の諸相が見出される。なるほど、あらためて移動性という概念と不可分なバロウズ、ギンズバーグ、ケルアックらのテクストにみられる個人の自由の称揚や、既存の価値観を問い直すスタンスなどを念頭に置くならば、ミルズの主張には十分な説得力がある。この節では五〇年代から六〇年代にかけてのハイウェイ・ナラティヴを検討することで、対抗文化という文脈の中で「ハイウェイの走り方」がどのように変容したかという問題について考えたい。

周知のとおり、ケルアックが『路上』で提示したのは、ウォルト・ホイットマンが「オープン・ロードの歌」で幻視した「オープン・ロード」にほかならない。ホイットマンのあまりにも有名な「心も軽く、おれはオープン・ロードを歩いていく／健康で自由、世界は目の前に広がっている／どこまでも続く褐色の道が、僕の行きたいところに誘ってくれる」（二四九）という一節はビート作家のハイウェイ表象に引き継がれる。主人公サル・パラダイスがニューヨークを出て、ディーン・モリアーティに会うためにデンヴァーに向かうとき、彼の前には解放区としてのハイウェイが広がる。冷戦期の「封じ込めの文化」がもたらした閉塞状況に対峙する「抵抗としての放浪」という枠組みから、この作品は対抗文化的心性を代弁するテクストと目されることになる。

サルが旅するハイウェイは、大都市と無数のスモール・タウンをつなぐ道である。メトロポリスの大学生であったサルは、ハイウェイを経由して、合衆国各地のローカルな文化を再発見していく。ヒッチハイカーであるサルの旅は、運転手の意のままに分節化される。というのも、ヒッチハイクの旅においては、車の所有者の事情に合わせて、いくつもの田舎町を転々とすることが条件づけられているからだ。サルが「俺たちはこの時代の唯一高貴な営みをしていた。移動することだ」（一二五）と宣言するように、知られざるアメリカ再発見の旅路においては、「物理的に」移動することに重きが置かれる。メトロポリスを起点として、中西部、西海岸、深南部、そしてメキシコへとハイウェイの放浪は続く。道中に立ち寄ったスモール・タウンにおけるローカルな経験の集積は、結果的に、五〇年代合衆国のアウトサイダーが紡ぐナショナルな空間イメージに結実する。ジョン・スタインベックが『怒りの葡萄』（一九三九）で描いた夢のカリフォルニアを目指すオーキーたちの物語とは対照的に、『路上』には移動することの確たる目的は存在しない。目的地に到達することよりも、「動き続けること」に価値が置かれる。五〇年代のコンフォーミズムに浴した主体は、ハイウェイ沿いにさまざまな「地域」を旅することで自律的主体となり、文化の複数性を目にしながら自己を更新する。

本書は反体制的な若者に好意的に受け入れられ、バックパッカーの聖典と目されるようになった。ところが興味深いことに、六〇年三月号の旅行雑誌『ホリデイ』に掲載されたケルアックのエッセイ「消えゆくアメリカのホーボー」は、アメリカ文化史上の伝説的な放浪者たちをノスタルジックに語りながらも「アメリカのホーボーは今日厳しい時代を迎えている。ハイウェイや鉄道の操車場、海岸線、川筋の低地、土手、産業社会の夜の無数な隠れ家などで警察の監視が強化されているからだ」（六〇）と警察による監視強化によって、放浪の旅が困難なものになったことを明かす。歴史家ジョン・T・シュレベッカーによれば、四〇年代末にはじまる赤狩り旋風による抑圧的な世相の影響で、ヒッチハイク文化は衰退の一途をたどり、五〇年代初頭には『リーダーズ・ダイジェスト』、『コスモポリタン』などの「メディアの力によって、ヒッチハイカーは批判にさらされた」（三二六）という。さらに、アメリカ自動車協会やアメリカ連邦捜査局による反ヒッチハイク・キャンペーンがその流れに追い打ちをかけた。そもそも『路上』のネタ元であるケルアック自身のハイウェイ放浪は、作品が出版されるはるか以前、四七年と四九年までさかのぼらねばならない。つまり、『路上』はすでに失われた解放区としてのハイウェイと、なつかしき路上放浪者を物語るテクストといえる。「消えゆくアメリカのホーボー」で示された、管理空間としてのハイウェイの姿は、トマス・ピンチョンの『競売ナンバー49の叫び』(一九六六)の一節において次のように描かれている。

日曜日なので静かで淀んだ感じだけれど、時折、不動産会社やトラック用のサービス・エリアが開いている。エディパは今度モーテルを見つけたら、どんなに汚い所でも車を止めることに決めた。ある時点からこんなスピード、自由、髪をなでる風、移り変わる景色といった現実味のない幻想よりも、静かで、壁に囲まれたところの方が良いように思えた。この道の正体は、どこか先の方でフリーウェイという静脈に刺さった皮下注射の針なのだ。つまり、幹線道路を走るロスの人にヤクを注ぎ込む血管なのだ。おかげでロスの人々は幸せで、一体感を保ち、痛み、あるいは街に苦痛をもたらすものから守られているのだとエディパは夢想した。(一五)

エディパはロサンゼルスのハイウェイを、麻薬常習者の血管になぞらえ、麻薬によって麻痺させられたロサンゼルスの街の虚構性を見抜いている。この一節は五〇年代に始まった道路網整備の結果として出現した新しい路上の姿を比喩的に表現したものといえる。ドワイト・アイゼンハワー大統領は、一九一九年に合衆国陸軍自動車輸送部隊に参加した経験もあいまって、新たなハイウェイの整備が安全保障上重要な課題であると考え、大陸を短時間で移動できる道路整備の必要性を痛感していた。それまで各州に委ねられていた道路整備計画は連邦政府に一元化され、五六年に全米州間国防道路網(インターステイト・ハイウェイ・システム)の建設が始まる。物流の効率化という目的のほかに、冷戦期らしく軍事活動を円滑に進め、核戦争などの有事の際に、都市部から速やかに人々を避難させることをも考慮した多目的道路網であるところが特徴である。このような多目的な用途に加えて、この道路網が統一基準に基づく路線番号の付与、道路の規格、制限速度など連邦政府による厳密な計画のもとで建設されたことも見逃せない。インターステイト・ハイウェイの整備によって、都市と郊外との間を車で往復する生活モデルが一般化し、日常生活のあらゆる局面でこの道路への依存が強まる。『競売ナンバー49の叫び』でエディパが見たものは、近代的なハイウェイ・システムに支えられた画一化された都市の姿であり、麻薬が流れる血管というハイウェイの比喩は、人々に苦痛すら感じさせない管理と統制のシステムと解される。

このようなハイウェイの変容を受け、六〇年代のサイケデリック文化の動態を描いたニュー・ジャーナリズムにおいては、ハイウェイの旅自体も変化の兆しをみせる。トム・ウルフの『クール・クールLSD交感テスト』は、ケン・キージー率いるメリー・プランクスターズのバス旅行の道中を描いたノンフィクション・ノベルである。六四年、中古落ちのスクールバスにサイケデリックな彩色を施し、「もっと遠くへ」という行先表示を付して、カリフォルニア州ラ・ホンダのコミューンから「正真正銘のアメリカへ」（八七）出発する。当時、ティモシー・リアリーは『エクスタシーの政治』（一九六八）において、「外的世界における移動」に代わって、LSDによる「人間の内的世界」（三五六）へのトリップに意識革命の可能性を見出していた。このようなリアリーの認識と同様に、キージーは空間的な移動はもとより、幻覚剤によるサイケデリック・トリップにあらたな可能性を見出していたようだ。

このサイケデリック・トリップがキージー自身によってではなく、トム・ウルフによってノンフィクション・ノヴェルの体裁で世に出たことには事情があった。このバス旅行の企画が持ち上がった六四年当時、キージーは『カッコーの巣の上で』に続く長編小説『時には偉大な観念を』（一九六四）を書き終え出版間近の状況にあった。しかし、この時点でキージーは「われわれ物書きというものは、統語法にとらわれているのだ」（ウルフ、一五三）と述べ、小説というアート・フォームの限界を表明する。批評家トニー・タナーは、小説を「書く」ことに見切りをつけたキージーについて「彼は文学を越えて現実の生活に入り、それまでは描くだけであったある種の幻想を、実際に演じてみせた」(三八〇)と評している。小説に代わってキージーが目をつけたのは、自身と仲間たちの営みをそっくりそのまま収めることができる映画だった。このバスには最新鋭の撮影機材が持ち込まれ、「今という瞬間をすべて記録する世界で初めてのアシッド映画」(一三六)の制作が始まる。しかし、結論からいうとキージーが撮影したロード・フィルムが完成を見ることはなかった。総計四十五時間にも及ぶフィルム・テープと彼らの生の声を録音した音源との編集が困難をきわめ、技術的な問題から作品として完成を見ぬまま頓挫してしまったからだ。したがって、この映画撮影旅行を記録したウルフの作品が、このバス旅行の全貌を伝える唯一の媒体となった。ウルフによるこのバス旅行の記述を見てみたい。

急げ、合衆国南西部を横断している俺たちの顛末のすべてをフィルムとテープに記録するんだ。冷蔵庫、ガスコンロ、流し台、ベッド、毛布、そしてLSD、覚醒剤、大麻を積み込んだバスに乗りこむ。ハーゲンは撮影用カメラを操り、他の奴らはマイクロフォンに群がっている。ロックン・ロールやジミー・スミスの音楽がバスの轟音を凌駕して鳴り響く。シャツを脱ぎ捨て、カウボーイ・ハットみたいな麦わら帽子をかぶったニール・キャサディはかつてないほどのスピードを出し、運転席で体を弾ませながらギアをいじっている。(七三―七四)

『路上』のディーン・モリアティのモデルとされたニール・キャサディがハンドルを握るバスは、猛スピードでハイウェイを疾走する。ウルフはキャサディについて「かつてキャサディは、ケルアックやビート・ジェネレーションの使者だったが、今はキージー一味の使者となったのだ。いったいどんな風に? 路上で前よりもずっとワイルドになったし、前に比べてはるかにイカレている。新旧交代といったところだ。ケルアックは過去の星で、キージーは西部からやってきてどこに向かっているのかわからない彗星なのだ」(一〇二)と述べている。ドラッグで酩酊した仲間たちを乗せて突き進むこのバスの旅路は、先行するロード・ノヴェルにはない過剰なスピード感に特徴づけられている。そこには『路上』にみられる緩慢な移動のイメージはない。かつての自動車旅行者たちが道すがら立ち寄ったハイウェイ沿いのスモール・タウンは、全速力で走り抜けるバスのスピードとともに瞬く間に流れ去る。端的に言うならば、このバスの旅路には出発点と目的地しか存在しない。もちろんハイウェイの旅であるがゆえに、正確な意味では数々の経由地が存在するが、その途中の描写が完全に欠落している。結果として、『路上』にみられる道すがらの人々との自然発生的なコミュニケーションの機会は影をひそめ、プランクスターズというカルト集団内部の出来事の描写が大半を占める。彼らの旅では空間移動よりも、幻覚剤による意識のトリップの方に意味が与えられている。ウルフが繰り返し指摘するように、彼らがこのサイケデリック・ロード・トリップを通して重視するのは、プランクスターズのメンバー間の「間主観性」、つまり幻覚剤によってもたらされる意識の共有である。このバスはいわばメンバー同士の間主観的な意識共有をめざす移動するコミューンと考えることができる。サル・パラダイスがハイウェイを旅することで自律的主体になったのに対して、キージー率いるプランクスターズは集合的な意識を獲得し、バスはひとつの運動体としてハイウェイを疾走する。

ウルフが素描するキージーが育った町、つまり、大戦後のオレゴン州ウィラメット・バレーは、ハイウェイとショッピング・センターに特徴づけられる「ネオン・サインの波が押し寄せた」（三七）、モータリゼーションの時代の郊外であった。静的で閉ざされた感のあったスモール・タウンは、ハイウェイの建設によって「自由と移動の時代の到来」（三七）を見た。ところが、抑圧的な五〇年代を経た六〇年代には、解放区としてのハイウェイは既に失われている。キージーの『カッコーの巣の上で』において、合衆国の象徴として描かれる「コンバイン」なるシステムは、全土に網の目のような監視ネットワークを張り巡らせている。この小説の最後で、合衆国のミニチュアモデルと目される精神病院から脱出した幻視の語り手ブロムデン酋長は、ハイウェイを北上する。しかし、彼が「コンバイン」の手にかからずに逃げおおせるとは思えない。『カッコーの巣の上で』においてキージーが描いたハイウェイには国家による管理と統制の影が付きまとう。失われたオープン・ロードを走るキージーとプランクスターズのバスは、全米をフルスロットルで駆け抜けると同時に、幻覚剤を燃料にして拡大された意識の中を陽気に突き進む。

結

六九年公開の映画『イージー・ライダー』は、LSDによる幻覚体験を映像に導入したサイケデリック・ロード・ムービーである。ピーター・フォンダ扮するワイアット（キャプテン・アメリカ）と監督を務めたデニス・ホッパーが演じるビリーによるモーターサイクルの旅路は、その表題にある「イージー」という言葉とは裏腹に、数々の苦難に満ちている。二人はニューメキシコ州のスモール・タウンで警察に留置され、ニューオリンズでは地元民の反感を買い野宿している最中に襲われる。その後、ミシシッピ川沿いを走る二人は、トラック・ドライバーにショットガンで射殺され、この映画の幕は下りる。六〇年代のアウトサイダーが、スモール・タウンの保守層に抹殺されるという筋書きのこの映画は、公開された六九年という対抗文化の黄昏を見事に描いてみせた。バイクで風をきりながらハイウェイを走るふたりの旅路は、キージーらが走った陽気なサイケデリック旅行の対極にある。

ハンター・S・トンプソンは、トム・ウルフ同様に六〇年代のハイウェイ文化を『ヘルズ・エンジェルズ』（一九六六）に記録したニュー・ジャーナリストとして知られている。最後に言及しておきたい作品は、トンプソンの『ラスベガスをやっつけろ！――アメリカン・ドリームを探すワイルドな旅の記録』（一九七一）である。作品のプロットは実にシンプルだ。トンプソンのペルソナであるラウル・デュークとその相棒ドクター・ゴンゾーがバイク・レースを取材するために、ロサンゼルスからラスベガスまでありとあらゆる薬物を満載した車で、猛スピードで旅する道中が語られる。この作品のテーマは、サイケデリックな六〇年代対抗文化の終焉である。二人は旅の途中、純粋な享楽を目的としてさまざまな薬物を過剰摂取し続け、バッド・トリップを繰り返す。そこには六〇年代後半に一世風靡した「意識の拡大」のようなもっともらしい大義名分は存在しない。デュークは、田舎から出てきた少年ヒッチハイカーを同乗させる。しかし、ドラッグで酩酊したままの狂気のドライヴに少年は慄き逃げるように降車する。もはや牧歌的な少年ヒッチハイカーが夢見るのどかな放浪の時代ではない。ド派手なオープンカーは空々しくもアメリカン・ドリームを求めて、常軌を逸したスピード、時速一一〇マイルでハイウェイを疾走する。車窓には「このあたりの砂漠といえば、大量殺人を起こしたあのマンソン・ファミリーが住んでいた場所ではないか」（五）という一節ように、六〇年代対抗文化の残滓が流れていく。

ここにはもう六〇年代を突き動かしていたスピードはない。興奮剤《スピード》の類は時代遅れになった。ティモシー・リアリーのトリップの決定的な間違いもここにある。合衆国全土で「意識の拡大」を売ってまわったが、彼を信じすぎた人々に待ち受けていた生々しい現実については少しも考えたことがなかった。……三ドルで平和と理解に満ちた世界が実現できると思い込んでいた、かわいそうなLSD中毒なのだ。だが、彼らの過ちと失敗はわれわれのものでもある。（一七八）

トンプソンが総括するように、「意識の拡大」という言説は、六〇年代が終わりを迎える頃、急速に説得力を失っていく。リアリーやキージーのような伝道師たちによって導かれたサイケデリック革命は、若年層のライフスタイルを変えるとともに、音楽、文学、アートなどのさまざまな分野に多大な影響を与えた。しかし、実際はLSDを筆頭とする幻覚剤の摂取が大衆レベルで一般化した期間は決して長くはなかった。合衆国のサイケデリック文化の萌芽から終焉に至るまでの経緯を、膨大な資料検証をもとに歴史化した大著『アシッド・ドリームズ』（一九八五）の著者マーティン・A・リーとブルース・シュレインによれば、「アシッドがはじめて大学のキャンパスに出回ったのは、合衆国の政治的動乱が過熱しはじめた一九六五年」（一三二）であり、「単なるコミュニティ文化だったサイケデリック現象が、いわゆる『カウンター・カルチャー』という存在へ飛躍的に一歩を踏み出すことになったのは、一九六七年一月に催されたサンフランシスコの『ヒューマン＝ビー・イン』のあとだった」（一九四）という。リーとシュレインが指摘する六七年以降というサイケデリック文化の隆盛期は、同時にこの文化の「終わりのはじまり」であったと考えねばならない。というのもすでに六五年にはＬＳＤの非合法な販売は軽犯罪とされ、六八年には所持は軽犯罪に、販売は重罪とするドラッグ乱用規制法の修正がなされたからである。法規制の強化の影響もあいまって、六六年十一月号の『サンフランシスコ・オラクル』は、キージーのＬＳＤからの卒業声明を掲載するに至る。その後、サイケデリック革命の斜陽を決定づけたのは、『ラスベガスをやっつけろ！』においても言及される、サイケデリック・カルト・コミューンの首謀者チャールズ・マンソンによる女優シャロン・テートを含む五名の殺人事件（六九年）である。七〇年にはジミ・ヘンドリクスとジャニス・ジョプリンという二人のミュージシャンがオーバー・ドースよってこの世を去り人々に衝撃を与えた。サイケデリック文化終焉のプロセスを確認したうえで、改めてトンプソンの作品を読み返すならば、オーバー・ドースに等しい薬物摂取を繰り返す文字通りの「バッド・トリップ」は、サイケデリック旅行記というジャンルの終わりを物語っていると言えるだろう。

引用・参考文献

Banco, Lindsey Mhicael. *Travel and Drugs in Twentieth-Century Literature*. New York: Routledge, 2009.

Burroughs, William S. *Junky: The Definitive Text of 'Junk'*.1953. New York: Penguin, 2008.『ジャンキー』鮎川信夫訳、思潮社、一九八〇年。

Burroughs, William S., and Allen Ginsberg. *The Yage Letters Redux*. Ed. Oliver Harris. San Francisco: City Lights, 2006.『麻薬書簡　再現版』山形浩生訳、河出書房新社、二〇〇七年。

Cohen, Allen. "Affirming Humanness." *San Francisco Oracle* 1, Sep. 1966: 2.

Easy Rider. Dir. Dennis Hopper. Perf. Peter Fonda, Dennis Hopper, Jack Nicholson. Columbia Pictures, 1969. Film.

Emerson, Ralph Waldo. *The Essential Writings of Ralph Waldo Emerson*. Ed. Brooks Atkinson. New York: The Modern Library, 2000.

Kerouac, Jack. *On the Road*. 1957. New York: Penguin, 1999.『オン・ザ・ロード』青山南訳、河出書房新社、二〇一〇年。

——. "The Vanishing American Hobo." *Holiday* Mar. 1960: 60–61.「消えゆくアメリカのホーボー」『孤独な旅人』中上哲夫訳、河出書房新社、二〇〇四年。二八〇—九七頁。

Kesey, Ken. *One Flew Over the Cuckoo's Nest*. New York: Penguin, 1962.『カッコーの巣の上で』岩本巌訳、白水社、二〇一四年。

Leary, Timothy. *The Politics of Ecstasy*. New York: Putnam's, 1968.

Lee, Martin A., Bruce Shlain. *Acid Dreams: The Complete Social History of LSD: The CIA, the Sixties and Beyond*. New York: The Grove Press, 1992.

Mailer, Norman. *Advertisement for Myself*. New York: Putnam's, 1959.『僕自身のための広告』山西英一訳、新潮社、一九六二年。

Mills, Katie. *The Road Story and the Rebel: Moving through Film, Fiction, and Television*. Carbondale: Southern Illinois UP, 2006.

Musgrove, Brian. "Narco-travelogues and Capital's Appetites." *Studies in Travel Writing* 5.1 (2001): 130–148.

Pynchon, Thomas. *The Crying of Lot 49*. 1966. New York: Harper, 1999.『競売ナンバー４９の叫び』佐藤良明訳、新潮社、二〇一一年。

Schlebecker, John T. "An Informal History of Hitchhiking." *The Historian* 20 (1958): 305–327.

Steinbeck, John. *The Grapes of Wrath*. 1939. New York: Penguin, 2006.『怒りの葡萄』大久保康雄訳、新潮社、一九六七年。

Tanner, Tony. *City of Words: American Fiction 1950–1970*. New York: Harper, 1971.

Thompson, Hunter.S. *Fear and Loathing in Las Vegas: A Savage Journey to the Heart of the American Dream*. 1971. New York: Vintage, 1998.『ラスベガスをやっつけろ!――アメリカン・ドリームを探すワイルドな旅の記録』室矢憲治訳、筑摩書房、一九八九年。

——. *Hell's Angels: The Strange and Terrible Saga*. New York, Penguin, 1966.『ヘルズ・エンジェルズ――異様で恐ろしいサガ』飯田隆昭訳、国書刊行会、二〇一〇年。

Wasson, R. Gordon. "Seeking the Magic Mushroom." *Life Magazine* 13 May 1957:100–102, 109–120.

Whitman, Walt. *Leaves of Grass: Comprehensive Reader's Edition.* Eds. Harold W. Blodgett and Sculley Bradley. New York: Norton, 1968.
　『草の葉　初版』富山英俊訳、みすず書房、二〇一三年。

Wolfe, Tom. *The Electric Kool-Aid Acid Test.* New York: Picador, 1968.『クール・クール・ＬＳＤ交感テスト』飯田隆昭訳、太陽社、一九九六年。

路上の果てのヴェトナム
――ラリー・ハイネマンにおける帰郷のありかた

松本　一裕

序　ヴェトナムの影

二〇〇六年十一月十一日シカゴ歴史記念館で「ヴェトナム戦争作家たち」と題されたパネル・ディスカッションが行われた。パネリストとして名を連ねたのは、ヴェトナム戦争自伝作品《メモアー》の傑作『戦争の噂』（一九七七）のフィリップ・カプート、ヴェトナム人移民たちの視点から語った画期的な短編集『ふしぎな山からの香り』（一九九二）のロバート・オーレン・バトラー、アメリカ社会に受け入れられないままに放浪を余儀なくされる帰還兵を描いた『パコの物語』（一九八六）のラリー・ハイネマンの三人、そして半自伝的に戦争の無意味さを追求した『フラグメンツ』（一九八四）のジャック・フラーが司会を兼務した。ここにティム・オブライエンが加わっていれば、ヴェトナム戦争文学の評価を確立した立役者がほぼ揃うことになったであろう。このパネル・ディスカッションの様子をシカゴ歴史記念館のインターネット・サイトの動画で鑑賞したが（Chicago History Museum 参照）いざ見終わってみると、ハイネマンの存在が他の三人とはずいぶんと異質であるような印象を受けた。

つまり、ハイネマン以外の三人はパネル・ディスカッションにおける自分たちの役割を過不足なく了解し、いかにも成熟した作家にふさわしい発言と態度を示し、作家という立場をつうじて社会のなかに自らの居場所をしっかりと見出しているという印象を受けた。それに対してハイネマンは、発言をしばしば脱線させたり、為政者と軍隊の「虚偽」をあげつらって声を荒げたりするなど、いくぶんその態度がぎこちない印象を受けた。「自分はいまだに頭にきている《ピスト・オフ》」という彼の「暴言」が、ヴェトナムからのアメリカ軍完全撤退後三十年以上が経過しても、彼にとってのアメリカ社会への帰還がいまだ保留状態にあることを物語っているように響いた。他の三人のパネリストには感じられない色濃いヴェトナムの影が彼の作家としての存在を覆っているようであった。

ハイネマンはほぼ開口一番「自分はヴェトナム戦争を経験したがゆえに作家になった、ヴェトナム戦争を経験したにもかかわらずにではない」と述べた。『パコの物語』のペーパー版「まえがき」の冒頭 (xi) でも同様の言葉を記している。戦争体験と作家活動のこのような関係はもちろん他のパネリストにも程度の差こそあれ共通して当てはまることであろう。ただしフラーはジャーナリストとしてヴェトナムに従軍したのであり、バトラーはヴェトナム語の研修を経て現地で諜報活動に携わっていただけで、二人とも戦闘員として実戦は経験していない。戦闘員として実際に戦場を経験したのは、カプートとハイネマンであるが、カプートは大学での予備役将校訓練課程を経て海軍少尉の小隊長としてヴェトナムで戦場を経験したのであり、従軍したのも戦争の初期（一九六五年から六六年）である。その一方でハイネマンは、ヴェトナム戦争が本格的に泥沼化した時期にあたる一九六七年から六八年まで、召集された一兵卒として最も苦しい戦場の現場を経験している。短絡は禁物であるが、他のパネリストとは異なるハイネマンのこのようなヴェトナム経験の位相が彼のヴェトナムの影の独特な濃さとなって現われたのかもしれない。さらに言えば、従軍以前に意識的に書くことと一切無縁だったのはハイネマンだけであり、文字通り「ヴェトナム戦争を経験したがゆえに作家になった」ことが当てはまるのはパネリストの中では彼のみということになる。[1]

小説家としてもハイネマンは他の三人とは明らかに異なっている。ジャーナリストが本職であるフラーは別にして、フルタイムの小説家であるカプートとバトラーはヴェトナム体験の題材にこだわらずに多様多産な創作活動を展開してきているが、ハイネマンの方は異常なくらいに寡作である。小説としては二〇一四年現在までに、ヴェトナム体験と関連した『クロース・クォーターズ』（一九七四）と『パコの物語』の二作、それに地元シカゴを舞台にした喜劇小説が一作あるのみであり、単行本としても他に、ヴェトナム再訪を描いたノンフィクション『ブラック・ヴァージン・マウンテン』（二〇〇五）が存在するのみである。とくに『パコの物語』執筆には八年を費やしたと本人がハーツォグ編纂のインタビューで述べてもいる（2008 七六）。パネル・ディスカッションでのハイネマンの様子を目撃し、その特異な作家活動に思いをはせると、彼は大学で創作を教えもするフルタイムの小説家ではあるが、自ら小説家として円環を閉じるのを拒否しているのではないかという印象を抱いてしまう。さらに言えば、彼は小説家でありながら作品のなかで自らの経験に文学的な結末をつけるのを拒み続けているのではないかとも思う。このことは、次々と州境を越えて西へ西へと放浪を重ねる元兵士をとおして、ヴェトナム戦争帰還兵とアメリカ社会の葛藤という戦争の後遺症の問題を追求した『パコの物語』を検討することで明らかになるであろう。また同様な問題をテーマにほぼ同時期に出版されたカプートの『インディアン・カントリー』（一九八七）とこの作品を比較検討することで、ハイネマンにおけるヴェトナムの影の意味合いも解明されるはずである。

一　戦場から路上へ

カプートは『インディアン・カントリー』で主人公の妻に「撃ち合いが止み条約が結ばれたからといって戦争は終わりはしない。実際戦闘に携わった者たちの傷ついた心のなかで戦争はいまだ続いている」（三八二）と独白させているが、この作品もハイネマンの『パコの物語』も、ヴェトナム戦争帰還兵の社会復帰の困難さを真正面から描いている。ただし、両作品それぞれの展開は対照的に逆方向である。

『インディアン・カントリー』の主人公クリスチャン・スタークマンはヴェトナムの戦場において自らの誤報による誤爆でネイティヴ・アメリカンの幼馴染を死なせてしまい、一時正気を失い軍の精神病院に送られた経歴を持つ。そのような過去の秘密を抱きつつ本国に帰還した彼は、自分にとって居場所のない実家を出て放浪した果てにミシガン州の五大湖近くの森林地帯に流れ着き、木材会社の職を得て結婚もし、二児の父親となる。しかし過去の記憶に苛まれ次第に現実社会と齟齬をきたした彼は、人間関係を忌避するようになり、しまいには戦死した戦友との交流という妄想世界に引き込まれていく。そのような彼にとって現実社会の唯一理想的な場所は、人々が互いに無関心でいることができ、自分が「不可視の存在」になることのできる、都市郊外のハイウェイ沿いのフランチャイズ・ファーストフード店である。そのような無機質ともいえる世界が広がる路上生活に彼はあこがれる。

スタークマンは席を立つと、食べた後のゴミを捨て、バーガーキングに一日中いることができたらいいのにと思った。それから外に出てトラックに乗り込み幹線道路に出た。ミスタードーナツやテイスティーフリーズやマクドナルド……の前を通過しながら、他には何もないこういう町の外れなら、山奥の隠者のように完璧に社会から逃れることができると彼はふと思った。ファーストフード・レストランで食事をして、安モーテルに寝泊まりし、町から町へと移って行けばいい。幹線道路を渡り歩くノマドになればいいのだ。社会の隅の住民となって、誰にも気づかれず、誰の記憶に残ることなく、人知れず暮らすこともできるのだ。(八四)

ただしスタークマンは路上の世界へと出ていくことはなかった。PTSDの発作に苛まれて内面的葛藤を繰り返す彼は、妄想上の戦死した戦友たちに導かれるまま死の世界へと傾斜してゆき、「敵」を迎え撃つべく森林地帯に接した自宅の正面付近にヴェトナムの戦場さながらに塹壕を掘って立てこもるまでに至る。

そのようなスタークマンとは対照的に『パコの物語』のパコは小説の冒頭からしてすでに年季の入った放浪者であ

る。手持ちのお金で行ける次の町まで長距離バスに乗って移動を繰り返し、いま彼は変哲のない小さなとある田舎町に降り立つ。目前の相手のはるか彼方を眺めやる例の特徴的な虚ろな眼差しをして、杖をたよりに不自由な足どりで歩く彼が、ヴェトナム帰りだということは誰にとっても推測がつく。町の住民はヴェトナム帰還兵とおぼしいよそ者を好奇の目をもって迎えるが、例えば「あいつらヴェトナム帰りはどいつもこいつも返済してもらう借りがあるとでも思っていやがる」（八五）というような偏見でしか彼を見ようとはしない。パコはそのような世間の冷たいまなざしに反発することもおもねることもなく、住民がたむろするバーなどで「名前はパコ。バスで着いたところさ。仕事をさがしているのだけど、心あたりないかね。それにどこか泊まりたいんだが」（六四）とだけ、自分に対しても世間に対しても傍観者然とした口調で簡潔に自己紹介をし、よそ者としての距離を保ちながら町へと入ってゆく。

『インディアン・カントリー』のスタークマンについては少年時代から現在に至るその生い立ちと内面の遍歴が詳細に描かれているが、『パコの物語』においては、パコがヴェトコンの攻撃で壊滅させられた中隊の唯一の生存者であること、彼が瀕死の状態で発見されて奇跡的に命を取りとめたこと、そしてそのおり彼はどのような意識状態にあったか、それら以外彼の過去について一切語られていない。そしてこの過去の出来事以外は、すべて現在時制で語られていく。だから語り手の「おれたち」(we)、その語り手に「ジェイムズ」と呼びかけられる者（たち）、そして読者は、パコとともにブーンという名のどことも知れぬ町へと長距離バスから降り立ち、彼とともに町の人々の反応を刻々と感じ取り、さらには逆に町の人々とともに彼の挙動を刻々と窺うことになる。パコの現在の姿と言動が克明なリアリズムで語られていくのだが、語りは決して彼のヴェトナム体験以前には踏み込みはしないのである。また、彼がどのような具体的な経緯で町から町へとハイウェイを移動する生活に陥ったのかも一切語られることはない。[2] パコはヴェトナムの戦場から路上生活へと一気に帰還させられたに等しいのである。

ここ最近のアメリカにおけるホームレスの四分の一が戦争経験者であり、さらにその中でヴェトナム帰還兵が半数近くを占めている（The National Coalition for the Homeless 参照）。おそらく『パコの物語』の時代背景であり、この作品の執筆時にも重なる時期、つまりヴェトナム戦争の忌まわしさが人々の記憶にいまだ生々しい一九八〇年代当時においてはなおさらに、ヴェトナム帰還兵の社会への復帰の問題が深刻であったはずだ。[3] パコのような登場人物設定は、社会がヴェトナム戦争という忌まわしい記憶を体現する彼らを受け入れようとはしなかったこと、すなわち彼らに戦場から帰還すべきホームを提供しようとはしなかったことに対応しているだろう。またパコのヴェトナム戦争以前の過去が消去されていることで、トマス・マイヤーズが指摘するように（二一三）、彼は特定の個人というよりアメリカ社会におけるヴェトナム帰還兵を象徴する「エヴリマン」的な存在になりえている。さらにはトビー・ハーツォグが指摘するように（1992 六八）、パコがバスから降り立つ変哲のない田舎町もそのロケーションが曖昧なままであることから、「合衆国のどこにでもある町」(anytown, USA) になりえているだろう。カプートの『インディアン・カントリー』においてはスタークマンの個人的な魂の苦悩と癒しと救済の物語の傾向が強く、最終的に社会に対する問いかけがほぼ消えてしまうのだが、それとは対照的にハイネマンの『パコの物語』では、ヴェトナム帰還兵とアメリカ社会の関係は緊張をもって最後まで維持される。つまり、とある田舎町の住人たち（つまりアメリカ社会）がヴェトナム帰りのパコをどう受け入れるのか（または受け入れないのか）が現在時制を中心に据えた文体によって刻々と問われていくのである。

二　断ずる亡霊、繋ぐ亡霊

ハイネマンはハーツォグとのインタビューのなかで戦争文学に触れて、そこには亡霊ものとも言うべき「きっちりとしたサブジャンル」が存在する（2008 八〇）と指摘しているが、彼の『パコの物語』にもカプートの『インディアン・カントリー』にもしっかり亡霊が出現している。なぜ亡霊が必要とされるのか、この問題をヴェトナム戦争に関して一般論として考察し、その後に『パコの物語』における亡霊の特異点を指摘し、パコにおける社会帰還の問題へとさらに踏み込んで論じることにする。

カプートは『戦争の噂』のプロローグで、「私たちはヴェトナムに対して性懲りもなく奇妙な親近感を抱いていた。さらに奇妙なことに、そこに戻りたいとまで望むようになっていた。……私たちは一般市民にもどっていたが、どうもその世界は自分たちには異質に思えた。そこにはもう自分たちの居場所がなかったのだ。その分むしろ私たちは、かつて自分たちが戦いそして戦友が死んでいったあちらの世界のほうに属していたのであった」(xvi、強調は引用者)と述べている。このカプートの証言に反応して生井英考は、「この同志愛は過去への郷愁を装った現在への幻滅を背にしている……いまや戻りようのない過去そのものへの郷愁であるというより、過去の想起を仲立ちとして現在の欠如を語ろうとする不安の感情に支えられたものなのだ」(七二)と指摘している。

「あちらの世界」(that other world)とは帰還兵の記憶に存在するヴェトナムの戦場のことであるが、その世界の強度は彼らが想起する戦友たち、すなわち戦死した友の存在の記憶の強度に支えられる必要がある。ここに帰還兵における戦死者への希求、すなわち帰還兵文学における亡霊の存在理由の一端を垣間見ることができるだろう。カプートの『インディアン・カントリー』はこのような亡霊の存在に支えられた「もどりようのない過去への郷愁」とその背後の「現在の欠如」への不安がさらにどのような様相を示すのか、スタークマンの苦悩を追求する過程で描かれている。すなわち先に引用したその路上生活へのあこがれを示す文で明らかなように、彼は現実に背を向けるに至るのであり、さらには亡霊の戦友たちに誘われるがまま、彼らが存在する死の世界という「あちらの世界」で「生きる」ことを望むようになるのである。

以上のような観点からすると『パコの物語』における亡霊は全く異質である。この作品の亡霊は読者を含む人々に呼び掛けて彼らを語りへと巻き込みつつ、パコと彼が体現するヴェトナム帰還兵やヴェトナムの経験そのものをアメリカ社会に引き取ってもらおうとしているのである。だからこの作品はおそらく戦争文学における亡霊ものジャンルでは画期的な位置を占めるはずで、イギリスのアメリカ文化史家のフィリップ・メリングもこの作品における亡霊による語りを「新たなアメリカの亡霊共同体の声」(二二三)とまで指摘している。しかし彼は「混乱を統御しながら語られるストーリーこそベストだ」というメルヴィルの言葉を引用しこの作品を例に挙げつつ、ヴェトナムの経験を社会的な経験として読者に共有してもらうためにはむしろ伝統的な文脈に根ざした「リアリズム」中心の表現こそ重要であると論陣を張っている。さらにその上で彼は、ヴェトナム戦争の混沌とした特異な経験を表現するためにはその混沌を表現するポストモダン的な新たな創作上の戦略が必須であるという大方の研究者たちの観方を糾弾しているのである(一一四―一一五)。おそらくそのために彼は、この作品における亡霊、すなわち語り手である「おれたち」の存在の創作上の重要な意義を見落としている。この亡霊の語り手こそ、リアリズムが基調の『パコの物語』において、そのリアリズムを超える画期的な創作上の要なのである。

『パコの物語』は「おれたち」(we)と自らを称する語り手で語られていくのだが、この「おれたち」とはヴェトナムで戦死したパコの戦友の一人であり、まずは全滅したパコの中隊の兵士たちを代表して「おれたち」と宣言しているのである。この語り手である亡霊の特徴は、先に指摘した亡霊たちとは異なり、パコとアメリカ社会を仲介しようとするところにある。亡霊の語り手はジェイムズという相手に向かって直接呼びかけたり語りかけたりして、パコの戦場での過去の様子を明らかにしたりパコの現在の様子をともに観察したり、さらにはコメントを加えたりする。「ジェイムズ」とは、ハイネマン自身が作品の「まえがき」で解説しているように、登場人物に対する名ではなく、基本的にはジムとかジャックとかジェイクと同様に路上などで見知らぬ相手に呼び掛けるときの呼称である(xii)。つまりパコの属した中隊の「亡霊共同体の声」は直接にアメリカ社会における任意の個々の人々であるジェイムズを相手に（さらには、書物という媒体を通じてたまたま出会った読者であるジェイムズを相手に）「パコの物語」を語って、彼らをして現在ただ今ここに存在するパコを引き受けさせようとしているのである。

語り手「おれたち」の「亡霊共同体」は決してパコを過去へと引き戻そうとはしない。なぜならパコはあくまで現在のこの場に自分の居場所《ホーム》を見出したいと望んでいるからである。パコはテキサスランチという食堂で働き始めるのだが、たまたまその食堂に立ち寄った同じくヴェトナム帰還兵の放浪者のジェッシーに「[ヴェトナムで悲惨な目にあい現在も障害を抱えていることに]悔しくはないのかい」と聞かれ、彼は「そのことでいく晩となく寝もしないで煩悶したさ。……だから言葉ではいい表せないくらい悔しくてしょうがないはずなのだが。でも違うのさ。おれにはこうしてここに生きていられることがうれしく感じられるんだ」（一六三）と答えている。語り手も「ちょっと驚くんだけども、なあジェイムズ、パコのやつあんなに大変な目にあったのに、なぜこの自分が？　と一度だって口にしたことがないんだ。……むしろおれたち死んじゃった仲間の亡霊どもの方が、なんであいつがあんな目にと問い詰めるのさ」（一三六―三七、強調は原文）と証言している。

亡霊の語り手は、この現実社会のなかで「平安な暮らしを見出したい」（一七四）と願うパコを見守るのであるが、町の人々に働きかけることなどできはしない。だからその代わりにアメリカ社会一般の人々を表すジェイムズに対して語りかけ、「なぜあいつがあんな目に」などとパコにかかわる実存的な疑問を共に問いかけて、少なくとも自らが発端をなした言葉の世界においてパコを受け入れる文脈が生じるように働きかけていると言えるだろう。ただし語りが進展していくなかで語り手の呼称「おれたち」にはジェームズも含まれるようになる。例えば、「ちょうどこの瞬間に、なあジェイムズ、おれたちが昼下がりのまばゆい光の影の端っこを踏みしめて通りのど真ん中に立ち尽くすことができたら、……」（九八）とか「ジェイムズ、さあおれたちはここで身を乗りだしてパコの腿とか膝とかふくらはぎをじっくり眺めよう……。かがんでみようぜ、ほら見えるじゃないか、手術の跡のうっすらとした傷が、骨の断片のような傷が……」(一七〇)とか、亡霊の語り手はジェイムズをいつの間にか「おれたち」の仲間にいれてしまうのである。つまり、読者も含めてジェイムズという呼称のこだまが響く言語圏の者たちはみな「亡霊共同体」と一緒になって、帰還兵という「新たな見えない存在」(Myers 二二四)を体現するパコとその彼に接する町の人々とがどのように関係し合うのか、固唾をのんで見守ることになる。語り手に導かれるままに次第にわれわれにも見えるようになったパコという存在は、はたして町の人々にも見えているのだろうか。

三　文化的文脈の厚みを帯びて再び路上へ

パコを皿洗いとして雇ってくれたテキサスランチのアーネスト・モンローは第二次大戦の帰還兵であり彼のことを気にかけてくれているようだ。それにそのモンローの姪でパコと同じ安アパートの住人でもあるキャシーは彼の存在が気になり彼のことを観察しているようだ。パコが次第に町の人々のなかで帰還兵に対する好奇の目以外の目で見つめられつつある、そのように語り手とともに「おれたち」には思えていた。パコの内面はほとんど語られることはないが、戦争の後遺症に悩まされながらも淡々と日々を送る彼にもそのように思えていたはずだ。だが、ある日パコは自分の部屋にキャシーが勝手に忍び込んだことに気づき、その報復として彼は彼女の部屋に侵入し彼女の日記を盗み読む。そこには彼が夜中にうなされる様子だけではなく、彼女の目に映る彼の姿が赤裸々に記されている。つまり彼は彼女にとって「薄汚く、薄暗く、臭くて、まったくみすぼらしいどうでもいい男」(二〇五、強調は原文)であり、その体のおびただしい傷痕に刺激されて奇異な性的妄想を抱くための対象にすぎないのである。さらにその日記には、それまでパコに対して特別な感情で接してくれていたと思われたキャシーの叔父で第二次大戦帰還兵のモンローの「ああいう薄気味悪いやつらは追い出すに限るのさ。早いとこあいつも片をつけなくては」(二〇六)という極めつきの言葉が記してあった。それまで語り手に導かれ、われわれにも見えるに至ったパコの姿は町の人たちには見えてはいなかったのである。

すべてを知ってパコは、「自分が欲しているものがなんであろうと、そんなものこの町にはありはしない。……くそ、おまえは忌々しい壁のレンガの一片であるだけじゃなかったんだ。おまえはまな板の上のちゃちな肉っきれにすぎないんだ」（二〇九）と心中で反芻し町を出ることを決意する。バス停へ向かう途中顔見知りに「どこへ行くのか」と聞かれ、パコはこのように返事をする――

「……西行きのバスに乗るのさ。西へ行けばそれだけしょうも無い目《ブルシット》に会わなくてすむからな」（二〇九―一〇）

われわれは語り手とともにパコがバスに乗り町を出てゆくのを見送るのだが、彼のこの最後の言葉と姿は『ハックルベリー・フィンの冒険』の結末で西部の準州地域へと旅立つハックの言葉と姿に重なりはしないだろうか。双方ともにアメリカの西漸運動のブルシットに追い立てられ、それから逃れるようにして西へと移動していくのである。ただしパコの場合はことさらに複雑である。西漸運動のなれの果てともいうべきヴェトナムという究極のブルシットを経験し、いまはその後遺症に追い立てられるように僅かなりとも心の平安をえようとアメリカ大陸を西へと移動することに回帰している。この回帰ほどアイロニーに満ちた苦々しい悲劇はないのではないか。つまりパコは、自分をヴェトナムという悲惨な経験へと追いやった根本原因ともいえる国家レベルの西漸運動を、彼はいまその経験の後遺症から逃れようとして個人レベルで繰り返しているのである。

二十世紀初頭における西漸運動とハックの後日談ともいうべき『グレート・ギャツビー』の登場人物たちの動きを想起するとき、パコの西への移動におけるアイロニカルな含意はさらに深まる。山里勝己は『〈移動〉のアメリカ文化学』の序において次のように指摘している。

ギャツビーと、彼を取り巻く群像は中西部から東部へと逆流していった人物たちであり、『偉大なるギャツビー』は、反転する「移動」が悪夢を生み出すという、アメリカ二十世紀初頭を象徴する作品となった。この作品の底流をなす過去へのロマンティックな憧憬は、かつて移動することで手にすることができた「夢」がもはや「悪夢」としてしか存在しえない「アメリカ」を表象するものであると理解すべきであろう。(八)

彼らの東部への「反転する移動」による悪夢が「もはや自由に手にできる大陸の富が枯渇した二十世紀のアメリカの夢」から生じた(八)のであるとすると、パコのヴェトナムでの経験は同様の原因によって大陸のさらに西の海のかなたへの「再反転する移動」による悪夢ということができるだろう。ただし『グレート・ギャツビー』の語り手ニックは、東部での悪夢の辛酸をなめたのち中西部の故郷に逃げ帰るのであり、彼は例の西への移動を悲喜劇的に繰り返すのである。そのことを踏まえると『パコの物語』のパコも海の向こうでの悪夢から解放され帰国したのち西へ西へと移動し続けていることになるが、ただし彼の場合は帰るべき故郷を見出せないままになのである。このようなパコの移動は、アメリカにおける「西への移動」という観点からどのような意味を持つのだろうか。つまり、『パコの物語』は過去の文化的な神話を喚起させながらも、決してそれに還元されることなく、逆にその神話に対してパコの存在をも引き受けることのできる新たな文脈を要請しているのではなかろうか。

四　路上の果てのヴェトナム――新たな文脈の可能性

『パコの物語』における過去の文化的な神話に対する新たな文脈の要請を支えているのは、ヴェトナム戦争の経験と記憶は本質主義的に当事者個人に属するのではなく社会に引き取られるべきであるという、この作品からうかがわれる作者ハイネマンの意志である。だからこそ彼は、自分の創作の動機のひとつとして、「私がストーリーを語る。ストーリーに接したあなたには責任が生じる。つまり、そのストーリーをあなたがどう扱うのか?」という問いかけが存在することを明かすのである（Herzog 2008 八〇）。実はカプートの『インディアン・カントリー』にはこの問いかけが欠けている。罪悪感を含む戦争後遺症に苛まれるスタークマンは、現実社会との不適合から妄想世界に引きこもり、ついには戦友の亡霊にさそわれるがまま死ぬことを意識するに至るが、戦場で彼がその死の原因をつくった幼馴染の祖父であるオジブワ族インディアンの精神的な指導者の導きにより、ネイティヴ・アメリカンの神話的世界観とその世界観により再発見された大自然に抱かれてその魂を癒すことができ、最後は自らが「自らを許すこと」（三九七）に気づき、帰るべきは他でもない、「すでにそこにいる」自己という家であったことを悟るのである――「……彼は歩きだした。でも家に向かってではない。彼はすでに家にいるのである、つまり自らへと戻ってきている。そうホームだ。何年ものあいだ目にすることも訪れることもなかったところ。つまりホーム」（四一九）。以上のように要約できる『インディアン・カントリー』のストーリーは自己完結してしまっている。スタークマンの問題含みの魂がインディアン神話の世界に抱き込まれて癒しをえたように、彼の体現していた、社会的秩序には収まりきらないヴェトナム経験の複雑さも、換骨奪胎されてインディアン神話というアメリカの文化的な遺産に引き取られたと言えるだろう。過程は苦悶に満ちていても、神話に引き取られるという結末はほぼ障害なく進展する。このことはヴェトナム帰還兵の経験は当事者個人に属するという本質主義がこの作品において支配的であるからであり、だからこそその経験の社会的意味への問いかけが途中から後退し、個人のみが神話を介して個人的に救済されることになるわけだ。そこでは神話の文脈変更の要請がなされることはなく、神話の既存の文脈への経験の帰属がなしとげられているだけである。だからそのストーリーに接したわれわれが何らかの責任を負うということにはならないのである。

『パコの物語』のパコは自分の居場所すなわちホームをあくまで現実社会に見出そうとしている。だからこそホームを求めて西へと移動し続ける。そのように彼がホームを求め続けることで、現実社会の側がパコという難題、すなわちヴェトナム帰還兵の本当の意味での祖国への帰還という難題に対面し続けることになるが、その結果、この難題は現実社会を奥深いところで意味づける神話レベルの文化的な文脈に改編を求めるまでに至る。この作品の結末はこの難題がそのまま解決されないまま残ること、すなわちこの難題と文化的な神話の既存の文脈との齟齬から生じる緊張がそのまま残ることを示唆している。語り手「おれたち」が読者をも含む一般人を示すジェイムズを巻き込んで構築しつつあった「パコの物語」と、町の人々のパコに対する実際の反応とは互いにあまりにも乖離していた。この乖離を引き受けてどのような新たなストーリーを始めるのか、またそのストーリーを通じて西漸運動という文化的な神話にどのような文脈の変更を要請できるのか、そのような責任が読者と作者に課されることになる。だが、作者ハイネマンは『パコの物語』以後、長きにわたりこの亀裂を引き受けるような作品を発表してはいない。ハイネマンにとってこの亀裂を文学的に安易に修復することはタブーであったに違いない。亀裂の修復はあくまで文化的な神話レベルでの文脈的な改編をともなわなくては、彼を含めたヴェトナム帰還兵たちや「亡霊共同体」として彼に表現を迫る戦死者たちの戦場あるいは戦後社会での経験の意味が、骨抜きになってしまう。ハイネマンはそのような表現への道筋を見出せないまま亀裂を抱え込み、沈黙を余儀なくされていたのだろう。その間、語られることはなかったが、ハイネマンの心のなかでパコはアメリカ社会の片隅に居場所を求めて町から町へと西への移動を繰り返していたにちがいない。

パコの西への移動はどこまで続くのか。一九九〇年、ついに作者自身が移動を開始したのである。自らをパコに託していた作者は、今度は彼がパコを引き受けて自ら西へと移動し始めたのである。継続的ではなく不定期な移動であったが、彼はアメリカ大陸のさらに西へ、すなわちかつて自らが兵士として送り込まれたヴェトナムの地へと彼は戻っていったのだ。そして幾度かの訪問の後に彼はついに帰還兵である自分を引き受けてくれるホームを発見する。ついに彼は帰還したのである。彼のこのホーム発見の、幾重にも文化的なニュアンスを喚起する究極ともいえる「西漸運動」の詳細は二〇〇五年に発表された彼のノンフィクション作品『ブラック・ヴァージン・マウンテン』に記されている。ブラック・ヴァージン・マウンテンとはヴェトナムのカンボジアとの国境沿いそびえる標高九六四メートルのバーデン山 (Nui Ba Den) のことである。ハイネマンは結末で、この山の頂上に立ったときに経験したことを、次のように感情も露わに書きつけている。

……明確な感覚が沸き起こって一気に私の全身を真直な啓示が満たす。このなんと奇妙な感覚。ただいま《アイ・アム・ホーム》、と私は自分自身につぶやく。ついに私はホームに帰りついた。この場所がホームなのだ。ラリー［同行したヴェトナム帰還兵でハイネマンと同名の友人］と私は互いに見つめ合う。私はこの今あかされた明白な事実にほとんど狼狽状態になっている。

ラリー、と私は話しかける、君はこれをどう捉えるかい？（二四三、強調は原文）

帰還兵はついに母国アメリカの地ではなくヴェトナムの山にホームを見出し「帰郷」を果たす。生身の帰還兵としてのハイネマンはこのホーム発見においてひとつの旅の終わりに達したと言えるのかもしれない。だが小説家としての彼はむしろここからが始まりと言える。同名の友人に託して「君はこれをどう捉えるかい？」という彼自身への問いかけがそのことを物語っている。国家の西漸運動のなれの果ての犠牲者としてヴェトナムから母国に帰還し、本当の意味での帰郷を果たすためにホームを求めてアメリカ大陸の西漸運動を今度は個人のレベルで繰り返し、ついにはさらに西へと自らヴェトナムへ帰りつくことで真の帰郷を果たした、このようなパコとハイネマンの西への移動のドラマを突き付けられ、アメリカの文化的な無意識につながる神話はその文脈の改編を迫られている。「君はこれをどう捉えるのかい?」という問いはそのようなレベルで引き受けられるべきだろう。ハイネマン自身そのようなレベルでこの問いを担っているはずである。そのような新たな文脈の可能性がひらけてこそ、ヴェトナム帰還兵のアメリカ本国での帰郷が文字どおり本格化することになるからである。だが、ハイネマンはいまだに自らの問いに応えられないでいる。その問いを担う作品はいまだに発表されてはいない。彼は安易な文学的収拾を拒否したまま佇んでいる。だからこそ彼の存在はいまだにヴェトナムの色濃い影を帯びているのである。

注

1 カプートとハイネマンとバトラーのヴェトナム経験の詳細についてはトビー・ハーツォグによる三者へのインタビューを参照(Herzog 2008)

2 このことは負傷によって奇跡の生還以前の彼の記憶が喪われたということなのかもしれない。ただ、アメリカ本国への帰還から路上への経緯もまったく語られていないことを考えると、パコにおけるこのような過去の抹消には作者の戦略的な意図が込められていると考えるのが自然だろう。

3 ボビー・アン・メイスンの『イン・カントリー』(Bobbie Ann Mason, *In Country*, 一九八五)、ハイネマンの『パコの物語』(一九八六)、カプートの『インディアン・カントリー』(一九八七)など、帰還兵の社会復帰の問題を主題にした重要作品が一九八〇年代に立て続けに発表されたことからも推察できる。

引用・参考文献

Beidler, Philip D. *Re-Writing America: Vietnam Authors in Their Generation*. 1991.

Caputo, Philip. *Indian Country*. New York: Bantam, 1987.

——. *A Rumor of War*. 1977. New York: Owl, 1996.

Chicago History Museum. "Vietnam Writers." *C-Span*. 11 Nov. 2006. Web. 10 May 2014.

Heinemann, Larry. *Black Virgin Mountain: A Return to Vietnam*. 2005. New York: Vintage, 2006.

——. *Close Quarters*. New York: Warner, 1977.

——. *Paco's Story*. 1986. New York: Vintage, 2005.

Herring, George C. "Foreword." *Aftermath: An Anthology of Post-Vietnam Fiction*. Ed. Donald Anderson. New York: Henry Holt, 1995.

Herzog, Tobey C. *Vietnam War Stories: Innocence Lost*. London: Routledge, 1992.

——. *Writing Vietnam, Writing Life: Caputo, Heinemann, O'Brien, Butler*. Iowa City: U of Iowa P, 2008.

Melling, Philip H. *Vietnam in American Literature*. Boston: Twayne, 1990.

Myers, Thomas. *Walking Point: American Narratives of Vietnam*. New York: Oxford UP, 1988.

The National Coalition for the Homeless. "Homeless Veterans." *The National Coalition for the Homeless*. Sept. 2009. Web. 10 May 2014.

生井英考『負けた戦争の記憶――歴史のなかのヴェトナム戦争』三省堂、二〇〇〇年。

山里勝己編『〈移動〉のアメリカ文化学』ミネルヴァ書房、二〇一一年。

ロード・ナラティヴを獲得したい女性

——グレイス・ペイリーの「長距離走者」

大場　昌子

「ある日、私は長距離走者になった」（一七九）と始まる短編小説がある。一人称で語る主人公は四十二歳位の女性で、子育て中心の生活を送っていたが、「私が歳をとり、都市再開発で昔ながらの近隣の地区がなくなる前に、できるだけ遠くへ、そして速く行きたかった」（一七九）ので、二人の息子を近所の友人に頼んで家を出る。すぐにでも離れたい何かがあって家を飛び出すわけではなく、むしろ三か月ほどトレーニングを重ね、「足が強くなった」ことを確認してからの出発であり、周到に準備された〈走り〉であると説明されている。主人公は、走り出す動機について明確には語っていないが、しかし繰り返すと、彼女は「走ろうと決めた」のであって、走ることを余儀なくされたわけではない。

女性が家を出て走り出すと聞いたとき、歴史的にまず連想されるのは、逃避であろう。トニ・モリスンの『ビラヴィド』に描かれる十九世紀アメリカ南部における女性奴隷の逃亡が一つの極となろうが、暴力、迫害、抑圧に耐えかねた女性たちがそうした環境から逃げ出そうとする話は、現代にいたるまで小説や映画で少なからず扱われてきた。一九九一年に公開され、大きな話題をよんだリドリー・スコット監督の映画『テルマ&ルイーズ』は女性のロード・ムービーとよばれるが、この作品の主人公である二人の女性も結局のところ逃亡に終始している。

登場人物の地理的移動を中軸に据えて展開する物語においては、マーク・トウェインの『ハックルベリー・フィンの冒険』を持ち出すまでもなく、移動中に遭遇する出来事によって主人公が成長、もしくは、一義的に成長と言えないまでも、これまでとは異なる経験をしながら生き方に変化が生じる様子が描かれる、という一つの典型がある。ところが、女性を主人公として、成長、もしくは不幸への転落ではない変化を見せる移動の物語は、なかなか見当たらないのである。

冒頭で紹介した作品は、ユダヤ系アメリカ人作家グレイス・ペイリー（一九二二―二〇〇七）が一九七四年に『エスクワイア』誌に発表した「長距離走者」で、ペイリー第二の短編集『最後の瞬間のすごく大きな変化』（一九七四。以後『最後の瞬間』と表記）に収められている。この小論では、本作品が女性のロード・ナラティヴ確立の問題を提起していることについて、〈走る〉ことが一つの移動手段として周知された一九七〇年代のアメリカ社会の状況を視野に入れつつ、検討していきたい。

「長距離走者」の主人公フェイスは、走り出すにあたり、二人の息子が「いつでも自立できる」までに大きくなったと語る（一八〇）。また、留守を頼む友人のミセス・ラフテリーの言葉から、フェイスにはジャックというパートナーがいるとわかるが、彼はしばらく家を出たままらしく、少なくともフェイスが出発するに際してそれをとどめる関係にはないとわかる。一方、彼女には走って行きたい場所があり、それは既述のように「昔ながらの近隣の地区」であることが示唆されている。これらから推察できるのは、子育てがひと区切りし、パートナーとも距離をもった関係にあるフェイスが、自分自身の何かを求めるために自らの過去に立ち戻ろうとして出発するということだ。

ここで、走るという行為について考えておきたい。アメリカでは移動手段として自動車が圧倒的な普及率を誇り、たとえば一九七〇年当時で、総人口約二億人に対して国全体での保有自動車数は約一億五千台であった。しかしグレイス・ペイリーの作品に主人公としてしばしば登場するフェイスは、ニューヨークに暮らすシングルマザーで、自動車で遠出する話は皆無であり、彼女の行動範囲はほとんど徒歩ないしは地下鉄で出かける範囲に限られている。「長距離走者」でのフェイスは、前述のとおり「遠くへ速く」行くために走るトレーニングをする。これには一九七〇年代アメリカのジョギングブームが背景にあるといえよう。スポーツシューズメーカーとして有名なナイキは、一九六八年に創設され、その後急成長を遂げて、現在ではアメリカを代表する一大企業となっている。一九九四年公開のアメリカ映画『フォレスト・ガンプ』では、ヴェトナム戦争から帰還後、愛する女性からナイキのランニングシューズをプレゼントされた主人公フォレストが国内をひたすら走り続ける場面が描かれており、当時のブームをある意味コミカルに映し出している。走る行為は、健康志向や自然環境保護の両面で、アメリカ人が自動車依存の生活から脱却する可能性を提示し、その意味でナイキを筆頭とするスポーツメーカー各社の製品開発は、人間が本来有する移動能力を目覚ましく進化させることになった。このジョギングブームは男女を問わない事象であった点も注意すべきで、事実アメリカの有名な市民マラソンの一つ、ボストンマラソンに女子部が新設されたのは一九七三年のことである。

こうした七十年代当時の様子は「長距離走者」の中に明確に書き込まれている――「三週間外に出ない間に、ジョギングが流行っていた。……実際、二人の若者が一マイルほども私と並んで走った」(一九六)。ペイリーの伝記を著したジュディス・アーケイナによれば、本作品が執筆されたのは一九七〇年以降であり(一三三)、走る女性主人公を描いていることは、このストーリーを積極的にこうした七〇年代アメリカ社会の状況下で捉える必要性を明示する。

アメリカの伝統ある季刊思想雑誌『アメリカン・スカラー』誌に掲載されたペイリー追悼文の中で、ロバータ・シルマンは本作品のストーリーを次のように説明する。

フェイスは、七〇年代初期の多くの母親たち同様、ランニングを始める――健康維持と自分自身の時間を捻出するために。彼女は子ども時代を過ごした家に行く(journey)が、そこはいまや貧しい黒人たちで占められており、しばらく黒人たちと一緒に生活する。こうしたことはあり得ないとわかっていても、読者は疑う気持ちを止め、「作者の」共謀者のように作品の詳細に進んで入り込む、そして話が至極本物で確かなため完璧に読者を納得させるのである。

ここで注目したいのは、「健康維持と自分自身の時間を捻出」する目的の「ランニング」がjourneyという動詞で表されていることとである。この言葉はフェイスが〈走る〉行為の本質を的確に表現していて、つまり、シルマンの解釈のとおり、フェイスの「長距離走」は運動というよりも、移動手段として捉えるべきなのである。したがって、一人称で語るフェイスの語りは、移動に沿って語られるロード・ナラティヴにほかならないのである。この点を確認した上で、主人公の「旅」がいったいどのようなものか、次に見ていくことにする。

地下鉄でブルックリンのブライトン・ビーチまで行き、そこからランニングウェアに着替えて走り出した彼女は、順調に自分が育った地域にさしかかる。だが、間もなく彼女は「突然三百人の黒人に取り囲まれ」る（一八一）。彼女がかつて暮らした地域は黒人の居住区に変わっていたのである。恐怖感に襲われるフェイスは、動揺を隠すように自分を取り巻く黒人たちに懸命に話しかける。彼女の遠出は、このように強烈な出会いから始まる。

そして彼女はシンシアという黒人女性に案内されて、かつて家族で住んでいたアパートにたどり着く。現在そのアパートに住んでいるミセス・ラディは、追いかけてきた黒人たちからフェイスを匿うようにして室内に招き入れ、その後三週間フェイスを自室に滞在させる。ミセス・ラディと息子のドナルド、および三人の幼女との共同生活を送る中、注目すべきは、フェイスがミセス・ラディとの会話においてほぼ聞き役に徹していることである。既述のように、彼女が〈走る〉決意をしたのは、過去に立ち返るためであった。であれば、自分が成長期に暮らしたアパートで過ごす間、彼女には様々な記憶が怒涛のように蘇ってくるに違いない。にもかかわらず語り手としての彼女は、ミセス・ラディの話を聞いている自らについて語るのみで、自分の話をする場面を語ることはないのである。これは語り手としての彼女の意識が、自らの過去に向かうよりも、進行中の新しい体験に集中している事実を示す。
この作品の最後は、問題提起の形で終わっている。帰宅したフェイスは、二人の息子と彼女の留守中に戻っていたジャックに、彼女が過ごした三週間について話すのだが、「彼らは三人とも、何？　と言った」（一九八）とあるように、彼女が語る内容をまったく理解できないのである。そして作品は次のパラグラフで結ばれる。

何故ならふつうそんなに簡単ではないからだ。近頃こんなことがよく起きるなんて聞いたことがあるだろうか。湯気の立つエネルギーを内に抱える中年の女性が走って走って、自分の子ども時代の家や通りを見つける。彼女はそこに住み、まるでまだ子どもみたいに学ぶのだ、この先一体どうなるかを。（一九八）

この結末について、『グレイス・ペイリー——暗闇の生活を照らして』の著者ジャクリーン・テイラーは次のように説明する。

フェイスの話は支配的な意味構造からは革新的なほど離脱している。彼女は自分の生活で何か重要なことが起きたとわかってはいるが、それをジャックや息子たちに伝える方法を見出せない。最終的に、自分の探求の意義を理解できる人を見つけるべく、フェイスは読者に訴えるのである。（八四）

フェイスが語る話は、先述のシルマンが指摘するように、ありえないことと認識されながらも読者を新たな局面へと次々引き込んでいく説得力を有する。従って、フェイスの語りはロード・ナラティヴとして成立しているといえる。問題は、作中の男性たちがパートナー、あるいは母親の語る話を理解できない点であり、しかもそれが作品の最後でことさら強調されていることである。テイラーの説明ではこの点に関して不消化を免れえず、冒頭で確認したように本作品が一九七〇年代の社会状況に裏打ちされている事実に立脚して考えるならば、この結びの部分について、アーケイナが言及しているように、一九七〇年代に「新たに勃興していたフェミニスト意識」（一三三）の観点から考察する必要がある。

グレイス・ペイリーは一九九二年の『パリス・レヴュー』誌とのインタヴューで、第二次フェミニズム勃興について語っている。

当時［最初の短編集を書いていた一九五〇年代］、女性解放運動が力を増し始めていました。第二次勃興になっていくわけです。私たち［ペイリーとティリー・オルセン］はその勃興の中の一部分だったのです。……今でも女性解放運動に強く支えられていると感じています。支えられていないと思う女性作家はいないでしょう。……皆がいうようにパーソナルがポリティカルであるなら、女性について書くことはポリティカルな行為です。黒人作家が黒人の生活を描くことと同様です。こうした［彼ら独自の］ストーリーがあることが重要なのです。そして、パーソナルは世間へと手を伸ばしたときに際立ってポリティカルになります。とてもパーソナルなことこそあなたと他者を非常に強く結びつけることを知っているでしょう。

この発言が端的に表しているとおり、ペイリーの創作活動はまさに第二次フェミニズム勃興の時代と重なっていて、彼女自身、女性が書く必要性を明確に意識してきたことがわかる。さらに、本作品のストーリーが自己探求からアフリカ系アメリカ人という他者との遭遇へと展開することは、ペイリーの言葉にしたがえば、主人公フェイスの語りがポリティカルな要素を帯びている事実を浮き彫りにする。

このポリティカルであることが、本作品の結末を考える大きな鍵になろう。アレグザンドラ・ガンサーは著書『彼女自身のロード――アメリカ人女性のロード・ナラティヴにおけるジェンダーを反映した空間と移動性、一九七〇年―二〇〇〇年』で、ロード・ナラティヴをジャンル化するための手続きとして、ミハイル・バフチンに遡る先行の概念を綿密に検証するが、その中でロード・ナラティヴの特質を次のように説明している。

このジャンル［ロード・ナラティヴ］は社会政治的な関心をもつ作家にとって魅力的であり、それは同ジャンルがピカレスクという伝統から受け継がれていて、ピカレスクでは、ロードが異なりを乗り越え、自己と他者が対話にいたる特別な公的空間として描かれるからである。（三八）

女性たちのプライベートな日常生活を小説のテーマに据える試みは、ペイリーが短編小説を書き始めた一九五〇年代では簡単に受け入れられるものではなかった。[1] しかし変革の六〇年代を経て、一九七〇年代初期にはジェンダーの異なりを乗り越えようとする意志はアメリカ社会全体に拡散している。こうした状況を得たペイリーが、女性によるロード・ナラティヴを構築しようとしたとしても不思議ではない。実際「長距離走者」は、主人公が途中でロードを離れるものの、基本的にはロード・ナラティヴと呼びうる作品に仕上がっている。その上で見逃せないのが、主人公が男性に理解されるロード・ナラティヴを語れないことを自覚し、それを声にする最後の場面である。同じく『最後の瞬間』に収められている「父との会話」で主人公のフェイスが物語を書いていることを考え併せれば、「長距離走者」におけるフェイスが「まるでまだ子どもみたいに学ぶのだ」と語るとき、それがフェイスのロード・ナラティヴ獲得への意思表示と理解できないだろうか。

ガンサーは「一九七〇年代末から八〇年代にかけて以降、米国女性のロード文学は継続して発表されているにもかかわらず、女性は文学批評においてずっと『ロードから離れ』続けてきた」（四九―五〇）と述べて、女性のロード・

ナラティヴに注目が向けられなかった事実を指摘する。ガンサーのこの包括的見解に拠るならば、ペイリーのロード・ナラティヴと呼べる「長距離走者」は、女性が語れない領域を提示したその問題意識の先駆性において、再評価されるべき作品といえるのである。

注

1　広瀬佳司・佐川和茂・坂野明子編『ユダヤ系文学の歴史と現在――女性作家、男性作家の視点から』（二〇〇九）所収の拙論「声にすること、声を聴くこと――グレイス・ペイリーの女性たち」を参照されたい。

引用・参考文献

Arcana, Judith. *Grace Paley's Life Stories: A Literary Biography*. Urbana: U of Illinois P, 1993.
Ganser, Alexandra. *Roads of Her Own: Gendered Space and Mobility in American Women's Road Narratives, 1970–2000*. New York: Rodopi, 2009.
"Grace Paley, The Art of Fiction No. 131." *The Paris Review*. Fall 1992, No. 124.
Paley, Grace. *Enormous Changes at the Last Minute*. New York: Farrar, Straus and Giroux. 1974.『最後の瞬間のすごく大きな変化』村上春樹訳、文藝春秋、一九九九年。
Silman, Roberta. "The Swiveling Light of Truth: Remembering Grace Paley and Her Wise, Fierce, Funny, Sad, Innovative Short Stories." *The American Scholar*, Autumn 2008.
Taylor, Jacpueline. *Grace Paley: Illuminating the Dark Lives*. Austin: U of Texas P, 1990.
広瀬佳司・佐川和茂・坂野明子編『ユダヤ系文学の歴史と現在――女性作家、男性作家の視点から』大阪教育図書、二〇〇九年。

クロスロード・トラフィック

――一九八〇年代アメリカ小説から読むロードの物語学

渡邉　真理子

一　ロード・ノヴェルのサバイバル

アメリカ文化における空間の概念を考察した論文集『アメリカにおける空間』（二〇〇五）に「ただ車を飛ばしているだけ」という題目のロード・ノヴェル論が収められている。著者ルース・メイヤーは、かつてウォルト・ホイットマンが『草の葉』（一八五五―九二）の「オープン・ロードの歌」で詠った「神聖な事物」や、ジャック・ケルアックの『路上』（一九五七）でサル・パラダイスの胸を高鳴らせた「路上のどこかで手渡されるであろう真珠」を振り返りつつ、現代の路上はもはや希望に満ちた空間ではなく「反逆のアウトロー」という人物造型も有効ではないと論じる。[1] この論文タイトルは、スチュアート・オナンの『スピード・クイーンの告白』（一九九七）で連続殺人魔マージョリーが死刑囚監房で事件の経緯を説明する際の言葉である。ドラッグと自動車という二つの「スピード」の快感に囚われた彼女が「単に車を飛ばした」成り行きとして殺人事件が生起するというプロットは、確かに、アメリカ文化一般においてノスタルジーをもって語られることの多い「オープン・ロード」の伝統からその神話性を剥奪するものであろう。

リドリー・スコット作『テルマ&ルイーズ』（一九九一）やドミニク・セナ作『カリフォルニア』（一九九三）といっ

た九〇年代の犯罪系ロード・ムービーの流行に視線を移すと、オナンの小説もその型に倣っていると言えなくもない。しかし、ここで注目したいのはこの小説の「ロード・ノヴェル」に対する自意識である。ビリー・ワイルダー監督のフィルム・ノワール『深夜の告白』（一九四四）へのオマージュとして、この作品はテープレコーダーに向かうマージョリーを語り手とする告白体犯罪小説として展開する。[2] 共犯者が事件の概要を嘘だらけのノンフィクションとして出版しベストセラー作家となったことに対する異議申し立てとして彼女は自分側の物語を告白するが、その虚偽を正す目的で採用された方法が「ノンフィクション」ではなくロード・ノヴェルという「フィクション」である点は興味深い。文才のない彼女はライバルに勝つために自らの人生を「小説化」する権利を著名な「大作家」に売り（『ミザリー』や『シャイニング』の作者として語られる作家は明らかにスティーヴン・キングである）、刑の執行を控えた人生最後の日、「作家」から送られてきた百個以上の質問に答える形で独白を続ける（O'Nan 七七）。[3] 物語を売る背景には息子にお金を残すという事情があるものの、自分が死後にベストセラー作家の筆による壮大なロード・ノヴェルの架空人物として昇華されることを強く望む心理には、犯罪者が大衆文化のセレブリティになるという極めて現代的な現象が反映されているといえる。しかし、厳密にはロード・ノヴェル「未満」、あるいは「生成」の段階にある彼女の告白を支配しているのは、伝統的にこのジャンルが表現してきた開放感ではなく圧倒的な閉塞感である。聞き手が不在であるばかりか質問文もテクスト上に記されないという完全な独白構造、さらには舞台が逃げ場のない監房に設定されている点がこのことを何よりも強く印象づけている。従ってこの小説は「オープン・ロード」ならぬ「閉ざされたロード」の物語ということになるが、そもそもこのジャンルの主流をなす自動車移動は、一方では物語を広大な空間へと開きつつ、もう一方では皮肉にもその必須条件として車内という閉鎖的空間を伴う。かといって自動車を手放し「オープン・ロード」を闊歩すれば自己を高らかに歌うホイットマンに再会できるわけでもないことは、二十一世紀が明けて出版されたコーマック・マッカーシーのポスト・アポカリプス小説『ザ・ロード』（二〇〇六）を紐解けば分かるだろう。原因不明の災厄によって焼き尽くされた大地に残された「ロード」が、消滅の過程にあるアメリカがその名残をとどめる唯一の特徴だとしても、そこはマージョリーのハイウェイと同じく血と暴力の舞台でしかない。生き残った父子が暖かい南を目指して進む移動の旅は、追い剥ぎや殺人鬼から身を守るサバイバルの物語である。

ロード・ノヴェルを論じた研究は近年も着々と発表されており、特に現代文学におけるその捉え直しが活性化しているようである。フロンティアの消滅から一世紀以上の時を経てもなお、ロードが絶えざる更新と変奏を重ねつつ文学史において生き長らえ、時に人間を悪夢へと誘いながら消滅することなく有効性を保ち続けているという事実は、それが多様性を極めつつある現代アメリカ文学を読むための鍵となる可能性を示しているのではないだろうか。以上の観点から、本稿では特に一九八〇年代小説における移動の諸相を概観し、そこを起点とした文学的なロードの物語を展開したい。

二　ロード離れの八〇年代

『スピード・クイーンの告白』のマージョリーは自分の渾名を説明する際に「あたしはいつだって世界よりちょっと速く進んできたから」と誇らしげに語っているが（O'Nan 七）、「速度」はアメリカの移動において重視されてきた一つの要素である。鉄道により高速化されたアメリカ版『天路歴程』の物語「天国行き鉄道」（一八四三）をナサニエル・ホーソーンが出版した十九世紀半ばは、国家の関心が移動の高速化を求めて「ロード」から「レイルロード」へと向かった時期であり（Skidmore 一六八）、鉄道の速度が馬車の時代にはなかった新たなスペクタクルとして人々を魅了した。二十世紀になると高速道路建設ブームに伴って、ロード・ノヴェルの多くが自動車移動《オートモビリティ》の物語となることで自伝的傾向《オートバイオグラフィ》と分かち難い関係を結ぶ。[4] ここからセオドア・ドライサーが画家フランクリン・ブースと運転手（作品中、「スピード」という愛称で呼ばれる）とのニューヨークからインディアナまでの自動車旅行を記録した『フージアの休日』（一九一六）に始まり、ケルアックの『路上』を経由しウィリアム・リースト・ヒート・ムーンの『ブルー・ハイウェイ』（一九八二）へと続いていくハイウェイ物語の系譜が始まると理解してよいだろう。

八〇年代について考える場合、まず「ロードなきロード・ナラティヴ」という新たな傾向について考えておかなければならない。ポール・ヴィリリオは『電脳世界』（一九九六）などの一連の著作において、メディア・テクノロジーの速度が空間的差異に消滅をもたらすことで人間の知のモードを変容させると主張しているが、このようなサイバネティクス革命を先取りしたものがウィリアム・ギブソンの電脳小説『ニューロマンサー』（一九八四）である。主人公のコンピューター・ハッカーが「サイバースペース・カウボーイ」であるという点において、この小説は紛れもなくフロンティアの文化的更新の物語であるし、雇い主を裏切りデータを盗んだ罰として脳神経に損傷を与えられ失業中のケイスが「サイバースペースの夢をみる」作品冒頭部は、オープン・スペースを夢みる若者というヒーロー像のポストモダン的変奏にほかならない（Gibson 一二）。この意味において犯罪小説とロード・ノヴェルの融合である『ニューロマンサー』は、労働のコンピューター化というポストモダン状況において甦ったカウボーイ表象や、ケイスの師匠ディクシー・フラットライン――肉体は死んでいるが記憶だけがデータとして存在――に暗示される南部性といったアメリカの痕跡を記憶として随所に留めている。

より顕著な例は、ケイティ・ミルズも『ロード・ストーリーと反逆者』（二〇〇六）で取り上げているロバート・ゼメキス監督作『バック・トゥ・ザ・フューチャー』三部作（一九八五、一九八九、一九九〇）であろう。ここでマーティの時間旅行の手段である自動車型タイムマシン「デロリアン」は物理的なロードを必要としない。当時のロード・ジャンルが「地理上の空間よりも時間を旅する傾向」（Mills 一六〇）にあると指摘するミルズは、ヤッピー世代がヒッピーのように「捉えどころのない真理」を求めて路上に出るよりも「テレビの中の事物」に関心を示したのだと説明し、八〇年代にテレビから発信された「サブリミナルなメッセージ」とは「たとえ現在が気に入らなくても反抗などするな。巻き戻せ」であったと述べている（Mills 一六五）。このビデオテープを「巻き戻す」という表現は、ミルズのいう「時間を旅する傾向」が「過去」を志向するものであることを証明している。『路上』における東部から西部への移動が「青春期」から「未来」への時間的前進であったのとは対照的に、八〇年代の若者はリモコンを操作することで過去へと瞬間移動する。マーティが向かう先が結婚前の両親と出会う一九五五年であったり、曽祖父母と遭遇する一八八五年の西部であったりするように、「過去」は若者にとって自身のルーツを知るための場となっており、ここからミルズの関心は「家族への回帰」を主題とする八〇年代小説の分析へ向かう。

確かに「ロード離れ」の傾向は、主流文化——つまり白人男性中心の文化——に属する若者のライフスタイルには存在したのであろう。ロード・ジャンルが伝統的に若い白人男性のものであったことを振り返ると、それが若者文化の変容によって被る影響を見過ごすことはできない。ブライアン・アイアランドによれば、第二次世界大戦後の文学や映画におけるロード物の復活はベビーブームと連動しているという（Ireland 四七七）。戦後の好景気によって息子に自動車を買い与えることができる裕福な家庭が増加し、その結果として自動車という移動手段を得た若者たちが順応主義的な体制からの逃走、ないしはそれに対する反抗として、自由を求めて家庭から路上へ出たというわけである。しかし、ここで強調しておきたいのは、このような自由への旅路が白人男性にのみ開かれていたことと、人種的マイノリティの歴史にはアメリカ先住民の「涙の道」、アフリカ系アメリカ人の「地下鉄道」や「北部への大移動」といった別のロード・ナラティヴがあったという事実である。自動車移動の文化史を辿ったコットン・セイラーの『ドライバー共和国』（二〇〇八）に記されているように、一九三〇年代から五〇年代末にかけて黒人向け旅行ガイドブックが出版され、人種分離政策下にあった黒人ドライバーたちはこれを頼りに利用可能な食堂や整備工場の情報を得た上で旅のルートを選択した（Seiler 一〇五）。彼らが「ドライバー共和国の市民」という「リベラルな主体」として通過できるハイウェイは白人のそれとは異なる、「連邦政府の監視」のもとに「周囲の環境から切断」された「どこでもない」空間であったのだ（Seiler 五）。つまり、白人男性主体にのみアクセスが許可されたロードの影には、マイノリティによる条件つきの移動の物語が常に存在していたのである。

アレクシ・ド・トクヴィルが『アメリカのデモクラシー』（一八三五、一八四〇）の中で国民の性格を表すのに用いた「落ち着きのない」という形容詞は、数多くの研究において白人主体の移動への欲求をナショナル・アイデンティティに還元するために反復されているが、マックス・J・スキッドモアはそれを先述のように路上へと出た二十世紀半ばのアフリカ系アメリカ人の状態を指すものとして用いている。[5] フレデリック・ジャクソン・ターナーの「アメリカ史におけるフロンティアの意義」（一八九三）を捩ったタイトルを付した論文「落ち着きのないアメリカ人――アメリカ史における移動の意義」（二〇一一）で、スキッドモアはガイドブックなくしては移動もままならない当時の彼らの状況に言及しながら「黒人も落ち着きのないアメリカ人となったのだ」と述べている（Skidmore 一七〇）。文明と未開とが接触するフロンティアという領域でアメリカ人のアイデンティティが形成されるとするターナーの学説をロード・ナラティヴとして読むとき、移動する主体がヨーロッパからの旧移民、彼らの旅路を妨害する存在が先住民、そして彼らの不安を煽りつつある新興勢力が東欧や南欧からの「異質な」他者としての新移民であるという具合に物語化する段階で、黒人が現実にはそこに存在していたにもかかわらず「奴隷制」として語られるだけで物語上不在となっていることに気がつくだろう。[6] 従って、たとえ制限つきであるとはいえ彼らが二十世紀に自動車による移動性を獲得し「路上」で「アメリカ人」へと「生成」したことは、白人男性中心のロードにマイノリティ視点が導入されるという意味では重要な変化であったといえる。

三　路上に出る女性たち

ここまでの議論から分かるように、ロードを論じる際に気をつけなければならないのは移動する主体の文化的位置である。八〇年代ロード・ナラティヴに物質的形象としてのロードが不要であるというのはあくまでも白人男性主体の場合であり、女性やマイノリティといった文化的周縁に位置づけられていた存在にとってそれはようやく辿りついたばかりの十分に新鮮さを備えた有効な物語空間であった。例えばボビー・アン・メイソンによるポスト・ヴェトナム小説『イン・カントリー』（一九八五）で中性的な愛称サムとして登場する若い女性主人公は、母親が詳しく語ろうとしない父親の戦死、そしてPTSDを患う帰還兵の叔父が語ろうとしない過去という形で曖昧に漂う「ヴェトナム戦争」という家族史における空白を埋めるために、ケンタッキーの田舎町からワシントンのヴェトナム戦争戦没者慰霊碑までの自動車旅行を敢行する。男性ならハイスクールの卒業祝いに親から贈られるはずの自動車を女性ゆえに自力で購入するしかないという状況は、ロードをめぐるジェンダー格差とも呼べる不平等を反映しているが、それまで田舎からほとんど出たことのなかった彼女は自動車の所有によって文字通り自分自身の道を移動する力を獲得する。父親の日記からも感じることのできない戦場の現実を疑似体験する目的で沼地への単独ドライブを実行し、そこで「ヴェトコンという強姦犯兼テロリスト」の存在を「空想」することで「かつて兵士たちが感じていた」「恐怖」（Mason 二一七）の感覚を共有したサムは、小説の結末のワシントンへの旅で「ヴェトナムから帰還したばかりの兵士の視点」から路上に広がる風景に感動的な「美しきアメリカ」の姿を発見したのであった（Mason 二三一）。

男性の領域であった路上の世界に加入した彼女の「アメリカ」の発見が「かつての帰還兵」に自己を同一化するという過去への回帰とジェンダーの緩やかな境界侵犯の結果としてもたらされる点には、ロード・ノヴェルの更新が認められる。つまり、東から西へ移動することで旧世界からの移民がアメリカ人になり、絶えず現在が過去となることで未来が到来し、若者が大人に成長するという具合に「前進」を前提とするロードの神話が、二つのジェンダー間を文化的に移動するハイブリッドな主体による南部から東部への移動、しかも自己の確立が過去の否定ではなくその探求によって行われる成長物語へと刷新されたのである。また、デボラ・クラークが女性の路上への進出を「家庭性およびジェンダー・アイデンティティの前提を揺るがすもの」と規定し、サムの沼地とワシントンへの自動車旅行を伝統的に男性中心であった「戦争」を女性の領域であった「家庭」に「馴染ませる」行為として解釈している点は、家庭空間から逃避する男性を描いてきたロード・ジャンルにおけるジェンダーの問題を考える上で重要である（Clarke 一一五）。小説の序盤でサムの視点から曖昧な不安感をもって描かれているように、物語の背景にはヴェトナム問題で失われた国家の威信を回復しようと軍備拡張を推進するレーガン政権のマッチョな「強いアメリカ」が聳え立っている。[7] 一方、その影に横たわる南部の田舎町では、いまだ治癒することのないヴェトナムの傷が父の死、叔父の病、恋人の性的不能といったマスキュリニティの弱化――国家が抑圧しようとしている弱者としてのアメリカ像――という形で取り残されたままであり、それがヒューズ家のもっとも新しい世代に属する女性サムをアメリカ再発見の旅へと駆り立てたのであった。[8] 従って、このロード・ノヴェルにおける移動は、いわば男性中心の「アンクル・サム」のアメリカから女性視点を導入した「もう一つのアメリカ」への移行を夢みる旅であると言ってよい。ただ、それは路上という空間にふさわしいカウンター・ナラティヴであるが、その異議申し立てが男性中心の国家や主流文化への反発といった必ずしも急進的な性質のものではないことに注意すべきであろう。[9] 現在と過去、そして二つのジェンダーを融合する「視点」を経たからこそ、眼前に広がる「アメリカ」は「美しい」。彼女が進むロードにおいて「戦争」と「家庭性」、「男性性」と「女性性」は対立の構図を超えて、国家と家族の双方の歴史を併置するナショナルかつドメスティックな「戦後」物語の中に共存しているのである。

女性の到来を祝福する例は、日系アメリカ作家シンシア・カドハタの『フローティング・ワールド』（一九八九）にも認められる。第二次世界大戦後の日系移民家族のオレゴンからアーカンソーへの旅を娘オリヴィアの視点から描いた物語は、「路上には魔法があふれすぎている」(Kadohata 三二)という一文に集約されている通り、車窓に映る自然が瞬間ごとに変化していくさまを異界的に捉えた描写、現れては消えていく移民たちとの出会い、オリヴィアが亡き実父の「幽霊」とハイウェイで再会する場面など、「存在」と「不在」の境界を曖昧化するような中間領域として路上を描いている。なかでも特筆すべきは、オリヴィアが路上という「浮遊する世界」を愛すべきものとして享受し、父親の職探しのたびに移動する自分たちの暮らしに安定性を見出している点である。「不安定性」を肯定的なものとして受け入れそこに「安定」を見出すという逆説は、ハイウェイを移動する自動販売機補充員という彼女の職業選択にも表われている。もちろんオリヴィアの「不安定性の中の安定」には「物理的空間の中にホームは見つからない」(Cutter 八一)という戦時下に強制移住を強いられた日系移民の歴史が反映されているし、カドハタ自身も作品の設定について語るとき自分の経験として「私にとって安全とは小さなコミュニティである移動の中にしか見つからない」(Lee 一六五)と説明している。しかしながら、いわば「移動するホーム」として路上を捉えるようなオリヴィアの視点を『イン・カントリー』における路上と家庭性の問題と接続すれば、『フローティング・ワールド』という作品の理解をエスニシティのみに還元するのではなく女性版ロード・ノヴェルとしても再検討する意義が見えてくるだろう。もっとも、白人優位のロード・ナラティヴの伝統が「明白なる運命」に導かれたヨーロッパ系旧移民の西部開拓として十九世紀に端を発することに目を向けるとき、それに一歩遅れる形でアジア系移民の急増によるもう一つのロード・ナラティヴが生まれたこと、そしてその移動が白人労働者による排斥運動や移民制限法という形で中断を余儀なくされたことも見落としてはならない。これらを踏まえた上で、二十世紀後期に女性作家を中心にその自伝的経験を反映した作品によって確立されたアジア系アメリカ文学をロード・ノヴェルの再考という文脈に位置づけて問い直すことは、このジャンルの特徴である自伝的傾向について検討するための新たな視座を提供するのはもちろんのこと、マイノリティの移動や家庭性の問題を射程に入れた多文化主義の角度からロードを捉え直す作業において不可欠であるといえる。

『イン・カントリー』と『フローティング・ワールド』が戦争を遠景とした小説でありながら全体的に清々しい雰囲気に仕上がっているのは、視点人物が戦争当時まだ幼かったということもあるが、若い女性によるロード再生もその一端を担っているようである。しかし、このように八〇年代の文学的なロードにようやく到着したばかりの女性主人公たちの影で、同じく遅れてやってきた存在でありながら苦闘の物語を強いられる者もいた。例えば、白人男性主人公による自己中心的で強欲なロード・ナラティヴを客体化すべくそこにカリブ系移民女性の移動を交差させたラッセル・バンクスのクロスロード・ノヴェル『大陸漂流』（一九八五）において、ハイチからフロリダへ渡るヴァニス側の物語は死と暴力に満ちた不法移民のサバイバルとして提示されている。つまり、マイノリティ主体のロードを考える場合にも、路上への到着に時間差があることを認識しておかなければならない。八〇年代には、移民規制下にあったカリブ地域などの貧しい人々がこのように命を賭けてアメリカを目指すロード・ナラティヴが現実として存在していた。また、南米と北米、そしてヨーロッパを舞台とした三つのロード・ナラティヴが交錯するスティーヴ・エリクソンの『ルビコン・ビーチ』（一九八六）では、出自が謎に包まれた南米の少女が不法移民として「夢から生まれ、その夢を忘れてしまった」アメリカへと渡ってくる（Erickson 二九七）。「夢の前で怯んでしまう」男性たちの顔をナイフで切り落とす彼女が、夢の終着地として存在する西部を越えたその先に「アメリカの夢」を再び原初の「情熱」へと立ち返らせるためのロードを開くとき、この小説は八〇年代としては特異なアメリカに対する抵抗と批判に満ちたロード・ノヴェルとなる（Erickson 二九九）。

四　ロードのトリック、レトリック

南米移民というマイノリティ視点を導入した『大陸漂流』と『ルビコン・ビーチ』は、八〇年代小説全体を見渡してみても、その「アメリカの夢」への異議申し立ての強さにおいて異色であると言わざるをえない。では、批判の対象である国家はその時期、どのような夢を描いていたのだろうか。ここで考察したいのは、独立独歩の「カウボーイ」という自己像を演出したロナルド・レーガンという八〇年代の大統領による主流派ロード・ナラティヴの構築である。アイアランドによれば、レーガンはイリノイ州というアメリカの中心部《ハートランド》出身であることをパブリック・イメージにすべく「伝統的なアメリカの国民的物語」の中に自身を位置づけたということであるが（Ireland 四五七）、特に重要なのは、それが先住民掃討というイデオロギーの歴史を忘却した国民文化としての物語であった点である。一九八六年一一月、アメリカン・インディアン・ウィークの大統領告示において先住民が「現在の合衆国を作り上げた地域への最初の探検者にして入植者」と名づけられたことは、レーガン政権が人種的対立の封じ込めによるナショナル・アイデンティティの確立を必要としていたことを示すものだろう。[10] つまり、新大陸発見以前のはるか遠い時代に遡れば、先住民もまた別の大陸から渡ってきた「移民」になるというレトリックである。このような巨視的視点はアメリカ史における先住民と入植者との闘争を「移民物語」という単一のロード・ナラティヴへと回収し、差異と対立を忘却し隠蔽するものにほかならない。もっともカウボーイが国民的英雄像の典型であることは、それが二十世紀初頭のセオドア・ローズヴェルトから八〇年代のレーガンを経て二十一世紀のジョージ・W・ブッシュに至るまで大統領の外交政策における強硬的姿勢をアピールするイメージとして利用されてきただけでなく、大統領候補者時代のバラク・オバマがテキサス州での集会でカウボーイ・ハット姿を写真に収められた例にも認められる。[11] レーガンの場合、国家が克服すべき前世代における国家分裂——人種問題やヴェトナム紛争といったイデオロギーの対立——というトラウマを、一元化されたナショナルなロード・ナラティヴにおいて文化の物語として組み込むことで不可視としなければならなかったということだろう。

本稿が最後に取り上げる八〇年代自伝文学のベストセラーであるウィリアム・リースト・ヒート・ムーン作『ブルー・ハイウェイ』は、上記のようなロードのトリックとレトリックを複雑な形で露呈している。「古い道路地図」において青色で示される裏道に「ブルー・ハイウェイ」という名を与える白人とオーセージ族の血を引く語り手は、その青い線を円状に繋いでいく形で自宅があるミズーリ州コロンビアを起点に、南部、西部、中西部、東部を経由して出発地に戻る一万三千マイルの旅に挑戦する。路上の旅を経て「新しい人間」となった語り手が新たな視点から自分がいた場所を再発見する円環構造の旅であること、しかも主人公が白人と先住民との混血であり、若者ではなく失業したばかりで妻とも別居中の人生が行き詰った三十八才の男性であること、そして、忘れられた裏街道に光を当て通して沈思内省する語りの形式から、この作品をこれまで論じてきた八〇年代的なロード再生の系譜に位置づけてもよいだろう。「ブルー・ハイウェイ」という「未知」の「オープン・ロード」が「男が我を忘れることのできる場所」「地図製作者が空白を埋めるだけの目的で地図に載せている」(Heat-Moon 四) 無名の田舎町に暮らす人々との対話を通して沈思内省する語りの形式から、この作品をこれまで論じてきた八〇年代的なロード再生の系譜に位置づけてもよいだろう。「ブルー・ハイウェイ」という「未知」の「オープン・ロード」が「男が我を忘れることのできる場所」になるというエピグラフ中の一節には、もはや自己探求の場としてのオープン・スペースがほんの僅かしか残されていない現代においてブルー・ハイウェイという忘れられた地図上のルートをオルタナティヴな空間として祝福しようとする意図が窺える。[12] ヒート・ムーンが文学的成功を収めた理由を「人々がメディア化された環境を受け入れていた」時代における「本物の経験」の「賛美」に定めるミルズの見方も、確かに当時の「ロード離れ」の傾向に鑑みれば妥当である。

しかし、この作品をロード・ノヴェルとして読むとき、それが「摩耗としての自伝」(一九七九) でポール・ド・マンが行った脱構築的な考察――自伝執筆という行為が作者の「自画像」提示のための「技法上の要求」に「支配」されている以上、「自伝執筆計画」自体が「生」を「創作」し「決定」するという見方——を検討するための好例となっていることに着目しなければならない（De Man 九二〇）。ヒート・ムーンは本名のウィリアム・トログドン名義で幾度も加筆修正を重ねながら七つの出版社に原稿を持ち込んで却下された結果、それまで公の場で使用したことのなかったウィリアム・リースト・ヒート・ムーンという先住民名を筆名として採用する案を思いつき、「作者」が「二つの世界に立つ白人とオーセージ族の混血」であることを強調すべく加筆修正を行ったのである（John Price 一〇二）。本書の商業的成功は、白人男性作家と路上という組み合わせが市場価値とならない八〇年代の文学的環境を浮かび上がらせるとともに、当時のニューエイジ文化の流行をも伝えるものである。つまり、白人男性主体が路上に出るというテーマでは文学の市場に受け入れられなかった。作者自身にとってもトログドン名義の原稿は「うわべだけの中身のないもの」であり、ヒート・ムーン名による語りの再設定は「正しい声の発見」であったという（John Price 一三一—三二）。バンを改造した「ゴースト・ダンシング号」で出発する際、語り手が入念に準備した必需品の一部をなす二つの「必携参考書」——ホイットマンの『草の葉』（一八五五—一八九二）とジョン・G・ナイハルトがスー族のメディスンマンであるブラック・エルクの語りを書き写した『ブラック・エルクは語る』（一九三二）——は、彼が立脚すべき「二つの世界」を象徴する。インタビューのための筆記用具、カメラ、マイクロカセット・レコーダーを準備する用意周到ぶりからこの旅の第一目的が本書の執筆であることは明白であり、この意味においてド・マンが述べたように「自伝執筆計画」が作者の「人生」を「創作」したと言ってよい。[13] しかもそれは一人の無職男性に『ニューヨーク・タイムズ』のベストセラーに四十二週間も名前が載るという「作家人生」をもたらしたのである。つまりこの作品が描くロード再生は、ウィリアム・トログドンの起死回生の旅であり、作家ウィリアム・リースト・ヒート・ムーン誕生の物語でもあった。ケネス・M・プライスの指摘の通り、語り手はホイットマンという「民主主義のヒーロー」を「自己創造の新たな形のモデル」にし、「オープン・ロード」を人間と宇宙との一体化による平和の必要性を唱えたブラック・エルクの「先住民の信念」で進むのである（Kenneth M. Price 九二―九七）。こうして彼は白人主体と先住民主体との対立ではなく融合を路上の物語として提示しながら、人気作家ヒート・ムーンへの変身を遂げる。

ただ、ミルズの「本物の経験」という表現に立ち返りつつ作者自身が公言して憚らない出版の経緯を考慮すると、これら二つの「ロード」を自己の経験の中で一元化する旅が、実体験として果たして「本物」であったのかという点は少々疑わしくなる。本書の自伝としての正しさ、特に遠い祖先に由来する先住民のルーツを巡っては、出版当初から語り手を「アングロ・サクソン系の仮面を捨て、インディアンの仮面を付ける」「偽者の」「ワナビー・インディアン」とし、先住民性を強調することで利益を得たことを批判する声もあった（Kenneth M. Price 九三）。作品序盤に加筆された章は「誓約――この章を私自身に捧げる。それが済んだら、その話題については口を閉ざすことにしよう。」（Heat-Moon 四）と仰々しい調子で始まっており、ここに批判や追及を退けるための予防線が張られていると受け取れなくもない。しかしながら、ロード・ノヴェルとして重要なのはこのような偽者疑惑ではなく、その「誓約」に続く「私をリースト・ヒート・ムーンと呼んでくれ」（Heat-Moon 三）というハーマン・メルヴィルの『白鯨』（一八五一）冒頭を思わせる一文によって示された、語り手就任の儀式であろう。小説の語り手が仮に「信頼できない語り手」であったとしても、彼が主張する限りそれが彼の名前となる。

では、語り手が混血主体として創造するロードにおいて、先住民問題はどのように扱われているのだろうか。「誓約」の章において、彼は混血児たちの「生まれながらに自分の血統のどちらか一方を裏切ることでもう一方を選択しなければならなかった」歴史を振り返り、彼らを「その心がどこにあろうとも」「先住民にも白人にも信用されない」「汚れた者」と名づける。しかし、この直後で「私自身」は「心」と「精神」に基づいてそれを「選択」し「決して血による選択は行わない」と断言することで、彼が「汚れた者」たちを抑圧してきた歴史や人種をめぐる政治性からあっさりと自己を解き放っている部分は注目に値する（Heat Moon 五）。この「心」と「精神」に基づいた選択として語り手はある時はホイットマンを引用し、またある時はブラック・エルクの宇宙観に学ぶのだが、これはヒート・ムーン自身が出版翌年に屈託のない調子で語った「税金の支払い」など実務面では「トログドン名を使用」し、創作などの「スピリチュアルな事柄」には「ヒート・ムーン名を使用する」という父親譲りの「法則」とも合致している。[14]要するに、それは「血統の選択」ではなく自己の位置によって変容する文化的アイデンティティの問題なのである。

二つの文化間を自由自在に移動するヒート・ムーンというトリックスターは本質主義的に「文学的信用詐欺」(John Price 一〇三)として非難されうるのか、あるいは構築主義的な「アイデンティティの流動性」(Kenneth M Price 九五)を楯に擁護されるべきなのか。いずれにせよ、このロード・ノヴェルで道案内役を務めるホイットマンが先住民問題で分裂する十九世紀アメリカを「オープン・ロード」という単一の道へとメタフォリカルに結集させることで国家統一の夢を詠ったように、ヒート・ムーンが二つの文化を一つのロードの中で融合させようとしたことに間違いはないだろう。[15]当然ながらここで立ち返るべき問題は、レーガン政権の「単一のロード・ナラティヴ」である。なかでも、先述の大統領告示と、一九九九年のリトル・ブラウン・アンド・カンパニー版『ブルー・ハイウェイ』にヒート・ムーンが寄せた「あとがき」が酷似している点を見逃してはならない。「ホームに耐えられなくなった時にどこか別の場所を目指す」という衝動が「我々の血」と「我々の歴史」、そして「アメリカの血管」の中に宿っているという記述に始まる「あとがき」は、「結局、すべてのアメリカ人は地球の別の場所からやってきた者か、あるいはそういう者たちの末裔なのだ」というレーガン的なロード・ナラティヴの展開を経て、「一つの国家の国民として、我々は古い問題を新しい場所で解決しようとした人々の子孫である」という包括的な「アメリカ人」像の構築へと続く(Heat-Moon 四一七)。しかも、ヒート・ムーンが小説冒頭部の「誓約」を守り続けているかのように、自身のアイデンティティのみならず先住民問題についても「口を閉ざし」たままである点は興味深い。ここから『ブルー・ハイウェイ』を、二つの文化を「アメリカ」を主人公とする単一のロードへと回収し最終的に両者の差異を不問とする物語として読むならば、エピグラフに描かれた「手招き」で「引き寄せ」ながら「男」に「我を忘れ」させるロードの姿に、レーガンのアメリカが目指したホモジーニアスな社会への誘惑が見て取れるだろう。

以上、八〇年代小説から捉えたロードはそこに遅れて到着した者たちにとって未だ有効な物語空間であるとともに、人種問題を考える場合は複雑なトリックとレトリックが作用する比喩となっている。近年もニール・キャサディの最初の妻ルーアン・ヘンダーソンの評伝『ワン・アンド・オンリー』（二〇一一）が女性視点から『路上』を語ったように、ロードの再定義は今も続いている。また、「血の一滴の法則」が根強いアメリカが、二〇〇〇年の国勢調査において人種選択項目に初めて「複合人種」という区分を導入して多様性を容認したことは大きな変化であるが、この人種選択が個人の文化的な帰属意識に基づいた自己申告によって行われることがアメリカン・アイデンティティに流動的性質を与えていると言ってよい。捉えどころのない「自己」を歌い、語り、祝福し、模索し、発見し、問い直す場として物語化されてきたロードの伝統は、今後も多様な視点を導入したハイブリッドな形で上書きされていくのであろう。

注

1 「路上にいることが絶えることのない新しい刺激や変化を生むという考えは修正を受けている」とメイヤーは分析する（Mayer 369）。

2 『深夜の告白』冒頭部で口述録音機に向かって保険金殺人の全容を語る主人公ネフの「これを君は告白と呼ぶだろう」という言葉を、オナンはこの小説のエピグラフの一つとして採用している。

3 この小説には最初『親愛なるスティーヴン・キング』（*Dear Steven King*）というタイトルが付けられていたが、キング側の弁護士の要請により変更に至ったという。詳しくはRon Hoganとのインタビューを参照。

4 "automobility" の接頭辞 "auto-" が持つ二重の意味（人間を指す「自己の」、機械や物体を指す「自動の」）に着目するジョン・アリーは、自動車ドライバーを人間的活動と路上の事物と連動しながら移動する「ハイブリッドな集合体」と捉える (Urry 26)。

5 例えば、ロード・ジャンルを「捉え難い夢の探求」を描く「アメリカの縮図」と捉えるアイアランドは、アメリカ人の「落ち着きのない」「神経質なエネルギー」をその原動力に位置づける (Ireland 474)。

6 これらの異質な新移民 (alien immigrants) の大群が、アメリカの「生活の質を下げ」、「労働市場」を脅かし、「人口」を圧迫していることをターナーは危惧していた (Turner 277)。

7 グレナダ侵攻後のレーガンの「アメリカ人は今こそ自信を持って立ち上がり断固たる態度で臨むのだ (Americans are now standing tall and firm)」という発言、そして、彼を褒め称えたコラムニストたちの「外交政策の強化 (stiffening)」という表現から、マイケル・キンメルは当時のアメリカを「あたかもマスキュリンな国家が、それまで性的不能との国家規模の戦いで苦しんでいたようである」と分析している (Kimmel 192)。

8 男らしさの喪失と時間的な「遅れ」の感覚は、南部表象の特徴でもあるだろう。この意味において、南部女性であるサムが男性に一歩遅れて路上に出ることは象徴的である。

9 チャック・クロスターマンはロード・ジャンルの特徴として対立の構図を挙げ、それを「人間対自己」「人間対人間」「人間対社会」「人間対自然」「人間対機械」「人間対神」の六つに分類している。

10 *Code of Federal Regulations of the United States of America*, 160.

11 大統領のカウボーイ・イメージに関する研究としては Collins, *The Damned Cowboy* や Orman, *Comparing Presidential Behavior* など。

12 William Least Heat-Moon, *Blue Highways* (New York: Little, Brown, 1999), Epigraph.

13 マーク・アリスターも旅の準備と原稿修正に着目しながらド・マンを引用し、自伝執筆を自己創造の行為とみなす。しかし、彼は本作品をノンフィクションとして捉え、執筆という「自己創造」がもたらす「癒し」の効果を論じている (Allister 107)。

14 ウィリアム・プラマーとのインタビュー "William Trogdon Takes to America's Back Roads and Returns a New Man: William Least Heat-Moon" を参照。

15 『草の葉』の先住民表象とロードの関係は Soodik, "A Tribe Called Text: Whitman and Representing the American Indian Body" に詳しい。

引用・参考文献

Allister, Mark Christopher. *Refiguring the Map of Sorrow: Nature Writing and Autobiography*. Charlottesville: U of Virginia, 2001.

Banks, Russell. *Continental Drift*. New York: Perennial, 1985.

Clarke, Deborah. “Domesticating the Car: Women’s Road Trips.” *Studies in American Fiction* 32.1 (2004): 101–28.

Code of Federal Regulations of the United States of America. Washington: U. S. Government Printing Office, 1987.

Collins, Michael L. *That Damned Cowboy: Theodore Roosevelt and the American West, 1883–1898*. New York: Peter Lang, 1989.

Cutter, Martha J. *Lost and Found in Translation: Contemporary Ethnic American Writing and the Politics of Language Diversity*. Chapel Hill: U of North Carolina, 2005.

De Man, Paul. “Autobiography as De-facement.” *MLN* 94.5 (1979): 919–930.

De Tocqueville, Alexis, and Bruce Frohnen. *Democracy in America*. Washington, D.C.: Regnery, 2003.

Erickson, Steve. *Rubicon Beach*. London: Quartet, 1986.

Gibson, William. *Neuromancer*. New York: Ace, 1984.

Heat-Moon, William Least. *Blue Highways: A Journey into America*. New York: Little, Brown, 1999.

Hogan, Ron. “Stewart O’Nan: “We’re Not Making a Lot of World-Class Ballet Here, Okay?”” *Beatrice Interview*. Beatrice. Com, 1997.

Ireland, Brian. “American Highways: Recurring Images and Themes of the Road Genre.” *The Journal of American Culture* 26.4 (2003): 474–84.

Kadohata, Cynthia. *The Floating World*. New York: Ballantine, 1991.

Kimmel, Michael S. *Manhood in America: A Cultural History*. New York: Free, 1996.

Klosterman, Chuck. “On the Road: In Road Movies, We’re Either Going Somewhere Slow or Nowhere Fast.” *The Believer* 6.3 (2008): 7–11.

Lee, H. C. “Interview with Cynthia Kadohata.” *MELUS: Multi-Ethnic Literature of the United States* 32.2 (2007): 165–86.

Mason, Bobbie Ann. *In Country*. New York: Harper & Row, 1985.

McCarthy, Cormac. *The Road*. Alfred A. Knopf, 2006.

Mills, Katie. *The Road Story and the Rebel: Moving through Film, Fiction, and Television*. Carbondale: Southern Illinois UP, 2006.

O'Nan, Stewart. *The Speed Queen*. New York: Glove, 1997.

Orman, John M. *Comparing Presidential Behavior: Carter, Reagan, and the Macho Presidential Style*. New York: Greenwood, 1987.

Plummer, William. "William Trogdon Takes to America's Back Roads and Returns a New Man: William Least Heat- Moon." *People Com*. People, 18 Apr. 1983.

Price, John. *Not Just Any Land: A Personal and Literary Journey into the American Grasslands*. Lincoln: U of Nebraska, 2004.

Price, Kenneth M. *To Walt Whitman: America*. Chapel Hill: U of North Carolina, 2004.

Ruth, Mayer. "Just Driving: Contemporary Road Novels and the Triviality of the Outlaw Existence." *Space in America: Theory, History, Culture*. Ed. Klaus Benesch and Kerstin Schmidt. Amsterdam: Rodopi, 2005. 369–84.

Seiler, Cotten. *Republic of Drivers: A Cultural History of Automobility in America*. Chicago: U of Chicago, 2008.

Skidmore, Max J. "Restless Americans: The Significance of Movement in American History (With a Nod to F. J. Turner)." *The Journal of American Culture* 34.2 (2011): 161–74.

Soodik, Nicholas. "A Tribe Called Text: Whitman and Representing the American Indian Body." *Walt Whitman Quarterly Review* 22.2 (2004): 67–86.

Turner, Frederick Jackson. *The Frontier in American History*. New York: Holt, Rinehart and Winston, 1962.

Urry, John. "The 'System' of Automobility." *Theory, Culture & Society* 21.4–5 (2004): 25–39.

新大陸膝栗毛
──『メイスン&ディクスン』における旅の時空間

岡本　太助

一　ポストモダン十八世紀小説?

トマス・ピンチョンの第五長篇小説『メイスン&ディクスン』[1]（一九九七）は奇妙な代物である。タイトルが示すとおり、これは一七六〇年代にアメリカに渡り、ペンシルヴェニアとメリーランドの境界線、つまりかの有名な「メイスン=ディクスン線」を引いた英国人天文学者チャールズ・メイスンと測量士ジェレマイア・ディクスンについての物語である。読者の期待の地平に浮かぶのは、彼らの旅の物語であり、彼らがいかにしてこの偉業を成し遂げたのかを詳細に記述した歴史小説であろう。メイスンの日誌やその他の記録文書を引用しつつ、十八世紀風の英語で当時の文物を生き生きと描き出すこの小説は、確かに一種の歴史小説であり、多くの批評家が冗談半分に述べているように、ある種の「十八世紀小説」と呼ぶことも可能である。そしてこの場合、西に向かって真っすぐに伸びるメイスン=ディクスン線と同じように、物語はテクストの空間を一直線に進んでゆくことが期待され、ごく些細な脱線も正確な歴史記述からの逸脱とみなされてしまう。

だがもちろん、作者が他でもないピンチョンである以上、こうしたリニアな歴史記述からの逸脱こそが期待されるのもまた事実である。佐藤良明は『メイスン&ディクスン』を「新大陸膝栗毛」[2]と形容し、次のように述べる。

流麗でコミックな擬古文調の散文で語っていく建国期のアメリカは、黒人虐待やインディアン虐殺などの暗部をふくめ、フォーカス（焦点）が異様にシャープ。読者は、歴史のもやのとっぱらわれた、騙し絵的にリアルな過去において、後の権力が捏造したアメリカ建国の神話がズッコケるのを目撃する。（七：一三五）

つまり、「当時」の様子を克明かつリアルに描き出すかのように見える『メイスン&ディクスン』のリアルさとは、「騙し絵的」な文学的トリックまたはレトリックなのであり、むしろそのようにして再構築される過去とそこを起点として流れてきたアメリカの歴史が脱構築される様こそが、この小説の魅力なのである。後世から顧みればあまりにも悲劇的かつ重大な意味を付与されてしまったメイスン＝ディクスン線ではあるが、それを忘却するのでもなく修正主義的に書き換えてしまうのでもなく、「ズッコケ」させるという発想。その笑いを誘う戯作的な要素を抜きにしては、『メイスン&ディクスン』の面白さは半減してしまう。

物理的かつ概念的な境界線を引く行為が『メイスン&ディクスン』の主題であるにせよ、その境界線はさらに「歴史記述」と「フィクション」との間の境界線ともなる。あるいはこれを「過去」と「現在」の間の境界線と言い換えてもよい。リンダ・ハッチョンは、「現在と過去、虚構と事実——ポストモダン・フィクションにおいてその境界はしばしば侵犯されるのだが、（略）疑問視されながらも、境界は残るのである」（六九）と述べる。またゴードン・ウッドは、「事実と虚構の間の線引きの曖昧化はポストモダン時代の知的風土の一部を成している」（九四）と指摘し、歴史記述が物語に接近する事態を憂慮する。だがむしろそうした境界を自明のものとせず疑問視する立場にこそ、ポストモダニストとしてのピンチョンの姿勢を見て取ることができるとの指摘もある（カワート　一五二）。重層的な語りの構造や意図的かつ執拗な時代錯誤の導入などに表れる、きわめてポストモダン的な、物語を語る行為に対する強い自意識もまた『メイスン&ディクスン』を特徴づけている。

小説の語り手チェリコーク牧師 (Revd Cherrycoke) は、その名前自体が分りやすい時代錯誤となっているが、彼は早くも序盤の第一章において、(彼自身も同行したことになっている) メイスンとディクスンの測量旅行は「勇敢な、僕には理解出来ようもない科学を巡る、とどの詰りは無意味な営みであった」(八) と言いのけてしまうような、きわめて自意識的な語り手である。にもかかわらず聞き手である子供たちは、分りやすい冒険譚、つまり「疑う余地もなく英雄的で変化をもたらすようなものとしてアメリカ史を語るような愛国的歴史言説である『アメリカン・ロマンス』」(スミス 一四〇) を期待している。そうした需要に応えるかたちで面白おかしいエピソードを付け足してゆくチェリコークは、信用できない語り手でもある。

また語りのより深いレベルにおいても、メイスンとディクスンは自分たちが大地に刻み付けた線は「悪の導体」(七〇二) となり、後の歴史において様々な悪徳と暴力を運ぶ道となることを意識している。この言わば「欲望のベクトル」(九六) に沿って、「やがて宿屋や商店、厩が並び、(略) 遊歩道が、――否、モールが」(七〇一) 立ち並ぶことが予感される。このように、史実に沿って語るべきか、あるいは史実よりも面白く語るべきかという歴史物語の倫理が問題とされるのだが、そのいずれかを選び取るのではなく、両者の境界線上に立って綱渡りを演じるピンチョンの語りは、「ポストモダン十八世紀小説」とでも呼ぶべき異形のテクストを生み出している。本論冒頭でこの小説を「奇妙な代物」と呼んだのは、そのためである。

二　旅の書物、書物という旅

ところで、メイスンとディクスンにとっての測量旅行とはいかなる「旅」なのであろうか。亀井俊介はアメリカの旅の文学における「ワンダー」の要素を重視し、この語には「驚異」と「正体不明」の両方の意味が込められているとしたうえで、「まさにそういうアメリカのワンダー探求の試みが、アメリカ人の文学・文化創造の営みの中核につながってきた」と指摘する（三）。『メイスン&ディクスン』もまたその意味においてはアメリカ的な旅の文学であると言える。メイスンは「アメリカの産んだ驚異、それをこの目で見た体験」を本国に持ち帰りたいと願い（六八五）、「旅の恍惚の如きもの」（一七五）に衝き動かされながら地図なき大地を旅する「地形学の巡礼者」（四六九）である。キャサリン・ヒュームも指摘するとおり、この小説は「二人の男が荒野を冒険する」というアメリカ文学の原型的プロットに倣うものである（六三）。

しかしながら、彼らが旅する十八世紀後半のアメリカは、啓蒙主義と科学万能主義、そして理神論に支配された「理性の時代」の真っただ中にある。波戸岡景太は、「理性の時代に生きるということは、それ以前の『奇跡の時代』との断絶を生きることを意味する」としながらも、ピンチョンのテクストにおいては、そうした失われた奇跡が「理性の時代ゆえに復権してしまう」という矛盾が描き出されていると指摘する（一五七）。確かにメイスンにとっての旅は、今は亡き愛妻の面影を星空に探そうとするような、メランコリックな傷心旅行でもあって、死者の甦りという、いわば理性によって否定されるほかない奇跡を、広大なアメリカの空間に探し求める巡礼の旅でもある。だが、こうした相矛盾する二つの世界は「ワンダー」によってつながるとも言うことができる。リチャード・ホームズは、ロマン主義と科学は水と油の関係にあるとされがちだが、「ワンダーの概念はかつてこれらを結び付け、そして今なお結びつけることができる何かであるように思われる」と述べる(xvi)。

このように、『メイスン&ディクスン』における旅は、未知のものに向かう未来志向の旅であると同時に、過去への憧憬をにじませるノスタルジックな旅でもある。この小説では、境界線を引くというそれ自体では「無意味な」行為を、懐古的にそれを振り返ることによって様々に意味づけするというパターンが繰り返される。アメリカでの仕事を終えたディクスンは「測量を全部やり直すっきゃないね」（七〇二）と冗談を言うが、原文の“Ev'ry Survey would have to be re-run"は、「あらゆる測量は繰り返されなければならない」の意味にもとれる。測量のやり直しとは、引き終えた線の誤差の修正のみならず、その線が意味するところを解釈し直すことでもある。実際の測量では、特別な装置を用い、振り返ってすでに測量を終えた場所に立つ目印を確認するという手順が踏まれた（ダンスン 一四七）。また小説では西は未来、東は過去を象徴するとされており、西へと線を引きながらしばしば東を振り返ることで、彼らは過去の出来事を顧みて、それらの出来事の意味するところに思いを巡らすのである。したがって、線を引くことが時間の流れに沿って一直線に物語を紡ぐこととすれば（その場合「ライン」は小説の文字列のことをも意味する）、振り返って測量をやり直す、つまり線を引き直すということは、来し方を振り返って物語を読み直す行為となる。

旅の物語としての『メイスン&ディクスン』においては、大地に線を引く行為は自分の居場所の地図を描くことであると同時に、そこに別の物語の可能性を見出すことでもある。例えば小説ではディクスンの師匠とされているウィリアム・エマスンは、地図作成法の授業の一環として空の飛び方を教える中で次のように語る。

「地面に縛られておる限り、」エマスンは先を続けた、「我々は地平線という、時にはほんの数インチ単位で測られる線に制限されておる。――その上、時間にも縛られておる、――或る地点から別の地点まで移動するのに要する時間に。だが空にあっては、地図空間にあっては、出発点であれ終着点であれ、如何なる点も殆ど問題でなくなった気になれる、――距離の上、時そのものの上に身を置けば、有り得べき移動の全ての可能性を一挙に把握出来るのだ。」（五〇五）

木原善彦は、『メイスン&ディクスン』における歴史とは単一の流れではなく、量子力学的な「すべての可能な経路の合計」と考えると理解しやすいと述べている（二〇一）。つまり時空の制約を逃れて「ここではないどこか」や「今ではないいつか」へと飛翔する想像力は、「こうだったかもしれない」という可能性としての別の歴史を浮かび上がらせるのであり、その点において地図と物語は、分かちがたく結びつけられるのである。

物語を「読む」ことについても、『メイスン＆ディクスン』には多くの記述がある。一例を挙げれば、測量の手を休めて訪れたある洞窟の壁に「時の鉛筆によって」描かれた絵からメイスンは、「死者の住み処はこのようなのだ、じきにお前もその一員となるのだ」というメメント・モリのメッセージを読み取る（四九七）。[3] そして洞窟からの帰路、彼は「あれは文書だ、――そして我々はその読み手であり、巡りゆく日々がその頁なのだ。日が過ぎると共に、文書の巻物は開けていく、古代に於ける巡礼者の旅程図のように」とひとりごちる（四九七―八）。新田啓子は、「我々にとって世界とは、まず地図として存在する」(i) としたうえで、「『場』として認識されうるあらゆるものを、点やシンボル、線や彩色のモザイクに置き換えて描いた図像が地図である。ここから世界を学ぶにせよ、その盲点を暴いて知的転覆を図るにせよ、それらはともに、地図的表象と踏査行為の反復的な再帰運動に基づく行為に違いない」(ii) と述べている。文字もまたシンボルであり、小説のテクストは一種の地図となりうるのである。

言うなれば、旅の物語としての『メイスン＆ディクスン』は、テクストの文字を目で追いながらメイスンとディクスンの旅路と彼らが旅した十八世紀アメリカの大地に新たな意味を見出す読者にとってのロード・マップでもある。そして他ならぬその読解の行為そのものが、広大なテクスト空間への新たな旅となる。要所要所に下線を引き、余白にメモを書き入れ、目印として付箋を貼るなどして、我々読者は『メイスン＆ディクスン』という地図を再測量し書き換えてゆくのであり、それによって二次元のテクストから三次元の「世界」を立ち上がらせるのである。

三　『メイスン＆ディクスン』の幾何学

一種の地図としての『メイスン＆ディクスン』は、何らかの幾何学的なルールに従っているはずである。これまでも、ピンチョンの小説世界を空間的・幾何学的メタファーによって特徴づける言説は数多く出されている。例えばモリス・バーマンは、ピンチョンの小説は「じょうご」に似た形をしていると言う。要点をまとめると、小説の序盤はじょうごの広い方の口にあたり、そこでは無数の登場人物を巡る多くの断片的なエピソードが脈絡もなくばら撒かれるのだが、そこから次第にテクスト空間は狭められてゆき、終盤では全ての断片が巨大なネットワークとして結びつけられる。バーマンは、前者の完全な無秩序と自由と、後者の陰謀論的なまでにタイトに編み上げられた意味のネットワークにおける息の詰まるような不自由さは、ピンチョンの小説の特徴としてしばしば言及される「パラノイア」の二つの形態を示していると考えている（八三―四）。

確かに『メイスン&ディクスン』においても、主人公二人は不可視の巨大なネットワークに絡めとられたパラノイドである。人語を解し愛に目覚めた機械仕掛けの鴨が、ひょんなことから測量隊に同行することになるのだが、驚異的な飛行能力を備えた「彼女」は姿を消すこともでき、小説のテクストを出たり入ったりしながら、物語の行方を文字通り鳥瞰視点から眺めている。あるときこの鴨が地球（「興味深い惑星」と彼女は語る）を一周してきた後に、メイスンらにこう語る――「貴方がたはまだ、三六〇度のうち五度しか、一日のうち二十分しか触れていないのよ、――全体の中での、自分達のささやかな、けれど倫理的に問題を孕んだ役割を知ったら、さぞ大きな驚愕と苦悩を皆さん覚えられることでしょうよ」（六六九）。これを聞いたディクスンは、「全世界的な見通し！（A Global Scheme!）」（六六九）と叫ぶが、これは「全世界の地図」あるいは「グローバルな陰謀」とも解釈できる。全球を覆うネットワークの中において、境界線を定め地図を描くことの持つ意味を、「地面に縛られ」た彼らは十分理解することができずにいる。言い換えれば、彼らは自分たちの置かれた場所の認知地図をうまく描けないのである。

地面に縛られるということは、地表という二次元平面上において世界を眺めることを意味する。確かに地図上では、メイスン＝ディクスン線は直線として示される。そしてここまでに確認してきたように、『メイスン&ディクスン』において直線は邪悪なものの象徴である。境界線の測量では線に沿って鎖をつないで距離の目印としたのであり、理性の時代において植民地拡大と奴隷制、先住民虐殺を正当化するために引き合いに出された「偉大なる存在の連鎖」(四一七)の概念もまた、直線は体現しているのである。小説内で愛読されているゴシック小説から抜け出してきて測量隊に加わる風水士チャンは、小説テクストの空間を地図化するうえでの目新しい視点を提供する。彼はメイスンらの境界線を見て「こりゃ非道い風水だ」とあきれ返り、「地上どこでも、境界線というのは自然に従うもの」なのであり、「地面に直線を引くなんて、龍の身体に傷を付けるようなもの」だと酷評する(五四二)。二つの地点を結ぶのには直線がもっとも効率的であることは、ユークリッド幾何学が証明する事実である。しかしチャンのもたらす別系統の幾何学的思考は、効率・論理・理性の追求が必然的に生み出す悪と暴力の姿を浮き彫りにしてゆく。

『メイスン&ディクスン』は、直線を引く行為をその物語の中心に据えながらも、そこに潜む理性の時代の直線的思考形式を、様々な方法で差異化しようと試みてもいる。小説内でのメイスンの日誌からの引用箇所には、「今日サイドロング・ヒルの頂から、〈線〉が小さな輪のアーチを形作っているのが見え、それが大変に美しく、球体の法則にも適っていた」との記述がある(六一五)。当たり前の話だが、球体である地球表面の二点間の最短距離を結ぶように引かれた線は、直線ではなく弧を描くことになる。[4] またこの引用にもあるように、境界線を引く際には、地球の円周が描く大きな円を一マイルごとの小さな円に分割するようにして作業が進められた。さらに言えば、メイスンとディクスンが測量担当として抜擢されたのは、メリーランドとデラウェアの境界線、いわゆる「接線」を引くためだった。ニューキャッスルの中心から半径一二マイルの円に接するように、南北方向に直線を引くためにこう呼ばれるのだが、これは「フィラデルフィアからエンパイア・ステート・ビルに向かって三〇センチのずれもなく真っすぐな線を引く」(ダンスン 一〇五)のに匹敵する幾何学的な難題であった。このように、直線が常に円や球体といった地球の幾何学的特性によって制約を受け、複雑化するということを押さえておきたい。

アメリカでの測量の前後、小説の第一部と第三部で描かれる二度の金星の太陽面通過の観測の場面に、大きな円盤

（太陽）の表面をそれよりはるかに小さな円盤（金星）が通過してゆくイメージを捉えることは難しくない。そしてこの現象の観測が重要なのは、そこから地球の公転軌道やさらには太陽系の構造についてのデータを得ることができるからだという。つまり金星の太陽面通過に見られる重なりあう円は、さらに太陽系の（厳密にはそうではないが）同心円構造へと拡大されるのである。

　また通過の際に「太陽を背に金星が暗く」（九六）なる点にも注意したい。予定が狂いケープ・タウンで観測を行うことになったメイスンは、逗留先のオランダ系フローム家の女たちから性的誘惑を仕掛けられる。だがその誘惑の背後にはきわめて経済的かつ政治的な意図が隠されている。夜中にメイスンのもとにやって来た黒人奴隷アウストラは、メイスンに、「赤ん坊が母親より白ければ、市場で高い値が付く」ことを告げ、メイスンはその「肌の白さ」を利用されそうになっているのだと種明かしをする（六五）。愛の女神である金星（ヴィーナス）は、理性を象徴する太陽の光によって暗い色合いに代わる。十九世紀初頭に南アフリカからヨーロッパに連れて行かれ、「ホッテントット・ヴィーナス」として見世物にされた黒人女性の存在を念頭に置くならば、『メイスン&ディクスン』における円のイメージは、理性の時代の暗黒面としての奴隷制をも包み込むのである。

　観測の帰路セントヘレナ島に立ち寄ったメイスンは、一連の出来事を振り返り、「皆の眼差の背後では奴隷制の大いなる芋虫がとぐろを巻いている」（一四七）と感じる。そしてこの虫のイメージは、ディクスンが語る「ラムトン地虫」、すなわち十字軍の時代にラムトン城とその領地を「荒廃の輪」と「恐怖の輪」で包んだとされる巨大な龍のごとき怪物の伝説においても反復される（五八九）。怪物退治の英雄ジョン・ラムトンは予言に背いた罰として、その子孫が九代にわたって呪われることとなるのだが、ショーン・スミスはこれを「アメリカにおける奴隷制の『呪い』」と解釈している（一四七）。

『メイスン&ディクスン』に頻出する円のイメージは、ラルフ・ウォルド・エマスンのその名も「円 (Circles)」と題されたエッセイを思い起こさせる。エマスンは世界を同心円構造を持つものと捉え（二五八）、その中心にある円は人間の眼であるとする（二五二）。それぞれの円は世界についての暫定的な認識を表すものでしかなく、それらは常にさらに外側の円に向けての「移動」（二六一）によって更新される。常に新たな自分のあり方を模索し、「飽くことなき欲望」に衝き動かされて「新たな円を描く」（二六二）ようなエマスン的自己拡大のヴィジョンは、西に向けて拡大する同心円がやがて地球全体を包み込むまでになる、アメリカ的自己拡張の欲望と奇妙なほど符合する。だが、エマスンによって、理性のくびきを超越し自己の可能性を押し広げるものとして肯定的に描かれる同心円は、『メイスン&ディクスン』においては、理性の産物でありながらもその制約を逃れ暴走してゆく、人知を超えた怪物のごときものとして描き出されていることにも注意しなければならない。

四　二次元から三次元、そして異次元へ

直線が、厳密な因果関係のヴェクトルによって規定される歴史の流れを表すとすれば、同心円状に拡大してゆく円は、互いに遠く隔てられた複数の時空間が特定の事物とその象徴性の反復によって結び付けられる動きを表現するものとなる。だが『メイスン&ディクスン』の幾何学においては、これら二次元の幾何学的表象は、さらに球体や重層構造のような三次元へと拡張される。エドウィン・ダンスンによれば、「有能な数学者で込み入った天文学の数字計算を得意とするメイスンは、それらの数字を三次元像として思い描く稀な能力を与えられていた」（五一）。小説の終盤、またも夜空に妻の面影を探そうと仰向けに横たわるメイスンは、「興味深い視覚の再調整」を経験する。

即ち星々は、もはや丸天井に貼付いたかのように広がるのではなく、三次元に浮かんで見えるのだ、——目がそ

れ自身のZ軸を作り出し、それに沿って、星々によって窒息せんばかりの空間が、近きも遠きも、内へ外へと突進してゆき、じきに、まさしくあっという間に、凡そ制御不能な大波と化す。（略）この稼業を十五年間やって、漸く入門を果たしたってことか。（七二五）

これは昨今話題の裸眼立体視の解説のようでもあるが、望遠鏡を覗きこみ過ぎて左右の大きさが違っていたメイスンの両目は、ここに至ってようやく立体像を結ぶようになったのである。円を三次元空間内で回転させれば球が作られる。地球の円周という大きな円を細分化ながら地表をプロットしてゆく測量は、同時に大きな円としての緯度と経度によって地表をくまなく掃いてゆくものでもある。地球の大きさと形を知ることがまず第一の科学的目標なのだが、メアリ・ルイーズ・プラットが指摘するように、「システマティックな地球表面の地図化は、拡大し続ける商業利用の可能な資源、市場、そして植民地化すべき土地の探査と関連する」ものでもある（三〇）。科学と商業、そして帝国主義拡大の動きが近代型グローバリゼーションの端緒を切り開く時代においては、世界を球体として想像するような「地理学的想像力」は、まずその表面、つまり二次元空間としての地表へと向けられるのである。

　フレドリック・ジェイムスンによれば、こうした想像力の変容は個々の人間の経験にも影響を及ぼし、彼らが自分の生きる世界に対して行う認知地図作成のあり方を変えてしまう。つまり、「経験の真実はもはやそれが起こる場所と一致しない。ロンドンでの限定された日々の経験の真実は、むしろインドや香港にある」（二七八）という事態が生じるのである。近代的疎外の典型であるこうした経験の転位は、自己の認識と物語の関係をも変容させ、「帝国主義的ノスタルジアの構造の枠内では、欧米の過去は、よその国ないし文化としてもっともはっきりと見て取れ、物語に仕立てられることになる」（カプラン　七五―六）。西洋社会の自己表象におけるこうしたオリエンタリズム的思考も問題なしとはしないが、ここではむしろ、直線的思考に基づく境界線策定（言い換えれば「領土化」）の欲望が、球体的思考によって挫かれてしまう可能性に注目したい。球面には原理的に中心も端も存在しない。帝国主義的な地表の地図化は中心と周縁の間の不均衡によって権力を生じさせるのであるが、それは他ならぬ地図化の対象としての地表の持つ特性によって脱中心化され、脱領土化されるのである。ディクスンは師から永遠に時を刻み続ける時計を渡され、「永久運動ってものは存在しない」（三一七）はずだと困惑するのだが、地図による定位に逆らいながら球面上を回り続ける「欲望のヴェクトル」のあり方は、そうした理性的判断の反証となっていると言うことができる。

ここで『メイスン&ディクスン』における印象的な球体イメージの例を挙げておきたい。一つ目の例はややコミカルなもので、旅の間の不摂生からか、ディクスンの腹部が丸みを帯びてくるというものだ（三九二）。「悪名高きレプトン舞踏会」（四一〇）のくだりで、怪しげなレプトン城主の妻となった幼馴染みと再会したディクスンは、股間から快感が北上してゆくのを感じるのだが、「近頃では腹が腹なので、これも中々の長旅」（四一五）とあるように、その腹部は地球の丸みを身体的に表象するものとなっている。またこの城の奥にあるカジノの丸天井は「一個の、唖然とするほど大きな半球の硝子」であり、「もう一個の半球はアメリカの何処か他所にある」とされる（四二〇）。第二部終わりには、史実にはないもう一つの旅の結末が描かれ、メイスンとディクスンは彼らが引いた境界線によって分離された「もう一個の半球」を旅し続ける。その架空の旅の途上、優れた科学研究業績に与えられるコプリーメダルに手が届きそうになったディクスンは、「汝、どっち側がいいです、表？　裏？」とメイスンに聞き、それに対してメイスンは、「ふむ。いや、てっきりその……同じ側を分けるのかなと、――それぞれ半円ずつとか」と答える（七〇八―九）。つまり二つの半球（半円）のイメージは、歴史として語られたものと語られなかったものとが陽と陰の対を成していることを表現するだけでなく、メイスンとディクスンが二人で一つであること、つまり「メイスン＝ディクスン線」なる言葉の中で「線」によって分かちがたく結び付けられる運命にあることをも意味しているのである。

ここまでは球体表面の二次元を主な対象として議論してきたが、『メイスン&ディクスン』では、空間にはさらに厚みがあること、つまり三次元的奥行があることにも言及がなされる。例えばメイスンらが見学に訪れる、上空から見るととぐろを巻く「蛇の形」（五九六）に見える塚は、層構造を持っているとされる。ディクスンはその構造が、フランクリンが発明したとされる蓄電池のものに似ていると感想を述べる。そして実際に案内役のシェルビーの解説によれば、「異なる物質を重ね合わせて層を作るのは、いつの世でも自然の内に在る力を集めようとする意図の表れ」であり、「電気よりももっと地球的な」力に関係している（五九九）。これは第三部でディクスンが訪れる空洞地球の内部のような異世界、あるいは異次元の幾何学の存在をほのめかしている。地底世界は自然界の一部でありながら、人知の及ばない異次元の力を象徴している。地底世界を支配する幾何学は、その「地表」が凹面を成すため地上とは異なり、地表に立つ者はお互いに対して頭を近づけることになる（七四一）のであり、これはつまり地上世界の住人がお互いに顔を背け、境界線を巡っていがみ合っている様の陰画となっているのである。

ここでメイスンとディクスンの測量法の細部に目を向ければ、地表の丸みゆえに、彼らが平面三角法ではなく球面三角法を使っていたことが思い起こされる。異なる二点から見て目標地点までの距離を測るのが三角法だが、凸球面上でこれを行った場合「三角の内角の和は一八〇度より大きくなる」（ダンスン　二一六）。逆に凹球面上では、当然内角の和は一八〇度より小さくなる。つまり本来そこに存在するはずのものが消えたり、あるいは存在しないはずのものが現れたりするのが、球体幾何学の不思議さなのである。一七五二年の改暦によって失われた十一日や、風水における三六五と四分の一度からなる円は、こうした「あるべきものの欠如」と「あり得ない余剰」を表している。言わば「クラインの壺状の構造」（木原　一八二）を持つ『メイスン&ディクスン』では、表と裏、現実と虚構は二項対立するのではなく、それらを分かつ概念的な境界線を常に侵犯しながら相互に行き来し、小説内でも言及される「面は一つしかなく縁も一つだけ」（三四五）のメビウスの輪のごとく、ひとつながりの連続体を形成しているのである。

五　視差と旅

『メイスン&ディクスン』は、様々なペアによって構成されている。二人組の主人公はもちろんのこと、現実と夢、歴史記述とフィクションなど、対になる事物や概念を基本にして考えれば、小説の複雑な構造を理解する助けにはなるだろう。しかし、そもそもそうしたペアの間に境界線を引くことの無意味さと不可能さこそが小説の主題なのだとすれば、こうした恣意的な分類は成り立たないとも言える。それでもなお、なぜ二つで一組でなければならないのかを考えることには意義がある。

そこで注目したいのが、『メイスン&ディクスン』の中心的メタファーである「視差(parallax)」である。金星の太陽面通過が太陽系の形を把握するためのヒントをもたらすことは既に述べたが、その観測に視差が活用される。一つの地点から観測しただけでは無意味で、二カ所以上で観測し、この天体現象の見かけ上のずれ、すなわち視差を記録することが必要である。メイスンとディクスンの、そして彼らの物語を読む我々の旅の舞台であり生きる場所でもある地球の姿を知るためには、常に自分ではない別の誰かの視点、あるいは「今ここ」ではない別の時空間からの眺めが不可欠なのであり、互いに遠く隔てられた空間と時間の間のつながりと差異をともに認識することで、そこに新たな旅の可能性が立体像として浮かび上がるのである。

新たな地理学的想像力によって「アメリカ文学を裏返す」ことの必要性を唱えるポール・ジャイルズは、プラットの「接触領域」に対して、「視差領域」こそが重要であると述べる。

> 接触領域は地理学的場所同士の物質的近接性、あるいは隣接性によって成立していますが、もう一方の視差領域は地理学的遠隔性によって機能します。そして、まったく異なる空間と空間のあいだの地政学的落差こそが神秘的な風景

を作り出すのであり、それをふまえて初めて、わたしたちはアメリカ文学の反転像を映し出すことができるのです。（一八）[6]

『メイスン&ディクスン』はアメリカの旅物語を裏返すというよりも、それを「ズッコケ」させるものであることは冒頭に確認したとおりである。そこには笑いがあり、笑いとは何よりもまず「落差」の産物であるはずだ。裏返すという発想には二項対立・二者択一的な響きがあるが、裏返すべき対象を否定してしまってはどうしようもない。なぜならそこには肝心の視差が生じる余地がないからである。

ポストモダン十八世紀小説としての『メイスン&ディクスン』はまた、地図を巡る旅の物語でもある。もう一つの可能性としての旅の物語を成立させるには、所与のものとしてのアメリカの旅の定型を残し、それを再度たどりながらも、旅の舞台としてのアメリカの地図空間を書き換え、再解釈しなければならない。「地図なき領域」では「奇跡すらいまだ可能」[7]と信じ（一五二）、いまだ「確実性に縮約」されていない（一七七）場所を探すロマンティックなアメリカの旅は、今なお健在である。「驚きが我々を活気付かせる」（一一二）というのが全ての旅の根底にある真理だとすれば、ポストモダンの旅人達はこれからも、幾何学的に入り組んだ『メイスン&ディクスン』のテクスト空間を彷徨い、そこに驚きを発見してゆくことだろう。

注

1 本論における『メイスン&ディクスン』からの引用は、原著のページ番号を括弧書きで示す。引用の際の訳文については、柴田元幸訳（新潮社、二〇一〇年）を基本とし、必要に応じて語句や表記を変えることとする。なお『メイソン&ディクソン』の表記も一般に行われているが、本論では柴田訳を尊重し、他の人名についても例えば「エマスン」(Emerson) として整合性を持たせてある。

2 「膝栗毛」なる和風の形容は示唆に富む。『メイスン&ディクスン』を地図作成の物語として読む場合、本邦における伊能忠敬の業績と彼が作成した地図のたどった運命とが想起される。渡辺一郎は、「戦後、忠敬再発見のさきがけとなったのは、井上ひさし氏の小説『四千万歩の男』である。井上氏自身の話によると、忠敬は詳細な記録を残しており、昼間は変えようがないので、夜、事件を起こしたという。昼間の記述は事実で夜はフィクションと割り切ればわかりやすい」（一三）と述べる。名前だけはよく知られているものの、フィクションを通して再発見されるまで詳細は忘れ去られていた点なども含めて、両者の共通点に注目してみると面白いかもしれない。

3 この引用部はメイスンの日誌を忠実に写し取ったもので、つまりは「史実」である（ダンスン 一三二）。しかし続く引用はピンチョンによる創作であり、両者が同一ページ上に印刷されていること自体が、歴史記述とフィクションの境界線上にある『メイスン&ディクスン』の特徴をよく表している。

4 「雪玉がすうっと弧を描いて飛び、納屋の壁に雪の星を鏤め、いとこ達の体も雪塗れ、帽子はデラウェアの川から吹付ける風の中へと飛ばされる」（五）という印象的な『メイスン&ディクスン』の書き出しは、チェリコークが居候するフィラデルフィアの妹夫婦の家のクリスマスの情景を描き出す。ここにも「弧 (Arcs)」が登場するが、第六三章冒頭で測量隊が雪合戦に興じる場面では、雪玉が「ミサイル」（六〇八）と形容されることからも分るとおり、無邪気さと無垢、そして安全な場所としての「ホーム」を表象するかに見える雪もまた、『重力の虹』のロケットのごとく、弧を描いて飛来し破壊と死をもたらす何ものかを指す記号となっている。あるいは、西に延びる線が先住民の戦道と直角に交わる様を、「ローマ帝国の直線崇拝」がイエスが磔刑に処せられた「カルバリの丘での十字架、という野蛮な単純さ」（五二二）につながったことの幾何学的表象とみなすならば、救世主とアメリカの二つの「誕生」を象徴するクリスマス（スミス 一六六）もまた、同じく死のイメージを付与されていると考えることができる。

5 立体視によって生じるZ軸は、もともと存在したものであると同時に、観察者の脳裡にのみ浮かび上がる仮想的なものでもある（そもそもメイスンはここでも片方の目でのみ観測を行っている）。この両義性は、地図を眺めそれを再踏査すること、あるいは二次元の小説テクストを読む行為にも同じように潜んでいる。つまりこれは、記号による表象から抜け落ちてしまうものを、それが実在したか否かを問わず、想像力によって補うことを意味する。

6　こうした反転の例としてジャイルズは『白鯨』（一八五一）第二四章における「地球の反対側にある偉大なアメリカ、すなわちオーストラリア」の描写に言及する（二六）。『メイスン&ディクスン』においても、ケープタウンの奴隷アウストラ（「南」を意味する）が、他の土地でメイスンらと再会する様が描かれる。彼女の名は「南アフリカ」、「アメリカ南部」など転位しつつ繰り返される奴隷制を指す記号だと言えるが（スミス　一七〇―一）、入植と西へ向けての開拓というアメリカの歩みを別の半球において繰り返すことになるオーストラリアをも、その名は暗示しているのでないだろうか。空間的のみならず、時間的にも隔てられた二点間の視差によっても、裏返しとなった物語の時空間は創造されうると言える。

7　小説序盤に登場する人語を操る博学英国犬は、「今は理性の時代でしょう、グルル？　説明は常にあるのです、そして喋る犬なんてものは存在しません」（二二）と自己否定することによってその奇跡的な実在を証明するような、この小説におけるアポリアの典型である。終盤よく似た犬が姿を現すが、今度は決して喋ろうとはしない。だが眠りに落ちようとするメイスンの耳元でこの犬は、次は三人で旅に出ようと囁く（七五七）。「次」の機会は結局訪れないのだが、この約束はジョン・スタインベックの『チャーリーと旅する』（一九六二）において、アメリカ風にチャーリーと呼ばれることになった犬のメイスンが、スタインベックと共にアメリカを探して旅に出るという形で叶えられる。これはもちろん冗談だが、時空を超えた間テクスト的読解が旅物語に不可欠な視差を与えてくれるという一例にはなるだろう。

引用・参考文献

Berman, Morris. *Dark Ages America: The Final Phase of Empire*. New York: W. W. Norton & Company, 2006.

Cowart, David. *Thomas Pynchon & the Dark Passages of History*. Athens, Ga.: The U of Georgia P, 2011.

Danson, Edwin. *Drawing the Line: How Mason and Dixon Surveyed the Most Famous Border in America*. New York: John Wiley & Sons, 2001.

Emerson, Ralph Waldo. "Circles." *The Essential Writings of Ralph Waldo Emerson*. Ed. Brooks Atkinson. New York: The Modern Library, 2000. 252–62.

Holmes, Richard. *The Age of Wonder: How the Romantic Generation Discovered the Beauty and Terror of Science*. London: Harper Press, 2009.
Hume, Kathryn. "Mason & Dixon." Inger H. Dalsgaard, Luc Herman and Brian McHale. Eds. *The Cambridge Companion to Thomas Pynchon*. Cambridge: Cambridge UP, 2012. 59–70.
Hutcheon, Linda. *The Politics of Postmodernism*. 2nd Edition. London: Routledge, 2002.
Jameson, Fredric. "Cognitive Mapping." *The Jameson Reader*. Ed. Michael Hardt and Kathi Weeks. Oxford: Blackwell, 2000. 277–87.
Pratt, Mary Louise. *Imperial Eyes: Travel Writing and Transculturation*. Second Edition. London: Routledge, 2008.
Pynchon, Thomas. *Mason & Dixon*. London: Vintage, 1998.
Smith, Shawn. *Pynchon and History: Metahistorical Rhetoric and Postmodern Narrative Form in the Novels of Thomas Pynchon*. New York: Routledge, 2005.
Wood, Gordon S. *The Purpose of the Past: Reflections on the Use of History*. New York: Penguin, 2008.
カプラン、カレン『移動の時代——旅からディアスポラへ』村山淳彦訳、未來社、二〇〇三年。
亀井俊介「アメリカの旅の本」亀井俊介編『アメリカの旅の文学——ワンダーの世界を歩く』昭和堂、二〇〇九年、一—一九頁。
木原善彦『トマス・ピンチョン——無政府主義的奇跡の宇宙』京都大学学術出版会、二〇〇一年。
佐藤良明「トマス・ピンチョン——ヘビー級作家の軌跡」『週刊朝日百科——世界の文学』四五、二〇〇〇年、七：一三二—七：一三五頁。
ジャイルズ、ポール「アメリカ文学を裏返す——環大西洋の海景と全地球的想像力」田ノ口正悟・渡邉真理子訳、竹内勝徳・高橋勤編『環大西洋の想像力——越境するアメリカン・ルネサンス文学』彩流社、二〇一三年、一五—四六頁。
新田啓子『アメリカ文学のカルトグラフィ——批評による認知地図の試み』研究社、二〇一二年。
波戸岡景太『ピンチョンの動物園』水声社、二〇一一年。
渡辺一郎『伊能忠敬の歩いた日本』ちくま新書、一九九九年。

トラウマ治療としての「冒険の旅」
——ジョナサン・サフラン・フォア『ものすごくうるさくて、ありえないほど近い』に見る九・一一トラウマからの回復の軌跡

河内　裕二

ジョナサン・サフラン・フォアの第二作『ものすごくうるさくて、ありえないほど近い』（二〇〇五）は、世界を震撼させた二〇〇一年九月十一日の同時多発テロ事件から二年ほどが経過したニューヨークを舞台にしている。テロで父親を亡くした九歳の少年オスカー・シェルは、父親の部屋で見つけた一本のカギの謎を解くために、手がかりを求めてニューヨーク中を走り回る。父親に関するどんな些細な情報でも知りたい彼は、必死に探索を続け、最終的にその謎を解く。しかし明らかになったのは、カギは父親とは全く関係のないものだったという事実である。オスカーにとってはやり切れない結末だが、彼はその「冒険の旅」で多くの人々と出会い、様々な困難に立ち向かうことで、父親を失った悲しみや事件のトラウマを乗り越えてゆく。

フォアの作品では必ずトラウマが重要なテーマになる。『ニューヨーク・タイムズ』（二〇〇五年二月二七日）に掲載されたインタビューによると、フォアは八歳の時に参加した小学校のサマープログラムで起こった爆発事故に巻き込まれ、怪我をして救急車で病院に運ばれている。彼を含め四名が負傷し、うち二名が重傷。幸い彼は重傷ではなかったが、手と顔に二度のやけどを負った。その後しばらく家から出られなくなり、三年ほどは神経衰弱のような状態に

なってつらい日々を過ごしたのだと言う。幼い少年にとって、心に負った傷を克服し、再び「危険な」外の世界に一歩を踏み出すのは簡単なことではなく、このトラウマ体験は彼の文学において重要な位置を占めていると考えられる。

トラウマを扱う彼の作品に登場する人物が、トラウマに向き合い、対処する場所は、いつも「旅」すなわち「ロード」である。デビュー作『エブリシング・イズ・イルミネイテッド』(二〇〇二)では、主人公のルーツ探しの旅に同行する現地ガイドの祖父が、その旅に参加することで、トラウマに苦しみ続けてきた人生にようやく決着をつけられる。ところが彼とは対照的に、彼らが旅で出会うホロコースト生存者の女性は、シュテットル(ユダヤ人村)の唯一の生存者として「旅」することなくその場にただ一人とどまり続けていることで、トラウマによる幻覚や妄想に囚われた「異常な」生活を送り続ける。

ロナルド・プリモーは『ロマンス・オブ・ザ・ロード』(一九九六)で、アメリカ文学におけるロードについて、「旅は他者とのふれあいを通してアイデンティティを発見したり、獲得したりする場である」と述べる(五)。ウクライナを舞台にしたロード・ナラティヴで作家デビューを果たしたフォアが、次にアメリカ合衆国の「トラウマ」である同時多発テロ事件に向き合うとき、向かう先はやはり「ロード」である。というのは、テロで心に傷を負った少年が回復するのに必要なものは、すべて「ロード」に揃っているからである。少年のトラウマ治療は、閉ざされたクリニックの一室ではなく、無限の可能性が広がる「ロード」で行われる。

「ロード」がトラウマ治療になり得るのは、その本質である移動によって「出会い」や「逃避」が可能となるからである。心に傷を負って助けを必要とする者にとって、人をつなぐ「ロード」は生命線である。さらに、耐えきれない厳しい現実から一時逃避し、苦しい現在の自分をリセットして再び現実に戻るのを可能にするのは「ロード」をおいて他にない。ただし、ニューヨークに住むこの少年が「冒険の旅」で向かうのは、アメリカ文学で定番のカリフォルニアでもメキシコでもない。なぜなら、彼の求める「未知なるもの」はそんなに遠くにはないからだ。彼が気づかずに探し続ける本当のものは、実はありえないほど近くにいる母親なのである。母親にたどり着くまで行われる、少年のトラウマからの回復の旅。それは傷ついたアメリカの「回復」の物語でもある。

一　「冒険の旅」の始まり――回復の第一段階「安全の確保」

愛する人を失った後に誰もが経験する深い悲しみを悲嘆（グリーフ）と言うが、普通であれば、この苦痛に満ちた悲嘆もやがて治まり、愛する人の死を受け入れて乗り越えることが出来る。しかし亡くなった人が極めて親しい関係であったり、死因が事故や災害のような突然で予測不可能な、さらに恐怖などを伴うものであった場合には、悲嘆は外傷性悲嘆（トラウマティック・グリーフ）となり、対処がより困難になる。おそらくテロで愛する人を亡くす場合は、乗り越えることが最も難しいケースだろう。『ものすごくうるさくて、ありえないほど近い』のオスカーは、もともとアスペルガー症候群で自閉症的な性格のため、他者と信頼関係を築くのが容易ではない。唯一絶対的信頼を寄せることの出来たのは父親だった。その父親の死は、彼にとって最も過酷な愛別離苦であり、乗り越えるのは極めて難しい。さらに父の遺体や持ち物が一切見つからないため、死亡を実際に確認することが出来ず、死を認めることさえも難しい。心理学者ポーリン・ボスは、愛する人が失われたのかどうかが不明確な喪失を「曖昧な喪失」と呼び、愛する人を普通に失う「対象喪失」と区別している。ボスは「曖昧な喪失は、直面しうる最もストレスフルな喪失だ」と述べる（二三）。オスカーが、彼にとって考え得るこの最も厳しい状況を何とか乗り越えることが出来るのは、彼の行う「冒険の旅」のおかげである。

「冒険の旅」はある偶然から始まる。事件以来オスカーはＰＴＳＤ（心的外傷後ストレス障害）で不眠に苦しんでいるが、ある夜、どうしても眠れない彼は、長い間近づかなかった父親の部屋のクローゼットを訪れる。そこで見覚えのない青い花瓶の中に一通の封筒を見つける。封筒の中には一本のカギが入っている。何のカギかわからない彼は、封筒に記されたブラックという文字が名前であると判断し、毎週末にニューヨークに住むブラックをアルファベット順に一人ずつ訪問して、カギについて尋ねることを決意する。ニューヨークにはブラックが四百七十二名、二百十六箇所にいる。彼が決めた「冒険」のルールは、自分の家ではこの「冒険」を秘密にし、外ではできるだけ何でも正直に話すことである。

精神科医ジュディス・ハーマンは『心的外傷と回復』（一九九二）で、トラウマからの回復について詳しく論じているが、ハーマンの言うトラウマからの回復をひと言で言えば、「回復とは人と接することによってトラウマで損なわれた自らの力を自らの手で取り戻すこと」である（二〇五）。ハーマンによると、複雑で渦を巻くような回復の過程を単純化し整理すると、その主要な課題から三つの段階になるという。第一段階は「安全の確保」、第二段階は「想起と服喪追悼」、第三段階は「再結合」である。オスカーは「冒険の旅」を行うことでこの段階を通過し、トラウマからの回復に成功する。では「冒険の旅」がどのようにしてトラウマ治療となり得るのか。ハーマンの提唱する回復モデルを用いて彼の「冒険の旅」を分析してみたい。

第一段階の「安全の確保」とは、回復に向かうための準備および環境作りのことである。ハーマンによれば、回復には身体的安全と環境的安全の確保が必要であるが、身体的安全を確立するために必要なのはセルフ・コントロールであり、主に身体、思考、感情、対人関係などをコントロールしていくのが課題となる。一方、環境的安全の確立には生活状況の確立、経済的安定、行動の自由などが必要となり、環境をコントロールするためには周りのサポートが必要となる。ハーマンは第一段階の重要点として「基本的安全感と自己管理とを確立する過程において、患者に求められるのは、行動を計画し自分のイニシアティヴで開始し、自分の最善の判断力を活用することである」（二六〇）と述べ、行動を自ら主導することの重要性を強調する。

ハーマンのいう「安全の確保」の視点で見れば、オスカーの「冒険の旅」は、物理的なカギ穴探しではなく、彼の身体的安全と環境的安全を獲得する行動に他ならない。オスカーは父親をテロ事件で失ってPTSDを発症し、精神的に不安定な状態になっている。彼にとって最も重要なのは精神的安定を得ることで、それを与えるのが「冒険の旅」となる。また「冒険の旅」は家族に秘密裏に行われるため、彼自身がすべてを主導する。オスカーは、ブラック全員の家を訪ねることを決意した際に次のように思う。「たとえそれが大して重要なことではないにしても、何かではあるわけだし、泳いでいないと死んでしまうサメと同じで、僕は何かしていないといけないことはわかっているんだ」（八七）。これはPTSDの侵入症状に対する彼の反応と考えられるが、この「冒険の旅」によるセルフ・コントロールは、彼にとって精神的「シェルター」の役割を果たす。根本的な解決にはハーマンのいう第二段階の達成が必要となるが、とりあえずの身体的安全はこれで確保されるのである。

「冒険の旅」が身体的安全の確保に重要だとして、それを実行する環境の確保はオスカーにとってさらに難しい。九歳の彼がニューヨークの街で「冒険の旅」を続けるには様々な困難が存在する。例えば、オスカーはアスペルガー症候群でさらにPTSDも加わり、極端に不安や恐怖を感じやすい。そのため彼は事件以来エレベーターを始めとするあらゆる公共交通機関に乗ろうとしない。テロの標的になる危険性があると思うからである。ブラックの家へは徒歩で向かう。到着するまで歩き続けて数時間かかることもあり、また知らない場所では極度に不安や恐怖を感じるので、それを紛らすために歩きながらタンバリンを叩き続ける。ギュンター・グラスの『ブリキの太鼓』（一九五九）の主人公と同じ名前なのはそのためだろう。歩いて行くのが不可能な場合にはタクシーに乗るが、料金が高額になり彼には支払うことが出来ない。今は払えないのでお金を後で送るからと言って名刺をもらうと、運転手は子供だからと半ば諦めながらそれを認める。また時には、訪問先でインターホン越しで話している途中に怖くなって突然逃げ出すこともある。このような調子ではとても「冒険の旅」は続けられそうにないが、そこに登場するのがミスター・ブラックである。彼はオスカーが五番目に訪ねるブラックで、早い順番で彼に出会うからこそ「冒険の旅」は続くのである。

プリモーは『ロマンス・オブ・ザ・ロード』で「ハイウェイ探求者は独りで移動するが、遅かれ早かれ、その旅には同様の目的を持つ旅人が加わる」(一六)とアメリカン・ロード・ナラティヴにおけるいわゆるバディの存在について述べる。オスカーの「旅」に途中から加わるミスター・ブラックは、ロード・ナラティヴに欠かせないバディなのである。では、なぜミスター・ブラックがバディに選ばれるのだろうか。言い換えると、なぜミスター・ブラックがオスカーの身体的安全を確保する「冒険」に援助者として加わることが出来るのだろうか。それはひと言で言えば、彼がオスカーと同様の苦しみを抱えているからである。ふたりの出会いを簡単に見てみよう。

ミスター・ブラックはオスカーにとって驚くべき人物である。まず彼が住んでいるのは、オスカーと同じ建物のしかも自分の家の真上である。この作品では重要な人物はいつも「ありえないほど近い」ところにいる。彼の存在を知らなかったのは、彼が二十四年間も部屋を出ていないからである。彼は一九〇〇年一月一日生まれで現在百三歳。元従軍記者で世界中の戦場で悲惨な場面を見続けてきた。妻をひとり残して世界の戦場を渡り歩いていた彼は、ある時自分のやるべきことは妻と一緒に生活することだと思い、それからこの場所で妻と暮す。彼女が亡くなってからは家に閉じこもり、妻と眠ったベッドに毎朝一本釘を打ちつけている。現在釘は八千六百二十九本。その話を聞いたオスカーは、ブラックがどれほど妻を愛していたのかを語れるようにと気を遣い、敢えてなぜ釘を打つのかその理由を尋ねる。すると驚いたことに「わからない」という答えが返ってくる。「自分でも馬鹿げているのはわかっているが、それでやっていけるのだ」(一六二)と彼は言う。この発言は、明らかにカギ穴探しを行うオスカーとブラックの類似性を示す。さらに、かつては世界中を旅し、オスカーに世界は広いと何度も語るブラックが、妻の死によって家から出られなくなり、世界から隔離された状態で二十四年もひとりで過ごしてきたことに、オスカーはショックを受ける。「こんなに寂しい人がずっと自分のすぐ近くにいたなんて」(一六三)と彼は思う。ミスター・ブラックに出会うことで、オスカーは世界には自分と同様あるいはそれ以上に愛する者を失って苦しみ続けている人間が存在することを知る。オスカーはこの「囚われの身」となっているブラックを「冒険の旅」に誘い、二十四年ぶりに世界へ復帰させるのである。

ミスター・ブラックが「冒険の旅」のバディになることで、オスカーはいわば行動療法的に困難を克服していく。例えば、ブラックが高齢のため移動には公共交通機関を使わざるを得ない。やがて地下鉄はもちろん、絶対に乗れないと思っていたフェリーにも乗ることが出来るようになり、エレベーターに至ってはエンパイア・ステート・ビルディングのエレベーターに乗る。信頼できる相手を得たことで不安感や恐怖感が軽減され、タンバリンの出番も少なくなる。さらに重要なのは、ブラック自身がオスカーには何も要求しないために、オスカーがすべてを主導することである。このブラックの加入で「冒険の旅」の環境的安全も確保され、オスカーはハーマンのいう第一段階「安全の確保」を達成するのである。

二　心の扉を開けるカギ——回復の第二段階「想起と服喪追悼」

トラウマからの回復の第二段階は「想起と服喪追悼」と呼ばれ、被害経験者がトラウマについて語る段階である。ハーマンは第二段階について次のように述べる。ストーリーは「完全に、深く、細部にわたって語られる。この再構成の作業によって外的記憶は実際に形を変え、被害者のライフストーリーの中に統合される」(二七三)。さらに「感情抜きで事実だけ唱えさせることは実りのないわざであり、治療効果は皆無」で「何が起こったかだけでなく、何を感じたかを再構成しなければならない」(二七七)。つまり第二段階の課題とは、感情も含めて詳細に体験を語ることにより、トラウマを自分の一部として受け入れて克服することである。

オスカーが彼のトラウマ体験を話す相手は「冒険の旅」で最後に出会うウィリアム・ブラックである。彼こそがオスカーが父親の部屋で見つけたカギの本当の持ち主である。ウィリアムはオスカーが二番目に訪ねたアビーの元夫で、実はオスカーがアビーの家を訪ねた時に彼はそこにいた。オスカーはウィリアムに「僕たちはありえないほど近くにいたんだ」(二九五)と言うが、紙一重で彼らを会わせなかったのは、コミュニケーションの重要性を訴える作者フォアのメッセージだろう。アルファベット順にブラックを訪問するオスカーが彼に会えなかったのは、アビーとウィリアムが喧嘩をしていてコミュニケーションを取らなかったからである。コミュニケーションの重要性は、作品の最後でオスカーが初めて母親と「真の」コミュニケーションを取ることができて、わだかまりが解消されるところでも強調されている。オスカーがウィリアムにたどり着けたのは、オスカーとコミュニケーションを取ろうとしたアビーのおかげで、彼女が留守電にメッセージを残したからである。それは八ヶ月前の彼の訪問直後に彼女が入れたもので、電話を避けているオスカーは、ずっとそれに気づかなかったのだ。

ウィリアムはカギを二年間探し続けていた。そのカギは彼の父親の貸金庫のカギだった。父親が亡くなったとき、彼は辛くて彼に宛てた父親の手紙をしばらく読むことが出来なかった。その手紙でカギの存在を知るが、すでにカギの入った花瓶を遺品セールで売っていた。彼は通りがかりに花瓶を買っていった名前も知らないオスカーの父親のことをよく覚えていた。彼はオスカーにそのときの様子を語り、ずっとオスカーの父親を探していた事実、さらに亡くなった自分の父親についても詳しく語る。結局のところ、オスカーとウィリアムはともに父親の残したカギをめぐってお互いを探し合っていたのだ。一本のカギにより、愛する父親を失った者同士が繋がるのである。一緒に金庫を見に行こうと誘うウィリアムの申し出を断り、オスカーは代わりにこれまで誰にも話さなかったことを話してもよいかと尋ねる。もちろんと答えるウィリアムに、彼はトラウマとなっているテロ事件当日のことを話し始める。「冒険の旅」で様々な人と出会い徐々に回復に向かう彼は、これまでにも途中までは話したことがあった。しかしトラウマの核心部まで話すのは初めてである。ウィリアムはオスカーの隣に座り、彼の手を握る。オスカーは勇気を出して語り始める。ウィリアムに語る核心部も含め、作品の様々な場面で語られる断片を組み合わせて、事件当日のオスカーの様子を再現してみよう。

二〇〇一年九月十一日の朝、いつものように学校に登校すると、なぜかすぐに下校させられる。理由は悪いことが起こったからとしか聞かされない。多くの親が迎えに来るが、母親は仕事に出ているし、家は学校のすぐ近くのなのでひとりで歩いて帰宅する。玄関のドアを開け、カバンを下ろして靴を脱ぎ、飼い猫を撫でる。いい気分だ。友達が電話すると言っていたので電話機を見に行くと、メッセージが五件入っている。すべて父親からだ。父親は仕事の打ち合わせで世界貿易センタービルにいた。電話で父親は周りの様子を伝えていた。火災が発生し、彼のところにも煙が上がってきていた。最後の五件目のメッセージは電波状況が悪く声がかなり途切れていたが、どうもこれから屋上に向かう様子だった。すべてのメッセージを聞き終えると、母親に電話しようか、それとも向かいに住む祖母に連絡しようかと思うが、もう一度始めからメッセージを聞き直す。再び聞き終えると、突然電話が鳴る。着信の番号で父親からだとわかる。電話に出ないといけない。ところが、電話に出たいのにどうしても出られない。体がまったく動かない。出たくても出られない。やがて起動した応答メッセージが終わると、父親の声が聞こえる。おまえはそこにいるのか。少し間を開けてまた同じことを言う。背後ではガラスの割れる音や悲鳴が聞こえる。おまえはそこにいるのか。ずっと同じ言葉を繰り返し、十一回目の途中で突然電話が切れる。このメッセージを母親に聞かせてはいけないと思い、父親のへそくりを持って近所の電気屋に向かう。家の電話機と同じものを購入し、すり替えて父親のメッセージの入った元の電話機を自分のクローゼットの中に隠す。以上が彼の当日の様子である。

オスカー自身、隠した電話機に一年以上も触ることができない。作品では、彼は数回電話機を取りだしてメッセージを聴いているが、母親や祖母には結局その存在を明かさない。メッセージについて話したのは二人だけで、ひとりは父が亡くなってから祖母のアパートの一室で暮らす間借り人（実際は彼の祖父だがオスカーはその事実を知らない）、もうひとりはこのウィリアム・ブラックである。全部を話したのは結局ウィリアムにだけで、彼には思うことも含めてすべてを語っている。例えば、最後の電話が切れたときに、たぶんビルが崩壊して父親は亡くなったと思っていること。さらに父親は最後に電話を掛けてきたとき、電話機の前にオスカーがいることを知っていて何度も呼びかけていたに違いないこと。というのは、父親は「だれか」ではなく「おまえ」という言葉を使っていたからなど。

話を聞いたウィリアムはオスカーを強く抱きしめる。彼に抱きしめられたオスカーは「許してくれるか」と聞く。「電話に出られなかったことを」と尋ねるウィリアムに、オスカーは「誰にも話せなかったことを」と言う。「もちろん許すよ」（三〇二）。

この父親からの最後の電話こそ彼のトラウマの核心だったのである。父親の死後、彼は突然ソール・ベローの『ハーツォグ』（一九六四）の主人公のように面識のない人々に大量に手紙を書き始めるが、最初に書いた物理学者スティーヴン・ホーキング宛ての手紙に、無意識にグラハム・ベルの記念切手を貼るのもそれを示すだろう。言うまでもないが、ふたりはブラックホール研究者と電話の発明者である。オスカーはウィリアムにすべてを語り、ウィリアムも一緒に悲しみ泣いてくれる。こうしてオスカーは第二段階の「想起と服喪追悼」を達成し、大きなハードルを一つ越えるのである。もちろん完治する訳ではないが、これで先に進んでゆける。

八ヶ月にも及ぶカギ穴探しの最後の行為は、カギを本当の持ち主に渡すことである。オスカーは首に掛けていたひもからカギをはずして彼に渡す。その時ひもを見たウィリアムが尋ねる。「もうひとつのカギは何」。「うちのアパートのカギだよ」（三〇二）。この場面には、カギ穴探しを行う彼が本当に開けるべきものが何かが、さりげなく示されている。「冒険の旅」はまだ終わってはいない。

三　曖昧な喪失を乗り越えて──回復の第三段階「再結合」

ハーマンは『心的外傷と回復』で、トラウマ体験が傷つけるのは被害者の心だけではないことを指摘する。「外傷的事件は基本的な人間関係の多くを疑問視させる。それは家族、友情、恋愛そして地域社会への感情的紐帯を引き裂く」（七五）。これは彼女がトラウマ体験の中核と述べる「他者からの離断」（二〇五）のことで、トラウマは他者との繋がりを断絶し、被害者を孤立させる。そのため回復には、他者と接することで再び人に対する信頼感を取り戻し、繋がりを築いていく必要がある。オスカーは「冒険の旅」により、多くのブラックに出会うことでこれを達成する。

八か月にもわたる「冒険の旅」で、彼の訪ねるブラックはみな彼を温かく迎え入れ、彼の話に耳を傾けてくれる。しばしば本来の訪問目的であるカギについて尋ねるのを忘れそうになる程である。「冒険の旅」を続けるなか、ある日学校で行われた演劇公演で舞台に上がった彼は、初日に来た観客の半分が彼の訪ねたブラックであることに気づく。そのとき彼は不思議な気持ちになる。彼らはお互いを知らないが、実はそれぞれが自分（オスカー）を通して関係し、結びついている。おそらくこの瞬間にオスカーは目に見えない人の繋がりを感じたのだろう。多くのブラックとの出会いによって、彼はハーマンのいう感情的紐帯を取り戻してゆくのである。

最後まで「離断」が残るのが、オスカーと母親の関係においてで、ふたりはどうしても感情的紐帯を築けずにいる。「冒険の旅」によって回復の第二段階を終えたオスカーが、次の第三段階の「再結合」で取り組むべき課題は、この母親との関係を再構築することである。ハーマンは第三段階について次のように述べる。「外傷的な過去との和解を達成した後の生存者には未来を創造するという課題が待ちかまえている」。「過去の人間関係は外傷による試練に遭い不可逆的に変えられてしまった。これからは新しい関係を育てなければならない」（三〇八）。他者との関係を再構築していく第三段階で重要なのは、第二段階では過去に向かうことが求められたのに対し、今度は真逆の未来に向かって進まなくてはならない点である。

オスカーの場合、父親と決別しない限り未来に向かうことはできない。彼はまだ父親の死を受け入れられていないが、それは受け入れたくないからではなく、受け入れたいのに、受け入れられないからである。既に述べた曖昧な喪失の苦しみである。ボスは「曖昧な喪失を経験する人々の多くは、失われたものは何か、失われていないものは何かを明らかにすることで人生を前進させていける」(一一七)と述べる。「冒険の旅」を始めた時に「カギは僕と父親だけの秘密だ」(五二)と語るように、オスカーは父親の部屋にあったカギに関わることで、亡くなった父親との繋がりを感じている。しかしカギ穴が見つかり、もはや彼と父親を繋ぐものはなくなって、遂に父親が失われたことを認めるべき時が来るのである。決別には別れの儀式が必要となる。その儀式として彼が考えるのは、父親の棺を掘り出すことである。これはいわば葬儀のやり直しだろう。彼と一緒に儀式を行うバディは、祖母のアパートの間借り人である。というのは、ミスター・ブラックは「冒険の旅」の途中で「私は終わりだ」という言葉を残してバディをやめてしまうからである。ミスター・ブラックがやめた日に、オスカーは初めて祖母のアパートで間借り人と顔を合わせ、やがて彼が新しいバディになる。間借り人は、ブラック宅訪問には同行せず、儀式の計画だけに参加する。オスカーは知らないが、間借り人は、オスカーの父親が生まれる前に家を出て行き、テロ事件後に再び戻って来た彼の祖父なのだ。つまり間借り人自身にも別れの儀式が必要なのである。「同様の目的を持つ旅人が加わる」という「ロード・ナラティヴ」の原則はここでも守られる。

計画すること数ヶ月、遂に儀式は執り行われ、父親は過去の人となる。過去にけじめをつける父親との決別の儀式を終え、明け方にオスカーがこっそりと帰宅すると、母親はまだ起きて部屋のソファに座っている。明らかに心配して彼の帰りを待っていたにもかかわらず、母親は何も言わずに、戻った彼の頭にキスするだけで、「どこにいたのか知りたくないのか」と尋ねる彼に、母親は「あなたを信じている」とだけ言う(三二二)。自分の部屋に行って眠ろうとするが眠れない彼がベッドから起きて部屋を出ると、母親はまだソファに座っている。彼を見て「眠れないのか」と尋ねる母親に、彼は突然泣き出し「入院はしたくない」（三二三）と言う。彼は以前、自分と入れ替わりに行われた母親のカウンセリングをドア越しに盗み聞きし、医師と母親が彼の入院について話しているの聞いたことがある。それ以来、彼はずっと不安を感じていたのだろう。二十一世紀のホールデン・コールフィールドにはなりたくないのである。

初めて母親に不安な気持ちを伝えた彼に、母親は「入院などさせない。あなたはどこも悪くない」（三二三）と言い、やがて思わぬことを語り始める。内容は父親からの電話である。母親が涙をこらえずに泣くのは父親が亡くなってから初めてのことだと述べられているので、もしかするとオスカーのようにこの事実を誰にも話していないのかも知れない。事件の日、実は父親はビルから母親の携帯電話にも電話を掛けていた。もうビルの外にいて、これから歩いて家に帰るところだと父親は彼女に伝えた。それがふたりの最後の会話となる。もちろん彼はビルにいた。彼女もそれを知っていた。彼も彼女が本当のことを知っているのを知っていた。お互いが本当のことを知りながら交わされた嘘の会話は、最後までお互いが相手のことを思いやった証拠である。電話の話を聞いて動揺するオスカーだが、両親が事件当日に会話を交わしていた事実は、父親からの電話について隠し続ける彼にとっては救いだろう。

話を聞いて泣き疲れたオスカーは、やがて眠ってしまう。母親によって自分の部屋のベッドに運ばれた彼は、母親がじっと自分のことを見つめているのに気づく。実は数日前、彼は重大なことを知る。母親がいつも自分を陰で見守っていることだ。留守電のメッセージを聞いてアビーを再訪したときに、内緒のはずの「冒険の旅」に、実は母親が関与している事実が明らかになる。母親は「冒険の旅」を当初からすべて知っていて、不安な気持ちを抑えて、息子に気づかれないよう陰で見守り続けているのである。母親は息子に無関心を装いながら、実際には彼が訪ねるブラック全員とあらかじめコミュニケーションを取って、彼らに協力を求めているのだ。ミスター・ブラックも母親にとっては息子の保護者役である。この事実を知って以来、オスカーの母親への信頼は回復に向かい始めるが、父親との決別の儀式についても、ベッドで寝ている今この瞬間も、ずっと静かに彼を見守り続けている母親に、彼は次のように思う。「物事はものすごく複雑で、母親が自分を見つめているのは何にもまして複雑なのだ。でもそれはありえないほど単純でもある。僕の一度きりの人生において彼女は僕の母親であり、僕は彼女の息子なのだ」（三二四）。これこそ、彼が母親との感情的紐帯を取り戻し、関係の再構築を達成する瞬間だろう。確固たる絆を実感できるようになった彼に、もはや不安はない。彼は母親に「また恋をしてもいいよ」と言う。

トラウマからの回復において母親との関係が重要なのはハーマンも指摘する。「世界の中にいて安全であるという感覚、すなわち〈基本的信頼〉は人生の最初期において最初にケアしてくれる人との関係の中でえられるものである。人生そのものと同時に発生するこの信頼感はライフサイクルの全体を通じてその人を支えつづける。それは関係と信仰とのあらゆるシステムの基礎を形づくる」（七六）。「冒険の旅」を続け、最後にたどり着くのが母親であり、母親との絆を取り戻すことで、傷ついた彼自身の回復が完了する。彼が「冒険の旅」で探していたのは、このありえないほど近くにいる母親だったのである。回復を達成した彼の「僕たちは安全だ」（三二六）という言葉で作品は終わる。

結

『ものすごくうるさくて、ありえないほど近い』はテロ事件を背景にしているが、犯人を含めた様々な人物の視点から事件を描くドン・デリーロの『墜ちてゆく男』（二〇〇七）のような、テロ事件とは何かを問う作品ではない。オスカーが述べるように物事は複雑だが単純でもあるとすれば、テロ事件とは愛する者を奪われること以外の何ものでもない。作品はその単純な事実から出発し、テロ事件の枠を越えた、愛する人を失った者の物語として、深く傷ついたひとりの少年の回復の軌跡を描いている。

ただしこの作品を、父親を失って傷ついた少年の救済物語と見るのでは不十分だろう。確かに周りの大人は彼を優しくいたわり、救いの手を伸べている。しかし彼もまた相手を救う。例えば、彼の回復の三つの段階においてキーパーソンとなる三人、ミスター・ブラック、ウィリアム・ブラック、彼女の母親は、いずれもオスカーによって救われる。再び世界に復帰することが出来たり、父親から託されたものを金庫から取り出すことが出来たり、最愛の息子との絆を取り戻すことが出来たりなど、それぞれの人生において重要なことをやり遂げることが出来たのはオスカーのおかげである。忘れてはならないのは、彼らもまた愛する人を失い苦しむ者なのである。人と人、ものともの、場所と場所、何かが繋がるとは、そこに双方向性が生まれることに他ならない。作品が示す相互依存や相互扶助は自然に生まれたものではない。オスカーが自ら繋がっていくために、自らの足で訪ね歩いて繋いだものだ。二十一世紀のコンピューター世代の少年も、窮境ではアメリカの原点に立ち返る。人を繋ぐのはいつも「ロード」なのである。

最後に二〇一二年に公開され、アカデミー賞にもノミネートされた本作を原作とする映画について簡単に触れておきたい。小説は複数のサブプロットが交錯する複雑な構造を持つが、映画では本論でも取り上げた「少年のカギ穴探し」というメインプロットのみになっている。その上、様々な変更も加えられ、例えばカギ穴探しのバディは、映画ではミスター・ブラックではなく間借り人（祖父）が務め、小説で間借り人とオスカーの行う父親の墓を掘り起こすエピソードはなくなっている。また小説に何度も登場するカウンセリングに通うシーンも映画では一切描かれない。さらにエンディングには、オスカーが訪ねたブラックすべてに礼状を書き、それを皆が読んで幸せな気分になるシーンや、以前父親と一緒に行ったセントラルパークのブランコに一人で乗るシーンなど小説に存在しないシーンも加えられている。これらの変更は、単に映画の時間的制約によるものではなく、物語の中心がトラウマの克服から少年の成長へと変えられたことを示すだろう。

引用・参考文献

Foer, Jonathan Safran. *Everything is illuminated.* New York: Houghton Mifflin Company, 2002.『エブリシング・イズ・イルミネイテッド』近藤隆文訳、ソニー・マガジンズ、二〇〇四年。

——. *Extremely Loud & Incredibly Close.* New York: Houghton Mifflin Company, 2005.『ものすごくうるさくて、ありえないほど近い』近藤隆文訳、ＮＨＫ出版、二〇一一年。

DeLillo, Don. *Falling Man: A Novel.* New York: Scribner, 2007.

Primeau, Ronald. *Romance of the Road: The Literature of the American Highway.* Bowling Green: Bowling Green State University Popular Press, 1996.

Solomon, Deborah. "The Rescue Artist." *New York Times* 27 Feb. 2005.

ハーマン、ジュディス『心的外傷を回復』（増補版）中井久夫訳、みすず書房、一九九九年。

ボス、ポーリン『「さよなら」のない別れ　別れのない「さよなら」——あいまいな喪失』南山浩二訳、学文社、二〇〇五年。

灰が降り積もる、引き返せないロード
——コーマック・マッカーシー『ザ・ロード』における九・一一以後のアメリカ

川村　亜樹

コーマック・マッカーシーの『ザ・ロード』（二〇〇六）は、そのタイトルが示すように、ロード・ナラティヴというアメリカ的な物語形式自体をテーマとしている。とはいえ、リチャード・グレイが説明するように、「読者が『ザ・ロード』の旅で直面するのは、たとえば、ウオルト・ホイットマン、ジョン・スタインベック、あるいは、ジャック・ケルアックらのオープン・ロードではなく、消失点にある道や光景」（三六）である。スーザン・コリンも、「たとえより良き場所を探しても、現代のアメリカのロード・ナラティヴがしばしば約束するように、（登場人物の）父子が新たなエデンにたどり着くことはない」（一六二）と述べている。こうした遅れてやってき意味上の差異は、マッカーシーが、「大前提として、すべての文学は間テクスト的である。［……］重要なのは、テクスト間の対話という事実ではなく（それは不可避なので）、対話の質、［……］つまり、こだまする文学的祖先の声をいかに強調し直すか」（グレイ 三五―三六）を自意識的に作品の内容として扱う作家であることを示す。『ブラッド・メリディアン』（一九八五）を絶賛するハロルド・ブルームは、「もし、アメリカン・サブライムのプラグマティズムの伝統といったものがあるなら、コーマック・マッカーシーの小説がその頂点に立つ」（七）と説明している。マッカーシーは、聖書とともにシェイクスピア、メルヴィル、フォークナー、ベケットらの作品を自身の世界に織り込みながら、人知を超えた世界を想像しようとする。『ザ・ロード』に関していえば、作家ジェニファー・イーガンが指摘するように、ヘミングウェイの『われらの時代』(一九二五)をほのめかし、主人公の父は、川に活々とした鱒が泳いでいた過去を回想しながら、焚火のそばで缶詰を食べる。しかし、父は自然のなかで救済されることはなく、代わりに、原因が特定されない歴史的大惨事により生態系が破綻した、法の外にある剥き出しのホラー空間で、降り積る灰が連想させる、終わりが見えない九・一一のトラウマを背負うことになる。

したがって、ロード・ナラティヴという、自由主義を追求するアメリカ的な物語形式を用いながら、例外主義に保護されていたアメリカの破綻を描いている点で、本作品は公的なアイロニーを帯びている。インタヴューでマッカーシーは、弟デニスと恐ろしい終末的シナリオについてよく話をするが結局いつも笑って終わることになる(ジャーゲンソン n.p.g.)、と述べており、地球の未来を真面目に想像しようとする理論科学者的な一面と、それを反転させるアイロニストとしての別の顔を合わせ持つことをうかがわせる。父は、荒地と化したロードで自己生存、自己防衛のため、遭遇する他者と対決しながら、息子と自分だけの家族単位の排他的空間を構築しようとしており、一見すると、歴史を排除した父子の感傷的な物語が展開されているように見える。だが実際には、本作品は、「神に置き去りにされた」アメリカを想像するという、歴史的時間の感覚をともなった政治的な問いを提起している。そこで本稿では、従来の批評で十分論じられてきたとは言い難い、ロードに降り積る灰に着目しながら、父子の葛藤をとおして浮き彫りになる脱構築とプラグマティズムの調停不可能な議論から実り豊かな政治的対話を引き出し、九・一一以後のアメリカというコンテクストにおいて、停止や引き返しが許されない旅の意味を考えてみたい。

一　降り積る灰

父子は黙示録的空間としてのアメリカをひたすら南下していくが、そもそも、旅の目的は明確には分からない。そして、「時計は一時十七分で止まった。切り裂くような長い光に続く、何度となく起こった低い震動」（五四）という記述があるだけで、破滅の原因は特定されない。これに対し批評家は、隕石の衝突、核爆弾の投下、そして、九・一一といった大惨事を可能性として提示している。確かに、マッカーシーは普段から世界の終末を、歴史を踏まえて科学的に想像するとともに、[1]ニューメキシコ州にあるサンタフェ・インスティチュート（ＳＦＩ）という施設に出入りし、理論科学者たちとの対話を重ねるなかで、六五〇〇年前に恐竜を絶滅させた白亜紀・第三紀の隕石に特別な関心を抱き、また、ＳＦＩで開催された気候変動に関する会議に出席して、マンハッタン・プロジェクトとは反対の、地球環境の改善を目指したサンタフェ・プロジェクトの話も聞いている（クシュナー n.p.g.）。

さらに、灰が降り積もる光景に加え、リチャード・グレイが指摘するように、ジェイ・マキナニー『ザ・グッド・ライフ』（二〇〇六）や、ドン・デリーロ『墜ちてゆく男』（二〇〇七）など、九・一一のトラウマを扱った作品では、私的な物語で展開される家族の再生が、大惨事からの救済として提示されているという点において、『ザ・ロード』で示唆される歴史を大転換させた事件に九・一一を読み込むことも可能であろう。ちなみに、『墜ちてゆく男』『ザ・ロード』とともに、ジョナサン・サフラン・フォアの九・一一作品『ものすごくうるさくて、ありえないほど近い』（二〇〇五）でも、登場人物は双眼鏡を手に見通しのきかない世界を監視している。また、九・一一説を唱える批評家としては、ポール・シーハンが、「『ザ・ロード』における最も邪悪な「亡霊」とは、イスラムの「最悪さ」への西洋の応答である。つまり、キリスト教的原理主義によって吹き込まれる応答、二〇〇一年九月十六日にジョージ・ブッシュによって与えられたあからさまな声である」（二〇一四）と述べ、スーザン・コリンも「『ザ・ロード』は、国家的アイデンティティを構築するさまざまなマスター・ナラティヴ、特に、アメリカの例外主義という概念を疑問に付す」（一六六）と主張している。このように、『ザ・ロード』を覆う灰が発生した原因は断定できず、複数の歴史的大惨事の痕跡が無言のまま存在し続けるが、実は、こうした不在の存在を可視化する灰は、来たるべき「完璧な」未来への約束を孕んでいる。

ここでマッカーシーが好んで使う「完璧」(perfect) という言葉について触れておきたい。インヴューでのオプラ・ウィンフリーによる「執筆に情熱を持っているか」という問いに対して彼は、「何人かの作家は、彼らが執筆を嫌っている、と語っている。それは決まりきった、つらい仕事であると。私は執筆に関してそんな風にはまったく思わない。たまには大変な時もあるけれど、完璧なもののイメージがあって、それを決して掴み取ることはできないけれど、その挑戦を止めることもない」と返答している（コンロン n.p.g）。また、『ザ・ロード』においては、父が昔叔父と湖でボートに乗った日の記憶を「子供の頃の完璧な日」（一二）と振り返り、別の箇所では、石橋から淀んだ川を眺めながら、「かつて流れのなかで鱒が身を揺らし、その下の石に映った完璧な影」（三〇）を追っている。マッカーシーにとって、「完璧なもの」とは、不在の存在として、想像力を喚起する。

話を戻すと、本作品では冒頭から、父子が移動で通りがかるいたる所、「すべてが灰で覆われている」（一四〇、一九一）。そして、「死滅した世界の遺灰が、時折吹く冷たい風にのって、虚無をいったりきたりしている。［……］あらゆるものが支えから切り離され、灰混じりの空気のなかで支えを失っている」（一〇）。このただただ灰が舞う虚無において、「世界は分割可能な構成要素の剥き出しの核にまで縮み、それに続き、物事の名前がゆっくりと忘却されていく。［……］ついには、人が真実だと信じていた名前まで。彼が思っていたよりも脆かった。すでにどれぐらい消え去ったのだろう。聖なるイディオムは指示対象、そして、現実性を奪われる」（九三）。その一方で、「やるべきことのリストはなかった。今日一日あることが幸運だった。この一時間があることが。「あとで」はなかった。いまが「あとで」だった。胸に押し当てたいほどに美しいすべてのものは、痛みに起源を持つ。それらは悲しみと灰から生まれる」(五六)。胸に押し当てたいほど美しいものには、大惨事のあとに生まれた、つまり、灰のなかから生まれた、父にとっての息子が含まれる。

降り積る灰は、切り裂く光が現れる前の過去を「現実」として構築していたあらゆるものが焼き尽くされ、解体されたあとの痕跡である。「あとで」のポスト・ワールドでは、灰のごとく断片的な名詞句で表現されているように、言語の象徴システムも破綻し、その背後にあったリアルな虚無が露わになる。「現実」はかくも脆く儚い偶然の産物でしかなく、しかも、「聖なるイディオム」の根源的な神聖性などそもそも存在しないことが、ドラスティックな政治的熱、あるいは、冷ややかなアイロニーを帯びて暴かれている。ただその一方で、灰は、人間を含め、忘却の淵にさらされながらもかつては固有の名前を持っていた無数の存在を依然としてほのめかす。したがって、『ザ・ロード』を覆う灰は、時代が急激に変化する際に、緊張感を帯びながら歴史の断絶と接続を同時に可能にする。灰から「完璧な」過去が再び蘇りはしないが、それは新たな世界を構築する種を宿すこともある。実際、「完璧な」過去を夢見る父が、病気による衰弱で灰のうえに膝まずく一方で、灰のなかに食糧となる美味しいアガサダケが見つかることもあれば、父が作った草笛で、息子は「来たるべき時代の形のない音楽、あるいは、おそらく、破滅の灰のなかから呼び起される地上の最後の音楽」(八一)を奏でる。

こうした灰は、ジャック・デリダが「もう一つ別の声、この時に、もう一度、もっと別の声が到来するように」(二四)と願って発表した『火ここになき灰』(一九八七)を連想させる。デリダの灰は、すべてを焼き尽くすホロコーストのあとに存在する、非―存在ないし不現前だけを喚起する、「もうなにもとどめておかないために、とどめておくもの」(三一)である。言い換えれば、次のようになる。

> 火が退き、火事が鎮火したとしても、そこに灰があるなら、火は後退しつつも残っているのよ。火は退却することによって、陣地を手放したかに見えるわ。火は偽装をつづけ、幾つもの姿をまとって偽装する。埃にまみれ化粧のパウダーをまとい、もはや自分自身にとどまらない複数の身体をもつ不安定なファルマコンとなる——自己のそばにとどまらないこと、自己のもとにあらぬこと、まさにこれが灰の本質なのよ、本質の灰そのものなのよ。（六二）

自己を変革するために、過去の自己をいったん放棄しなければならないという、ドラスティックな政治思想が展開されているが、それと同時に、鎮火した灰は、自己という存在自体を消滅させはせず、くすぶる火種として新たな自己が誕生する約束を残している。また、「それみずから火に捧げられるべきなんだわ。それも、できるなら供儀の影も形もなく、真昼に、借りをつくることなく、灰から甦る火の鳥《フェニックス》もなしに、火にくべられなければならない」（三三）というように、この焼却作業では、神に対する供儀として見返りを求めてはならない。あくまで贈与として、過去の自己の意思に汚染されないように、自己を投げ出すのである。

　ここまでしなければならない理由は、デリダが本書で引用している「あらゆるものを戯れや火に投じること、つまりホロコーストは存在論を生み出すことができる。ホロコーストがなければ、弁証法の運動も存在の歴史も開かれなかった」（四八）にある。たとえば、『マルクスの亡霊たち』（一九九三）において槍玉に上げたフクヤマの「歴史の終焉」から目覚めるために、そうした普遍的に振る舞う「完璧な」象徴システムを破壊しなければならないということである。そして、「引き退くことこそが問題なのよ。そうすることによって、自己についてのいかなる記憶もないある贈与に、そのチャンスを残しておくことができるかもしれないの」（八一）と締めくくっているように、いったん象徴システムを灰塵に帰すことで、「来たるべき民主主義」が約束される。

二　倒れた木の再利用、父子の葛藤

象徴システムという観点で話を『ザ・ロード』に戻すなら、森の火事と木の倒壊を、解体されるシステムの比喩として読むことができる。デリダの「なにかが残っていたとしても、ごくわずかの人々にとってのことだし、ほんの少し触れるだけで、崩れ落ちてしまうわ、それは落ちて遺骸になるんじゃなく、失われてしまうのよ」（四一）という記述は、少数の生存者としての父が、「重みのある葉を一枚拾って、手で握ると粉々になって、指の間からこぼれていった」（二〇九）と重なる。黒焦げになった大枝のない木々が道の両側に並び、依然として山では火事が続き、木の倒れる音がするなか、父は「世界のすべての木が遅かれ早かれ倒れるだろう」（三五）と息子に話す。時には、「木が倒れる音があり、それとともに地面で雪の固まりが吹き飛ばされ低く響き、森を震動させる」（一〇二）。このように、本作品では、森の生態系、樹状システムが崩壊していく。

だが、植物の根茎が描写されるわけでもなく、その代わりに、父子は死木を薪として燃やして冬の寒さをしのぎ、繰り返し「火に生命を吹き込む」（三四、七八）。また、息子が焚火をする情景は、「神自身の火竜。火の粉が駆け上がり、星のない闇で死んだ。すべての言葉が真実ではないが、この恵みは拠り所を奪われていても現実であった」（三一）となり、残骸であるはずの死木は生命を帯びた火を現実に生き返らせる。しかも、糸杉の森では、「木々は死んで黒くなっていたが、雪を支えるにはまだ十分」（九九）であり、彼らがその死木を拾って焚火しながら野宿するための貴重な空間を提供している。

このように、父は少しでも苦痛のない旅を送れるよう、死木をはじめ、周囲にある残骸を生活道具として再利用する。他にも、防水シートからコートを作ったり、それを少年の足を保護するよう巻きつけたりする。また、ショッピング・カートに細工をして荷物を運び、時には、息子を乗せてボブスレー遊びをするなど、父の改良行為には枚挙に暇がない。ハロルド・ブルームはマッカーシー作品における自意識的な間テクスト性にプラグマティズムを見出したが、その改良主義的行為が『ザ・ロード』の内容としても展開されていることになる。ここで問題となるのは、恐竜を絶滅させた隕石のラディカルさを帯びた、デリダの灰が降り積る現実のポスト・ワールドにおいて、依然として「完璧な」過去にとり憑かれた父が自己防衛の大義を振りかざして理由も聞きいれず他者を攻撃し、プラグマティストとして残骸を再利用して自由に生き延びていいのかという点である。

そこで、一九九三年にデリダとリチャード・ローティらが調停不可能な議論を戦わせたシンポジウムをシャンタル・ムフが編集した『脱構築とプラグマティズム』（一九九六）を取り上げたい。反基礎づけ主義の点では一致するが、倫理的、政治的立場においては両者の溝は埋まらない。ローティは道具の比喩を用いて、「われわれの態度は、壊れていなければ修理しないという態度である。仕事がもっとうまくやれる他の道具を思いつくまでは、それを使いつづけるのだ。デリダ主義者は問いを立てて問題化し、苦境に陥らせるにつれて、ますます平日の仕事がうまくいくと考えがちである」（八五）と批判する。ムフの解説によると、ローティのプラグマティズムは、公的領域でリベラルな制度について最大限可能な同意を引き出し、意見の相違を私的領域に閉じ込めて、対立も排除もない秩序ある民主主義社会を構築しようとする。その一方、包括的な合意は確立できないことを脱構築は示し、〈正義〉はどの社会の制度でもいずれ具体的な姿で現れうるという幻想に対し警告する。そして、葛藤や矛盾は民主主義の究極的達成が不可能なことの条件であり、それゆえ、民主主義はいつまでも「来るべきもの」であり、決定不可能性により妨害され、約束という要素がどこまでも開かれた状態となる。[2] ローティへの応答においてデリダは、混沌を危険であるとともにチャンスとみなし、以下のように述べている。

私が「来るべき民主主義」と言ったとき、それは民主主義は明日には実現されるだろうという意味ではありませんし、未来の民主主義のことを言っているのでもありません。むしろそれは、メシア的な瞬間に「それは到来するかもしれない」という約束の消去不可能性を承認することを本質とするような、民主主義に関する参加があるという意味なのです。未来があります。来るべき何者かがあるのです。［……］それは起こるかもしれない、そして約束することで私は、未来を開くか未来を開かれたままにしておくのです。（一五九）

ローティとデリダの論戦を再現するかのように、プラグマティストである父の言説に対して、息子は脱構築主義者として疑問を投げかける。飲み水の確保もままならず、時には雪を食べながら、二人は死を覚悟しなければならないほど飢えているが、コーラを発見したときを含め、息子は生命を存続させてくれる予期せぬ恵みを、絶えず父と分け合おうとする。また、雷に打たれた人物を父が素通りしようとすると、息子は父のコートの袖を引く。息子が自分と同じ歳ぐらいの子供を目撃したときには、その子の身を心配し自分の食糧を半分分け与えるから一緒に連れていって欲しいとせがむ。そして、「父さんの仕事はお前を守ることだ。そうするよう神に命じられたんだ。お前に触れるやつは何人たりとも殺してやる」と、父は「神に選ばれた」大義を振りかざすが、息子は「ぼくたちってまだ善人なの」（八〇―八一）と疑問を呈す。このように、善が悪に勝利するためには、殺人も厭わない「サバイバル結果主義者」（グワイナー　一四六）として父が振る舞う一方で、息子は、無限の応答責任として、他者と痛みを共有し、いかなる見返りも求めない贈与をおこなおうとするなかで、父の信念を揺さぶる。

さらに、本作品においてただ一人名前を持つイーライと名乗る老人に出会った際にも、父子は食糧を分け与えるかどうかで口論となるが、結果として、父がイーライに対して息子に礼を言うべきだと主張すると、イーライは「たぶん、そうすべきかもしれないし、すべきでないかもしれない」「わしはあの子に自分のものを与えない（から）」（一八四）と言い、父が信じて疑わない投資によるエコノミーの概念が否定される。また、エイミー・ハンガーフォードは

『ポストモダンの信仰――一九六〇年以降のアメリカ文学と宗教』(二〇一〇)の結論で『ザ・ロード』を取り上げて、本質的な意味が欠如した信仰は、アメリカの宗教生活において貴重な場を占めており、その役割は想像力を喚起することである(一四〇)と説明しているが、預言者たるイーライは、大文字ではじまるGodなど存在しないとも告げており、神に生かされているはずの父の旅から神聖性を剥ぎ取り、世俗的なリアルを開く。

それでも最後まで、ローティを体現する父は、デリダに「現実の政治」のために哲学は必要ないという口振りで[3]、「お前は物事を心配する必要がないからな」と息子を批判すると、「心配してるよ。ぼくは心配しなきゃならない当の人間だよ」(二七七)と息子は涙を流し、他者、そして、世界への無限の応答責任を表明する。実際、政治思想的に敵対する父が死に向かって衰弱していくなかで、息子は幼い手で、その他者の面倒を見るようになる。こうしてみると、父子の葛藤は、ローティの目指す合意にもとづく自由主義的な社会と、神に選ばれたアメリカの例外主義の偽善を暴く。ロード・ナラティヴというアメリカ的な形式のなかでの父から子への愛情の物語は、皮肉にも、剥き出しのロードで可視化された他者との接触をとおして、九・一一を巡るアメリカの態度についての自己批判の機会となる。

三　引き返せないロード、復元できない地図

ここまでみてきたように、『ザ・ロード』において父子の確執は調停されないが、完全な決別にもいたらず、最終的に、息子は死んだ父に語りかけ喪に服す。そもそも、作者であるマッカーシーが、六十歳を過ぎてから授かった息子ジョンに宛てた遺書としての性質が本作品に少なからず影を落としており、作家マイケル・シェイボンによる、「読者を感動させ、恐れさせるのは、『ザ・ロード』が(大人になる前に)息子を置き去りにする父の罪悪感と悲痛を、荒廃した友のいない世界で生き残っていく力に変える大胆さとひたむきさである」(二一六)といった見方もある。

ただし、「友がいない」という言葉には注意がいる。シェイボンはあくまで孤高の戦士としての父の姿を称賛しているが、息子からすれば、友を作ろうとしない排他主義者にも見える。マッカーシーはインタヴューを滅多に受けず、作家として公の場に姿を見せることはほとんどなく、また、他者からの本作品へのサインの要求を拒否し、息子が十八歳になったとき金儲けできるよう、二百五十冊の数量限定でサインして保管している（ジャーゲンソン n.p.g）。こうした、愛情と称して自閉的で独善的な態度を取る作者の亡霊から、登場人物の息子が逃れることは不可能である。

とはいえ、旅全体としては、父子は協力し、引き返すことなくひたすら南を目指して前進している。名目上は冬の寒さのなかで生き延びることができないので暖かい場所へ移動する、ということになっているが、食糧に恵まれた比較的快適に暮らせる場所に幾度か奇跡的にたどり着いても、父はこんな場所は危険だから、といって定住しようとはしない。父は幼少期に経験した「完璧な」世界にノスタルジーを感じながらも、いまや絶え間ない移動こそが生存の条件であると認識しており、特に、「悪人」から命からがら逃げる途中、方向感を喪失し、自分たちが円を描いて逃げてきた場所に戻ってしまう恐怖に襲われる。さらに、作品終盤でも、「車輪のうえのネズミのように、死んだ世界を歩いている」（二九二）のではないかという、時間が停止した円環システムに回収される不毛感を抱く。しかし、そうした苦況のなか、目を挙げてみると、「息子がロードに立っていて、想像不可能な未来から彼を振り返り、この荒廃のなかで、聖像を安置する壁龕のように光り輝いている」（二九三）。息子はメシア性を帯び、円環システムから抜け出す、来たるべき未来の約束をほのめかしている。ということで、本質的な意味づけをしないまま、それと同時に、未来への約束を排除せず、可視化された他者との交渉が展開する剥き出しのロードでの旅を続けて、歴史的な時間に生命の火を吹き込むことができるか、そして、過去に戻ることなく息子が抵抗の道具として父の遺産をいかに再利用するかが重要となる。そこで、息子による言語、拳銃、地図の相続の仕方を取り上げてみたい。

父はかつて息子にアルファベットを教えていたことに触れており、それゆえ、大惨事のあとに生まれた息子にとっては、父の言語システムが、他者を排除する二人の空間を支配していると考えることができる。しかし、窮地を救ったシェルターでお風呂に入ったとき、息子は「待望の暖かさ」（一五五）と言って、父がどこでそんな言葉を覚えたんだと聞き返す。同様に、「ぼくたちの長期目標は何」（一七〇）という質問も息子の口から飛び出し父を驚かせる。その際、父は長期目標の内容について尋ねてみるが、息子はその答えは持っておらず、あくまでも来たるべき未来を約束するにとどまる。さらに、海で打ち捨てられた船から戦利品を持って帰ってきた父に対し息子は、消えた船員たちの安否を想像しながら「状況は彼らに不利だよね」（二五九）と言うと、またも予想だにしないこの言葉に父の顔には笑みが浮かぶ。結果として、イーライを除いては、父は遭遇した他者からの語りかけを受け入れず、救済もしなかったが、息子によって反復される言葉のなかで、他者を想像する機会を持つことになる。

他者への無限の応答責任という点では、拳銃の扱いに関しても、父から息子への受け渡しのなかで同様のズレが生じる。父にとって拳銃や信号銃は、自己防衛のために他者を脅し、傷を負わせ、殺害する、あるいは、他者に襲われて生き延びることができないと判断した時に自己の尊厳を確保する自殺をおこなうための道具である。これに対し、息子は父の死後に散弾銃を持った男が現れた際、手持ちの銃を下ろし会話をする。男は、「過去に戦闘を経験した兵士のようで、顎鬚を生やし、頬には傷跡があって、頬骨は陥没し、片目だけが動く」（三〇一）といった感じで、かつて息子を人質に取ろうとして父が殺害した、「目の周りは垢まみれで、深く窪んでいる。頭蓋骨のなかに動物がいて眼窩をとおしてみているようだ。顎鬚はハサミで裾を平らに切り落とし、首には鳥のタトゥがある」（六五）男と、目の特長一つ見ても、外見的に大差はない。もし父が遭遇していたなら、逃げるか戦うかの選択しかなかったはずである。しかし、息子は警戒心を持ってその他者に質問を繰り返すと同時に、耳を傾ける。ここで、拳銃は自己の空間に閉じこもるための道具から、他者に自己をさらす合図を送る道具になる。

また、作品冒頭、父はカレンダーを持っておらず、おそらく十月（一一）、といった程度で、時間を明確に把握できない。この状況は、旅が三分の一ぐらい進んだ段階でも、十一月かもしれない（九三）、といった感じで継続する。そして、父は石油会社の地図をもとに旅をしているが、地図を見ても自分たちがいる正確な位置を特定できず、息子に読み間違いを非難される。作品の後半では、息子が地図を読む仕事を引き継ぎ、町や川の名前を暗記し、旅の進み具合を測っている。灰まみれのポスト・ワールドは父にとってはかつてと異なる認識不可能な混沌に支配された時空間だが、息子にとってはそれこそが現実であり、時代の変化が示されることになる。

さらに、消え去りつつある州の道路に関心を示した息子は、砂遊びをするときに、「棒を使って灰のなかに道路をつくり」（六二）、また、「平らにした缶で小さな村をつくり、土をさらって碁盤の目のストリートにする」が、「海がこれ、もってっちゃうよね」（二六二）と言い、人間によって構築されたロード自体が、一時的な存在であると同時に、書き換え可能でもあることが前景化される。そして、本作品の最後の段落で、語り手、あるいは、死んだ父によって活々した鱒が回想されるが、「それらの背中には複雑な模様があり、生成しつつある世界の地図であった。地図であり迷路であった。元には戻せないもの、再び同じようには作れないもの」（三〇七）となっている。鱒は父の「完璧な」世界の提喩として機能しており、その地図は元の状態を取り戻すことはない。この点に関して、オズデン・ソザランは「最後の挽歌的段落における人間の消失は、物事を反転させ、世界をより良き場にする、いかなる意味のある人間活動の可能性も排除する。「アメリカのあと」には容赦のない暗闇がやってくるのである」（一〇六）と分析している。しかし実際には、「完璧な」世界の地図の再現不可能性は、九・一一以前にいったん歴史が終焉したかにみえたアメリカに、再び時間の流れをもたらす。

結

インタヴューでマッカーシーは、アメリカの深刻な社会問題を憂いながらも、「たとえひどく見えるときでも、人生はとても素晴らしいものだ。我々は感謝するべきだ」（コンロン n.p.g.）と述べている。そして、作中においても父は息子に最期の言葉として、根拠なく、「父さんとお前はずっと運がよかった。お前はこれからも運がいいはずだ。今にわかる」（二九七）と告げる。この言葉は、デリダがローティにやはり根拠を示さず言い放った「私は非常に感覚が鋭く幸運を信じていて」（二四七）と一致する。『ザ・ロード』で展開する偶然性に身を委ねた終わりなき旅には本質的な目的や意味はない。「黙示録的」という言葉が本作品の批評において一般的に使用されているように、聖書がほのめかされはするが、父子の旅は神聖なる巡礼ではない。しかし、彼らの旅は決して不毛ではない。それどころか、灰が降り積もった、他者が目の前に現れる、混沌としたこのリアルなロードにおいてこそ、歴史的な時間の流れを感じながら、「完璧な」未来の到来を信じて希望に満ちてどこまでも想像力を喚起する、さらに言えば、アメリカが自閉的な自由主義から脱却して、九・一一を巡る中東との関係を世俗的に捉え直すことが可能になるのである。

注

本稿は二〇一三年四月二一日に中京大学で開催された、日本アメリカ文学会中部支部第三〇回支部大会、シンポジウム「理論以後のアメリカ文学――移動と環境による惑星の再構築」での「Cormac McCarthy の *The Road* における脱構築とプラグマティズム」に加筆修正したものである。

1　マッカーシーは幼少期から自然界に興味を持っており、テネシー大学で物理と工学を学んだ。（クシュナー n.p.g）
2　「たとえ守られなくても、たとえ守られえないことがわかっていても、なされるのが約束であり、約束があるかぎりメシア的なものなのであります」（ムフ　一五八）とデリダは約束を定義している。本稿における「約束」という言葉はこの意味で使用されている。
3　「倫理や政治――文化としての政治に対立するものとしての現実政治――は、対立する利害を調停することであって、――哲学的分析は不要で哲学的前提も要らない――陳腐な身近な言葉で論議されるべきものだと私は考えている」（ムフ　三二）と、「現実の政治」をローティは定義している。

引用・参考文献

Bloom, Harold. "Introduction." *Cormac McCarthy*. Ed. Harold Bloom. New York: Bloom's Literary Criticism, 2009. 1–8.
Chabon, Michael. "After the Apocalypse." *The New York Review of Books*. 15 Feb 2007: 24–26.
Conlon, Michael. "Writer Cormac McCarthy confides in Oprah Winfrey." *reuters.com*. 5 Jun 2007.
Egan, Jennifer. "Men at Work." *Slate*. 10 Oct 2006.
Gray, Richard. *After the Fall: American Literature Since 9/11*. Malden and Oxford: Wiley-Blackwell, 2011.
Gwinner, Donovan. "'Everything uncoupled from its shoring': Quandaries of Epistemology and Ethics in *The Road*." *Cormac McCarthy: All the Pretty Horses, No Country for Old Men, The Road*. Ed. Sara L. Spurgeon. London and New York: Continuum, 2011. 137–56.
Hungerford, Amy. *Postmodern Belief: American Literature and Religion since 1960*. Princeton and Oxford: Princeton UP, 2010.
Jurgensen, John. "Hollywood's Favorite Cowboy." *The Wall Street Journal*. 20 Nov 2009.
Kollin, Susan. "'Barren, silent, godless': Ecodisaster and the Post-abundant Landscape in *The Road*." *Cormac McCarthy: All the Pretty Horses, No Country for Old Men, The Road*. Ed. Sara L. Spurgeon. London and New York: Continuum, 2011. 157–71.
Kushner, David. "Cormac McCarthy's Apocalypse." *Rolling Stone*. 27 Dec 2007.
McCarthy, Cormac. *The Road*. New York: Knopf, 2006.
Sheehan, Paul. "Road, fire, trees: Cormac McCarthy's post-America." *Styles of Extinction: Cormac McCarthy's The Road*. Eds. Julian Murphet and Mark Steven. London and New York: Continuum, 89–108.

Sözalan, Özden. *The American Nightmare: Don DeLillo's* Falling Man *and Cormac McCarthy's* The Road. Bloomington: AuthorHouse, 2011.

コーマック・マッカーシー『ザ・ロード』黒原敏行訳、早川書房、二〇〇八年。

ジャック・デリダ『火ここになき灰』梅木達郎訳、松籟社、二〇〇三年。

――『マルクスの亡霊たち――負債状況＝国家、喪の作業、新しいインターナショナル』増田一夫訳、藤原書店、二〇〇七年。

シャンタル・ムフ編『脱構築とプラグマティズム――来たるべき民主主義』青木隆嘉訳、法政大学出版局、二〇〇二年。

ロード・ナラティヴ作品ガイド

目次

アメリカン・ロード・ノヴェルを貫く フロンティア精神

　アメリカのロード・ノヴェルの作品群に貫かれているのは、ピルグリム・ファーザーズの「新大陸」上陸以来、アメリカ人の血に脈々と受け継がれているフロンティア精神である。彼らの絶えずフロンティアを追い求めて〈移動〉していく精神こそが、ロード・ノヴェルを生み出す原動力となっている。よって、アメリカ文学においてロード・ノヴェルというとき、それは単に「オープン・ロードを旅する物語」以上の意味合いを帯びてくる。しかしひとまずは、字義通りのロード・ノヴェルについて考えるところから話を始めたい。

　アメリカ文学史における代表的なロード・ノヴェルとして、ジャック・ケルアックが一九五七年に発表した『路上』を挙げるのに、異論を唱える者はいないだろう。主人公サル・パラダイスがディーン・モリアーティとともに、小説のタイトル通り、道の途中《オン・ザ・ロード》であること、つまり移動し続けることに至福を見出すかの如く、アメリカ大陸を幾度となく横断し、ついにはメキシコまで辿り着く。この小説は、のちの時代に引き継がれる多くのロード・ノヴェルの先駆け的存在であり、ロード・ノヴェルというジャンル自体、ビート・ジェネレーションの独壇場のような印象がある。また、小説だけではなく、ビート作家自身が〈ロード〉を旅し続けた。それが、『路上』をはじめ、ケルアックの『孤独な旅人』（一九六〇）や『ザ・ダルマ・バムス』（一九五八）といった作品を生み出した。

　ケルアックに代表されるビート作家に象徴的なのは、彼らの小説が彼ら自身の生き方と地続きであるという点である。それは、ケルアックの作品がどれも自伝的であることや、実際に活動を共にしていたアレン・ギンズバーグやウィリアム・バロウズらが登場人物のモデルになっていることからも明らかである。また、『路上』のサル・パラダイスの「パラダイス」がギンズバーグの詩から取られていたり、ギンズバーグの代表的な詩「吠える」やバロウズの代表作『裸のランチ』がケルアックによる命名とされていることは、互いの精神がいかに結びついていたかの証左であろう。つまりは、彼らの作品は勿論のこと、彼らの旅する生き方そのものが、そしてビート・ムーヴメントという芸術活動自体が一つのナラティヴを紡いでいたのだ。

　しかし、ここで注意すべきは、ビート・ムーヴメントを一時代の風潮として単純に括れない点だ。彼らは、現在の自分たちを取り巻く社会体制や都市の人間が疎外された状況に背を向け、人と人との心の触れ合いや人と自然との触れ合いの中に超絶的な生を見出すが、これはまさにエマソンやソローのトランセンデンタリズムを受け継ぐ後継者であると言える。また、ここではないどこかに「約束の地」を求めて旅するところには、アメリカ植民以来のフロンティア精神が流れている。さらに、性の解放を高らかに歌うところは、ホイットマンを彷彿とさせる。すなわち、ロード・ノヴェルの系譜を考える際、私たちはビート作家たちに流れる〈ロード〉への飽くなき探求心の源流を求めて、さらにアメリカ文学の起源にまで遡ることを要求されるのである。

彼らの自由を求め移動する精神の起源を辿れば、WASP（白人アングロサクソン系プロテスタント）が「アメリカ史の始まり」とみなすピルグリム・ファーザーズの「新大陸」上陸にまで遡る。イギリス国教会からの弾圧を受けたピューリタン（清教徒）が、信仰の自由を求めて、一六二〇年にメイフラワー号でアメリカ大陸のプリマスに辿り着いたということ自体、壮大な〈移動〉の物語である。彼らやコットン・マザーは、アメリカ移住という大冒険を、モーゼに率いられてエジプトを脱出し、カナンの「約束の地」をめざしたイスラエルの民になぞらえた。つまり、この神話化された歴史的移動そのものがロード・ナラティヴとして後世に語り継がれ、同時に彼らのフロンティア精神として記憶されることとなった。アメリカに上陸したピューリタンが実際に目にした土地は、「約束の地」とは程遠い荒野であったが、彼らはこの土地を「約束の地」に変えるために文明化していくことを決意する（ここに、無垢な自然を追い求めながら、同時に文明化を肯定するというフロンティア精神に内在する矛盾が生まれる）。植民初期より、新大陸の荒野開拓に、成功の夢を託した移民たちの西漸運動がはじまり、西部への領土拡大を正当化する「明白なる運命」（Manifest Destiny）のもと、フロンティア・ラインは絶えず西へ西へと更新され続けた。西の果てを「約束の地」とみなすこの運動は、ピルグリム・ファーザーズの「偉業」をさらに更新するもう一つの壮大なロード・ナラティヴであった。一八四八年にカリフォルニアで起こったゴールド・ラッシュは西部進出に拍車を掛けた。また、テクノロジーの発達による交通手段の変化も多大な影響を及ぼしている。一八六九年に開通した大陸横断鉄道が西部開拓の一役を担ったように、アメリカの歴史のロード・ナラティヴは、テクノロジーの発展とともに絶えず更新され続ける。そして、アメリカのロード・ノヴェルの系譜は、フロンティアを求めて〈移動〉を繰り返す歴史と並行しながら現代まで連なっているのである。

アメリカのロード・ノヴェルを辿って行けば、その起源のひとつとして、ジェイムズ・フェニモア・クーパーの「革脚絆物語《レザー・ストッキング・テイルズ》」に行き着くだろう。十九世紀前半に、辺境の地を舞台にして書かれた全五部作における主人公ナッティ・バンポーは、白人でありながら文明社会よりも自然やインディアン社会を好む。

このような荒野の無垢な自然に楽園を夢見るフロンティア精神は、クーパーの次の時代に起こったアメリカン・ルネッサンスにも引き継がれる。そこには、一方で自然の中に人間の自由な生を見出そうとしながらも、他方では、文明を賞賛してしまうという自己矛盾が見られる。ここに、表向きは「自然」を肯定する理想主義の背後で、ゆっくりと首をもたげ始めた産業の発展という新たなフロンティア志向の萌芽を認めることができる。徐々に頭角を現し始めた産業文明社会の実現を希求するフロンティア精神は、アメリカの夢と相まって、十九世紀末へと向かって巨大化し続けるのである。たしかに、ナサニエル・ホーソーンの「天国行き鉄道」(一八四三)のような急速な文明化の批判を展開した作品も存在した。あるいは、エマソンの超絶主義を実践したヘンリー・デイヴィッド・ソローは、旅行記『コッド岬』(一八六五)において、イギリスを出発したピューリタンが一六二〇年に停泊したコッド岬に自ら立ち、彼らの記録と彼が実際に目の前にした風景を重ね合わせることで、その違いを際立たせ、「アメリカ史」の起源に疑問を投げかけている。あたかもソローは、ピルグリム・ファーザーズが自分たちの冒険を誇張し神話化するために付けた尾ひれを一枚一枚剥がすことで、文明社会の実現への原動力になっているフロンティア精神の根幹にメスを入れようとするかのようである。しかし、旅行記『コンコード川とメリマック川の一週間』(一八四九)からわかるように、コンコード川を下り、メリマック川に合流してその水源へ向かう川旅において、彼は旅先に未開の荒野を夢見ているし、その続編とも言える『ウォールデン――森の生活』(一八五四)においては、丸太小屋を実際にウォールデン湖畔に建てているのである。

また、同じくエマソンの影響を受けた文学者には、イギリス文学の伝統を断ち切り、真のアメリカ的独自性を打ち出した詩人ウォルト・ホイットマンがいる。彼の唯一の詩集『草の葉』に収録された「オープン・ロードの歌」、「ブルックリン・フェリーを渡る」、「インドへの道」の〈ロード〉〈旅〉〈移動〉のモチーフには、自由、平等のアメリカの未来が見いだせる。

やがて、現代アメリカ文学の源流と目されるマーク・トウェインのロード・ノヴェル『ハックルベリー・フィンの冒険』(一八八五)において、筏に乗って黒人逃亡奴隷のジムと共にミシシッピ川を下るハックの登場をみる。

また、一九〇〇年に発表されたライマン・フランク・ボームの『オズの魔法使い』も、主人公のドロシーが、オズの国で出会った脳の無いかかしや心が無いブリキの木こり、臆病なライオンたちの願いを叶えるために、エメラルドの都にいる大魔法使いのオズに会いに行くという展開であり、それはまさに、ロード・ノヴェルと呼ぶにふさわしい。また、これまで少年の独壇場であった冒険の主人公を少女に設定したところにも、この小説の斬新さを見出せる。

続く一九〇三年にジャック・ロンドンが著した『荒野の呼び声』は、十九世紀末に起きたクロンダイク・ゴールドラッシュの経路に重ね合わせられる形で、主人公である犬のバックがカナダのクロンダイク地方へ連れて行かれる。過酷な環境下で野性を取り戻し、狼の先頭に立つ存在となるというシナリオに、フロンティア精神を垣間見ることができるだろう。また、バックの命を助けた人物ジョン・ソーントンがインディアンに殺されるという設定には、マーク・トウェインの未完作品「インディアンの中のハック・フィンとトム・ソーヤー」に見られるインディアン・フォビアと重なる部分がある。ここに、フロンティア精神の裏の側面を確認することができるだろう。西部開拓はネイティヴ・アメリカンと接触する危険性を常に孕んでいたため、彼らに対する恐怖と他者排除へと向かう論理が浮上してくる。すなわち、フロンティア精神の起源とされるプリマス入植を行った「ピューリタン(puritan)」の由来である、宗教的な意味での「清潔」、「潔白」を表す「浄化する(purify)」が図らずも示唆するかのように、フロンティア精神は民族浄化という側面も併せ持つ。トウェインの『アーサー王宮廷のコネティカット・ヤンキー』(一八八九)における六世紀イギリスは、アメリカ南部だけでなく、帝国主義時代の植民地でもあり、アメリカの領土拡張戦略の象徴である主人公ハンク・モーガンは、アーサー王時代の社会に、十九世紀の知識をもって科学技術を広めるとともに、資本主義を導入していく。そこで宣伝して広めようとする商品が「石鹸」であるというのは、文明化されていない社会や人々を不潔と見なし、清潔社会(文明化された社会)に変えていこうとする一種のクリーニング大作戦運動が展開されてしまうかのようであり、フロンティア精神が必然的にエスニック・クレンジングと結びつくことを暗示している。

話をロード・ノヴェルの系譜に戻すと、『荒野の呼び声』以降のフロンティア精神は、一九一二年にエドガー・ライス・バロウズが書いた『猿人類ターザン』にも引き継がれる。ターザンは大自然の中で成長するが、同時に文明の技術と教養を身につけていることを見逃してはならない。つまり、彼は自分の能力を発揮して、未開の大陸に理想の社会を建設しようとするフロンティア精神に貫かれた人物なのだ。

その後アメリカ文学史では二〇年代、つまり「失われた世代」(ロスト・ジェネレーション)が台頭してくる頃と前後して、ロード・ノヴェルはある種の憂いを帯びてくる。それは、スコット・フィッツジェラルドの『グレート・ギャツビー』(一九二五)で示されているように、建国以来アメリカ人を突き動かしてきた「アメリカの夢」の行く末が見えてしまったことによって、勢いを保ち続けてきたフロンティア精神や理想主義が、資本主義化された産業文明社会を前に滅びて行くことを意味していた。『グレート・ギャツビー』の悲劇が交通事故に起因する点は示唆的である。また、ドス・パソスは、『USA』三部作(一九三〇―三六)において、巨大化する非人間的な資本主義社会が、建国以来、自由や平等を追究する人間個人を破滅させる様子を、独自の「カメラ・アイ」という手法を用いて描き出した。つまりは、消滅した地理上のフロンティアに代わる新たなフロンティアとして、産業発展の最先端へと爆走し始めたフロンティア精神が作り上げたものが、これまでアメリカの文明化や産業発展を支えてきたフロンティア精神そのものを飲み込んでしまうという奇妙な事態に陥ってしまったのである。よって、たしかに作家たちはフロンティア精神に貫かれたロード・ノヴェルを描きにくくなったが、『US

A』三部作の完結編である『ビッグ・マネー』（一九三六）のエピローグの、ヒッチハイクをしながら長い道のりを移動し続ける若者や、ヘミングウェイの『日はまた昇る』（一九二六）において、出口を求めてスペインへ赴き、無垢の自然の中で精神的な安らぎを取り戻していくジェイク・バーンズといった個人の彷徨の中には、〈移動〉の精神が垣間見える。ここで当時の作家たちの動向に目を向ければ、右で挙げたフィッツジェラルド、ドス・パソス、ヘミングウェイをはじめとする戦後のアメリカ社会に幻滅した若手作家たちは当時、文学・芸術活動の拠点であったパリを訪れている。それは流行とも呼べるもので、そこを訪れた作家や詩人は数え切れず、当時の文学・芸術運動の最先端というフロンティアでのゴールド・ラッシュ（一攫千金ではないが）とも呼べそうな状況であった。ガートルード・スタインがパリで開いていたサロンに出入りしていた作家・詩人も多い。その中の一人であるポール・ボウルズが、結局アメリカに戻ることがなかったことをふまえると、求めるべき夢を見失ったアメリカ人夫婦が旅の舞台を北アフリカに求めたロード・ノヴェル『シェルタリング・スカイ』（一九四九）は重要な意味合いを帯びてくる。

また、彼らと同時期に活躍したウィリアム・フォークナーの『八月の光』（一九三二）においては、ジョー・クリスマスが彷徨い人となる。彷徨とは自己探求の旅でもあるが、自分の中に黒人の血が流れていることへの疑いを感じながらも、それを確かめることさえできず、自己のアイデンティティが確立されることはない。そんな彼の放浪にも〈移動〉のモチーフを認めることができよう。そして、放浪の旅と言えば、『天使よ故郷を見よ』（一九二九）や『時と河について』（一九三五）、『汝再び故郷に帰れず』（一九四〇）において、作家の分身であるユージン・ガントの自己探求の旅を描いたトマス・ウルフがいる。これらのモダニズム作家の描く登場人物たちの放浪の旅から明らかなのは、〈移動〉の先にもはや「楽園」を見いだせなくなっている点である。つまり彼らは、フロンティアに希望を寄せるよりもむしろ、自分を見失っているがために、〈移動〉を強いられているのである。

ジョン・スタインベックが一九三九年に発表した『怒りの葡萄』は、正統派ロード・ノヴェルである。大規模な砂嵐と農業の機械化によって土地を失ったジョード一族がカリフォルニアへと車で移動を続ける。この小説が聖書の「出エジプト記」に基づいていることはよく知られており、それは必然的に、新大陸開拓を「出エジプト記」になぞらえたピューリタンから続くアメリカのロード・ナラティヴを踏襲するものである。ここで重要なのは、ジョード一家をはじめ、カリフォルニアに集まった数えきれないほどの浮浪農民（オーキー）が土地を失う原因に、テクノロジーの発展が関わっている点である。つまり、西部開拓と連動する形で推進されてきたテクノロジーの発達そのものが、人々の生活を脅かしているのだ。ようやくここで、アメリカ文学史に息づくロード・ナラティヴにおいて、自由を求める西への移動志向と、それと手を取り合ってきた文明化へのフロンティア精神が袂を分かつことになる。そこで登場するのが、前述のビート・ジェネレーションである。彼らは、ソローやホイットマンの自然観を引き継ぎながらも、ハックルベリー・フィンよろしくはっきりと文明社会に背を向け、西海岸のサンフランシスコが新たなフロンティアとなった。また、六〇年代になると若者たちはドラッグの服用によって、意識の中の未開拓の領域に新たなフロンティアを見出した。

フロンティアそのものは、一八九〇年に消滅が公式に発表されたが、アメリカのフロンティア精神は、地上から宇宙へ、さらには、物理的な空間からサイバースペースへというように、「古いフロンティアを新たなフロンティアへとたえず刷新し再構築し続けていく旅」（巽 六）の原動力になっている。たとえばそれは、物理的な空間として、レイ・ブラッドベリの『火星年代記』（一九五〇）に宇宙という舞台を提供している。また、ウィリアム・ギブソンの『ニューロマンサー』（一九八四）においては、電脳空間が新たなフロンティアとなる。

このように、たしかにフロンティアは消滅したが、だからといって地上にフロンティアを設定したロード・ノヴェルが存在しなくなるわけではない。『路上』が、既成の社会に対する抵抗としての〈移動〉を繰り返し、その先に自由を夢見たように、広大な国土に延々と広がる〈ロード〉は今もなお、アメリカの自由、ひいては、人間の自由の象徴であり続けている。

ビート・ジェネレーション以降のロード・ノヴェルの系譜には、いうまでもなくビート作家に影響を受けたものが多い。サイケデリック文学として、トム・ウルフの『クール・クールLSD交感テスト』（一九六八）やハンター・S・トンプソンの『ラスベガスをやっつけろ!』（一九七一）が挙げられる。また、紀行文学としては、ロバート・M・パーシグの『禅とオートバイ修理技術』（一九七四）やウィリアム・リースト・ヒート・ムーンの『ブルー・ハイウェイ』（一九八二）がある。そして、女性を主人公にした作品として、男性作家によるものはトム・ロビンズの『カウガール・ブルース』（一九七六）、女性作家によるものは、ボビー・アン・メイソンの『イン・カントリー』（一九八五）とモナ・シンプソンの『ここではないどこかへ』（一九八六）などがある。さらに、ノンフィクションとしては、東海岸の裕福な家庭に育ち、大学を優等で卒業した直後、アラスカの荒野に単身で入り、その四か月後に腐乱死体となって発見された若者クリストファー・ジョンソン・マッカンドレスの軌跡を追跡調査してまとめたジョン・クラカワーの『荒野へ』（一九九六）が広く知られている。

その他にも、ラッセル・バンクスの『大陸漂流』（一九八五）、スティーヴ・エリクソンの『ルビコン・ビーチ』（一九八六）、ポール・オースターの『ムーン・パレス』（一九八九）、コーマック・マッカーシーの『ザ・ロード』（二〇〇六）のように、アメリカは建国以来、フロンティア精神に貫かれ、歴史とともに様々なかたちのロード・ノヴェルを紡ぎ続ける。ロード・ノヴェルが尽きることはない。なぜなら、フロンティア精神の欲望は満たされることなく、辿り着いた先の現実に理想が打ち破られることで、また次のフロンティアに向かって「路上」に出ることが運命づけられているからである。アメリカは新たなフロンティアを求めて〈ロード〉を〈移動〉し続けることで、これからも自らのアイデンティティを問い続ける。

参考文献
巽孝之『アメリカ文学史——駆動する物語の時空間』、慶應義塾大学出版会、二〇〇三年。

（吉津　京平）

女性作家とロード・ノヴェル

女性作家によるロード・ノヴェルは、数としては少なく、また代表的な作品が発表されるようになるのは一九七〇年代に入ってからである。それはちょうど、女性たちが六〇年代のウーマンリブを経て、これまでの生き方に疑問をもつようになった時期であり、アメリカの女性の離婚率がかつてないほど上昇した時期とも重なっている。映画でいえば、アカデミー作品賞を受賞した一九七九年公開の『クレイマー、クレイマー』で妻が夫を捨てて出ていき、またアカデミー主演女優賞を受賞した一九七四年公開の『アリスの恋』で、夫の顔色を伺いながら生きて来た女性が、夫の死をきっかけに歌手になろうと決心し、息子を連れてロサンゼルスへと車を走らせる、そういったストーリーが人々の心をつかむようになった時代である。

そんな時代に登場した女性作家のロード・ノヴェルに共通していることは、ありていに言えば、男性支配からの自由と自立であるが、むしろ注目すべきなのは、女性が旅をするのに足かせとなるものを描いている点である。最大の問題は子供の存在であろう。たとえば女性が旅をするときに、妊娠（生物的な性）の可能性が常につきまとう。また旅に出るにしても、妻・母・娘として自分の家族をどうするのか（社会が女性に求める役割としての性）、もしくはそれらをいっさい拒否するのか、ひょっとしたらみんな連れて行くのか。そこを描いている点が、男性作家のロード・ナラティヴとの一番の大きな違いであろう。

たとえば、一九七七年の作品アン・タイラーの『夢見た旅』がある。中年女性のシャーロットは子供の頃からずっと旅に出たいと思いながら生きて来た。彼女の人生は「その旅のために、最低限の必需品だけを残して、足手まといになる物はことごとく棄てさろうとしてきた歴史」でもある。しかし結婚して子供ができ、介護が必要な母親、さらには牧師の夫が連れてくる兄弟、孤児や行き場のない人々を家で世話をする羽目になる。ある日偶然、銀行で強盗と遭遇し人質にされた際、彼女は一瞬「まんざらでもない気分」になる。防犯カメラに残されたシャーロットの様子はむしろ一緒に逃げているかのようでもあり、夫は動揺を隠せない。小さな田舎町クラリオンからフロリダへの逃亡で、二人の間に奇妙な信頼関係が生まれたばかりか、むしろ次第に犯人が人質を頼りにするようになるのは、中年女性シャーロットの魅力であろうか。

じつはこの作品で一番印象的なのは、最終章である。ロード・ノヴェルでは、旅の終わりをどう描くのかが作家にとって厄介なところであろう。旅が終わらなければ作品として収拾がつかなくなるであろうし、しかし舞台が日常に戻ってはロード・ノヴェルの体を成さない。しかし、この作品には後日談が描かれる。シャーロットの帰還後、これまでと同じせわしない日々がはじまる。ただ夫が少しだけ変わる。彼女を旅行に誘うのである。しかしシャーロットは「必要ないわ」と言う。「わたしたち、ずっと長い年月、旅をしてきたじゃないの、生まれてからずっと旅をつづけてきたじゃないの、まだ旅をつづけているじゃないの。いくらがんばってみたところで、とうてい一箇所に留まっていることなんかできやしないのよ」。旅に出る必要がないというこの発言は、この作品にまぎれもない軽やかさを与えている。なぜなら、旅への積年の願望をあっさりと捨ててしまった彼女は、今や誰もまねができないほど、身軽な装備をした無敵の旅行者のようであり、この地上すべてを自分のロードとして所有してしまったかのような開放感に満ちているからである。この作品は、じつは隠れたロード・ノヴェルの名作といえるかもしれない。

一九八五年に発表されたボビー・アン・メイソンの『イン・カントリー』は、ベトナム戦争が終わって約一〇年がたった一九八四年の西ケンタッキー、田舎町ホープウェルの町で暮らすサムが、フォルクスワーゲンでベトナム戦没者慰霊碑のあるワシントンへ向かう話である。旅のお供はサムと一緒に暮らすベトナム帰還兵の叔父エメットと、口の減らない父方の祖母マモウであるが、だれもがガソリンやお金やトイレの心配ばかりする、なんとなく冴えない道行きである。だが、それもリアルな旅の側面であり、ともするとシリアスになりがちなベトナム戦争という重いテーマに可笑しみを与えている。サムの父親はベトナムで戦死し、エメットは戦争の記憶から抜け出せない。アメリカの取り返しのつかない過ちと対面する、ある意味で時間を逆走するサムの旅は、真実を知りたいという欲求に突き動かされており、それはベトナムについて口をつぐむか、忘れたといってごまかす大人たちへの反抗の形をとっている。そんな彼女を励ますのは、ブルース・スプリングスティーンの「ボーン・イン・ザ・USA」である。

サムもエメットも、現在に上手く折り合いをつけられず、六〇年代をずっと引きずっているのに対して、サムの母親でありエメットの姉でもあるアイリーンは常に時代の変化に順応し前へ進んでいる。彼女は夫の死後は、ヒッピーの男とつきあい、今ではIBMに勤務する男と再婚して赤ん坊が生まれた。突然「あんたの顔を見たくなったの」と赤いトランザムを駆って、サムの顔を見に来る。母親の新しい人生がサムには気に入らない。しかし、サムが車を買えるよう金を与え、サムが好きなところに行けるようにしたのも（それまではボーイフレンドのバンに乗せてもらい、後部座席でカーセックスを楽しむくらいだった）、サムにピルを飲ませ始めたのも（サムの親友は妊娠し、結婚してこの町で暮らすらしい）母アイリーンであり、彼女はサムの人生に選択肢を与えるという重要な役目を果たしている。エメットの提案で、ワシントンへと向かったサムの旅は、旅の終わりに慰霊碑に父親の名前と、偶然にも自分と同姓同名の兵士の名前を見つける。慰霊碑に自分の死を確認した、そうともとれるのは、サムなりのベトナム戦争の終わらせ方だったのかもしれない。

一九八六年のモナ・シンプソン『ここではないどこかへ』は、母と娘のロード・ノヴェルである。こんなところで埋もれる私たちじゃない、とウィスコンシン州の実家を出た二人は、無理をして買った白いリンカーン・コンチネンタルでロサンジェルスまでひた走る。母親アデルは娘アンを子役として成功させようと、コネもアテも金も仕事も無いにも関わらず、確固たる妄信によってビバリーヒルズを目指す。母親の飽くなき野心と虚栄心は、どこまで行ってもカラにならない満タンのガソリン・タンクのようで、彼女が娘の成功に向けて突っ走る感覚はロード・ノヴェルによく合っていると思われる。しかし、母親は娘を溺愛する一方で、旅の途中、娘が頑固で機嫌が悪くなると、頭にきては何度もハイウェイに捨てる。何度もハイウェイに娘を捨てては、何度も戻ってきて娘を拾う。娘は本心かどうか定かではないが（なにせ、子役志望である）、泣きじゃくってはまた車に乗り込み、旅は再開される。この描写が暗示するように、ビバリーヒルズに着いてからの二人の生活は愛憎に満ち、反発と相互依存を繰り返す。

子役の仕事は見つからず、アデルはその場しのぎの仕事を点々とし、母子家庭の生活は困窮を極めるが、散財しては不渡り小切手で食事をして逃げるなど、あの手この手を使って危機を乗り切っていく。アンのために父親を見つけてくると出掛けていき、朝帰りしては娘にセックスの感想を話して聞かせる。アンは成長するに従ってそんな母親を客観的に見るようになる。つまり、母親の願望の代替行為として母親から押し付けられていることと、自分がやりたいことの違いが区別できるようになる。ついにテレビドラマに出るようにまでになったアンであったが、母親から遠く離れて、東部の大学に進学することを決める。空港までいく途中、アデルが寄り道して懐かしいリンカーンを見せる。欲しかったら乗っていいわよ。だがアンはあっさり、あたしはいらないわと言う。そのとき、娘は永久に車を降りたのである。アデルはそれでもまだ懲りずに、いつ孫たちができてもいいようにステーション・ワゴンを手に入れる。そして、孫たちは自分のおかげでビバリーヒルズっ子になるのだと夢想する。彼女の旅は、ますます間違った速度で暴走するのかもしれない。だが、そこがたまらない魅力でもある。

一九八八年のバーバラ・キングソルヴァー『野菜畑のインディアン』は、ケンタッキーの田舎町で暮らす少女が、女の子の人生に妊娠しか待ち受けていない故郷を出て、新しい人生の旅に出る話である。彼女のおんぼろのフォルクスワーゲンにスターターはついておらず、車を押してエンジンをかけねばならない。タイラーという新しい名前を自分につけ、八分の一流れているチェロキー部族の保留地に行こうと思い立つ。しかし到着した保留地で、一人の女性から赤ん坊を預かる。戸惑うが、気がついたときには返す相手も見つからない。仕方なく、赤ん坊を車に乗せるが、行った先のアリゾナでタイヤがパンクする。マティという女性の経営する中古タイヤ工場に寄ったのをきっかけに、そこで仕事を得て、旅費をためることにする。しがみつくと離れないその子を、タートル（亀）と名づけ、夫に捨てられたシングル・マザーの家に間借りしながら、二人の共同生活が始まる。タートルの体に残る骨折などの虐待の跡や、おそらく性的虐待もあったと気づくにつれ、あの日見知らぬ女性が自分に子供を預けたのは、この子供の命を守る必死の行為だったと理解するようになる。タイラーは、正式にタートルと養子縁組の法的な手続きをとるため、再びタートルを車に乗せてオクラホマへ走る。

この作品は、マイノリティと女性の視点で貫かれている。タイヤ修理という男らしい仕事をする女たち。ネイティブ・アメリカン。グアテマラからの不法移民たち。そんな彼らを守る組織「地下鉄道」は言うまでもなくアフリカン・アメリカンを暗示する。ただ、そこにマイノリティと女たちの団結のような力の入った向上心らしきものはない。ただ彼らは、自分の身に起きたことに従って誰かと出会うだけである。しかし移動の途中と移動の結果、1＋1＝2ではない何かが起きる。たとえばタイラーが旅の終わりに言った一言に、そのことが集約されている。「藤は自力でもぎりぎりどうにかやっていけるだろうけど、根瘤バクテリアといっしょにすると、奇跡がうまれる」。マメ科の藤が痩せた土地に繁殖できるのは、根瘤バクテリアという微生物の働きだという。

助けたつもりが、逆に助けられる。一時は絶望的に思えた養子縁組の手続きが、グアテマラ人夫婦のあっと驚く大芝居によって成功する。またタートルの存在にしても、手のかかる子供が一緒にいることによって、気がつけば救いの手が差し伸べられ宿や食事にもありつくことができ、子供を介してタイラーの人間関係や行動範囲が飛躍的に拡大される。このように、この作品は、人々の漂流の果ての接触と、それによって生ずる化学反応について描かれていると思われる。なお、これには一九九三年の『天国の豚』という続編がある。同様にロード・ノヴェルの体裁となっているが、さらに女だけの家族が男たちに対して開かれていく可能性についても模索されている。

一九八九年のシンシア・カドハタ『フローティング・ワールド（邦題『七つの月』）は、日系アメリカ人家族の仕事と安住の地を求める旅を、長女のオリヴィアの視点で捉えた作品である。両親は農場の季節労働者、自動車修理工、大工仕事をしながら、求人有りという噂をきけば、太平洋岸の各州を点々と移動する。両親と一緒に動きまわっている子供たちは、オリヴィアたちだけではない。他の日本人家族たちも、移動を繰り返す。オリヴィアの家族は、キャフェテリア、ガソリンスタンド、モーテルで体を休め、ひきつづきハイウェイを走る。子供たちは、走る車の中で眠る。目が覚めると、地平線にオザーク山脈が大きく姿をあらわしている。「ひとつの世界が現れるやすぐに消え去り行く世界」。印象的なのは、この作品の透明感のある文体である。オリヴィアは走る車の窓から、飛び去る風景を見るのが好きだ。休憩するキャフェテリアの窓ガラス越しにみえる人々を見るのも好きだ。そんなガラス一枚分の透明感によって、この作品の美しい文体は、支えられているように思える。それは同時にアメリカを、窓のこちら側から眺めているような、オリヴィアたち日系移民の窓一枚分の疎隔感をあらわしているのかもしれない。

旅の描写が作品の縦糸であるとすれば、祖母ヒサヨ、母ローラ、娘オリヴィアの日系三代にわたる女たちの恋愛物語はいわば横糸として織られていく。祖母は、過去に三人の亭主のほか七人の恋人とつき合ったらしい。祖母は旅の途中にモーテルで死んでしまうが、彼女が男についてあれこれ書いた、読むとびっくりするような日記は、オリヴィアの人生に影響を与えていく。母親も一癖も二癖もある女性である。不倫をしてオリヴィアを妊娠し、現在のオリヴィアの義父と結婚したものの、さらに今は別の男性に恋をしているらしい。当のオリヴィアは、大学進学のためもあってカルフォルニアに行き、ボーイフレンドと暮らし始める。彼は一種の保険金詐欺のような仕事なのか、依頼を受けると車を運転して目的の車をクラッシュさせて壊す仕事をし、またオリヴィアはインテリア関係の仕事をする。いわば彼女は、これまでの移動する生活を、象徴的な意味で葬り去っている。

しかしある日、実父が死んだとの知らせを受け、彼の仕事であった自動販売機の巡回の仕事を、オリヴィアが一時的にひきつぐことになる。再び彼女はハイウェイに戻ってくる。ガソリンスタンド、バス発着場、レストランなどに設置された実父の自動販売機の販路は、カルフォルニア州からアリゾナ州、ネヴァダ州とまたがっていた。作品の最後、ハイウェイの巡回中で実父の幽霊に出会う。風が吹くと幽霊の体全体が揺れる。これがごく自然に思えるのは、作品全体に漂っているどこか重力を失った感じ、浮遊感ゆえである。それは、原題である『浮き世』に表れており、日系移民たちが移動の果てに身につけた、人生に対する肯定的な諦観の態度であるのかもしれない。

一九九八年のトニ・モリスン『パラダイス』は、ジェンダーや歴史、人種の観点を中心に、これまで評論されてきた作品であるが、十分にロード・ノヴェルの要素を持っているといえる。ルービーの町に流れてくる女たちが、全体をつうじて移動する乗り物だけをみても、車、汽車、飛行機とアメリカの交通の発達史さながらの様相であり、とくに「メイヴィス」の章は、車での移動に重点が置かれている。特筆すべきは、メイヴィスにとって車が単なる乗り物ではなく、彼女が中に入ると安らぎを覚えて次第に何かが再生していくような空間、つまり一種の子宮のような入れ物として描かれている点であろう。この作品で最後に登場する乗り物は、船である。修道院の女たちの旅の終着地は、海を渡ってでしか辿り着けない場所なのかもしれない。

二〇〇一年のアン・ブラッシェアーズ『トラベリング・パンツ』は、全米でベストセラーを記録し、シリーズが次々と発表された大人気のヤング・アダルト小説である。大親友の四人組が、ギリシャ、アメリカ、メキシコに離ればなれになった夏休み、偶然見つけた一本の古着のジーンズを、友情の証に（交換日記ならぬ交換ジーンズとして）決められた順番で送り合う。それを交代ではくことで、ジーンズは四人それぞれの経験を彼女たちの第二の皮膚のように記憶し、ひと夏の思い出が共有される。彼女たちは、もはや炎天下に汗と埃と排気ガスにまみれて、車を走らせたりなどしない。にもかかわらず、この作品をロード・ノヴェルの系譜に位置づけたい理由は、「旅するジーンズ」というコンセプトにある。

ジーンズという、かつて路上の猛者たちの汗を吸い込んだ、ロード・ナラティヴには欠かせなかったはずの必須アイテム。そのジーンズが、現代のアメリカン・ガールたちの間を旅していく（運ばれていく）。つまり、従来のロード・ノヴェルのように、人がジーンズをはいて旅をするのではない。トラベリング・パンツ、すなわちジーンズの方が空間を移動し、旅をしているという設定の妙。そのコンセプトは、ＬＣＣ（格安航空会社）の旅客機が飛び交い、もしくはインターネットのバーチャルな空間で旅を体験できるようになった時代に、どこか泥臭いジーンズだけが唯一のリアリティとして、今も旅を続けているようである。それはまた、ロード・ノヴェルにおける、ひとつの現在進行形の姿だとも考えられる。

以上、代表的な作品を中心にとりあげたが、実は、女性の描くロード・ノヴェルには、震災後のわたしたちにとって、極めて現実的な意味がある。東京電力福島第一原発事故による放射能汚染の影響で、子供への健康被害を心配する女性たちが、事故現場からできるだけ遠くへ避難していることは、よく知られている。それをときに「母子避難」と呼ぶことからもわかるように、そこに夫や父親の姿はない。安全に帰れる場所がなく、現在いる場所が仮のものでしかないと言う意味で、彼女たちもまた、移動している。しかも子連れで、である。映画館「フォーラム福島」支配人、阿部泰宏氏は言う。「福島の人たちは一人ひとりが複雑な思いや矛盾を抱え、自分自身と闘っている。そこを救うのは科学やデータではなく、きっと文学や哲学のような言葉なんです」（『朝日新聞』二〇一三年十二月七日朝刊）。彼女たちの今なお続く避難の日々に、女性作家によるロード・ノヴェルがその真価を発揮していくのは、本当は、まだこれからなのかもしれない。

引用・参考文献
アン・タイラー『夢見た旅』藤本和子訳、早川書房、一九八七年。

ボビー・アン・メイソン『イン・カントリー』亀井よしこ訳、ブロンズ新社、一九八八年。

モナ・シンプソン『ここではないどこかへ（上・下）』斎藤英治訳、早川書房、一九九三年。

――『野菜畑のインディアン』真野明裕訳、早川書房、一九九四年。

――『天国の豚（上・下）』真野明裕訳、早川書房、一九九四年。

シンシア・カドハタ『七つの月』荒このみ訳、講談社、一九九一年。

トニ・モリスン『パラダイス』大社淑子訳、早川書房、一九九九年。

アン・ブラッシェアーズ『トラベリング・パンツ』大嶌双恵訳、理論社、二〇〇二年。


（峯　真依子）

作品紹介・児童文学

ライマン・フランク・ボーム

『オズの魔法使い』(*The Wonderful Wizard of Oz*, 1900)

【背景】ライマン・フランク・ボーム（一八五六―一九一九）はニューヨーク州生。一八九七年に『マザー・グースの物語（散文のマザーグース）』で童話作家として成功を収めた後、子どもたちに語って聞かせていた物語を元にした、『オズの魔法使い』（一九〇〇）が大ヒット。オズの国や住人を扱った続編を十三作品書き、シリーズ化し、ミュージカル舞台版も大成功（一九〇二―一一）。しかし、ボーム自身が制作に関与した映画版（一九一〇）は想定以上に経費がかかってしまったことなどから破産の憂き目にあう。現在に至るまで舞台版・映画版など様々な形で翻案版が大衆文化の中で定着してきているが、中でも特筆すべき翻案作品として、一九三九年版のファンタジー・ミュージカル映画版『オズの魔法使』（ヴィクター・フレミング監督）を挙げることができる。カンザスの物語をモノクロで描き、オズの国の物語をカラーで描く演出がファンタジー物語の映像表現として画期的であった。また、一九七四年にブロードウェイで上演された『ウィズ』は、舞台を現実の設定に翻案し、ニューヨークの街のイメージ、マイケル・ジャクソンらアフリカ系のキャストによって物語を再構成した野心作。ミュージカル映画として音楽の評価も高い。さらにミュージカル映画『ウィキッド』（二〇〇三―　）は『オズの魔法使い』のアナザー・ストーリーとして、オズの国の魔女たちの視点で描かれ、悪い魔女エルファバと良い魔女グリンダの知られざる友情に焦点が当てられている。また、フランク・ボーム自身による『オズ』シリーズは合計十四作品（番外編を加えて『完訳版オズの魔法使いシリーズ（全十五巻）』［復刊ドットコム、二〇一三］として刊行）であるが、他の作家による続編は様々な形で現在なおも刊行が続いている。

【解釈と鑑賞】カンザスの農場に住む少女ドロシーはすでに両親を失っており、ヘンリーおじさんとエマおばさんのもとで暮らしている。ある時、ドロシーは竜巻に巻き込まれてしまい、飼い犬のトトと一緒に不思議な「オズの国」へと飛ばされてしまう。ドロシーは故郷カンザスに帰りたいのだが、脳の無いカカシ、ブリキでできているため心が無い木こり、臆病で勇気がほしいライオンと旅の途中で出会い、良い魔女グリンダの助言に従って、それぞれの願いを叶えてくれる魔法使いオズが住むという「エメラルドの都」を目指す。途中で様々な問題に遭遇するものの、皆で力を合わせて困難を乗り越えていく。ようやくオズに対面すると、悪い魔女を倒して箒を持って来いと命じられる。

　苦労した挙句、箒を持ってオズに差し出すと、「カカシは旅の困難を切りぬけようと頭を使い、ライオンは危険に立ち向かい、ブリキの人形はドロシーの運命に涙を流したから願いは果たされた」とオズは声をかける。実はオズは本物の魔法使いではなかったことが判明し、ドロシーたちはがっかりする。しかし、彼女たちが魔法で手に入れようとしていたものは、自分たちの力ですでに手に入れていることに気づく。皆がオズの国で一緒に暮らそうと言ってくれるものの、何としてもカンザスに帰りたいドロシーは、良い魔女グリンダに教えてもらった魔法の靴を鳴らすことによって、故郷カンザスの大草原に帰るのであった。

女の子を主人公にしたファンタジー冒険物語として不朽の名作であり、ポピュラーカルチャーの領域ではパロディも含めて様々に翻案されている。灰色にくすんだ街カンザスの田舎町で、おじもおばも厳しい環境での農場生活にすっかり疲れはててしまっており、誰もが笑うことを忘れてしまったような味気ない退屈な日々と、旅の道中の魅惑にあふれた世界との対照が魅力的に描かれている。

（中垣　恒太郎）

カレン・クシュマン

『ロジーナのあした——孤児列車に乗って』

(*Rodzina*, 2004)

【背景】 著者のカレン・クシュマンは一九四一年シカゴ生。ヤング・アダルト向けの小説家。様々な時代背景の少女の姿を丁寧に描き、若い読者に歴史の魅力を易しく伝える作風が定評を得ている。行動科学と博物館学を大学院で学び、五十歳を超えて一九九四年に作家デビュー。翻訳のある代表作として、中世英国を舞台にした『アリスの見習い物語』（一九九五、あすなろ書房、ニューベリー賞受賞）、『金鉱街のルーシー』（一九九八、あすなろ書房）がある。本作『ロジーナのあした——孤児列車に乗って』は徳間書店より翻訳刊行（野沢佳織訳、二〇〇九）。

物語の時代背景として、一八五〇年から一九二九年の間に、都会のめぐまれない子どもたちが二十五万人近く、「孤児列車」(orphan train)で西部に送り込まれていた。当初はニューヨークなど東部のスラム街の子どもたちが中心であったが、十九世紀末にはシカゴなど中西部の街の子どもたちも多くなっていった。大都市では、親が死んだ場合に、生きていくために子どもたち自身が働かなければならず、工場や炭鉱で労働者となることが多かったが、「スウェットショップ」（搾取工場）と称されるように、最低限度の賃金しか支払われなかった。

アメリカにおいて子どもの権利を守る運動の先駆的存在とし

て、メソジスト派牧師チャールズ・ブレース（一八二六―一八九〇）が一八五三年に創設した「ニューヨーク子ども援助協会」を挙げることができる。当時の都会では、スラム化が社会現象と化しつつある段階にあり、ニューヨークでは、孤児、アメリカへ移住する途中に身寄りを失ってしまった子どもたち、家出など家を持たないで生活している、いわゆる「ストリート・チルドレン」があふれていた。物乞い、盗み、ギャング活動、売春などが常態化している状況を危惧したチャールズ・ブレースは、里親・養子制度を「プレイス・アウト・プログラム（placing out program）」として開始する。劣悪な状況にいる子どもたちを都会から「引き離し（placing out）」、安全で安定した家庭環境で育てられることが必要であるという考えにより、身寄りのない子どもたちは汽車に乗せられ、アメリカの中西部各地に送られていった。十九世紀の孤児院は劣悪な環境であることが少なくなく、虐待なども横行していた。「孤児列車」は、幼児から十四歳ぐらいまでの子どもたちを、当初、ニューヨークから中西部の農家の家庭に預ける形で開始され、やがて西部に拡大していくことになる。一九二九年に廃止されるまで多大な貢献をはたしえたプロジェクトであったものの、もともと宗教的な背景で開始されたものであり、孤児列車に乗ることができたのはほとんどが白人の子どもたちであった。さらに、当時アメリカ中西部に暮らす人々の多くがプロテスタントであったのに対し、「孤児列車」で運ばれてくる子どもたちの多くは、いわゆる新移民であり、カトリックやユダヤ教であることが多く、宗教観、生活習慣や文化の違いが現実には様々な問題を引き起こしてしまう面もあった。大恐慌の時代の前にこの「孤児列車」は役目を終えることになるが、子どもの権利に対する意識の変化や社会福祉政策に対する状況の変化などが背景にあった。

【解釈と鑑賞】 一八八一年、ポーランド移民の女の子ロジーナを含む二十二人の孤児たちは、養い親になってくれる人を求めて、アメリカの中西部シカゴから西部行きの汽車の孤児専用車両に乗る。死んでしまった両親に対する悲しみ、孤児になってしまった孤独感、新しい家族と新しい生活に対する期待、うまく溶け込めないのではという不安、奴隷のように働かされるのではないかという恐怖など様々な感情がロジーナの頭をかけめぐる。身寄りを失ってからはすっかり心を閉ざしてしまっていた十二歳のロジーナが、「家族」・「自分の居場所」を求めながら、「孤児列車」による移動、様々な人との出会いを通して成長していく。列車の中で年長であったことから、ロジーナは年少の子どもたちの面倒をまかされる。「小さい子たちのめんどうをみられるぐらいにはおとなだけど、ひとりで生きていくにはまだ子どもだっていうの?」。十二歳という大人への階段を昇りつつある段階の主人公が、ユニオン・パシフィック鉄道、セントラル・パシフィック鉄道を経て、アメリカの広大な風景、社会や様々な家族・人生の様子をどのように見るのか。□

ジーナがどのように自分の人生を選択していくのかが物語の白眉となる。

十九世紀中葉から後半にアメリカ児童文学は黄金時代を迎えたとしばしば指摘され、児童文学研究者、ジェリー・グリスウォルド『家なき子の物語――アメリカ古典児童文学にみる子どもの成長』（一九九二）が言及するように、「孤児」の物語がその主要なモチーフとして機能していた。本作は歴史を丹念に再現しながら、それぞれの時代の、特に少女の成長物語を描くことで高い評価を受けている著者ならではの、二十一世紀の若い読者に向けて発せられた、歴史と家族とを問い直す物語である。チャップリンの映画『モダン・タイムス』（一九三六）において、ヒロインである浮浪児はなぜ施設に入れられるのを拒み、旅を続けるのか。当時の孤児を取り巻く状況を調べ、考える重要な契機にもなるだろう。自分の意思や選択が及ばない子どもの立場から、「孤児列車」という希望と不安が入り混じった特殊な状況におかれた移動の様子、様々な人々との出会いと少女の成長とを巧みに描いている点こそがこの作品のロード・ナラティヴとしての最大の魅力であり、功績である。

（中垣　恒太郎）

ロード・ムービー

――約束の地への不可能なドライヴ

ロード・ムービーをひとつの確固たる映画ジャンルとして立ち上げたのは、ピーター・フォンダとデニス・ホッパー主演の『イージー・ライダー』（一九六九）の功績である。旅を描いたそれ以前のアメリカ映画は、多かれ少なかれ既成のジャンルに依存していた。だが、それにしても一九六九年公開というのは、あまりに遅いと言わねばならない。こうした映画はもっと早くに登場すべきであった。というのも、文学の世界では『イージー・ライダー』と多くの共通点――延々とくりかえされる移動についての長い描写、スピードとセックスとドラッグによる恍惚の追求、アメリカの現況への不満と抵抗（ただし立ちむかうのではなく背をむけるかたちでの抵抗）、にもかかわらず捨てきれないアメリカへの愛――をもつ、ジャック・ケルアックのロード・ノヴェル『路上』が一九五七年に刊行されているからである。ケルアックが本書をひとまず仕上げたのは、さらに六年前の一九五一年。文化史的には、自動車の普及やハイウェイ・システムの整備によって、国民の移動性が向上した一方で、約束の地やフロンティアはあらかじめ失われている点、そこに二十世紀のアメリカの皮肉と悲哀がある。それゆえ何らかの理想を追い求める旅は、理想が純粋なものであればあるほど、どこにも辿りつかない旅となりがちである。そのようにして旅は終着点を失い、旅する行為自体が目的となる。何かと息苦しい五〇年代に、これをみごとに体現したのが『路上』の旅である（物質主義や体制順応主義に染まった戦後アメリカ社会からの逃避に、解放感と焦燥感が入り混じる）。ともあれ、いま確認したいのは、『路上』的な旅が六〇年代になってようやく映画的表現を得たことの背景である。

『イージー・ライダー』はロード・ムービーの先駆であると同時に、いわゆるニューシネマを代表する作品でもある。というよりも、このふたつの事実は密接に関連していると見るべきである。六〇年代後半の映画史をふりかえると、ヘイズ・コード（映画製作倫理規定）のなしくずし的解体の結果、セックス、ドラッグ、ヴァイオレンスの描写の幅が一気に広がり、またハリウッドのメジャースタジオの経営難の結果、ようやくアメリカ映画を改革せんと意気込む若手に活躍の余地が生まれた。このとき誕生したのがニューシネマである。基本的に製作は独立系、配給はメジャー。性や暴力の描写に加えて、低予算のロケーション撮影や実験的な映画技法の多用が特徴である。エンディングについても、旧来のハリウッド映画の慣例からすれば驚くべきことに、陰惨なものや曖昧なものが多い。プロットの構成も従来とは大きく異なる。因果関係の鎖で緊密に縛られたものではなく、相当にゆるやかで、気ままでさえあるものが好まれるのである。このように記すとわかるように、ニューシネマは本来的に『路上』的な旅の感覚、つまりは無軌道であてどない旅の感覚と相性がいい。ニューシネマの第一作とされる『俺たちに明日はない』（一九六七）も、既成の犯罪映画のジャンルに寄りかかる側面はあるものの、ロード・ムービーの要素を多分にふくむ一本である。かくして狭い意味でのロード・ムービーが成立するには、まずニューシネマが誕生せねばならなかった。そしてそのためには、旧態依然たるメジャースタジオが経営危機に陥る必要があった。そもそもロード・ムービーの代名詞と言うべき茫漠たる風景のつらなりも、ある意味ではニューシネマの産物と言えるものである。さきに述べたように、旧来のハリウッド映画は緊密で隙のないプロットの構成を好む以上、（そもそもスタジオ撮影が多いのだが、ロケーション撮影の場合でも）風景をそれ自体として延々と描くことはまれであった。

さて、ここで、ロード・ムービーというジャンル成立以前の（広義の）ロードを描いた映画、移動を描いた映画を見ておこう。当然ながら、あまりに膨大な数の作品がこれに当てはまるので、ここではロード・ムービーとの関連上、しばしば言及される作品に議論を限定することにしたい。なおハリウッドの映画ジャンルについては加藤幹郎、映画とロードの関係史についてはデイヴィッド・ラダーマン、塚田幸光のすぐれた研究に示唆を得た。

まずは移動という主題と切っても切り離せないジャンル、西部劇に一言触れておくべきだろう。西部劇における移動と一口に言っても、さまざまなかたちがあるのだが、アメリカという国の成り立ちを考えるうえでも、ジェイムズ・クルーズ監督の『幌馬車』（一九二三）に典型的に描かれた、約束の地（オレゴンやカリフォルニア）をめざす幌馬車隊の移動は重要である（ちなみに『路上』には、主人公サル・パラダイスが最初の旅に出てまもなく、本で読んだ十九世紀の幌馬車隊のことを思い出す場面がある）。アメリカ国民の移動指向の根源をなすピューリタンの「荒野への使命」、それが十九世紀の領土拡張主義と結びついて生まれた「明白なる運命」。西部劇は二十世紀における「明白なる運命」の正当な継承者だが、そのことは一九二三年公開の『幌馬車』にとくに鮮明にあらわれている。むろん、やがては西部劇の内部でこうしたイデオロギーの自己批判がはじまり、約束の地をめざす白人開拓者ではなく、居留地から故郷をめざすシャイアン族――「明白なる運命」ゆえに追放されたひとびと――を描くジョン・フォード監督の『シャイアン』（一九六四）のような作品も生まれる。六〇年代のことである。なおカリフォルニアをめざす西向きの旅ではなく、あえてカリフォルニアからはじまる東向きの旅を描いた『イージー・ライダー』が西部劇に斜めに言及した作品であることは、周知のとおりである（主人公の名前や衣装、ロケ地の選択にそれは容易に見て取れる）。この関連において、『イージー・ライダー』と同年公開のニューシネマ西部劇『明日に向って撃て!』（一九六九）が、無法者の視点から、国内のフロンティアが失われたのみならず、海外（ボリビア）にもその代替となる場所がないことを描いたのも興味をひく。

西部劇は成立期から衰退期まで一貫して移動を描きつづけたジ

ャンルだが、アメリカ映画全体が移動の主題に大きな注目をむけた時代がある。一九二九年の暗黒の木曜日に端を発する約一〇年間の大恐慌の時代、職を探してアメリカの方々を渡り歩く労働者があふれかえった時代である。マーヴィン・ルロイ監督の『仮面の米国』（一九三二）は、アメリカの法制度と刑務所制度を告発した社会派映画だが、そのなかで主人公はまず渡り労働者として、やがては逃走犯として旅をする。首尾よく進まぬ職探しのさなか、無実の罪で収監され、非人道的なあつかいを受けた彼は、脱獄し、逃走をつづけるのである。渡り労働者と逃走犯の旅、さらには社会への批判と抵抗と言えば、ジョン・フォードが監督したジョン・スタインベック原作の『怒りの葡萄』（一九四〇）が想起される。主人公の一家のめざす約束の地（カリフォルニア）が幻想にすぎないことを示す点で、『怒りの葡萄』は幌馬車ものの西部劇の陰画とも言えるだろう。ただし映画版では、原作に加えられたいくつかの改変ゆえに、約束の地への幻滅の度合いはいくらか弱まっている。先述の『俺たちに明日はない』に描かれたアウトロー・カップル、ボニーとクライドが活躍し、社会全体にただよう閉塞感を打ち破る英雄としてもてはやされたのも、不況下の三〇年代であることは見逃せない。ボニーとクライドが射殺された数年後にはすでに、二人の逃避行を題材にしたフリッツ・ラング監督の『暗黒街の弾痕』（一九三七）が公開された。このラングの珠玉の犯罪映画に、以後、『夜の人々』（一九四八）、『拳銃魔』（一九五〇）、『俺たちに明日はない』、『地獄の逃避行』（一九七三）、『ナチュラル・ボーン・キラーズ』（一九九四）などがつらなり、今日までつづくアウトロー・カップルの逃避行ものの系譜をかたちづくる。

不況下のアメリカの旅を社会批判を交えずに描いた傑作映画が、フランク・キャプラ監督のスクリューボール・コメディ『或る夜の出来事』（一九三四）である。裕福なヒロインのかりそめの貧乏旅行や、そこで生まれる新聞記者との階級差を超えた恋愛は、恐慌による社会の流動化に根ざした現代的なおとぎ話である。キャプラは三〇年代から四〇年代初頭にかけて、社会批判のメッセージをふくむ――この点で単なるスクリューボール・コメディとは区別される――人民喜劇でも人気を博すが、そのすぐれた変種にして、旅を主題とする点で注目すべき作品がプレストン・スタージェス監督の『サリヴァンの旅』（一九四一）である（諸家が指摘するように、ケルアックの『路上』には本作へのささやかな言及がある）。主人公の映画監督のかりそめのはずの貧乏旅行は、『仮面の米国』を思わせる不条理な状況――誤解にもとづく収監と苛酷な刑務作業――に行きつく。しかし刑務所のなかで主人公が驚きとともに発見するのは、怒りや抵抗の声をあげることの必要性ではなく、苦境のどん底で笑い声を響かせることの大切さ、そしてそのために映画が何をなしうるかである。そこにスタージェスならではのひねりがある。一方で、『或る夜の出来事』や『サリヴァンの旅』の旅が、多少なりとも米国内の厳しい現実に触れるものだったとすれば、それとはいっさい無縁の海外の旅を描き、現実逃避に徹してみせたのがいわゆる「珍道中シリーズ」である。『シンガポール珍道中』（一九四〇）にはじまる、このビング・クロスビー、ボブ・ホープ、ドロシー・ラムーア主演のコメディ・ミュージカルのシリーズは、戦後も製作がつづき、全部で七作品を数える。

対照的に、悪夢にはじまり悪夢に終わる国内の旅を描いたのが、戦後まもなく公開されたエドガー・G・ウルマー（アルマー）監督のフィルム・ノワール『恐怖のまわり道』（一九四五）である。恋人に会うために、ニューヨークからカリフォルニアへとヒッチハイクでむかう道中、主人公のピアニストは運命の罠にかかり、破滅する。いや、ストーリーではなくプロットの水準で言えば、彼は最初から逃れられない罠にかかった状態である。映画序盤から、フラッシュバックとヴォイスオーヴァーによって、彼が囚われの状況にあることが明示されるのである。さらに言えば、『恐怖のまわり道』は『仮面の米国』や『怒りの葡萄』と同様に、暗鬱で息苦しい旅の物語であるが、これら二作とは異なり、そこから何らかの社会批判が引き出されることはない。社会にむけられた怒りの声ではなく、自分自身と観客にむけられた嘆きの声、それが『恐怖のまわり道』を特徴づける。もとよりフィルム・ノワールとは、大戦中および戦後に量産された、頽廃と暴力、孤独とパラノイアをめぐる特殊な犯罪映画群である。一般にその舞台は、閉ざされた都市の内部であるが、なかにはハイウェイに飛び出すものもある。しかしそのハイウェイも闇に閉ざされ、出口のない迷路と化して旅人をさいなむ。『恐怖のまわり道』はそのきわめつけの例と称してよいだろう。フィルム・ノワールというジャンルについては、低予算のロケーション撮影を推進したという点も、ロード・ムービーの前史を語るうえで見逃すことはできない。

『イージー・ライダー』との関連では、ロジャー・コーマン監督の『ワイルド・エンジェル』（一九六六）（主演はピーター・フォンダ）にはじまる、六〇年代後半のバイカー映画のブームも忘れてはなるまい。また、『ワイルド・エンジェル』のさらに先駆けと言えるのが、五〇年代の年少犯罪ものを代表する一本であり、バイクと不良少年の結びつきを主題化したラズロ・ベネディク監督の『乱暴者（あばれもの）』（一九五三）である。

さて以下においては、『イージー・ライダー』以後のロード・ムービーに目をむけ、その特質を論じることにしたい。ニューシネマは一般に七〇年代なかばまでつづいたとされる。その間、『雨のなかの女』（一九六九）、『断絶』（一九七一）、『バニシング・ポイント』（一九七一）、『地獄の逃避行』など多くのロード・ムービーが生み出された。ここに名を挙げた諸作の特徴は、端的に言うならば、終始『イージー・ライダー』のあの陰惨なエンディング――フォンダとホッパーが保守的な南部の白人に銃殺される――の影のなかにあることだろう。『イージー・ライダー』の道中に垣間見られた解放感が失われ、その結末の閉塞感と虚無感が映画全体を覆い尽くすのである。『イージー・ライダー』には途中で旅に加わるジャック・ニコルソンが、バイクのうえで腕を水平に広げ、鳥の羽ばたくまねをする忘れがたいシーンがある。本作以降のニューシネマ期のロード・ムービーにあっては、旅人にそうした余裕や遊び心はほとんど見受けられない。彼／彼女はどれだけ羽ばたこうと、籠のなかから出られないことを、ある種の諦念とともに最初から自覚しているようである。『恐怖のまわり道』の場合のように、運命の罠にかかっているわけではない。漠然とした、いわく言いがたい閉塞感と虚無感を抱きながら、どこにも辿りつけないことは承知のうえで、ひたすら移動をつづけるのである。ときには自己を傷つけるかのような激しい調子を伴う（『断絶』や『バニシング・ポイント』の自己破壊的なドライヴ）。さらに言うなら、『イージー・ライダー』の旅人が、社会への拒絶を示しはするものの、積極的な抵抗を試みるわけではなかったとすれば、それ以後のロード・ムービーの旅人は、より内向的で刹那的な性格を有すると述べてもかまわない。いずれにしても、『怒りの葡萄』の主人公トム・ジョードのような英雄的意志の持ち主は、ニューシネマ期のロード・ムービーには見当たらない。

ところで、ロード・ムービーという名称をどの範囲まで適用するかはむずかしい問題だが、ニューシネマ期の諸作を「狭義」のロード・ムービーとして、いまから述べる八〇年代のロード・ムービーとはひとまず区別することが必要だろう。というのも、両者には根本のところで大きな相違が認められるからである。約束の地が失われたアメリカでの、あてどない彷徨の旅。理由も目的も欠いた移動のための移動。待ち受けているのは堂々めぐりか、残酷な死か。ニューシネマ期の諸作にかかる特徴があったとすれば、八〇年代のロード・ムービーは、旅は究極的にはどこにも辿りつかないという事実を括弧にくくる。あるいは、純粋無垢なる自己の回復とか、理想のアメリカの追求といった多大な期待――ニューシネマ期のロード・ムービーにただよう虚無感はこの裏返しであった――を旅に寄せない。ただし、そのかわりにある小さな期待を寄せる。車輪を転がすうちに、少なくとも人間関係は前進するだろうという期待。実際、『シュア・シング』（一九八五）、『大災難P・T・A』（一九八七）、『ミッドナイト・ラン』（一九八八）、『レインマン』（一九八八）といった八〇年代のロード・ムービーを特徴づけるのは、仲間や家族の誕生、再生といった主題である。むろんこれは政治の季節を通過したあとの、アメリカ社会とハリウッドの保守化と連動する事態と見なすことができる（ニューシネマ以後もハリウッドでは若手の起用はつづくが、一斉上映や大規模宣伝にもとづく新たな大作主義が生まれ、作品の内容も政治的に穏健なものに変化した）。さきに述べたように、こうした諸作はニューシネマ期のロード・ムービーとはひとまず区別すべきであり、むしろファミリー・メロドラマやスクリューボール・コメディなど、旧来のジャンルの伝統のなかで理解したほうがわかりやすいものもある。わけても精妙な例と言えるのが、アメリカ映画史を代表するミュージカル・ファミリー・メロドラマ『オズの魔法使』（一九三九）を、悪夢すれすれの倒錯的フェアリーテイルに変奏したデヴィッド・リンチ監督の『ワイルド・アット・ハート』（一九九〇）である。

ここでロード・ムービーというジャンルの発展に、またその名称の定着に、最大級の貢献をはたした人物の名を挙げねばならないだろう。アメリカ映画への愛と理解にかけて他の追随を許さないドイツ人監督ヴィム・ヴェンダースである。『イージー・ライダー』の影響下、ヴェンダースは七〇年代にドイツでいわゆる「ロード・ムービー三部作」を撮り（『都会のアリス』〔一九七四〕、『まわり道』〔一九七五〕、『さすらい』〔一九七六〕）、またロード・ムービーズ・フィルムプロドゥクツィオーンという製作会社を設立し、八〇年代にはアメリカでロード・ムービー史上に燦然と輝く『パリ、テキサス』（一九八四）を撮った。ところで『パリ、テキサス』が公開された年は、ヴェンダースとも交流のあるアメリカ人監督ジム・ジャームッシュが、やはりロード・ムービー史上に名を残す『ストレンジャー・ザン・パラダイス』（一九八四）を世に問うたことでも銘記に値する。図式的な見方であることを承知で言えば、ヴェンダースの『パリ、テキサス』がニューシネマ期のロード・ムービーの彷徨の主題と、八〇年代のロード・ムービーの家族の主題を弁証法的に統一するものだったとすれば、ジャームッシュの『ストレンジャー・ザン・パラダイス』は、前者の彷徨の主題を引き継ぎながらも、そこから焦りや切迫感、自己破壊的な衝動を根こそぎ取り除いた点で画期的だった。ジャームッシュ映画にあるのは、倦怠と退屈とすれ違いの反復――ニューヨークからクリーヴランドに旅しようとも、『イージー・ライダー』でフォンダとホッパーが辿りつけなかったフロリダに旅しようとも、主人公たちを取り巻く状況はまるで変化しない――、またそこから生まれる卓抜なユーモアである。

九〇年代から現在にかけても、ロード・ムービーの名のもとに数多くのアメリカ映画が公開されてきた。ここでその全容をカヴァーすることは叶わないが、九〇年代とゼロ年代にわけて、それぞれの時代の大まかな特徴を記すことにしよう。まず九〇年代については、同時代のアイデンティティ・ポリティクスの流れにそった、マイノリティを旅の主体とするロード・ムービーが多数作られたことが注目される。アメリカの現況を批判ないし拒絶する姿勢が、その対象を資本主義や物質主義や体制順応主義から白人男性中心主義や異性愛中心主義へと拡大し、ふたたび強まったとも言える。女性、同性愛者、黒人、ネイティブ・アメリカンの旅をそれぞれ描いた『テルマ&ルイーズ』（一九九一）、『マイ・プライベート・アイダホ』（一九九一）、『ゲット・オン・ザ・バス』（一九九六）、『スモーク・シグナルズ』（一九九八）が代表的な例である。一方、ゼロ年代については、アイデンティティ・ポリティクスの探究が一段落し、仲間や家族の誕生、再生の描出に再度重きがおかれるようになった点が指摘できる（マイノリティの視点が消えたわけではないのだが、それもまた家族という枠組みのなかに回収される傾向にある）。そのような例として、『エイプリルの七面鳥』（二〇〇三）、『ラスト・マップ／真実を探して』（二〇〇四)、『トランスアメリカ』(二〇〇五)、『リトル・ミス・サンシャイン』(二〇〇六)を引くことができる。また、これらの諸作から距離をおくかたちで、ロード・ムービー本来のあてどない感覚を深く、静かに掘り下げた、船橋淳監督の『ビッグ・リバー』(二〇〇六)やケリー・ライヒャルト監督の『オールド・ジョイ』(二〇〇六)などの貴重な存在も忘れるわけにはいかないだろう。

(川本 徹)

作品紹介・映画

ヴィクター・シャーツィンガー監督

『シンガポール珍道中』(*Road to Singapore*, 1940)

【背景】 フレッド・マクマレイとジャック・オーキーが降りたとされる『ロード・トゥ・マンダレイ』の主役の座は、すでにラジオなどで名コンビぶりを発揮していたビング・クロスビー(一九〇三―七七、ワシントン州生)とボブ・ホープ(一九〇三―二〇〇三、ロンドン生、四歳でアメリカに移住)に決定。さらにはエキゾチックな魅力にあふれ、南太平洋を舞台とする作品(『ハリケーン』〔一九三七〕など)に出演経験のあるドロシー・ラムーア(一九一四―九六、ルイジアナ州生)がヒロインに選ばれた。作品のタイトルも『シンガポール珍道中』(以下『シンガポール』と表記)に変更。全七作、抜群の興行収入を誇った「珍道中」シリーズの幕開けである。「この映画の監督でお金をもらうべきじゃないな。アクション、カット、という以外にすることがないのだから」――監督で作曲家でもあるヴィクター・

『シンガポール珍道中』
販売元：ジュネス企画

シャーツィンガー（一八八八—一九四一、ペンシルヴェニア州生）がそう述べるほど、クロスビーとホープの息はぴったりだったという。シリーズの残りの六作のタイトルをさきに挙げておこう。『アフリカ珍道中』（一九四二）、『モロッコへの道』（一九四二）、『アラスカ珍道中』（一九四六）、『南米珍道中』（一九四七）、『バリ島珍道中』（一九五二）、『ミサイル珍道中』（一九六二）。

【解釈と鑑賞】『シンガポール』に「珍道中」シリーズの基本パターンはほぼ出尽くしている。エキゾチックな異国の地で、クロスビーとホープが数々の危難を協力して乗り越える。そのさい、有名なパティケークのネタ——手のひらを打ち合わせる遊びによって敵の気をそらす——が織り交ぜられる。一方で、エキゾチックな美女ラムーアをめぐって恋の鞘当てが展開される。ラムーアが心惹かれるのはきまってクロスビーである（だが、最終的にどちらと結ばれるかはまた別の話である）。以上の合間に、自己言及性に満ちた多数のギャグ——製作会社のパラマウントもその対象となる——と、五曲ほどのミュージカル・ナンバーが挿入される。

第二次世界大戦中には、逃避ものと呼ばれる観客に束の間の息抜きをあたえる娯楽映画が多数作られた。南太平洋の架空の島を舞台に能天気なコメディを展開する『シンガポール』はそのとりわけ秀逸な例である。初期作品のいくつかで戦争を題材とするバッド・アボットとルー・コステロの「凸凹」シリーズとはちがって、「珍道中」シリーズは最初から現実逃避に徹してみせた。もとより「珍道中」シリーズは旅を主題とするとはいえ、主眼はあくまで旅先——アメリカ国外——のエキゾチックな光景を描写することにある。第一作『シンガポール』にこそ、親世代との対立や束縛からの逃避といったテーマがあるが、それもまたクロスビーとホープをエキゾチックな世界に旅立たせるための口実にすぎず、第二作以降はそうしたテーマ自体ほとんど見られなくなる。こうした理由から「珍道中」シリーズは、原題すべてにロードがつき、本国ではロードものと総称されるにもかかわらず、ロード・ムービー研究では片隅に追いやられてきた感がある。もっとも、アメリカ映画史に脈々と継承されてきた、男二人の旅を描くコメディ映画の系譜のなかで、その存在がひときわ輝いている事実に変わりはない。

最後に「珍道中」シリーズがこの種の映画に内在する同性愛的含意に無自覚ではなかったことも述べておこう。『バリ島珍道中』ではクロスビーとホープの「結婚」が描かれるし、『モロッコへの道』にはこんな台詞もある——クロスビーがホープを奴隷として現地の男に売り飛ばしたさい、ホープは「なぜ男が男を買うんだ」と口にする。後年のゲイ・ロード・ムービー『マイ・プライベート・アイダホ』に、これに似た台詞がより明瞭な同性愛的文脈で出てくることを指摘する論者もいる。

（川本　徹）

ロジャー・コーマン監督

『ワイルド・エンジェル』（*The Wild Angels*, 1966）

【背景】 製作・監督のロジャー・コーマン（一九二六―　）はミシガン州生。一四歳のとき一家でロサンゼルスのビバリーヒルズに移住。すぐ東にはハリウッド、南には本作に登場するサンペドロがある。一九五五年に映画監督デビュー後、低予算早撮りの監督、製作者として名声をはせる。通称「B級映画の帝王」。デ・ニーロ、コッポラ、スコセッシなど若き映画的才能をつぎつぎに発掘した点も重要である。悪名高きバイカー集団ヘルズ・エンジェルズを描く『ワイルド・エンジェル』は、アメリカン・インターナショナル・ピクチャーズ（AIP）時代のコーマン渾身の一作。主役を務めたのはピーター・フォンダ（『イージー・ライダー』の項参照）。脚本の改訂を手がけたのはピーター・ボグダノヴィッチ（『ペーパー・ムーン』の項参照）。本物のヘルズ・エンジェルズ約二〇名を使っての撮影は、警察の厳しい監視もあって困難をきわめたという。なお『ワイルド・エンジェル』とともに、主題の面でも人材の面でも『イージー・ライダー』への助走となったのは、コーマンの次作『白昼の幻想』（一九六七）である（麻薬の幻覚症状を描いた『白昼の幻想』では、ジャック・ニコルソンが脚本、フォンダ［主演］とデニス・ホッパー［共演］が演出の一部を任された）。

『ワイルド・エンジェル』
販売元：20世紀フォックス・ホーム・エンターテイメント・ジャパン

【解釈と鑑賞】 ヘルズ・エンジェルズのサンペドロ支部のリーダー、ヘヴンリー・ブルース（フォンダ）が主人公。映画はブルースの相棒ルーザー（ブルース・ダーン）の病院からの奪還と死、さらには故郷で開かれる彼の葬儀を軸に展開する。葬儀のシーンはあまりに強烈である。教会の外には大型バイクの山。参列者はエンジェルズのメンバーたち。ルーザーの棺はナチスの真紅の旗にくるまれ、棺のなかの死者はエンジェルズの服とナチスの飛行帽を身につけている。異様な雰囲気のなかはじまった葬儀は、牧師の説教に苛立ったブルースの物言いで中断され、エンジェルズの乱痴気騒ぎに変わる。ロード・ムービーの基底をなす権威への反抗という主題が爆発する瞬間である。

　その葬儀の場面、「君たちは一体何がしたいんだね？」という牧師の問いかけに、ブルースは「自由になりたい。そして好きなことがしたい」と答える（プライマル・スクリームの名曲「ローデッド」［一九九〇］に引用されたことでも有名なやりとり）。これは監督のコーマン自身の気持ちを代弁する台詞ではなかったか。『ワイルド・エンジェル』製作時、みずからが抱いていたハリウッド・システムへの幻滅と怒りゆえに、アウトローのバイカーたちに惹かれたと、コーマンは自伝のなかで述懐している。臨場感を出すための手持ちカメラの使用など、形式的にもコーマンの「好きなこと」を追求した作品であると言える。しかし同時に、ニューシネマ期の諸作やコーマンの次作『白昼の幻想』と比べて、ハリウッド・スタイルからの逸脱がまだ穏やかに見えるのもまた事実である。それは逆に言うと、過激な内容にもかかわらず、意外と「見やすい」作品に仕上がっているということでもある。ロード・ムービーの代名詞と言うべき茫漠たる風景ショットもまだ確立されていない（エンディングにただよう虚無感は、ニューシネマ期の諸作を確実に先取りしているのだが）。

　ところで、病院という拘束的空間からの身体の奪還というテーマは、二一世紀のロード・ムービー『リトル・ミス・サンシャイン』と共通するものだが、その帰結がまるで異なるところが面白い。病院からの生きた身体の搬出がその身体に死をもたらす『ワイルド・エンジェル』と、病院からの死体の搬出が家族再生のきっかけとなる『リトル・ミス・サンシャイン』。ちなみに後者で運び出されるのは、ブルース・ダーン（一九三六―　）と同世代のアラン・アーキン（一九三四―　）である。

（川本　徹）

デニス・ホッパー監督

『イージー・ライダー』（*Easy Rider*, 1969）

【背景】 すでに俳優としてキャリアを積んでいたデニス・ホッパー（一九三六―二〇一〇、カンザス州生）の監督としての出世作。ホッパーは本作に先立ち、ロジャー・コーマン監督（一九二六―　）、ジャック・ニコルソン（一九三七―　）脚本のサイケデリック・カルト映画『白昼の幻想』（一九六七）にピーター・フォンダ（一九四〇―　）とともに出演し、幻覚剤を常用する六〇年代対抗文化期の若者を演じた。『白昼の幻想』に引き続きニコルソン、フォンダとスクラムを組み、新たに当時新進気鋭の作家と目されていたテリー・サザーン（一九二六―九五）を脚本に迎えて制作された。合衆国の対抗文化的心性を反映させたアメリカン・ニューシネマの代表作に位置づけられる。一九六九年にアカデミー脚本賞ほかにノミネートされた。一九九八年にはナショナル・フィルム・レジストリに登録され、アメリカ映画史における最重要作品としてアメリカ議会図

『イージー・ライダー』
（コレクターズ・エディション）
販売元：ソニー・ピクチャーズエンタテインメント

書館に永久保存される。

【解釈と鑑賞】麻薬取引で大金を手にしたフォンダが演じるキャプテン・アメリカ（ワイアット）とホッパー扮するビリーがチョッパー（改造バイク）に乗って、カリフォルニアからニューオーリンズのマルディグラの祭りを見に行く道中が描かれる。時代の雰囲気を醸し出すロック・ナンバーをバックに描かれる二人の旅路が、六〇年代後半のアメリカ社会の論評となっている点が特徴である。パンク修理の道具を借りるために立ち寄った農場では、都会の生活とは対照的な、農民たちの大地に根差した素朴な生活に触れる。農場を後にした二人は、路上のヒッチハイカーを同乗させ、ヒッピー・コミューンへ向かう。コミューンでは自給自足生活を体験し、現代文明に背を向けたコミューンのメンバーと交流の機会を持つことになる。アウトサイダー的な性格付けがなされた二人であるが、必ずしもヒッピーイズムに同調しているようでもない点が面白い。コミューンの人々に対する二人の態度は徹底してドライである。

　タイトルにある「イージー」さとは裏腹に、バイカーたちの旅路は災いに満ちている。一夜を明かそうと立ち寄ったモーテルでは、見るからに流れ者然とした風貌から宿泊を拒否されてしまうし、田舎町のパレードに紛れ込んだ際には、警察に留置されてしまう。さらに、旅の道連れになったハンセン（ジャック・ニコルソン）は、野営中に地元民に撲殺される。目的地であるニューオーリンズでは、ひと時の享楽を味わい、ＬＳＤによる幻覚体験が映像に前景化される。その後、二人に待ち受けている運命はあまりにも皮肉だ。ニューオーリンズを去ったあと、二人はトラックに乗った地元民に銃殺され、バイクは炎上し幕が下りる。真のアメリカを探す二人の旅路は、保守的な南部人の暴力によって終焉する。この実にアイロニカルなエンディングは、六九年というアメリカ対抗文化の黄昏を見事に描いている。どこまでも続くと考えられてきたアメリカのオープン・ロードが、どん詰まりのデッド・エンドに転化する例は、リチャード・Ｃ・サラフィアン監督の『バニシング・ポイント』（一九七一）の結末とも共通しており、自由と移動の時代の終わりを象徴していると言えるだろう。映画音楽と言えば、作曲家による描き下ろしが主流だった時代に、ステッペン・ウルフ「ワイルドでいこう!」、ザ・バンド「ザ・ウェイト」など、リアル・タイムに時代を彩るロック・ナンバーを全編に導入している点も、当時としては画期的であった。（馬場　聡）

アーサー・ペン監督

『俺たちに明日はない』(*Bonnie and Clyde*, 1967)

【背景】 いわゆるニューシネマの端緒を開いた『俺たちに明日はない』であるが、撮影開始までには以下のような紆余曲折があった。一九三〇年代の伝説のアウトロー・カップル、ボニーとクライドの逃避行にもとづく脚本を書いたのは、『エスクァイア』の編集と製作に携わっていたデイヴィッド・ニューマン（一九三七―二〇〇三）とロバート・ベントン（一九三二―　、のちに『クレイマー、クレイマー』［一九七九］などを監督）。フランスのヌーヴェル・ヴァーグに強い憧憬を抱いていた彼らは、この映画革命の中心的存在であるフランソワ・トリュフォーとジャン＝リュック・ゴダールに監督を依頼する（そもそも『俺たちに明日はない』の脚本は両者の映画にインスパイアされて執筆されたものだった）。結局、この案は実現しなかったものの、トリュフォーを介して脚本の存在を知ったアメリカ人俳優のウォーレン・ベイティ（一九三七―　）が製作に名乗りをあげ、ワーナー・ブラザーズから一六〇万ドルの予算を引き出し、友人のアーサー・ペン（一九二二―二〇一〇、本作以外の代表作に『奇跡の人』［一九六二］、『小さな巨人』［一九七〇］）を説得して監督の座につかせ、ようやく本作は撮影へと動き出した。

『ワイルド・エンジェル』
販売元：ワーナー・ホーム・ビデオ

ボニー役は演劇から映画に進出してまもないフェイ・ダナウェイ（一九四一―　）、クライド役はベイティに決定。撮影は本作で二度目のアカデミー賞受賞をはたすバーネット・ガフィ（一九〇五―一九八三）が担当。またロバート・タウン（一九三四―　、『チャイナタウン』［一九七四］の脚本で有名）が脚本改訂に手を貸した。最終的な製作費は二五〇万ドル、公開後一年以内にその一〇倍以上の興行収入をえた。

【解釈と鑑賞】 アウトロー・カップルの逃避行ものはこれ以前にも存在したが、『俺たちに明日はない』はそこに内在するセックスとヴァイオレンスを臆面なく強調してみせた点で、当時圧倒的に新しかった。実際、作品の劈頭で我々が目にするのは、口紅をなじませようと絡み合う、女性の上下の唇のクロースアップである。このセクシュアルな動作の主ボニー・パーカー（ダナウェイ）が、刑務所を出所したばかりのクライド・バロウ（ベイティ）と出会い、テキサス州ダラスでの鬱屈した日々に別れを告げ、銀行強盗をくりかえす旅に出るというのが、『俺たちに明日はない』の物語の大枠である。孤独で退屈な自宅のベッドルームから刺激と愉楽に満ちたオープン・ロードへ。三人の仲間がこの旅に加わる。ガソリンスタンドの店員で、車に詳しいC・W・モス（マイケル・J・ポラード）、クライドの兄のバック・バロウ（ジーン・ハックマン）、そしてその妻のブランチ（エステル・パーソンズ）。一連の犯行は新聞でも大々的に報道され、「バロウ・ギャング」は一躍時代の寵児となるが、やがてその運命は下り坂にさしかかる。

暴力描写ということで言えば、『俺たちに明日はない』の代名詞と言うべきあの凄惨なエンディングが想起される。弾丸の雨にさらされて激しく痙攣するボニーとクライドの身体。二人が機関銃で命を絶たれたのは史実であるが、それがスクリーン上に生々しくも華麗に表象されたという点が、ハリウッド映画の不可逆的転換を如実に物語る。同時にロード・ナラティヴの枠組みから言えば、そうした目新しい暴力描写の幕開けが、ほかでもない路上（正確には路傍であろうが）でなされたという点が重要である。アメリカの夢ばかりか悪夢をも胚胎するロードこそ、それにふさわしい視覚的舞台はない。他方で、バンジョー演奏の映画音楽としての使用や、映画随所に見られるコミカルな演出が、エンディングそのほかのシーンにおける暴力の凄惨な描写とみごとな対比をなし、本作のロード表象を重層化している。ロード・ナラティヴと大恐慌との関係性や、アウトロー・ヒーローとメディアの関係性など、このほかにも数多くの論点を提供してやまないテクストである。（川本　徹）

ジョン・シュレンジャー監督

『真夜中のカーボーイ』(*Midnight Cowboy*, 1969)

【背景】 ジョン・シュレンジャー（一九二六―二〇〇三）監督はユダヤ系イギリス人であり、オックスフォード大学ベリオール・カレッジ卒業後、BBCでドキュメンタリー番組の制作に関与し、ミュンヘン・オリンピックの記録映画『時よとまれ、君は美しい／ミュンヘンの十七日』（一九七三）などの作品もある。主な作品として、ナサニエル・ウェストの小説を映画化した『イナゴの日』（一九七五）や、遺作となった『二番目に幸せなこと』（二〇〇〇）での同性愛の男性をめぐるロマンティック・コメディがあり、主としてリアリズム描写を得意とする。性的少数者（LGBT）がハリウッド映画においてどのように描かれてきたかを探るドキュメンタリー映画『セルロイド・クローゼット』（一九九五）においても、インタヴューを受け出演しており、自身の同性愛に関するアイデンティティに対しても後年、積極的に発言している。

公開当時、配

『真夜中のカーボーイ』
販売元：20 世紀フォックス・ホーム・エンターテイメント・ジャパン

給会社の宣伝を担当者であった水野晴郎が「都会的な雰囲気を演出したかった」という理由により、「カウボーイ」表記を「カーボーイ」（car=都会の象徴）として定着させた逸話は有名。「アメリカン・ニューシネマ」と称される流派の中でも、日本で特に人気の高い作品の一つであり、吉田秋生の漫画『カリフォルニア物語』（一九七八―八一）から、サザンオールスターズの元ギタリスト大森隆志によるアルバム『真夜中のギターボーイ』（一九八二）、ラジオ番組『爆笑問題カーボーイ』（一九九七―　）まで、様々な形で日本の大衆文化に与えた影響も大きい。

【解釈と鑑賞】 低予算で制作され、徹底したリアリズム描写により、アメリカン・ドリームの夢と現実の二面性を炙り出す「アメリカン・ニューシネマ」と称される流派を象徴する作品の一つ。

テキサスのハンバーガーショップで働いていたジョーは、退屈な生活にうんざりし、成功への夢を抱いて長距離バスに乗り、都会のニューヨークを目指す。都会の男たちは軟弱な連中ばかりであろうとみなし、ジョーはウェスタンブーツにテンガロン・ハットを被り、カウボーイの服装で都会の女性たちを手玉にとろうと算段していた。しかしながら現実の壁は厳しく、裕福そうな年輩の女性に声をかけるもののまったく相手にされず、ようやく一人の女性と関係を持つに至るが、ジョーは逆に金をせびられてしまう。そんな折、ジョーはバーで「ラッツォ」（ネズミ）と呼ばれるイタリア系の小男リコと知り合いになる。いつも咳き込んでおり、足を引きずって歩くラッツォは、取り壊し寸前のアパートで生活しており、詐欺や万引き、ゴミ漁りなどで食いつないでいた。やがて金も尽き、居場所を失ってしまったジョーは、電気も通っていないラッツォのねぐらに転がり込み、文字通り、大都会の片隅ではみだし者同士の共同生活がはじまる。そのアパートにはフロリダのポスターが貼ってあり、冬の寒さが厳しいニューヨークから離れて、フロリダで暮らしたいとラッツォは夢を語る。ニューヨークでの生活の中でジョーはかつての恋人が集団でレイプされるという悪夢にたびたびうなされており、彼が故郷であるテキサスを離れる理由の一つと目される。ジョーの親代わりであった叔母も、ジョーが徴兵後、除隊して戻ってくるとすでに亡くなっており、テキサスに身寄りもなくなっていた。

ジョーとラッツォの二人が友情を深めていくのに反して、ラッツォの結核の病状は悪化の一途を辿っており、すでに自力で歩けない状態になっていた。ジョーはゲームセンターで声をかけられたゲイの男性に誘われるふりをして金を奪って逃げようとするが、その男の抵抗を受ける際にジョーはその男を殺してしまう。ジョーは奪った金で、フロリダに行きたいというラッツォの夢を叶えるべく、彼を連れてフロリダ行きの長距離バスに乗り込む。「（フロリダの）マイアミに着いたら普通に働くよ」とラッツォに語りかけるジョーであったが、その時点ですでにラッツォはバスの中で死んでしまっていた。バスはあと数分でマイアミに着くところであった。

　アメリカン・ドリームに衝き動かされながらも、夢をどのように掴んでいけばよいのかわからないまま都会の暗部で孤独に生きる男たちの姿をリアリズムで活写している。レイティング・システムで「成人映画」に相当しながらアカデミー賞を受賞（作品賞）した唯一の作品であるという事実が示すように、アメリカを外側から見るイギリス人監督の視点ならではのアメリカ文明論／文明批判として、まさに一九六九年のカウンターカルチャーの時代を体現する作品である。夢を抱いてジョーがテキサスからニューヨークに移動してくる明るい前半部、また、二人でフロリダに向かうラストシーンは、悲惨で暗い要素ばかりであるにもかかわらず、不思議と明るい余韻を残すものであり、ロード・ムービーの代表的な名場面となっている。

（中垣　恒太郎）

ピーター・ボグダノヴィッチ監督

『ペーパー・ムーン』(*Paper Moon*, 1973)

【背景】ピーター・ボグダノヴィッチ（一九三九―　）監督はニューヨーク州生のセルビア・ユダヤ系アメリカ人であり、演者としてテレビや舞台に出演したり、映画批評を手がけたりしながら、一九六八年に映画監督としてデビュー。本作に先行する『おかしなおかしな大追跡』（一九七二）は、鞄の取り違えから起こるスラプスティック・コメディであり、サンフランシスコを舞台にした追跡もの。

　『ペーパー・ムーン』の原作はアラバマ州生のジョー・ブラウン（一九一五―七六）の小説、『アディ・プレイ』（一九七一）であり、物語の舞台は主にアラバマからニューオーリンズにかけて展開されていたが、南部を舞台にした映画が多すぎるというボグダノヴィッチの判断で中西部に設定を変更し、タイトルも映画に合わせて新たに付けられた。映画は大ヒットし、テータム・オニール（一九六三―　）は十歳の史上最年少で第四十六

『ペーパー・ムーン』（スペシャル・コレクターズ・エディション）
販売元：パラマウント ジャパン

回アカデミー賞助演女優賞を受賞。詐欺師のモーゼ役のライアン・オニール（一九四一ー）とは実の父娘の関係であり、絶妙な演技がこの作品を支えている。さらに、ジョディ・フォスター（一九六二ー）を少女役で起用したTVドラマ版（一九七四ー七五）も制作された。西ドイツで『都会のアリス』（一九七三）の制作を進めていたヴィム・ヴェンダース（一九四五ー）が『ペーパー・ムーン』の試写会を見て、設定の類似に驚き、制作を中止しようとした逸話は有名。村上春樹の小説『ダンス・ダンス・ダンス』（一九九〇）も含めて、中年男性と少女の組み合わせによるロード・ナラティヴの系譜の代表的作品。

【解釈と鑑賞】 一九三五年、大恐慌期のアメリカ中西部を舞台にしたモノクロ映画。独身男のモーゼは、死亡記事を見ては「故人が聖書を注文していた」という虚偽の訪問販売などをしながら、車で様々な町を渡り歩いている詐欺師。バーで知り合った女友達が自動車事故で亡くなってしまった葬儀の場でその娘アディと出会うところから物語が展開される。家族を失い、孤児同然となってしまった九歳の少女アディを、モーゼは不本意ながら彼女の親戚が住むミズーリ州の家まで車で送り届けることになる。聖書の販売をしているという立場上、断ることができなかったのだが、モーゼの思惑はアディの母親を事故死させた相手の家族から示談金として二百ドルをせしめることにあり、その金で新車に乗り換え、アディを汽車で親戚の家に向かわせようとする。しかし、その顛末を見ていたアディは二百ドルの権利は自分にもあると譲らず、二人の旅は続くことになる。当初は厄介な存在にしか思われていなかったアディであったが、頭の回転が速く機転が利き、幾度もモーゼの詐欺を手助けしてあげるうちに奇妙な相棒の絆が形成され、さらに、彼のことを本当の父親だと思い込んでいるアディとモーゼの間にはいつしか疑似的な親子関係が芽生えていく。

さらに旅は続き、小金が入ったことから娼婦に入れあげてしまうモーゼを、アディが巧みに策略を練って別れさせたり、酒の密売人を騙して金を巻上げたかと思うと、その後、保安官たちに見つかって有り金をすべて奪われてしまったりしているうちに、二人は遂にミズーリに住む親戚の家に到着する。親戚のおばさんは快くアディのことを歓待してくれ、憧れのピアノもあり、裕福で幸せな家庭がアディを出迎えてくれている。一方、モーゼはオンボロの車で一人煙草を吸いながら、一枚の写真を見つけて拾い上げる。遊園地の写真館で撮ったペーパー・ムーンに座るアディの写真であり、「モーゼへ。アディより」と署名されていた。この場を去ろうと車を出発しようとしたところで、荷物を手に走って来るアディの姿がバックミラーに映る。「まだ二百ドル貸したままよ」「もうごめんだと言っただろ」という軽口を交わしながら二人は再び旅に出る。

喜怒哀楽を豊かに表現しえた子役のテータム・オニールと、実際の父親であるライアン・オニールのとぼけた演技とが絶妙なコンビネーションを作り出し、疑似的な親子関係によるロード・ナラティヴの代表作となっている。寓話的で物語性が強い『ペーパー・ムーン』に対し、二人の間の距離感や旅を終えて以後の二人の関係性の変化など、『都会のアリス』（およびヴェンダースのロード・ムービー観）と比較考察することで両者の資質の違いも見えてくるだろう。

（中垣　恒太郎）

テレンス・マリック監督

『地獄の逃避行』(*Badlands*, 1973)

【背景】 製作・監督・脚本のテレンス・マリック（一九四三―　）はテキサス州生（イリノイ州生の説も）。ハーヴァード大学で哲学を専攻、スタンリー・カヴェルの薫陶を受ける。さらにオックスフォード大学で学んだのち、マサチューセッツ工科大学（MIT）で教鞭をとるが、教師に不向きとの自覚からすぐに職を辞す。一九六九年、アメリカ映画協会（AFI）のフィルムスクールに入学、映画制作を学ぶ。まずは脚本家として、ついで映画監督としてデビュー。その初監督作が『地獄の逃避行』である。次作『天国の日々』（一九七八）でカンヌ国際映画祭監督賞受賞。その後約二〇年におよぶ空白期間をへて、『シン・レッド・ライン』（一九九八）で監督業に復帰。寡作で有名だったが、近年は製作ペースが増している。

『地獄の逃避行』は一九五〇年代末、ネブラスカ州の一〇代のカップルが引き起こした連続殺人事件、いわゆる「スタークウェザー＝フュー

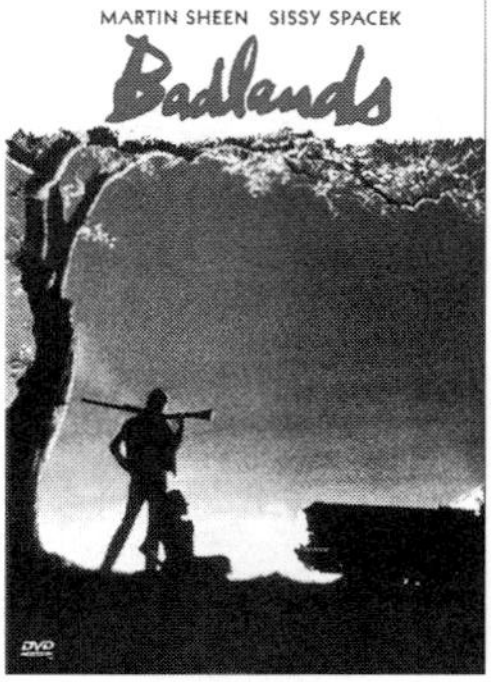

『地獄の逃避行』
販売元：ワーナー・ホーム・ビデオ

ゲイト事件」を題材とする。主役の二人を演じたのは、マーティン・シーン（一九四〇―　、のちに『地獄の黙示録』［一九七九］に主演、『地獄の逃避行』の邦題はここから遡及的につけられた）と、シシー・スペイセク（一九四九―　）。マリックはスペイセクを選んだ理由のひとつに、自分と同じテキサス出身ということを挙げている。スペイセクの代表作は本作に加えてホラー映画『キャリー』（一九七六）ということになるが、ロード・ナラティヴの文脈では『ハートビート』（一九八〇、ニール・キャサディの妻キャロリン役）や『ストレイト・ストーリー』（一九九九）への出演も見逃せない。

【解釈と鑑賞】女が男と出会い、魅せられ、旅に連れ出されるという展開は、『俺たちに明日はない』と同じであるが、男が女の家族を殺すのが旅の発端という点は異なる。ホリー（スペイセク）は一五歳。父（ウォーレン・オーツ）と二人で故郷テキサスを離れ、サウスダコタで暮らしている。同じ町で清掃作業員として働く一〇歳年上のキット（シーン）と恋に落ちるが、ホリーの父は二人の交際を認めようとしない。そこでキットはホリーを連れ出そうと家に侵入するが、ホリーの父とトラブルになり、持っていた銃を発砲してしまう。ホリーの父の死を確認したあと、家に火を放ち、車で逃走をはかるキット。ホリーも彼に同行する。「長い孤独より、私をありのまま愛してくれる人との一週間をとる」。こうして少なくとも五人の死者を出すことになる逃避行がはじまる。

『俺たちに明日はない』との比較でまず問題になるのは、アウトロー・カップル、とりわけヒロインのホリーの一五歳という若さである（モデルになったキャリル・アン・フューゲイトの事件当時の年齢よりは一つ上）。ではそのぶん旅する主体がエネルギーに満ち溢れているかと言えば、むしろ事態は逆である。キットとホリーは、『俺たちに明日はない』のボニーとクライドの煮えたぎるような興奮とも、身を切るような焦燥感ともおよそ無縁である。変化にとぼしい二人の表情に加えて、その印象を強めているのが、借りもののような言葉で構成された、また内容もどこか的外れな、ホリーのヴォイスオーヴァーの語りである（これは多くの『地獄の逃避行』論が言及してきたポイントである）。一方で、マリックがこう述べていることにも注意が必要である。「自分の感情を明確に表現するには、十分に成熟していなければならない。この映画の登場人物にはそれが欠けている」。キットとホリーの一見感情を欠いたように映る言動は、声高な反権威の主張に傾きがちなロード・ナラティヴへの批判ともとれるが、それをマリックなりのイノセンスの表現と解するならば、そのじつ『地獄の逃避行』はロード・ナラティヴの本質と深い水準でつながっているとも言えるのである。

（川本　徹）

ヴィム・ヴェンダース監督

『パリ、テキサス』(*Paris, Texas*, 1984)

【背景】ロード・ムービーの金字塔的作品。アメリカのオールロケーションで撮影が行われた西独・仏合作のヨーロッパ映画であり、カンヌ国際映画祭グランプリを受賞した。脚本を共作したのはサム・シェパード。彼の『モーテル・クロニクルズ』（一九八二年）という旅をしながらつづられた詩と散文集の草稿がヴェンダースの手に渡り、そのイメージをもとにこの映画が生まれた。不器用さと、それでいて優しさがにじむ印象深い主人公には、ハリー・ディーン・スタントン。様々な作品で脇役をつとめてきた彼にとって、これが初主演映画となった。そして元妻の役に、あのナターシャ・キンスキー。ヴェンダースのロード・ムービー三部作のひとつである『まわり道』（一九七四）で、わずか十三歳でデビューした彼女が、その鮮烈な美しさを再びスクリーンに焼き付ける。音楽は、ライ・クーダー。盲目の辻説教師ブラインド・ウィリー・ジョンソンの「夜は暗闇」(Dark was the Night) をマザー・テーマとしたメイン・テーマは、その野太く引きずるようなギターの一音一音が美しい。『パリ、テキサス』は、一九八四年の映画界における大きな事件だった。

『パリ、テキサス』
（デジタルニューマスター版）
販売元：東北新社

【解釈と鑑賞】砂漠を歩く一人の男が、ガソリンスタンドで氷を口にするなり気を失う。行き倒れた男をテキサスまで車で迎えにきた弟は、彼を自宅のあるロサンゼルスまで車で連れて帰る。ようやく口を開いた男が、弟に一枚の写真を見せながら言う。テキサスのパリは、両親が愛をかわし自分が生を受けた土地だと。そして自分は昔、通販でその土地の一区画を買ったのだという。写真には荒涼とした、砂漠の「パリ」が映っていた。ロサンゼルスでは、弟夫婦が男の息子を大切に育てていた。父と子の久々の再会。二人は、元妻（母）を探しに中古のフォード・ランチェロ58でテキサスに向かう。この映画では、移動の過程で兄弟、親子、男と女が再会する。どこからかやってきては、どこかへ行く。みんな流れ者のようであり、アメリカという国が、一時休憩所のように思えてくる。

ヒューストンの銀行の外で元妻（母）を待ち伏せる父と子は、いつしか二人とも、ぐったりと居眠りをしてしまい、関係はぎこちなくても実は似た者同士の親子だとわかることで観客を笑わせる。ようやく四年ぶりに再会した母と子は、同じ髪の色が光っていて一目で親子だとわかる。そう言う意味で細部に至るまで、とても古典的な映画づくりのアプローチがなされている。また、ずらりとならんだ色とりどりの靴とロスのぬけるような青空の色のコントラスト。巨大なヒューストンの高層ビル群の夜景。うらぶれた田舎町のT字路にぶらさがる信号機。一コマ一コマがどこを引き抜いても美しく、いわばアメリカの風景に対する憧憬と映画への愛を、監督が全編を通じてずっと告白し続けているような錯覚さえ受ける。

印象的なシーンがある。おもちゃのトランシーバーで話す父と子、そして有名な、覗き部屋のマジック・ミラー越しに電話で話をする男と女のシーンである。どれも肉声ではなく、間接的に対話する人工的な音であり、そこに描かれているのは孤独な風景、そして関係への飢えである。どれもえらくもどかしい。しかし公開から数十年経って、つまり過剰な他者とのつながりが前提となった時代において、この映画で描かれていたような孤独な風景やそれによる関係への飢えは、いったいどこにゆくことになるのか（これらは背後に退いて、一見みえなくなっているだけで、なくなったわけではないはずだ）。この問題は、以降のヴェンダース作品に見え隠れする彼の苦悩の痕跡と、じつは深い関係があるような気がしてならないのである。

（峯　真依子）

ジム・ジャームッシュ監督

『ストレンジャー・ザン・パラダイス』

(Stranger Than Paradise, 1984)

【背景】 監督・脚本・編集のジム・ジャームッシュ（一九五三―　）はオハイオ州生。本作第二部の舞台クリーヴランドの南に位置するアクロンの郊外で育つ。工業都市アクロンのくすんだ景観は、ジャームッシュの描く風景に影を落としている。コロンビア大学英米文学専攻の最終学年をパリで過ごし、シネマテーク・フランセーズに通いつめ、小津安二郎作品をはじめ世界各国の映画に触れる。卒業後はニューヨーク大学大学院のフィルムスクールに進学。在学中に『理由なき反抗』（一九五五）で知られる映画監督ニコラス・レイ（一九一一―七九）の授業のアシスタントを務め、当時レイと『ニックス・ムービー／水上の稲妻』（一九八〇）を制作中のヴィム・ヴェンダースとも出会う。卒業制作は長編『パーマネント・バケーション』（一九八〇）。次作は短編「新世界」（一九八二）。ヴェンダースから譲り受けた未使用フィルムで制

『ストレンジャー・ザン・パラダイス』
販売元：バップ

作された本作で、ロッテルダム国際映画祭KNF賞を受賞。その後、新たなパートが付け加えられ、長編『ストレンジャー・ザン・パラダイス』に発展。今度はカンヌ国際映画祭カメラ・ドールを受賞。以後、アメリカのインディペンデント映画界を牽引する。ほかの監督作に『ダウン・バイ・ロー』（一九八六）、『デッドマン』（一九九五）、『ブロークン・フラワーズ』（二〇〇五）など。

【解釈と鑑賞】三部構成。各部の舞台はニューヨーク、クリーヴランド、フロリダ。第一部「新世界」。ハンガリー出身でニューヨーク在住のウィリー（ジョン・ルーリー）は、親戚のロッテおばさん（セシリア・スターク）の依頼で、従妹のエヴァ（エスター・バリント）を一〇日間預かることになる。故郷からの訪問者を明らかに迷惑がり、ギャンブラー仲間のエディ（リチャード・エドソン）がエヴァを競馬に連れて行こうと提案しても耳を貸さない。一方、エヴァもウィリーの慣れ親しんだアメリカ文化（TVディナーやフットボール）に意味を見出せない様子。このあと二人は徐々に歩み寄りながらもすれ違い、やがてエヴァがロッテおばさんの待つクリーヴランドに旅立つ日をむかえる。第二部以降はその一年後のウィリーとエディの旅を描く。すなわち、エヴァのいるクリーヴランドを訪れる第二部「一年後」と、エヴァをふくめて三人でフロリダを旅する第三部「パラダイス」。

　第二部でクリーヴランドに移動したエディは「新しいところに来たのに何もかも同じに見える」と述べ、第三部でフロリダのモーテルに到着したエヴァは「見たことある感じ」と口にする。アメリカン・ドリームや新しい自己の発見。そうした枠組みから一定の距離をとろうとするジャームッシュの姿勢が、このどこに行ってもほとんど同じという秀逸なロード・ムービーを生み出した。リドリー・スコットは『テルマ＆ルイーズ』（別項参照）で過剰なまでにアメリカ的な風景を描き、その神話性を再構築したが、逆にそうした風景を文字どおり漂白し、神話性を剥奪するのがジャームッシュである。とりわけ注目に値するのは、しばしば言及されてきたエリー湖の場面である。第二部でウィリーたちはエリー湖観光に出かけるのだが、ひどい雪吹のために目に映るのは白一色のみ。誇張でなく、本当に白一色のみである。マーガレット・フラーは一八四三年、当時まだ西部のフロンティアだったエリー湖を訪れたさい、湖面の豊かな色彩に感銘を受けたと記しているが、『ストレンジャー・ザン・パダライス』の三人が見るのはくりかえすが白一色である。ジャームッシュ映画の魅力は「オフビート」と形容されるユーモアだが、それはアメリカへの批評的視座と精妙に絡み合うとき、いっそう味わいを増すように思われる。（川本　徹）

『スタンド・バイ・ミー』(*Stand by Me*, 1986)

ロブ・ライナー監督

【背景】ロブ・ライナー（一九四七―　）監督はニューヨーク州生まれであり、俳優・映画監督としてコメディを得意とする父カール・ライナー（一九二二―　）の影響もあり、子役としてテレビに出演していた。映画監督デビュー作となる、架空のロック・バンドの疑似ドキュメンタリー映画『スパイナル・タップ』（一九八四）は、「モキュメンタリー」の代表作として位置づけられている。『スタンド・バイ・ミー』は映画監督二作目となる作品。他にもスティーブン・キング（一九四七―　）作品として『ミザリー』（一九九〇）の映画化を手がけている。

原作はモダン・ホラーで絶大な人気を誇るスティーブン・キングの中編オムニバス集『それぞれの四季』(*Different Seasons*, 1982) の一編「死体」("The Body")。ホラー色は薄く、四季にあわせた四つの中編小説によるオムニバス集であるにもかかわらず、モダン・ホラー作家としてのキングのイメージにあわせた『恐怖の四季』という邦題が付されている。映画の大ヒットにより、小説家キングの多様な側面にも光が当たるようになり、ベン・E・キング（一九三八―　）が一九六一年に歌った「スタンド・バイ・ミー」も映画の主題歌としてリバイバル・ヒットとなった。少年役の一人リバー・フェニックス（一九七〇―九三）の夭折もあり、本作は「永遠の少年」、「永遠の青春映画」としてすでに古典として扱われている。

『スタンド・バイ・ミー』
（コレクターズ・エディション）
販売元：ソニー・ピクチャーズエンタテインメント

【解釈と鑑賞】物語は作家であるゴードン・ラチャンスの回想によってはじまる。ある日、かつての親友クリスの死を新聞記事で知り、少年時代の忘れられない体験を回想していく。それは彼が十二歳だった一九五九年の夏のことであり、オレゴン州のキャッスルロックという田舎町に住んでいた。ゴーディ、クリス、テディ、バーンの四人は性格もばらばらであったが、固い友情で結ばれており、木の上に作った隠れ家にいつも集まって過ごしていた。いつものように皆が隠れ家に集まっている時にバーンがやってきて、兄のチャーリーと不良仲間のビリーから盗み聞きした話を持ち込んでくる。数日前にある少年が行方不明になっており、三十キロほど先の森の奥で列車に跳ねられ、死体のまま野ざらしになっているという。チャーリーたちは盗んだ車でその死体を見つけたために、名乗り出ることができなかったのだが、ゴーディたちは自分たちが「死体を見つければ有名になり、英雄になれる」と盛り上がり、死体探しの旅に四人で出かけることになる。鉄橋で危うく列車に轢かれそうになり、沼ではヒルに噛まれながらも、途中、喧嘩をしたり、助け合ったりしながら、鉄道の線路沿いに目的地に向かって冒険を続けていく。テディが家から持ってきていた銃で夜には交替で番をしながら森の中で野宿をする。

遂に目的地に到着し、バーンが木の茂みの下に死体を見つける。ゴーディたちが死体を発見した時、エースたち高校生の不良グループが現れ、死体を受け渡すように迫る。一歩も退かないクリスに対し、エースがナイフを持って威嚇しようとした瞬間にゴーディが銃を撃ち、エースに銃口を突きつけた。その気迫に圧倒されたエースたちは捨て台詞を吐いてその場を去っていく。四人はその後、担架を作って死体を運ぼうとしたが、結局断念し、死体を毛布で覆い、警察に匿名の電話をする。その後、会話をほとんど交わすこともなく帰路につく。

新学期から彼らは中学に進む。ゴーディがテディやバーンと会う機会は次第に減っていった。クリスは大学に進学し、猛勉強の末、弁護士となっていた。しかし、レストランの客の口論を仲裁しようとして、喉を刺され死んでしまうのだった。ゴーディは少年時代の夢を実現させて作家となっており、あの夏の日にクリスと約束した物語を今、書いている。

車に乗ることができない十二歳の少年たちが、徒歩で仲間たちとはるばる移動しながら、旅の途中で悩みを共有したり、励ましたりすることで友情を育んでいく物語であり、公開当時すでに懐かしいアメリカの田舎町の光景が美しく描かれている。中でもゴーディが一人でいるときに夜明けに線路脇で美しい鹿に遭遇する場面は名場面の一つ。ロード・ムービーの系譜からは、通過儀礼としての少年たちの成長物語を描いている点で異彩を放っており、「少年時代の回想」、そして「少年時代からの訣別」のモチーフは、永遠の青春物語として金字塔に位置づけられる。また、アメリカの男の子の物語として、随所に勇気を示すことを求められる文化である背景は、アメリカのロード・ナラティヴを理解する上でも主要な眼目の一つとなりうるだろう。

（中垣　恒太郎）

ジョン・ヒューズ監督

『大災難P・T・A』(*Planes, Trains and Automobiles*, 1987)

【背景】監督・脚本のジョン・ヒューズ（一九五九―二〇〇九、ミシガン州生）は、一九八〇年代にティーン・フィルム（学園映画）のジャンルの様式を確立した功績で知られ、現在も多くの後進の映画監督にオマージュを捧げられている。『ブレックファスト・クラブ』（一九八五）、『フェリスはある朝突然に』（一九八六）、『プリティ・イン・ピンク／恋人たちの街角』（一九八六、脚本）などのティーン・フィルムにおけるヒット作のほか、『ホーム・アローン』（一九九一、脚本）をはじめとするプロデュース業において、クリス・コロンバス監督（『ホーム・アローン』シリーズ、『ハリー・ポッター』シリーズ監督）をはじめとする後進の育成にも貢献した。『大災難P・T・A』において、主演をつとめるジョン・キャンディ（一九五〇―九四）は、がさつなように見えながら、繊細で優しい心を持つデル役を好演しており、巻き込まれ型コメディを得意とするジョン・ヒューズ作品において欠かせない脇役として活躍していたが（『おじさんに気をつけろ』［一九八九］など）、四十三歳の若さで急死してしまい、ヒューズが映画実作の現場から離れて行ってしまう要因の一つともなったと言われている。

『大災難 P.T.A.』
販売元：パラマウント ホーム エンタテインメント ジャパン

【解釈と鑑賞】感謝祭の休暇を前に、主人公であるエリート・ビジネスマン、ニール（スティーブ・マーティン）は、ニューヨークでの出張を終えた後、家族と一緒に休暇を過ごすために、シカゴへの家路を急いでいる。まず空港に向かう途中に見知らぬ男に、ようやく捕まえたタクシーを横取りされてしまったところから、「大災難」の珍道中は幕開けとなる。ニールは大渋滞に巻き込まれながらも、天候不良のために飛行機が遅れていたために、ニールは何とか予定していた飛行機に乗ることができる。しかしながら、早くから予約していたはずのファースト・クラスの席は、手違いで満席のために、やむなくエコノミークラスの座席にまわされてしまう。機内で座席が隣になったセールスマンのデル（ジョン・キャンディ）は、まさにタクシーを横取りした憎むべき相手であった。デルはニールとは正反対の性格であり、始終、馴れ馴れしくお喋りをしてきて、厚かましく、デルの笑えないジョークの数々にニールはすっかり閉口している。本来であれば、二時間程度で到着するはずのシカゴであったが、大雪のためにあらゆる交通機関が麻痺してしまっており、結局、飛行機に頼ることができず、足止めをされる中で、デルと行動を共にすることを余儀なくされることになる。ニールは飛行機を諦めるも、電車、バス、レンタカー……と交通手段を変えながら、何とかシカゴへの帰路を目指すのであるが、悪気はないのに事態をことごとく悪化させてしまうデルに翻弄され、次々と災難に見舞われてしまい、ニールは悲惨な目にあい続ける。

エリート・ビジネスマンのニールががむしゃらに困難に立ち向かえば立ち向かうほど、また、やることなすこと裏目に出るデルの繊細な性格が徐々に伝われば伝わるほど、ヒューマン・コメディとしての人情味が味わい深いコメディ・ロード・ムービーの代表作である。自分の意思に反して、どんどん悲惨な状況に巻き込まれてしまう、いわば「巻き込まれ型のドタバタコメディ」であり、まったく性格の異なる二人がひょんなことから行動を共にし、事態は好転しないにもかかわらず、移動を通してなぜか不思議な連帯感に包まれていく。ロード・ナラティヴの枠組みからは、題名にも取られているように、飛行機(Plane)・電車(Train)・車（Automobile・バス・レンタカー）を通して、悪天候、トラブル続きの中、休暇を家族と共に過ごすという、ささやかではあるが、ある意味、無上の喜びを求めて悪戦苦闘するニールの様子、また、なかなか周囲に理解してもらえない不器用なデルとの間に芽生える友情が笑いと感動を誘う効果を挙げている。

（中垣　恒太郎）

デヴィッド・リンチ監督

『ストレイト・ストーリー』(*The Straight Story*, 1999)

【背景】 デヴィッド・リンチ（一九四六ー　、モンタナ州生）は、実験的な作風で知られ、自主制作映画『イレーザーヘッド』（一九七七）によるデビュー以後、十九世紀ロンドンの見世物小屋を舞台にフリークスの青年を描いた『エレファント・マン』（一九八〇）などカルト的な人気を誇る。米国でもっとも伝統ある芸術学校であるペンシルベニア芸術科学アカデミー出身である背景からも、映画のみならず、絵画・ドローイング・版画・写真・音楽などのアーティスト活動も恒常的に展開しており、シュールレアリズムに強い影響を受け、夢や無意識の世界を独自の映像表現によって創出する作風に特徴がある。郊外／のどかな田舎町の閉塞感、欲望と暴力が渦巻く暗部をテーマに据えた『ブルー・ベルベット』（一九八六）をはじめアメリカを物語の舞台に据えながら、いわゆるハリウッド映画の文脈とは異なる場で映画制作活動を展開しており、『マルホランド・ドライブ』（二〇〇一）、『インランド・エン

『ストレイト・ストーリー』（リストア版）
販売元：パラマウント ホーム エンタテインメント ジャパン

パイア』(二〇〇六)などの近作でも、ヨーロッパ資本による制作、ヨーロッパ映画祭などでの評価(カンヌ国際映画祭)が顕著である。アート志向、玄人受けする作風でありながら、世界的に人気となり、社会現象化した、TVドラマシリーズ『ツイン・ピークス』(制作総指揮、一九九〇―九一)などの作品もある。

【解釈と鑑賞】 アルヴィン・ストレイト(一九二〇―九六)という実在の人物の体験をもとにした物語。アイオワ州の小さな田舎町ローレンスに住むストレイトは七十三歳の頑固な老人。モンタナ出身の彼は妻と共にアイオワに移り住んで以来、二十年以上、同じ町に住み、復員軍人でもある彼は軍人恩給をもらいながら、農作業などをしてのんびりと日々を過ごしていた。子どもたちもすでに独立しており、悠々自適な生活を送っているが、足腰もすでに弱っており、家で転倒してからは杖をつかないと歩けない状態である。視力が弱いために運転免許を持てなかったために車の運転もできず、公共のバスも一人では自由に乗ることができない。長年の喫煙習慣などから彼の健康状態を気遣う娘の勧めにもかかわらず、アルヴィンは医者に行くことを拒み続けていた。

ある日、八十歳になる兄が心臓発作で倒れたという連絡を受ける。十年前に喧嘩をして以来、音信を絶っていたのだが、アルヴィンは兄に直接会って和解をしたいと考える。喧嘩をした際に、アルコールが入っていたことから言い過ぎてしまったことを心残りにしていたアルヴィンは、その後、酒断ちをしていたものの、和解をするタイミングを失ってしまっていた。兄が住むウィスコンシン州マウント・ザイオンは隣の州であり、ミシシッピ川を超えて三五〇マイル(約五六〇キロ)ほど離れている。車であれば一日で辿りつける距離であるが、アルヴィンは誰の力も借りず、自分の力だけで兄のもとに行くことを決める。家族の反対をおしきって芝刈機に乗って出かけるが、芝刈機の故障で戻ってきてしまう。改めて小型のトラクターを買って出発し、時速五マイル(約八キロ)ほどの速度で、兄のもとにようやくたどり着いた時には六週間が過ぎていた。

デヴィッド・リンチの「意外な」感動物語として話題となった本作は、カンヌ国際映画祭パルムドール賞を受賞するなど高い評価を受けており、リンチ自身が実際の旅程を辿りながら脚色したことからも、雄大な田舎町の風景、ゆったりした物語展開などもあわせて、老人を主人公にした異色のロード・ムービーとしてジャンルに新しい可能性を切り拓いた。

リンチには本作の他にも、ヴァイオレンス・ラブ・ロマンスとしての男女の逃避行ものの代表作に位置づけられる『ワイルド・アット・ハート』(一九九〇)がある。 (中垣 恒太郎)

リドリー・スコット監督

『テルマ&ルイーズ』（*Thelma & Louise*, 1991）

【背景】製作・監督のリドリー・スコット（一九三七―　）はイングランド北東部のサウスシールズ生。ウェストハートリプール美術大学とロンドン王立美術大学で学ぶ。映画監督を本業とする以前には、BBCのセット・デザイナーや数千ものコマーシャルの制作者として活躍。スコットの入念緻密な映像世界を理解するには、以上の経歴を踏まえておく必要がある。長編デビュー作『デュエリスト／決闘者』（一九七七）で批評的成功をおさめたのち、ハリウッドに呼ばれ、『エイリアン』（一九七九）、『ブレードランナー』（一九八二）で一躍有名監督となる。二〇〇〇年には『グラディエーター』を世界中でヒットさせ、二〇〇三年にはナイトの称号を授与された。九〇年代のスコットの代表作で、女性ロード・ムービーの傑作とされる『テルマ&ルイーズ』の製作は、監督本人がある女性による脚本に興味を抱いたことに端を発する。その女性の名はカーリー・クーリ（一九五七―　、テキサス州生）。初脚本となる本作でアカデミー賞受賞をはたし、『テルマ&ルイーズ』の「三番目の女性」とも呼ばれる人物である。ルイーズとテルマを精彩あふれる演技によって映画史上忘れがたい存在にしたのは、スーザン・サランドン（一九四六―　）とジーナ・デイヴィス（一九五六―　）。ブラッド・ピット（一九六三―　）の出世作でもある。

『テルマ&ルイーズ』
販売元：20世紀フォックス・ホーム・エンターテイメント・ジャパン

【解釈と鑑賞】アーカンソーの小さな町に暮らす主婦のテルマ（デイヴィス）とウェイトレスのルイーズ（サランドン）――今日では敬遠されがちなこうした職業名を使ったほうが、彼女たちのおかれた環境がわかりやすい――は、六六年型サンダーバードに乗りこみ、女だけの週末旅行に出る。テルマにとっては横暴な夫からの束の間の逃避でもある。それが法の執行機関からの逃避に変わるのは、途中で立ち寄った酒場で、テルマを強姦しようとした男をルイーズが撃ち殺したときである。事件当夜の状況から、正当防衛ではなく殺人罪に問われる可能性が高いと判断したルイーズは、テルマと一緒にメキシコへの逃亡をはかる。三人の男がこの旅のゆくえを大きく左右する。ルイーズの恋人のジミー（マイケル・マドセン）、ヒッチハイカーのJ・D（ピット）、そして刑事のハル（ハーヴェイ・カイテル）。

　テルマが欲望を解放するたびに悪いことが起こるとか、妙にルイーズに同情的なハルの存在があざといとか（彼がいることで男性観客も安心してこの映画を見ることができる）、フェミニズムの観点から見て多くの欠点が指摘できるにしても、女性を主体とするロード・ムービーの新たな可能性を開いた点では、過小評価するわけにはいかない。

移動の象徴性という観点から見ても、本作は独自の立ち位置を示しており興味深い。旅の主体が驚くべき「結末」を主体的に選びとる点は、『バニシング・ポイント』への連想を誘うが、旅それ自体のもつ意味合いは根本的に異なる。『バニシング・ポイント』のドライヴが、あらかじめ自己の破壊にむけてセッティングされていたとすれば、『テルマ&ルイーズ』のドライヴは、漸進的な自己の覚醒に重きがおかれたものである（「すっかり目覚めた気分」とは映画終盤のテルマの台詞）。その意味で、アーカンソーからメキシコをめざす二人の旅が、ルイーズの「過去」がひそむテキサスを迂回するがゆえに、南向きではなく西向きの経路をとるという点も銘記に値する。西へ深く進むほど、眠っていた自己が目をさます。『イージー・ライダー』があえて東向きの旅を描くことで温存した西への憧憬に、『テルマ&ルイーズ』がふたたび火をともすとも言える。イギリス人の監督作にもかかわらず——あるいはそうであるがゆえに——アメリカ人の監督作以上に神話化された「ロード」の風景表象がこれに大きく貢献している。左右に多数の電柱の並ぶ一本道などの「アメリカ的」風景はリドリー・スコット本人が苦労して探し出したものだという。

（川本　徹）

ダンカン・タッカー監督

『トランスアメリカ』(*Transamerica*, 2005)

【背景】 アリゾナ出身、ニューヨーク大学で学んだダンカン・タッカー監督による商業映画第一作。主演女優フェリシティ・ハフマン（一九六二―　）は、女性として生活している性同一性障害の男性役という難しい役どころを巧みに演じており、アカデミー賞主演女優賞こそ逃したが、ゴールデングローブ賞主演女優賞（ドラマ部門）を受賞するなど高い評価を受けた。突然、十七歳の息子の存在を知り、最初は厄介に思っていたものの、やがて「父性」に目覚めていくトランスジェンダーの父親の揺れる胸中をどのように演じているかというところも本作の主要な見所の一つであろう。

【解釈と鑑賞】 西海岸ロサンゼルスに住む性同一性障害のブリーは男性として育てられてきたが、自身のジェンダー・アイデンティティを女性として認識しており、服装など女性として生活をしてきた。それまでも女性ホルモンを服用するなどしてきたが、四十歳近くなってきたことを契機に性転換の手術を受ける

『トランスアメリカ』
販売元：松竹

ことを決意する。高額の手術代を捻出すべく、セールスおよびレストランの仕事をかけもちしていたブリーであったが、ようやく手術を受ける段取りができた段階で自分に息子がいる事実を知る。学生時代に関係をもった女性との間に子どもが生まれており、その子どもが現在、十七歳になって万引きをしたことでニューヨークの警察に拘留されているという。ブリーは乗り気ではなかったが、すでにこの息子トビーの母親は死別しており、身元引受人として継父ではなく、生物学上の父親となるブリーを指名してきたことから、やむなく手術代のための貯金を切り崩して東海岸に向かうことにする。ブリーのセラピストであるマーガレットも彼の精神状態を懸念しており、この問題が解決するまでは手術に必要な書類への署名をしないと突きつけられてしまう。

息子のトビーは実の父であるブリーに会うことを願っているようだが、今まさに性転換手術を受けようとしているブリーは、これまで自分の息子がいることなど考えたこともなく、どのように自分の境遇を説明してよいか判断がつかないまま、レンタカーを借りてロサンゼルスからニューヨークへと向かう。留置場にたどり着き、保釈金を支払ったブリーのことを実の父親ではなく、教会関係のボランティア女性であると思い込んだトビーの誤解をそのままにして、映画関係の仕事をしたいというトビーがロサンゼルスに行きたがっていることから、トビーと一緒に大陸を横断して西に向かう。しかし、ブリーは内心では、ケンタッキーに住むトビーの継父の元に預けてしまうことをもくろんでいた。結局、継父の虐待から逃げるためにトビーが家出をしたことなどがわかり、継父の元に送り届けることを断念したブリーはその後も二人で旅を続けることになる。さらに、ブリーは完全に没交渉になっていたアリゾナ州の実家を訪れ、年老いた両親に再会する。女性として生活し、性転換の手術を受けようとしている息子のことを受け入れきれていない母親であったが、想像もできなかった孫を持つことは嬉しいものであり、家族をめぐる複雑な胸中も丹念に描かれている。

物語のクライマックスは、旅の同行者である女性が実は、自分の実の父親であることをトビーが認識する瞬間に訪れる。トビーはその事実を受け入れきれないまま旅は終わる。旅を終えた後、ブリーは性転換の手術を終え、トビーに再会する。性別や父と息子という関係を超越した二人の新しい関係がはじまることを予期させるところで物語は幕を閉じる。それぞれが複雑な問題を抱える親子が、旅を経て絆を作り上げていく物語であり、「トランスジェンダー／性同一性障害」などの深刻な問題をユーモラスに描くロード・ムービーの異色作。当初は厄介ごとにしか思っていなかった息子に対して「父性」を感じはじめていくブリーの複雑な心情をはじめ、家族をめぐるヒューマン・ドラマであり、アメリカを横断する壮大な旅を経ることにより、多様な生き方を肯定し、相手を認めていくところに、ロード・ムービーとしての本作の真骨頂がある。（中垣　恒太郎）

ジョナサン・デイトン&ヴァレリー・ファリス監督

『リトル・ミス・サンシャイン』

(*Little Miss Sunshine*, 2006)

【背景】監督は、映像ディレクターのジョナサン・デイトン&ヴァレリー・ファリス夫妻。これが長編映画の第一作目である。脚本は新人マイケル・アーント。彼は、俳優で元カルフォルニア州知事アーノルド・シュワルツェネッガーの「この世で嫌いなものがあるとしたら、それは、〝負け犬〟だ」といった言葉に触発されて、このストーリーを思いついたという。その「負け組」家族を演じるのは、破産寸前のパパに『恋愛小説家』(一九九七)でアカデミー助演男優賞候補となったグレッグ・キニア。鬱病の叔父に『四〇歳の童貞男』(二〇〇五)でブレイクしたスティーヴ・カレル。そしてヘロイン中毒でポルノ好きの祖父には名優アラン・アーキン。怒れるティーン・エイジャーの兄に、『それでも夜は明ける』(二〇一三)での怪演が記憶に新しい若手注目株ポール・ダノ。新人映画監督と新人脚本家のコンビによる低予算、ハリウッドの大スターが登場するわけでもないこの作品は、蓋を開けてみればアカデミー脚本賞など数々の賞を受賞し、かくして、世界中が「負け犬」家族の物語に喝采を贈ることとなった。

『リトル・ミス・サンシャイン』
販売元:20世紀フォックス・ホーム・エンターテイメント・ジャパン

【解釈と鑑賞】アリゾナからカルフォルニアまでの太陽の照りつけるハイウェイを、一家全員を乗せた黄色のファルクス・ワーゲン・ミニバスがひた走る。ぽっちゃり体型で分厚い眼鏡の女の子オリーヴが、まさかの予選繰り上げ合格を果たした美少女コンテスト「リトル・ミス・サンシャイン」に出場するためだ。レトロな(おんぼろな)ミニバスは、すでに押しがけスタートでしかエンジンがかからない。ようやくエンジンがかかりはじめたところに、一人一人がジャンプして乗り込み、全員が跳び乗ったところで車は速度を上げる。そのことが象徴するように、家族の関係はガタがきてはいるけども、なんとか崩壊寸前のところで押し留まりながら旅を続ける。作品は、ロード・ムービーとファミリー・ドラマとを同時進行させる。

　自らが提唱する成功への九ステップなる理論を妄信し、人生の勝者になろうと躍起になるオリーヴのパパは、財産も妻の信頼も失いつつある。ニーチェおたくのおにいちゃんは「沈黙の誓い」をたて、この九ヶ月は筆談でしか話さない。おじさんは自称全米一のプルースト学者であるらしいが、恋人(彼氏)と学会賞の両方を別のプルースト学者に取られたあげく職も失い自殺未遂。下品をこよなく愛するおじいちゃんも同乗しているとなれば、車内の不快指数は誰かが口を開くたびに高くなる。エピソードをどれだけ盛り込んでも話が前進するのは、ロード・ムービーが、いわば観客を目的地まで連れて行くというシンプルな約束事のなせる技か。

無理にいかれたキャラクターたちのオーバーアクション、互いが口角泡を飛ばすぶつかり合いや、ハリウッドの紋切り型を集めて一つの家族にしてしまったかのような人物造形の無邪気さが鼻につく。しかし見ているうちに、これでいいのかもしれないと思いはじめる。リアリティというよりはシンボリックな話の連続。そう、これは大人のための童話なのだ。画面がリアリズムに傾きかけると、黄色のレトロなミニバスと、透明感あるインディーズ・バンドの音楽がノスタルジーを運んできて、しばし痛みを忘れさせる。画面いっぱいの大自然を、黄色いミニバスが横切っていくときのカメラの美しさ。やがて、ホープレスな家族はある事件を機に、強い愛を取り戻す。人の冷たい目線にはまるでケアレス、おかまいなし。ミスコンをぶちこわしにして、ミニバスは会場を走り去っていく。晴れやかな笑顔は、家族全員でひと暴れしたからか。ファミリー&ロード・ムービーの佳作である。

（峯　真依子）

ケリー・ライヒャルト監督

『ウェンディ&ルーシー』（*Wendy and Lucy*, 2008）

【背景】 監督・脚本のケリー・ライヒャルト（英語での発音はライクハートまたはライカートに近い）（一九六四―　）はマイアミ生。タフツ大学・ボストン美術館附属美術学校で学び、第一長編『リヴァー・オブ・グラス』（一九九五）以来、移動と停滞を主題とする独創的な映画を手がけてきた女性監督。第二長編『オールド・ジョイ』でロッテルダム国際映画祭タイガー賞受賞。最新作は環境テロを題材とするサスペンス映画『ナイト・スリーパーズ　ダム爆破計画』（二〇一三）。ニューヨーク州のバード大学で教鞭もとる。主演のミシェル・ウィリアムズ（一九八〇―　）はモンタナ州生。テレビドラマでの繊細な演技で注目を集めたのち、映画でもつぎつぎに難役に挑み、アカデミー賞にも数度ノミネート経験がある。主演作に『ブルーバレンタイン』（二〇一〇）、『マリリン　7日間の恋』（二〇一一）など。ウィリアムズはライヒャルト監督の異色の西部劇『ミークス・カットオフ』（二〇一〇）でも主演を務めたが（なおウィ

『ウェンディ & ルーシー』
販売元：エプコット

リアムズの出世作は西部劇とも関連の深い『ブロークバック・マウンテン』〔二〇〇五〕）、これもまた『ウェンディ＆ルーシー』同様に女性と移動と停滞を主題にすえた作品として大いに注目される。

【解釈と鑑賞】 物語はきわめてシンプル。ウェンディ（ウィリアムズ）は仕事をもとめて、愛犬のルーシーとともにインディアナからアラスカをめざすが、途中オレゴンの小さな町で車（八八年型ホンダ・アコード）が故障してしまう。さらにその後、食料品店でドッグフードを万引きしたのが見つかり、警察に連れて行かれているあいだに、ルーシーが行方不明となる。映画後半の大部分はルーシーの捜索についやされる。

職をもとめての西への移動という主題から、『怒りの葡萄』が思い出されるが、移動の主体が大家族ではなく小家族——女性とその愛犬——という点が異なるし、さらに何と言っても『ウェンディ＆ルーシー』では、主人公の車が故障したあとの数日間に話が限定されているがゆえに、劇中、主人公の車の走る姿が一度も描かれないという点が特異である（我々が唯一それが動いているのを目にする機会は、ウェンディと警備員がそれを手押しで公道に移すときだけという具合である）。『怒りの葡萄』のおんぼろ改造トラックは何とかあの大家族を「約束の地」に送り届けたが、『ウェンディ＆ルーシー』の八八年型ホンダ・アコードはその役割をはたすことができない。かくしてウェンディは「約束の地」に到着し、そこで幻滅を味わう以前に、その地にむかう物質的条件を失うこととなる。

ここで論及しておきたいことは、監督のライヒャルトが複数のインタヴューにおいて、これはポスト・カトリーナの映画だと述べていることである。多くを所有せず、それさえ失った貧困層の被災者の姿と、彼ら／彼女たちへの保守派の冷淡な対応。そうしたことが（物語そのものはハリケーン・カトリーナとは直接関係ないにせよ）『ウェンディ＆ルーシー』の主題やトーンに影を落としているのである。だからと言って、本作において政治的メッセージが声高に主張されることはないし、主人公のおかれた窮状が過度に強調されることもないということは、つけ加えておかねばならない。カメラは、移動手段を失い、家族（愛犬）と離ればなれになった主人公がオレゴンの町をさまよう姿を、程度な距離を保ちつつ冷静沈着に映しつづける。そのように主人公の姿を丁寧に描くことそれ自体が、ロード・ムービーの移動という主題——その物質的、経済的要件——へのささやかな批評となる。

一方で、恐慌下の一九三〇年代へと連想を誘うかのように、全編をつうじて鉄道（ホーボーの移動手段）が重要なモチーフとなっているのも興味深い。本作の印象的なエンディングもこの文脈から読まれなければならない。

（川本　徹）

ウォルター・サレス監督

『オン・ザ・ロード』(*On the Road*, 2012)

【背景】 本作は言わずと知れたジャック・ケルアック（一九二二―六九）の同名小説（一九五七）をウォルター・サレス監督（一九五六― ）が映画化したものである。路上放浪生活をする若者たちの旅路を前景化したシンプルなプロットと、クロノロジカルな構成、そして徹底したリアリズムからいうと、そもそも小説よりも映画に向いていたのでは、とさえ思える。しかし、本作が映画になるまでには幾多の紆余曲折があった。

当初より、ケルアック自身がこの小説を映画化することに積極的であったという。小説を刊行した五七年に『欲望という名の電車』（一九五一）や『乱暴者』（一九五三）で時代の寵児となっていたマーロン・ブランド（一九二四―二〇〇四）にディーン・モリアーティ役を依頼し、自身がサル・パラダイスを演じるという幻の仰天映画化プランを立てていたという逸話が残されている。七九年にフランシス・フォード・コッポラ（一九三九― ）が映画化権を手に入れ、その後いくつかの青写真が作られるが、ひとつ現れては、立ち消えし一進一退が続く。結局、コッポラは若き日の革命家チェ・ゲバラの南米バイク旅行を描いた『モーターサイクル・ダイアリーズ』（二〇〇七）で成功をおさめたサレスを監督に抜擢することになった。

『オン・ザ・ロード』
販売元：東宝

【解釈と鑑賞】 基本的に原作小説に忠実なかたちで作られているが、映画にするには、いささか散漫な物語にまとまりをもたせるために、小説にはないプロット上の仕掛けが導入されている。冒頭部に導入されたサル・パラダイスの父親の葬儀のシーンに始まる本作品は、不在である父親の影が随所で暗に示されている。サルはディーン・モリアーティに対するあこがれから旅をはじめることになるのだが、当のディーンにしても、生き別れた父親に対する強いオブセッションが垣間見られる。父権的で保守的なイメージが色濃い当時の合衆国にありながら、アウトサイダーたちが紡ぐ対抗文化的な旅の物語は、従来的な意味の父性を棄却しながらも、その喪失感から逃れることはできない。このように考えると、サルが憧憬のまなざしを向けるディーンは、亡き父親のオルタナティヴとして存在し、ハイウェイの旅路は父亡きあとの自分探しのプロセスということになろうか。

フィルムに収められた、空と大地の色彩の対照、大地を貫きどこまでも続くハイウェイとロードサイド、そして、ネオンに彩られた夜の街路の映像は、活字で表現された原作のイメージをうまくヴィジュアル化することに成功している。サウンド面では、ジャズやブルースのクラシックスを効果的に導入することで各シーンの映像を補完し、ビート文学にふさわしいサウンドスケープを形作っている。

本作には、ハイウェイを旅するサルがペンを持ちメモをとる場面が頻出する。小説の映画化であるだけでなく、サルが小説を執筆する過程を描いているゆえに、この作品はある意味では「ロード・ノヴェルを書くこと」についての映画ということもできる。そのことがよくわかるのが映画の最後、タイプライターに向かうサルが「ディーンと出会ったのは、父の死の少しあとだった」と、それまで描かれた旅の顛末について、堰をきったようにキーをたたきはじめるラストシーンである。

（馬場　聡）

ロード・ソング
——メロディにのせる物語

ロード・ソング、つまり移動をテーマにする曲はいつから歌われていたのか。まずは、黒人奴隷のロード・ソングの成り立ちを紹介したい。遡ること十八世紀、アフリカから奴隷としてアメリカへつれてこられた彼らが故郷のアフリカに思いをはせながら労働中に歌うのは、彼らが慣れ親しんできた故郷の歌であった。しかし、次第にメロディはそのままで、自由も希望もなく働かなくてはいけない現状を悲しむ歌詞へと変わった。十九世紀半ばの奴隷解放宣言以降、奴隷の身分から解放された黒人たちはアメリカを自由に旅することができるようになる。彼らが移動し、その行く先々で慣れ親しんだ曲を歌うことによって、その歌が各地へ広まり歌い継がれていく。彼らが旅先で歌った曲は主にキリスト教的な題材、たとえば救済や自由がテーマであった。それはつまり死を介した「自由への移動」というモチーフである。

だが、ロード・ソングは黒人文化発祥というわけではなく、白人社会においてはヨーロッパから伝承されたフォーク・ソングがあり、またネイティヴ・アメリカン（彼らには儀式の際に呪術的要素をもつ歌があった）によっても旅と移動をテーマにした歌が歌われていた。そもそも、解放された元奴隷たちに広範囲にわたる移動を可能とさせたのは大陸横断鉄道である。様々な地域へ向かう鉄道が敷設された時期、十九世紀半ばから二十世紀初頭は、ちょうど彼らが自由になった時期と重なる。つまり、鉄道を移動手段としたこのころをロード・ソングのはじまりと考えることができる。特定の人種の内部や、限られた地域でのみ歌が伝えられたのではなく、より多くの人々に聞かれ、混ざり合い、共有されることが可能になったのである。こうしたロード・ソングをさらに説明するために、現在でも音源を手に入れやすい二十世紀から現在にかけてロード・ソングを歌っていた代表的なミュージシャンを紹介したい。

「神話的ブルースヒーロー」

こう呼んでもおかしくないのがロバート・ジョンソン（一九一一—一九三八）である。ジョンソンはミシシッピ州ヘイルズハーストで生まれ、十代半ばでギターに興味を持った。彼はギター・テクニックを磨くべく、その当時活躍していたミュージシャンたちから指導を受けることもあれば、彼らの演奏を見てその技法を習得することもあった。また当時、黒人音楽のギター奏法やメロディで歌うことは、白人社会における讃美歌やオペラのような、いわゆる西欧音楽のスタイルをとらないために悪魔的なものとみなされて疎まれていた。ジョンソンは周囲の目を避けて、森の中でこっそりギターの練習をしていたという。彼のギター・テクニックは当然、努力の賜物だったはずなのだが悪魔に魂を売ってそれを手に入れたと噂され、いわゆる「クロスロード」伝説が生まれた。その伝説の発端と思われる曲が「クロスロード・ブルース」(Cross Road Blues)である。ギター一本だけで演奏しコーラスを入れず、ジョンソンたった一人で声を使い分けて歌う彼の演奏を聴けば、この逸話が伝説になったことも理解できる。こうしてギター・テクニックを身に付けたジョンソンは自分の家族のようにプランテーションで働くことなく、ミュージシャンの道を選んだ。一九三〇年代後半に彼がレコーディングした曲のいくつかをここで紹介したい。

「クロスロード・ブルース」はそのタイトルどおり、旅の途中の十字路でどちらに進めばよいのか迷っている男の歌である。その歌詞の中にあるいくつかのフレーズはキリスト教的なものを示唆している。また、件の伝説からの連想でクロスロードにさしかかった男が悪魔と取引をしている様子を描いている、と考える研究者もいる。そこまで深読みせずとも単純に移動の途中で十字路の真ん中に立って、どちらへ進んでよいのか途方に暮れるジョンソンの孤独を歌った曲と解釈できるだろう。

続いて「ウォーキン・ブルース」(Walkin' Blues)にはふさぎこんでいる(ブルーな)男が登場し、列車(とりわけ貨車)に乗り込んでどこかへ移動することを望んでいる。それは彼のもとを去った女性を探すためでもあった。そして、曲の後半で彼女が心変わりしていたことがわかるのだが、それが男の憂鬱な気持ちを聴き手にさらに強く印象づける。

そして「スウィート・ホーム・シカゴ」(Sweet Home Chicago)である。曲の出だしから、「行ってみたくないかい?」とジョンソンは軽快に旅へと誘うように歌うのだが、その次に「もどろうカリフォルニアへ シカゴの家へ」と全く離れた別々の地名を目的地としているところが解釈を困難にする。彼ら黒人にとっての希望の地の象徴としてこのふたつの地名を用いたのではないかというのが一般的な解釈である。

ところでジョンソンの曲の中には、ブードゥー教をイメージさせるものが描かれていることがある。たとえば「地獄の猟犬がつきまとう」(Hell Hound On My Trail)という曲にある「パウダー」とは呪術にて使用されるもので、その粉をかけられたために否応なしにでかけなくてはならないことを歌っている。このように呪術を連想させる歌詞が用いられているので、ジョンソン自身に神秘的イメージがついてまわる。

先に述べたギター・テクニックや歌詞をもってジョンソンの非凡なる才能と神秘性を理解することができるのだが、彼がステージ上で飲んだ酒が原因で夭折したことなど数ある死因にまつわる物語が、「クロスロード」伝説に現実味をあたえることとなったことも紹介しておきたい。

「逆境を乗り越えるホーボー」

ここで取り上げるホーボーとは、浮浪者というよりも各地を渡り歩く労働者のことである。ウディ・ガスリー（一九一二―一九六七）を紹介するにあたっては、「ホーボー」、「逆境」、「フォーク・ソング」がキーワードとなる。オクラホマ州オキマの裕福な家庭に生まれた彼は、度重なる家の火事、火事による姉の死、そして母の死、父の破産という不運に追い込まれ、十代のころから様々な職業に就いていた。そんな状況の中で彼は演奏活動もしていた。

一九三〇年代、ダストボウルと呼ばれる大砂塵の影響で仕事を失い、難民となったオクラホマ州の人々は、一斉にカリフォルニアを目指した。言うまでもなく、ジョン・スタインベック（一九〇二―六八）の『怒りの葡萄』の世界である。ガスリーもその難民の一人であり、ホーボーとなって各地を転々としながらカリフォルニアへ向かった。そして幸運なことに彼は農作業ではなくラジオ局でフォーク・ソングを歌う仕事を得た。彼は時事問題を歌詞にするトピカル・ソングを歌い、共産党の集会で歌うこともあった。

そして一九四〇年、ガスリーはニューヨークへ行き、そこで民俗音楽蒐集をしているアラン・ローマックス（一九一五―二〇〇二）に出会った。ローマックスによってガスリーの歌う曲が録音され、そこで彼と同じフォーク・シンガーのピート・シーガー（一九一九―二〇一四）と音楽活動を始めた。第二次世界大戦のころは兵役に就いたこともあり、一九五〇年代半ばからハンチントン舞踏病のため入院生活を余儀なくされ、ミュージシャンとして復帰することなく一九六七年にその生涯を終えた。

彼がフォーク・シンガーとして成功を収めたのは自分の体験、アイデンティティとも言えるダストボウルのことを歌ったからである。砂嵐のために荒廃した土地を捨てて移動せざるを得なかったオクラホマの人々の苦悩を歌うことで聴き手に共感を与え、またフォーク・ソングとしての役割（実際にあった出来事を歌にしてメロディに乗せ、より分かりやすく多くの人に伝えること）を十分に発揮させたといえるだろう。

さて、ここでガスリーの曲を紹介したい。「恐るべき砂嵐」(The Great Dust Storm) では一九三五年四月一四日の砂嵐の様子が仔細に歌われ、歌詞の最後には「おんぼろ車に荷物をつめこんでガタガタ音をたてながらハイウェイにのった　もう二度と戻ることはない」としめくくっている。住み慣れた家を後にする様子を淡々と歌っている。そして、仕事を求めてカリフォルニアへ向かうのだが、「ド・レ・ミ」(Do Re Mi) では厳しい現実を突きつけられる。「ドレミ」とは音階を意味するのではなく、ここでは俗語で現金のことをあらわしている。軽快なテンポでガスリーがメロディを奏でていても歌詞では「おまえたちに金がなければ、金（つまり仕事）はもらえないんだよ」と仕事も家もない者たちにとって絶望とも言える言葉を投げかける。

フォーク・ソングについても、ここで簡単に説明したい。ガスリーのダストボウル・ソングのように実際にあったことを歌にし、人々に伝えるのがフォーク・ソングの役割でもあるし、物語のかたちをとるものや、労働作業中に歌うことで、たとえば合いの手を入れるような歌では団結力を高めて作業効率をあげる目的のあるもの、歌い手の願望を歌うものなど、フォーク・ソングにはそれぞれの生活に即した歌がある。フォーク・ソングは、ギターやハーモニカでさびしげに歌う音楽であると判断されてしまいがちだが、歌の内容は非常に意味深く、まるで物語のように人々に語りかけている。その結果、現在でも歌い継がれるスタイルとして確立した。一九四〇年代、共産党の士気を高めるためにフォーク・ソングが歌われていたために、その後一九五〇年代のマッカーシズムのころは下火となるが、公民権運動の勢いとともに一九六〇年代ではフォーク・ソング・リバイバルが起こる。そのリバイバルの波にうまく乗ることができたのがボブ・ディラン（一九四一— ）である。

「転がり続けるトリックスター」

ボブ・ディランの音楽活動において事件とも呼べるエピソードは多々ある。彼はまるでトリックスターのような働きをしてフォーク・ソング界に、ひいてはアメリカ社会に影響を与えた。

彼は「風に吹かれて」(Blowin' in the Wind) を作曲し、プロテスト・ソング（何らかの体制に対する抗議の意思を歌にしたものであり、ここではアメリカ合衆国政府に対する抗議）を歌うフォーク・シンガーとしてその地位を確立させる。そして彼がトリックスターであるということについて誰もが納得するであろうエピソードは、一九六五年ニューポート・フォークフェスティバルでの出来事である。前述のウディ・ガスリーに憧れを抱いてフォーク・シンガーとしてデビューをはたしていたディランが、フォーク・シンガーが演奏時に用いるアコースティックギターではなくエレキギターを使って「ライク・ア・ローリング・ストーン」(Like a Rolling Stone) を演奏した。オーソドックスなフォーク・ソングを期待していた観客の驚きと失望は大きかったが、この曲がリリースされたのはフェスティバル開催五日前であった。つまり、ディランは新曲を披露しただけなのである。

ところで、ガスリーに傾倒していたディランはガスリーのスタイルに近づくべく経歴を詐称したり、ボブ・ディランという名前自体が本名ではないという（のちに本名にとして正式に改名する）。それらのことをひた隠しにしていたことも、彼がトリックスターになるまでの伏線となっていったと考えられる。

さて、ここで確認したいのはディランがデビューした一九六〇年代がどのような時代であったかということである。公民権運動、ケネディ大統領暗殺、ベトナム戦争介入、そして反戦運動と激動の時代であった。その当時、若者文化として取り上げられていた反体制文化、これもトリックスターとしてのディランの役割をおおいにひきたてることとなった。そんな時代に、既成のフォーク・ソングにディランは対抗し、フォーク・ロックなるジャンルを立ち上げたのである。

カウンター・カルチャーの時流を意識したと思われるロックのリズムでフォークファンからは異色とみなされたディランが歌う曲の中には、前述したロバート・ジョンソンやウディ・ガスリーのように旅や移動をテーマにしたロード・ソングもある。たとえば、その事件となったニューポート・フォークフェスティバルでディランが最後に歌った曲、「イッツ・オール・オーバー・ナウ、ベイビー・ブルー」(It's All Over Now, Baby Blue) は自分のまわりの必要なものだけ持って旅立たなくてはいけない、今あるものはすべて終わったのだと新しいところへ向かうことを歌っている。

また、ハイウェイ61号線が登場する曲、「追憶のハイウェイ61」(Highway 61 Revisited) もある。北アメリカ大陸を南北に走るこの道路はミシシッピ州のデルタ地帯を通るので「ブルース・ハイウェイ」とも呼ばれている。ちなみに前述、ロバート・ジョンソンが悪魔と契約したとされるクロスロードは現在のものではなくて旧道の方の61号線と49号線が交差している場所である。歌詞に登場する何かと問題をかかえた人物たちにハイウェイ61号線へ行くように歌うことで、そこが困難や苦難から解放される場所、希望の地であるかのような印象を与える。ディランがトリックスターとなり、彼らを移動させ、新たなストーリーへと誘うのである。

改名、フォークからロックへの転身、後のキリスト教への改宗のように、たえず自らを変化させるその姿は、まるで彼のヒット曲さながら「転がる石」(Like a Rolling Stone) のようである。つまり、常にどこかへ移動し、変わり続けて人々に影響を与えるミュージシャンなのである。

以上のように、三人のミュージシャンのロード・ソングを取り上げ、ロード・ソングに込められた彼らの移動に対する思いを、たとえばハイウェイ61号線、車や列車といった言葉に乗せて歌っていることを紹介した。メロディにあわせて時代を歌ったり、何かに抵抗して歌うことは、実はある時代の歴史を物語る行為と同じではないだろうか。つまり、ロード・ソングを通してその時々のアメリカ合衆国の心象風景を見つめることができるのである。そして、そのロード・ソングを私たちが口ずさめば、曲が持つ本質（歌詞の内容や作曲者のバックグラウンド、時代的解釈を含めて）を意識することができ、さらには、彼らが何を目指して移動したのか、何が自由だったのか感じ取ることができるかもしれない。そのような意味で、ロード・ソングは、今後さらに傾聴すべきものとなるであろう。

注：本稿にある歌詞の日本語訳は全て筆者によるものである。

参考文献

Gray, Michael. *The Bob Dylan Encyclopedia Updated and Revised Edition*. New York: Continuum, 2008.
飯野友幸編著『ブルースに囚われて　アメリカのルーツ音楽を探る』信山社、二〇〇六年。

太田睦『ボブ・ディランの転向は、なぜ事件だったのか』論創社、二〇一一年。

桑田英彦『ミシシッピ・ブルース・トレイル　ブルース街道を巡る旅』Pヴァイン・ブックス、二〇一二年。

鈴木カツ『ボブ・ディランのルーツ・ミュージック』白夜書房、二〇一〇年。

日暮泰文『RL―ロバート・ジョンスンを読む　アメリカ南部が生んだブルース超人』Pヴァイン・ブックス、二〇一二年。

山里勝己編著『〈移動〉のアメリカ文化学』ミネルヴァ書房、二〇一一年。

（大槻　直子）

作品紹介・音楽

ウディ・ガスリー

「我が祖国」

(Woddy Guthrie, "This Land is Your Land," 1940)

【背景】ウディ・ガスリー（一九一二―一九六七）はオクラホマ生まれのアメリカを代表するフォーク・シンガーであると同時に、ボブ・ディランやブルース・スプリングスティーンらに影響を与えたプロテスト・ソングの父でもある。一九三〇年代に発生したオクラハマの砂嵐の被害から逃れるようにして西海岸へと移住する多くの労働者とともに放浪し、彼らが直面している状況を訴える歌を多く残している。

【鑑賞と解釈】「この土地は、あなたの土地であり、私の土地である」という土地の所有を確認することからこの曲は始まる。「カリフォルニアからニューヨーク島まで」、そして、「アメリカスギの森からメキシコ湾流まで」というのは、西部から東部までのアメリカ全土を意味し、この土地（アメリカ）が「アメリカ国民」のものであることを

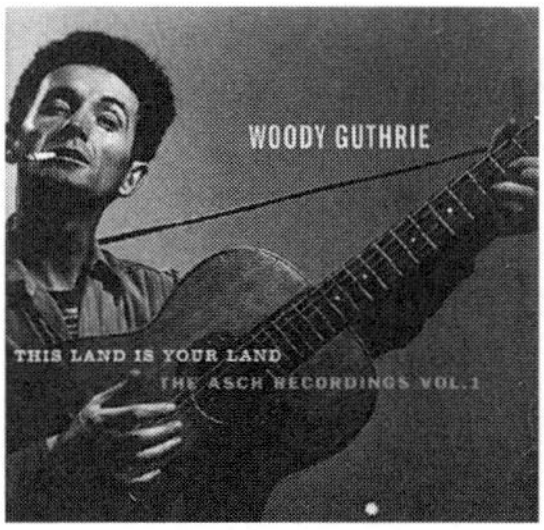

ウディ・ガスリー
「我が祖国」

定義づけるかのように歌われる。また、「リボンのように広がるハイウェイ」にはどこまでも続くフロンティアがイメージでき、そこを歩いていると、上には「果てしない空」、「下には金色の谷」が見えたという箇所では、「明白なる運命」のもとで西漸運動を推し進めてきた「アメリカ」の歴史を賞賛しているようでもある。しかし、冒頭から土地の所有や定義を行う必要に駆られている点や、度々確認する必要があるかのように反復される「この土地は私たちのために作られた」というフレーズは、この土地が私たちのものになっていないということを暗に示しているかのようである。実際、後半にいくと、一九三〇年代当時の大恐慌やダストボウルによって大打撃を受けた労働者階級について歌っていることが分かる。「砂嵐」や「砂煙」はオクラホマの砂嵐への言及であり、「誰も僕を引き戻すことはできない」や「立ち入り禁止」と書かれた看板は、砂嵐を逃れて多くの労働者がカリフォルニアに押し寄せた際、当局が受け入れを拒否し、追い返そうとした（つまり、アメリカ人でありながら土地の所有を許されていない）事実について仄めかしている。カリフォルニアに新しい仕事を求めて移住した人々の挫折というロード・ナラティヴの影の部分をこの曲は呈示している。

「我が祖国」は「ゴッド・ブレス・アメリカ」のアンサーソングとして制作された（「我が祖国」の当初のタイトルは"God Blessed America"であった）。「ゴッド・ブレス・アメリカ」は正面切ってのアメリカ賛歌であり、事実上第二の国歌として扱われている。この愛国歌が発表されたのが、第二次世界大戦に参戦する直前の一九三八年であり、第二次大戦中にアメリカ中に広まった点は注目に値する。特にアメリカという国を一つに束ねる際に要請されるのが「ゴッド・ブレス・アメリカ」であり、つまりは、アメリカの影の部分に目を瞑り、光の部分を強調するために機能していると言える。影の部分を身近に見ていたガスリーにとってそれは耐えられないことであり、「我が祖国」では影の部分に焦点を当てて歌い上げている。しかし、現在でも様々な場面で歌われる「我が祖国」は、後半部の一九三〇年代アメリカの歴史が刻印された箇所を省くことで、アメリカ賛歌として、いわば神話化・普遍化した形で歌われることが多い。つまりは、「ゴッド・ブレス・アメリカ」と皮肉にも同様に扱われているということである。二〇〇九年一月一八日のリンカーン記念館でのオバマ大統領就任記念コンサートにおいて、ブルース・スプリングスティーンとピート・シーガーがこの曲を演奏した際、一部の変更はあったものの、普段は省かれる二つの節が歌われたことで注目された。様々な場面で、どの箇所が歌われているのか／いないのかに注目すると、歌う側の政治性が見えてきて興味深い。

（吉津　京平）

ボブ・ディラン

「ダウン・ザ・ハイウェイ」

(Bob Dylan, "Down the Highway," 1963)

【背景】ご存じのとおり、ボブ・ディラン（一九四一―）は、六〇年代以降のフォーク／ロック・シーンを常に牽引してきたシンガー・ソング・ライターである。彼のバイオグラフィーや、いわゆる「ポピュラー音楽の巨人」としての業績については良書に譲るが、近年ノーベル文学賞候補の常連となっていることに象徴されるように、「文学的存在」としてのディラン像も定着してきた感がある。たとえば、文化史と文学史の境界を侵犯することで新たな「アメリカ文学」の概念を提示したワーナー・ソラーズ編『ハーバード大学版新アメリカ文学史』（二〇〇八）には、詩人にしてカリフォルニア大学デイヴィス校教授のヨシュア・クローヴァーの筆によるディランの項が設けられている。クローヴァーによれば、ディランの創作を特徴づけてきたのは、ヨーロッパの伝統的な文化と、アメリカの大衆文化との双方についての深淵な知識なのだという。たしかに、彼の作品は西洋文学へのアリュージョンに満ちているし、他方ではヴァナキュラーなアメリカ大衆文化へのいつくしみが手に取るように分かる。ここでは、実にアメリカらしいアート・フォームを用いながら、異国の地、ヨーロッパへ旅立った恋人への想いを表現した楽曲を紹介したい。

ボブ・ディラン
「ダウン・ザ・ハイウェイ」

【鑑賞と解釈】第二作『フリーホイーリン・ボブ・ディラン』（一九六三）は、プロテスト・ソングの代名詞「風に吹かれて」のヒットもあいまって、初期のマスター・ピースとして名高い。第一作『ボブ・ディラン』は、フォーク・ソングやブルースのカバー曲によって構成されているので、全曲作詞作曲をしたという意味では、ソングライターとしてのファースト・アルバムともいえる。若きディランの初々しさを感じさせる楽曲が並ぶが、ここで紹介する「ダウン・ザ・ハイウェイ」はひときわ異彩を放っている。「おれはスーツケースを抱えて、ハイウェイを歩いている」という一節ではじまるこの曲は、いわゆる「十二小節ブルース」である。二十代の青年が歌っているとはとうてい思えない深みのあるヴォーカルと、他に例を見ない奇妙なフラット・ピッキング奏法でかき鳴らされるブルージーなギター・サウンドは、デルタ・ブルースの伝統を引き継ぎながらも、ディラン独特の新たなブルースの形を提示している。

　失意の男がハイウェイをさまようという設定は、古典的ブルースにお決まりのクリシェである。とはいえ、「海がおれの恋人を奪ってしまった」とイタリアに旅立った恋人に想いを馳せるトランス・アトランティックなパースペクティヴは、どこかエキゾティックで面白い。男は、あまりにも〈ヨーロッパ〉的なイタリアの地にいる恋人の幻影を追いながら、「ゴールデンゲート・ブリッジから、はるかな自由の女神まで」ハイウェイ沿いに〈アメリカ〉の大地を歩く。「ダウン・ザ・ハイウェイ」の語り手は、「俺のハイウェイ・シューズを脱がさないでくれ」と神に懇願する。言わずと知れた「追憶のハイウェイ61」を筆頭に、ディランの楽曲とハイウェイの旅路とは常に不可分な関係にあった。旅するフォーク・シンガー、ウディ・ガスリーや、ビート作家ジャック・ケルアックから並々ならぬ影響を受けたことからも分かるように、ディランの創作上の原風景は、アメリカの大地を網の目のように覆うハイウェイなのだろう。

（馬場　聡）

ロバート・ジョンソン

「俺と悪魔のブルース」

(Robert Johnson, "Me and the Devil's Blues," 1937)

【背景】 ロバート・ジョンソン（一九一一―三八）はミシシッピ州生。母親ジュリア・アン・メジャーズと、夫とは別のノア・ジョンソンとの間に生まれた。少年のころは、ジューズハープ（口琴）とハーモニカをいじり、ブルースマンの後をつきまとってはコードや運指のテクニックを見せてくれとせがむなど、ちょっとした厄介者として知られる程度にすぎなかった。成長してからも、ジョンソンの音楽の腕前は、あまりの未熟さに周囲のブルースマンらを辟易させるものでしかなかったという。一九二九年に、一八歳だった彼は一五歳のヴァージニア・トラヴィスと結婚するが、妻と子供を出産で一度に亡くしてしまう。姿を消した彼が、再び故郷に戻ってきたときには、いわゆるクロスロード伝説である「巧くなるために悪魔と取引したらしい」と噂されるに十分な技量と鬼気迫るほどの音楽的才能をほとばしらせていた。

ロバート・ジョンソン
「俺と悪魔のブルース」

【鑑賞と解釈】 その声は、一瞬低めの女性ボーカルかと聞き間違うほど中性的であり、どこか甲高い音の成分が含まれている。また、日本語でいうところの「び濁音」のような呼気を鼻腔に抜きながらの節回しが美しく、聞けば聞くほど癖になる。ギター一本で紡がれるサウンドは、まるでバンド編成の楽器すべてがギター一本で再現された印象さえ受ける（写真で見る限り、彼のギターのフレットを押さえる指が奇妙なほどひょろ長く、なるほどこの指あってのこの演奏かと思う）。

なによりも一番の魅力と思えるのが、彼の軽さである。暗い歌詞にも悲壮感が感じられない。辛さも泥臭さも、あまりない。どこか、モダンで洒落ている。陰性の中に、常に陽性がある不思議なブルース。「朝早かった、あんたがドアをノックしたのは。そう、かなり早かった、あんたがドアをノックしたのは。で、オレは言ってやった。『よう、悪魔さんよ　もうでかける時間ってわけだな。』オレと悪魔は、二人並んで歩いてたんだ。オレと悪魔はね、そう、並んで歩いてた。で、オレは女を殴るってわけよ。オレの気がすむまでな。」

甲斐性なしで女好き、アーカンソー州を拠点に、街から街への放浪。ワルぶっているのではない、本当に悪い男だったのかもしれない。女たちに貢がせては姿をくらませる。最期は、地元のハウス・パーティで演奏していて主催者の妻に手を出し、誰かから毒入りのウィスキーの瓶を渡され数日苦しんだあげくに死んでしまう。ミシシッピのハイウェイ７の傍らに埋葬され、二七年の生涯を閉じた。「俺が死んだら、ハイウェイのそばに埋めてくれ（お前がオレをどこに埋めるかなんて、死んだらそんなの知ったこっちゃねえけどな）。俺が死んだら、ハイウェイのそばに埋めてくれ。俺のなじみの邪悪な魂が、グレイハウンド・バスに乗って行っちまえるように」。自分の死を歌ったこの曲の拍子抜けするほど明るいB♭メジャーの最後の響きは、まるで晴れた日に「さあ犬の散歩にでも出かけるか」といったノリであり、彼の持つ不思議な軽さを象徴している。

ところで、彼の生涯二度の録音のうち、最初の録音はホテルの一室で、ベッドルームがスタジオ、バスルームが急ごしらえのミキシングルームだった。やがて時代は流れ、録音技術は向上し、さらにコンパクト化（軽さ）の一途をたどることになる。今ではＭａｃ一台と楽器とマイクがあれば、どこででもレコーディングが可能だ。結果として、音楽制作が行きついた先は、ロバート・ジョンソン的なるものだったとでもいうべきか。もしくは、初めから巨大な音楽産業が追いかけてきたのは、グレイハウンドに乗って行ってしまった、一人の男の邪悪で自由な魂だったのかもしれない。

（峯　真依子）

ナット・キング・コール

「ルート66」

(Nat King Cole, "(Get Your Kicks On) Route 66," 1946)

【背景】ジャズピアニストとして音楽活動をスタートさせたナット・キング・コール（一九一九―六五、本名はNathaniel Adams Coles）はアラバマ州モンゴメリに生まれ、後にイリノイ州シカゴで暮らす。教会のオルガン奏者であった母親からその奏法を教わり、ジャズやゴスペルのみならずクラシックにも精通する。一九三〇年代半ばにベース奏者の兄と共に音楽活動をスタートさせ、活動拠点をカリフォルニア州ロサンゼルスへと移し、トリオを組んで演奏活動をする。彼らの演奏を聴いていた客のリクエストがコールを歌わせるきっかけとなり、一九四三年、彼がピアノとボーカルを担当した曲「ストレイトン・アップ・アンド・フライ・ライト（"Straighten Up and Fly Right"）」がヒットし、一九四六年にはラジオ番組を持つようになる。一九五〇年代はテレビ番組をスタートさせるも、スポンサー不足に悩まされ一年とわずかで終了する。その間、数々の曲を作りヒットさせていたが、観客が全て白人という会場で演奏したことが原因で彼と同じアフリカン・アメリカンの人々から非難をあびるなど、コールの音楽活動は人種問題に影響を受けることを余儀なくされ、苦難を強いられてきた。そして一九六五年、肺がんにより四十五歳の若さで亡くなる。

ナット・キング・コール
「ルート66」

【鑑賞と解釈】この曲はジャズピアニストでありソングライター、そして俳優としても活躍していたボビー・トループ（一九一八―一九九九）によって書かれた。彼がペンシルベニア州からカリフォルニア州へとドライブしている間に思いついたという。ルート66が通る都市や街が軽快なリズムに合わせて登場し、聴く者を西へと向かうドライブに誘う。

ルート66がアメリカ合衆国初の国道の一つとして設けられたのは一九二六年であった。軍用品の運搬路として、オクラホマ州などのダストボウル（黄塵地帯）からの避難民がカリフォルニアへと向かう道として、アメリカ南西部の発展や歴史に大きく関わってきた。メイン・ストリート・オブ・アメリカという別名があるように、合衆国民にとって大変意味のある国道をテーマにした曲であるため、人々に受け入れられることは容易に想像ができ、チャック・ベリー（一九二六―　）、ザ・ローリング・ストーンズを始め、ジョン・メイヤー（一九七七―　）などの多くのアーティストがカバーしている。ルート66が通り抜ける主要な都市や街のほとんどが曲に登場するので、ルート66覚え歌、ルート66のキャッチ・コピーならぬキャッチ・ソングという呼び名を与えてもおかしくないほどである。また製品名やテレビドラマ等にも、その国道の名称が使われていることから、どれほどルート66が人々に親しまれてきたかがわかるだろう。そんな国道66号線がハイウェイの影響で衰退の一途をたどろうとも、「ルート66」が歌われ、ラジオやCDで流れ続ける限り、人々の心にあるその国道の風景は変わらない。歌詞にあるように「ルート66を楽しもう!(“Get your kicks on route 66!”)」とドライブ旅行へと誘う移動のアンセム・ソングであり、ロード・ソングの代名詞とも言えよう。　（大槻　直子）

グレン・キャンベル

「恋はフェニックス」

(Glen Campbell, “By the Time I Get To Phoenix,” 1967)

【背景】 グレン・キャンベル（一九三六－　）はアーカンソー州ビルズタウンにてスコットランド系の小作人である父親のもとに育つ。叔父にギターを教わり、一九五八年にスタジオミュージシャンとしてのキャリアをスタートさせる。その傍らビーチ・ボーイズのツアーメンバーとなり、ベースギターやコーラスを担当する。一九六二年、キャピタル・レコードと契約し、ソロ活動をスタートさせ、一九六七年のグラミー賞において、ヒット曲「ジェントル・オン・マイ・マインド(“Gentle on My Mind”)」をカントリー部門で、そして「恋はフェニックス」をコンテンポラリー部門で受賞する。一九六〇年代後半からはテレビ番組のホストを務め、映画の主題歌を歌い、またその映画に出演するなどその活動範囲は多岐に渡った。一九九〇年代以降の活動は緩やかなものとなるがその間、自伝の出版やアニメーション映画の声優を務め、そして二〇〇五年にはカントリーミュージックの殿堂入り

グレン・キャンベル
「恋はフェニックス」

を果たす。二〇一二年のグラミー賞授賞式での演奏を最後にミュージシャンとしてのキャリアを終える。

【解釈と鑑賞】 この曲を作曲したのはジミー・ウェッブ（Jimmy Webb, 1946– ）であり、彼がロサンゼルスに在住していた時、自分の失恋からインスピレーションを受けて書いたという。

恋人の女性を残して、西（おそらくはロサンゼルス）から東へと移動する男性が登場する。歌詞の中で次第に明らかになるその男の中継地点に鑑みると、男の移動スピードは驚異的な速さである（その移動スピードはあり得ないとウエッブ本人も承知している）。一方で女の日常生活は、男のそれとは対照的に緩やかに表現されている。過去に何度も女のもとを去ろうとしたことがあったので、男の不在を彼女はあまり気に留めていなかったのだが、次第に不安となり、男の自宅へ電話をかけるが応答はない。最終的にはようやく彼が去っていったことを悟り、女は枕元ですすり泣きをしている。その頃、男はついにオクラホマへと到達していた。

ここで男性の移動していった場所、フェニックスから、アルバカーキ、オクラホマまでに注意をむけると、フェニックスを除くその二つの都市はルート66が通っている。これらの都市名を用いることで西から東へと移動していることを聞き手に容易に想像させ、そしてルート66を連想させることで、かつては東から西へとルート66を使って移動していた時代があったことをも想起させる。

そのように考えると、この曲は、オクラホマ州出身のウェッブ本人が失恋をして故郷へ帰るという単純な失恋ソングであるようでいて、実はもっと意味深いものがあるのではないだろうか。すなわち、アメリカン・ドリームを求めて西へ向かったが結局は東へと戻っていく、そんなもの悲しさを帯びているような曲と解釈することも可能である。短い曲の中に、文学的要素が十分にこめられているのである。

（大槻　直子）

ブルース・スプリングスティーン
「明日なき暴走」
(Bruce Springsteen, "Born to Run," 1975)

【背景】 ブルース・スプリングスティーン（一九四九―　）はニュージャージー州生。タクシー運転手などで生計を立てていたオランダ系／アイルランド系の父と、敬虔なカトリック信者であったイタリア系の母親の間に生まれる。労働者階級の家庭に育った生育背景から、近年の歌詞にはアメリカ社会におけるマイノリティの視点が顕著に見出せる。中でも二〇〇九年以降の経済不況以後、階級格差の問題や労働者の苦境に光を当てている。「明日なき暴走」は一九七三年にデビューしたスプリングスティーンにとって初めてのトップ一〇入り（全米三位）となる最初のヒット作であり、初期の代表作。同名アルバムに収録。特徴的な物語詩の手法など、浜田省吾や佐野元春など日本のミュージシャンに与えた影響力にも大きなものがある。

ブルース・スプリングスティーン
「明日なき暴走」

【鑑賞と解釈】 スプリングスティーンの歌詞は物語詩の特徴を持ち、「明日なき暴走」においても、バイクで疾走する語り手の姿を通して、アメリカン・ドリームの理想と現実の狭間の中で生きる若者の姿を描いている。初期のスプリングスティーンの歌詞は、自身の境遇を重ね合わせる形で、アメリカン・ドリームとしての成功を夢見て、ニュージャージーの小さな田舎町の閉塞から抜け出そうとする若者を多く取り上げており、「明日なき暴走」においても、アメリカン・ドリームを夢見ながら具体的な方法を掴みかねている語り手が、「二人であれば悲しみも乗り越えていけるだろう」、「俺たちが本当に行きたい場所を目指そう」と恋人であるウェンディに呼びかけるラブソングの形式をとっている。

　ティーン・フィルム（学園映画）の中で男子高校生である登場人物が「明日なき暴走」をはじめとするスプリングスティーンの曲を愛聴している設定がしばしば見受けられ、時代を超えて若者に支持をされ続けている。その一方でバイクを「自殺マシーン」と称し、「ハイウェイは夢破れたヒーローたちで溢れかえっている」という描写などからは、アメリカン・ドリームに駆り立てられながら挫折してしまった若者たちの過酷な現実を描いており、ロマンティックに理想を謳い上げると同時に、過酷な競争にさらされるアメリカ社会の厳しい現実や問題点をも提起している。後年の世界観がすでにこの時点で確立されていることがわかる。若者たちがバイクで疾走しているのはアメリカン・ドリームの成功者たちが住む「栄光の豪邸の間」であり、一方、主人公の語り手は自らを「放浪者／根無し草」(tramp)と規定して、「俺たちのような放浪者は走り続けるしかないんだ」と結んでいる。未来に対する希望と不安の両面を示しながらも、「きっと俺たちはたどり着く　俺たちが本当に行きたい場所へ」という願望からは、「約束の地」を目指し、あるべき場所を求めて移動を肯定するアメリカ文化特有の未来観を読み込むことができる。この概念は「プロミスト・ランド（約束の地）」をはじめ、アメリカン・ドリームの光と影に焦点を当てながら、理想を失わないで「約束の地」を求め、理想の旅を追求しようとする、現在に至るまでのスプリングスティーンの主要なモチーフの一つである。また、「明日なき暴走」をはじめとする初期においては、アメリカン・ドリームを夢見て「故郷を脱け出す」物語を多くものした一方で、現在の歌詞においては「故郷に戻る」／「変えるべき場所としての故郷」のモチーフが顕著に見出せる（"Long Walk Home"［二〇〇七］など）。いずれにしてもスプリングスティーンの作品世界において「生まれ育った町」は大きな役割を果たしており、ロード・ナラティヴの枠組みからも、若かりし頃に対するノスタルジアを超えて、「故郷」をどのように捉えるのかは重要な観点になりうるものである。

（中垣　恒太郎）

イーグルス

「ホテル・カリフォルニア」

(The Eagles, "Hotel California," 1977)

【背景】一九七一年にリンダ・ロンシュタットのバックバンドとして集められたグレン・フライ、ドン・ヘンリー、ランディ・マイズナー、バーニー・レドンの四名でイーグルス（一九七一―八〇、九四―現在）を結成した。始めはカントリーが中心であったが、一九七五年に脱退したレドンの後任として、ジョー・ウォルシュが加入して制作されたアルバム『ホテル・カリフォルニア』からロック色が強まる。代表曲に「テイク・イット・イージー」、「ならず者」、「呪われた夜」、「ホテル・カリフォルニア」などがある。

【鑑賞と解釈】「暗い砂漠のハイウェイで」車を走らせているが、「冷たい風が髪をたなびかせ」、「コリタスの香りが立ち込める」中、「眠気が襲ってきて視界がかすんできた」とは、ドラッグの幻覚症状に入ったともとれる（コリタスはマリファナのこと）。ここには、映画『イージー・ライダー』に描かれた六〇年代アメリカの影がちらつく

イーグルス
「ホテル・カリフォルニア」

が、興味深いのは、既存の価値観に対抗するような行動力や意志といった力強さが感じられない点である。その分、焦点が「私」(の動作)から「私の髪」、「私の頭」、「私の視界」といった身体の感覚へとずらされている印象を受ける(「冷たい風が髪をたなびかせる」、「コリタスの香りが立ち込める」など)。

途中、一夜を過ごすことにした(「一泊しなければならなかった」とあくまで受動的である)宿で、ベル・キャプテンを呼んでワインを頼んだ際の「あのお酒(spirit)なら一九六九年以降、ここにはありません」という返答は、六九年を境に対抗文化の精神(spirit)が失われてしまったことを暗示している。音楽的に見れば、一九六九年とは、対抗文化の理想が実現した「ウッドストック」の年であるとともに、それが一気に崩れ去った「オルタモントの悲劇」の年でもある。「ある者は思い出すために、ある者は忘れるために」踊っているとあるように、六〇年代に人々を酔わせたカウンター・カルチャーが終焉を迎えてもなお、そこから抜け出せないでいる七〇年代アメリカ社会の状況がホテル・カリフォルニアに投影されている。

そのホテルの玄関口に立っていたのが、「ある女性」ではなく「彼女」と呼ばれている点は興味深い。見知らぬ人ではなく、「私」はその人物を知っているようなのだ。二番の歌詞では、高級ブランド病と化した「彼女」について語られる。ティファニーとメルセデスに陶酔しており、「友達」と呼んでいるたくさんの若い男たちがいる「彼女」とは、六〇年代を謳歌したジャニス・ジョプリンを連想させる(音的に“Mercedes Bentz”とも聞こえる“Mercedes Bends”は、ジャニス・ジョプリンの『メルセデス・ベンツ』という曲を想起させる)。「ホテル・カリフォルニアへようこそ/なんてすばらしいところ、なんてすてきな顔/年中いつでもご利用いただけるよう、当館ではたくさんの部屋をご用意しております」というサビの箇所は、ホテルの広告のような俗っぽさを与え、対抗文化が商業主義と手を強く結び始めたことで、その威力を失ってしまっていることを揶揄しているかのようだ。対抗文化と音楽との関係に目を移すと、六〇年代に最盛期を迎えたロックが、次第にコマーシャリズムとの結びつきを強めていくことにイーグルスは意識的であった(その意識からか、バンドが自然保護活動に熱心だったことや、環境問題を扱った楽曲が多い点は興味深い)。商業主義に対する批判を織り込みながらも、そこに自らも加担してしまっていることに対する複雑な心境を、ホテル・カリフォルニア(七〇年代アメリカの状況)から「決して出て行くことはできない」「私」に重ね合わせながら自己言及的に歌い上げているとも言える。

(吉津　京平)

マール・ハガード

「ホワイト・ライン・フィーバー」

(Merle Haggard, "White Line Fever," 1969)

【背景】マール・ハガード（一九三七—　）はオクラホマ州生まれのカントリー／ウエスタン・ソングライターである。貨物列車の有蓋車の中で生まれ、一九四五年に父親を亡くしてからは、盗みによる投獄と逃亡を繰り返す。一九五八年にサン・クエンティン州立刑務所に収監された際、カントリー／ロック歌手のジョニー・キャッシュが刑務所で行ったコンサートに影響を受け、囚人のバンドを組み、一九六〇年の釈放後、一九六三年にデビューを果たす。「ホワイト・ライン・フィーバー」は、一九六九年にリリースされたアルバム *Okie From Muskogee* 収録曲。

【鑑賞と解釈】タイトルになっており、曲中でも繰り返される「ホワイト・ライン・フィーバー」とは、もともとは「高速道路催眠現象（highway hypnosis とも言う）」のことであったが、「ホワイト・ライン」が、一九八〇年代にアメリカ国内でポピュラーになったコカイン

マール・ハガード
「ホワイト・ライン・フィーバー」

を意味するため、運転すること（路上に出続けること）に対するオブセッション（強迫観念）や中毒・依存を表すトラック運転手の用語としても使われるようになった。この曲では後者の意味であることは明らかである（曲の中盤で「何が男を前進し続けさせるのだろう／何が俺にこの古いハイウェイの曲を歌わせ続けるのだろう」とある）。「年月が高速道路のポールのように流れ続ける／額のしわは、俺の後ろに続く何マイルもの道のりを表している」とあるように、道路に男の人生の道のりが重ね合わされることで、トラック運転手である「俺」には、「ロード」を進み続けてきたアメリカ人男性のマスキュリニティのイメージが付与されている。そして同時にそれは、新たなるフロンティアを求めて絶えずフロンティア・ラインを更新してきた父性国家アメリカの姿をも映し出している。しかしそこにあるのは、「明白なる運命」とともにジョン・オサリヴァンが唱えた「若いアメリカ」とは程遠い「年老いたアメリカ」の姿である。一方で、「この熱（＝フロンティア精神）を持ったまま死ぬだろう」というように、西部開拓や帝国主義的領土拡大へと向かわずにはいられない「強いアメリカ」のイメージが窺われるものの、もう一方では、「何が男を前進し続けさせるのだろう／何が俺にこの古いハイウェイの曲を歌わせ続けるのだろう」というように、フロンティア消滅後も海外へ向けて植民地政策を続けてきたことに対して疑問を呈しているようでもある。同時代的文脈で捉えれば、そこにはたとえばヴェトナム戦

争の泥沼化といった、西部開拓の延長線上にあるアメリカ帝国主義・覇権主義の行き詰まりの影がちらついているとも言えるだろう（ただハガード自身は、ヴェトナム戦争に対して支持を表明している点は興味深い。一九六九年にリリースされた"Fightin' Side of Me"の歌詞を参照されたい）。歌詞にある「俺は海岸の端から端まで、百回も往復した／俺が以前行ったことのない場所はひとつとして見ていない」という箇所には、ジョニー・キャッシュが歌う「どこへでも行ってやろう（I've been everywhere）」のような明るさはなく、「新しいフロンティアがない」ことが暗示されているし、「見ていない（ain't seen）」の箇所を「見つけていない（ain't found）」とも歌うとき、「探しているけど見つからない」という否定的なニュアンスは倍増する。また、「何が俺にこの古いハイウェイの曲を歌わせ続けるのだろう」という箇所の「歌い続ける（keep on singin'）」を「ハミングし続ける（keep on hummin'）」とも歌うとき、一人で森へと向かうソローの姿が重なり、孤独感はより一層増す。しかし、「俺の心の奥深くで生まれる病気」とあるように、「病気」と形容されながらも、フロンティアがないからこそ、新たなフロンティアを求めてコカイン中毒（"white line fever"）のように移動し続けることが、アメリカがアメリカであることの存在証明／原動力になっていることもまた確かなのである。

（吉津　京平）

ウィリー・ネルソン

「オン・ザ・ロード・アゲイン」

(Willie Nelson, "On the Road Again," 1980)

【背景】 ウィリー・ネルソン（一九三三―　）は、アメリカのカントリー・ミュージックを代表するシンガーソングライターの一人。テキサス州出身。一九六〇年代後半のヒッピー・ムーヴメントの影響を強く受けており、保守的な傾向が強いカントリーの主流（ナシュヴィル・サウンド）からは異彩を放ち、「アウトロー・カントリー」と呼ばれた。「オン・ザ・ロード・アゲイン」は、本人主演の映画『忍冬の花のように』（*Honeysuckle Rose*）のために書き下ろされたもので、ネルソンの代表曲のひとつである。これまでの自身最大のヒットとなり、一九八一年のベスト・カントリーソング・グラミー賞に選ばれた。この曲は、多くの歌手によってカバー／パロディー化されると同時に、『フォレスト・ガンプ』、『シュレック』、『サウスパーク』（シーズン5、エピソード14「ケニー、死亡。」）、『オープン・シーズン3　森の仲間とゆかいなサーカス』等、様々な映画やTVドラマでも取り上

ウィリー・ネルソン
「オン・ザ・ロード・アゲイン」

げられている。

【鑑賞と解釈】「俺が好きな暮らしは、仲間たちと一緒に歌を作ることなんだ」、あるいは、「ジプシーのバンドのようにハイウェイを進んでいくんだ」とあるように、この曲は、演奏しながら各地を旅する歌い手のバンド自身のことを歌っている。ここに登場する「俺」とは、映画『忍冬の花のように』の主人公であるカントリー歌手バック・ボンハムであると同時に、バック・ボンハム演じるウィリー・ネルソン自身にも重なる。軽快な調子で、「また旅に出るんだ／旅に出るのが待ちきれないんだ」と始まる「オン・ザ・ロード・アゲイン」は、「ロード」へのオブセッションに苛まれた孤独なトラック運転手の姿を歌ったマール・ハガードの「ホワイト・ライン・フィーバー」とは対照的である。“my”“I”“me”で男の孤独感が際立つ「ホワイト・ライン・フィーバー」に対し、「俺が好きな暮らしは、友人たちと一緒に歌を作ることなんだ」や、「俺たちは最高の仲間だ」というように、「オン・ザ・ロード・アゲイン」では、コミュニティ（共同体）が強調される。そのような仲間意識は、ジャック・ケルアックのロード・ノヴェル『路上』や、ロード・ムービー『イージー・ライダー』（一九六九）を髣髴とさせる。ここに、五〇年代のビート・ジェネレーションや六〇年代のカウンター・カルチャー（特にヒッピー思想）の影響が見られる。それは、「ジプシーのバンドのように」というように、自分たちをアウトサイダーであるジプシーと重ね合わせ、「世の中が変わり続けたって僕たちのやり方は変わるもんか」と歌う姿勢にも表れている。しかし、ケルアックの影響が大きいボブ・ディランの歌う「オン・ザ・ロード・アゲイン」（一九六五）や、ヒッピーであったキャンド・ヒート(Canned Heat)の「オン・ザ・ロード・アゲイン」（一九六八）のような暗さや閉塞感はネルソンにはない。「行ったことのないところへ行こう／二度と見られないかもしれないものを見るんだ」という箇所には、「ホワイト・ライン・フィーバー」の「俺が以前行ったことのない場所はひとつとして見ていない」というフレーズとは違って、まだ自分たちにとっての新しいフロンティアが存在することが仄めかされており、希望に満ちている。社会に迎合することなく、自分たちのやりたいことをやることに前向きである歌詞は、貪欲さやわがままであることが良しとされた八〇年代アメリカの時代精神と軌を一にしていると言えるだろう。

（吉津　京平）

ジュベッタ・スティール

「コーリング・ユー」（映画『バグダット・カフェ』より）

(Jevetta Steele, "Calling You," from *Bagdad Cafe*, 1987)

【背景】パーシー・アドロン監督の西ドイツの映画『バグダッド・カフェ』は、初老の画家を演じるルディ・ジャック・パランス（『シェーン』の殺し屋ウィルソンをはじめ西部劇やギャング映画の悪役として知られる）以外はほぼ無名の俳優たちでありながら、公開されるや否や世界中に熱狂的ファンを生み出した。また日本においてこの映画は、八〇年代のミニ・シアター・ブームを支えた金字塔的な作品の一つとなる。この作品で強烈な存在感を放ったのが、ジュベッタ・スティールの歌う主題歌「コーリング・ユー」。八〇年代にキャリアをスタートさせた彼女は、一九八五年、『ゴスペル・アット・コロノス』で高い評価を得る。このミュージカルの制作者のひとりが、後に『バグダッド・カフェ』で音楽を担当するボブ・テレンスだった。彼の作った「コーリング・ユー」は、アカデミー賞最優秀主題歌にノミネートされ、以後八〇組以上のアーティストがカバーするほどの大ヒットとなった。

ジュヴェッタ・スティール
「コーリング・ユー」

【解釈と鑑賞】モハーヴェ砂漠のハイウェイを車で旅する中年の肥ったドイツ人夫婦が、大喧嘩を始める。女の方は重いスーツケースをずるずると引きずって、ハイウェイ脇にぽつんとあるカフェ兼ガソリン・スタンド兼モーテルに辿り着く。女主人のブレンダは、甲斐性のない夫と言うことをきかない子供たちや店の仕事に辟易しながら、店の前に散らかった空きカンを拾い、拾っては落とし（夫に投げつけて）、最後は拾うこともしなくなる。これは旅の映画でなければ、移動した距離と時間の記録でもない。むしろ、停滞を描いている。時間が止まったような道路沿いのバグダッド・カフェ。カウンターの裏のハンモックで寝ているバーテンダー。映画とリンクするこの曲の歌詞にあるように、コーヒー・マシンも故障中で、コーヒーさえも出てこない。

　どこか懐かしい不思議な音色で始まるキーボードのイントロは、あっけなく私たちの心を「砂漠の道　ベガスから　どこでもないどこかへ」連れ去ってしまう。この曲の最大の特徴は、不協和音的な響きを合わせ持つテンションコードを多用したコード進行と、着地点のない不安定な曲の構造である。聞く者の心細さを増幅するように、キーボードのアルペジオが無限に繰り返される。それらはすべて下から上へ向かう動きであり、ハイウェイ脇のさびれた店の辺りで、たえず砂埃が巻き起こっているような動きにも似ている。楽器を極力排除した隙間の多い音作りに対して、スティールが全身を共鳴させせながら放つボーカルが、ただっぴろい砂漠のからっぽの空間を満たしていく。「あなたを呼んでいる　聞こえるでしょう？　あなたを呼んでいるのよ」。

監督アドロン（ニュー・ジャーマン・シネマ世代）が撮りたかったのは、ヨーロッパにはないこの砂漠ではなかったか。巻い上がる砂埃、赤茶けた山、黄色っぽい風景。ここではどんなに人間の生きた痕跡、つまり歴史を残そうとしても、人間の手垢さえつけることもできそうにない。風景における歴史の不在という意味で、この映画は、たえず石畳や白熱灯が映り込むヨーロッパ映画とは対極に位置する。興味深いことに、この風景の圧倒的な孤独を前にしては、ドイツからきた中年女性ヤスミンだけなく、アフリカン・アメリカンのブレンダたちも、ネイティブ・アメリカンらしきバーテンダーも警察官も、だれもが異邦人たちのように心細い存在に見えてくる（そして、それを見ている私たちまでもが）。そのとき聞こえてくるこの旋律は、私たちの孤独という乾きを、ゆっくりと深い所から滲み出してきた水のように潤して癒していく。本質的にロード・ナラティヴにとって、通過点でしかないドライブインのような場所に、物語が生まれたという意味でも、忘れ難い作品といえよう。

（峯　真依子）

トレイシー・チャップマン

「ファスト・カー」

(Tracy Chapman, "Fast Car," 1988)

【背景】長い髪を逆立てたメタル・バンドが甲高い声を振り絞り、シンセサイザーを駆使した人工的なポップスがヒットチャートを賑わした一九八〇年代後半、時代に逆行するかのように一人のシンガー・ソングライターがギター一本を抱え登場した。彼女はトレイシー・チャップマン。自身の名前を掲げたデビュー・アルバムは、その歌詞の暗さから難航したプロデューサー選びとは裏腹に、発表されるや否や瞬く間にチャートを上り詰め、世界十一カ国でマルチ・プラチナム・アルバムを獲得する。そのアルバムからシングル・カットされたのが、名曲「ファスト・カー」。アフリカン・アメリカンである彼女の目を通して見えたリアルな社会の歪みが、低く強く暖かみのある声で、あくまでも淡々と歌われる。アコースティック・ギターで紡がれるどこか内省的な歌は、アメリカではレーガン、イギリスではサッチャーといった新自由主義の時代の流れの中で、疲れ果てた人々の心に寄り添

トレイシー・チャップマン
「ファスト・カー」

い、また時代のうねりから取り残された人々の戸惑いと孤独を代弁していたように思える。

【鑑賞と解釈】 この曲の全体を特徴づけるチャップマンがつま弾く印象的なギターのリフは、アコースティック・ギターを始めた者であれば、誰もが一度は弾いてみたことがあるのではないだろうか? 曲の中核を担うこのギターのリフは、印象的ではあるが、じつは極めてシンプルなフレーズで作られており、それが曲の構成の大部分において終始途切れることなく繰り返される。それはまるで、ハイウェイを長い間走っていたため、いつしかスピードの感覚がわからなくなった時の、あのフラットな感じに似ている。「あなたがスピードの出る車を持っている。私にはここから出ていく計画がある。ずっとコンビニエンス・ストアで働いてきたから、ちょっとは蓄えもあるし」「あなたはスピードの出る車を持っているけれど、それって飛んでいけるくらいに速いのかな。もう決めなくては。今晩出ていくか、それとも死ぬまでこのままかって」。父親がアルコール中毒で、母親は家を出る。曲の中の「私」は、父親の世話をするために高校を中退している。「私」に付きまとう閉塞感。ボーイフレンドの車が、彼女をそんな日々の閉塞感から、ほんの少しだけ解放している。

ギターのリフで表現されたこのフラットなスピード感は、サビの部分でさらに加速する。深みのあるドラムを合図に、それまでチャップマンのギターのリフを支える程度だった様々な楽器が一斉に前面に出て躍動し始め、勢いを得て、じつに広がりのあるサウンドに変わる。つまり、サビに入るドラムは、まるで「私」の乗っている車のギアをシフトダウンして一気に加速する時のエンジン音のような効果をもたらしている。「そう、覚えてる。私たち、車を走らせてた。あなたの車で走ってた。スピードがすごく速くて、酔っぱらった気分。街の明かりが前に広がってて、あなたの腕が心地よく私の肩を包み込んでいた。私には居場所があるんだって思った。自分が何者かになれるっていう気がした、何者かになれる、っていう」。車の窓の外を流れる夜の風景、ハイウェイ沿いに立つ看板のけばけばしいネオンが、線になって流れながら、残像として残るような印象。刹那的で、美しい。夜景が飛び去るスピードの開放感。

やがて、サビの部分が終わると、もとのギターのリフに戻り、再び静寂が訪れる。そのとき、さっきまで走っていた最速のスピードの「ファスト・カー」は、元の速度に減速し、楽しかったスピードの余韻だけが聴き手に残る。車の加速と減速をサウンドで表現したかのような希有なサウンド作りと、チャップマンの歌う乾いたリアリズム。ぜひ車を運転しながら、一人きりになって聴いて欲しい。

（峯　真依子）

※この歌詞の日本語訳は、ピーター・バラカン『ロックの英詩を読む』集英社インターナショナル、二〇〇三年を参考にさせていただきました。

あとがき

手元に〈英米文学史跡の旅〉というシリーズものの古びた旅行ガイドある。一九七八年、七九年にリタ・スタインとエミリー・ハーディングなる人物が記したこのガイドブックは、井上謙治、橋口保夫、松山信直らによって『アメリカ・西部／中西部』、『アメリカ南部／南西部』、『アメリカ・北東部』の三巻本として八二年に邦訳出版されている。アメリカ本土はもとより、飛び地であるアラスカ、ハワイにまでおよぶアメリカ文学ゆかりのスポットが網羅されている。作家の生家や作品の舞台の所在地、文学館や観光ツアーの案内、それぞれの名所についての逸話など情報は多岐にわたる。交通アクセスについての説明はそのほとんどが、ハイウェイを介した自動車旅行を念頭に書かれているので、いわゆる日本的な「文学散歩」とはずいぶん趣が異なるところが面白い。散々使い込んだ上に、経年劣化したこれらの本には、ガス・ステーションやアメリカ自動車協会で手に入れた各地のロード・マップが挟み込まれたままの状態だ。

八十年代の前半、ほぼ一年間にわたって、この三冊のガイドブックを携え、アメリカ全土の文学名所をひたすら旅してまわった。正確に言うと、アメリカ文学研究者であった両親に連れまわされた。幼かった私にとって「アメリカ文学」というものは、ハイウェイをひたすら移動することと同義であるかに思えた。そんな経緯もあって、自分がアメリカ文学を志すようになってからも、「旅」、「移動」、「ハイウェイ」といったキーワードに関係が深いアメリカ文学作品を包括的に考える機会を持ちたいと考えていた。

これまでアメリカ文学におけるロード・ナラティヴに関する研究書は、国内外を問わず数多く出版されてきた。それもそのはず、かつて、マーシャル・マクルーハンがアメリカ人を「四つの車輪をつけた生き物」と評したように、ロード・ナラティヴほど「アメリカらしい」物語形式はないのだから、この方面の研究が活況であるのは当然ともいえる。数々の先行研究を踏まえた上で、どのような展開が期待できるか模索していたときに、勤務先である日本女子大学の学術交流研究費を利用させていただく機会を得た。このファンドの支援のもと「アメリカ文学における〈ロード〉の物語学」(二〇一二年三月二八日、於・日本女子大学) という本書を出版する契機となる学術交流イベントを開くことができた。本書に寄稿している松本昇、広瀬佳司、山田恵、渡邉真理子、中垣恒太郎、馬場聡を中心にしたセッションを通して、当該テーマの可能性について闊達に議論できたのは幸いだった。

本書にはマーク・トウェインやウォルト・ホイットマンらの一九世紀文学にはじまり、ジョン・スタインベックやジャック・ケルアックらのマスターピースを経て、トマス・ピンチョン、コーマック・マッカーシーらに代表される現代アメリカ作家の作品に至るまで、アメリカ文学史上のロード・ナラティヴを多角的に検討した論考が収録されている。白人作家によるアメリカ文学のキャノンを縦軸としながらも、横軸として、多様なエスニック・バックグラウンドをもつ作家の作品についての論考を多数収録している点が本書の特徴である。さらに、長きにわたって男性作家のイメージが色濃かったこのジャンルに参入した女性作家の作品も網羅されている。作品論を中心にした本編に加えて、アメリカ文化におけるロード・ナラティヴの広がりに視座を提供するために、ロード・ムービーやロード・ソングを紹介するパートも組み入れた。紹介した数々の作品から、〈ロード〉の物語がポピュラー・カルチャーに十分すぎるほど根付いていることが分かるだろう。全体として、様々な文化が交差する「クロスロード」としての文化的地勢が浮かび上がるような構成になるように心がけた。

本書の企画段階から出版に至るまで、各方面の方々に多大な協力を仰ぐことになった。とりわけ、遅々として進まない編集作業を辛抱強く支えてくださった金星堂編集部の倉林勇雄さん、ほんのしろの本城正一さん、そして厳しい出版状況のなかで学術出版の意義をご理解くださり、本書刊行を全面的に支援してくださった金星堂の福岡正人社長に心より感謝申し上げたい。

二〇一五年　春

馬場　聡

1967	Richard Brautigan, *Trout Fishing in America*	リチャード・ブローティガン、『アメリカの鱒釣り』
1968	Tom Wolfe, *The Electric Kool-Aid Acid Test*	トム・ウルフ、『クール・クールLSD交換テスト』
1971	Hunter S. Thompson, *Fear and Loathing in Las Vegas*	ハンター・S・トンプソン、『ラスベガスをやっつけろ!』
1971	Joe David Brown, *Addie Play*	ジョー・デヴィッド・ブラウン、『アディ・プレイ』
1974	Robert M. Pirsig, *Zen and the Art of Motorcycle Maintenance*	ロバート・M・パーシグ、『禅とオートバイ修理技術』
1976	Tom Robbins, *Even Cowgirls Get the Blues*	トム・ロビンス、『カウガール・ブルース』
1977	Anne Tyler, *Earthly Possessions*	アン・タイラー、『夢見た旅』
1978	Tim O'Brien, *Going After Cacciato*	ティム・オブライエン、『カチアートを追跡して』
1981	Doris Betts, *Heading West*	ドリス・ベッツ、『西部に向かって』
1982	Charles Johnson, *Oxherding Tale*	チャールズ・ジョンソン、『牛追い物語』
1982	William Least Heat-Moon, *Blue Highways: A Journey Into America*	ウィリアム・リースト・ヒート・ムーン、『ブルー・ハイウェイ』
1984	William Gibson, *Neuromancer*	ウィリアム・ギブソン、『ニューロマンサー』
1985	Russell Banks, *Continental Drift*	ラッセル・バンクス、『大陸漂流』
1985	Larry McMurtry, *Lonesome Dove*	ラリー・マクマートリー、『ロンサム・ダブ』
1985	Bobbie Ann Mason, *In Country*	ボビー・アン・メイソン、『イン・カントリー』
1986	Steve Erickson, *Rubicon Beach*	スティーヴ・エリクソン、『ルビコン・ビーチ』
1986	Mona Simpson, *Anywhere But Here*	モナ・シンプソン、『ここではないどこかへ』
1986	Larry Heinemann, *Paco's Story*	ラリー・ハイネマン、『パコの物語』
1988	Barbara Kingsolver, *The Bean Trees*	バーバラ・キングソルヴァー、『野菜畑のインディアン』
1989	Paul Auster, *Moon Palace*	ポール・オースター、『ムーン・パレス』
1989	Cynthia Kadohata, *The Floating World*	シンシア・カドハタ、『七つの月』
1992	Toni Morrison, *Jazz*	トニ・モリスン、『ジャズ』
1994	Cormac McCarthy, *The Crossing*	コーマック・マッカーシー、『越境』
1995	Sherman Alexie, *Reservation Blues*	シャーマン・アレクシー、『リザベーション・ブルース』
1996	John Krakauer, *Into the Wild*	ジョン・クラカワー、『荒野へ』
1997	Thomas Pynchon, *Mason & Dixon*	トマス・ピンチョン、『メイソン&ディクソン』
1997	Stewart O' Nan, *The Speed Queen*	スチュアート・オナン、『スピード・クイーンの告白』
1998	Toni Morrison, *Paradise*	トニ・モリスン、『パラダイス』
2001	Ann Brashares, *The Sisterhood of the Traveling Pants*	アン・ブラッシェアーズ、『トラベリング・パンツ』
2004	Rex Pickett, *Sideways*	レックス・ピケット、『サイドウェイズ』
2004	Karen Cushman, *Rodzina*	カレン・クシュマン、『ロジーナのあした—孤児列車に乗って』
2005	Salvador Plascencia, *The People of Paper*	サルバドール・プラセンシア、『紙の民』
2005	Jonathan Safran Foer, *Everything is Loud & Incredibly Close*	ジョナサン・サフラン・フォア、『ものすごくうるさくて、ありえないほど近い』
2006	Cormac McCarthy, *The Road*	コーマック・マッカーシー、『ザ・ロード』
2009	Kamila Shamsie, *Burnt Shadows*	カミラ・シャムシー、『焼けた影』
2011	Mat Johnson, *Pym: A Novel*	マット・ジョンソン、『ピム』
2011	Gerald Nicosia, Anne Marie Santos, *One and Only: The Untold Story of On the Road*	ジェラルド・ニコシア&アン・マリー・サントス、『ガールズ・オン・ザ・ロード』

年表

1792	Henry Brackenridge, *Modern Chivalry*	ヘンリー・ブラッケンリッジ、『当代騎士道』
1799	Charles Brockden Brown, *Edgar Huntly*	チャールズ・ブロックデン・ブラウン、『エドガー・ハントリー』
1823	James Fenimore Cooper, *Pioneers*	ジェイムズ・フェニモア・クーパー、『開拓者』
1843	Nathaniel Hawthorne, "The Celestial Railroad"	ナサニエル・ホーソーン、「天国行き鉄道」
1847	Francis Parkman, *The Oregon Trail*	フランシス・パークマン、『オレゴンへの道』
1849	Henry David Thoreau, *A Week on the Concord and Merrimack Rivers*	ヘンリー・デイヴィッド・ソロー、『コンコード川とメリマック川の一週間』
1851	Herman Melville, *Moby Dick*	ハーマン・メルヴィル、『白鯨』
1855	Walt Whitman, *Leaves of Glass*	ウォルト・ホイットマン、『草の葉』
1872	Mark Twain, *Roughing It*	マーク・トウェイン、『苦難をしのびて（西部放浪記）』
1885	Mark Twain, *Adventures of Huckleberry Finn*	マーク・トウェイン、『ハックルベリー・フィンの冒険』
1889	Mark Twain, *A Connecticut Yankee in King Arthur's Court*	マーク・トウェイン、『アーサー王宮廷のコネティカット・ヤンキー』
1900	Lyman Frank Baum, *The Wonderful Wizard of Oz*	ライマン・フランク・ボーム、『オズの魔法使い』
1901	Frank Norris, *The Octopus*	フランク・ノリス、『オクトパス』
1903	Jack London, *Call of the Wild*	ジャック・ロンドン、『荒野の呼び声』
1907	Jack London, *The Road*	ジャック・ロンドン、『ジャック・ロンドン放浪記』
1916	Theodore Dreiser, *A Hoosier Holiday*	セオドア・ドライサー、『フージアの休日』
1919	Sinclair Lewis, *Free Air*	シンクレア・ルイス、『フリーエア』
1925	F. Scott Fitzgerald, *The Great Gatsby*	F・スコット・フィッツジェラルド、『グレート・ギャツビー』
1932	William Faulkner, *Light in August*	ウィリアム・フォークナー、『八月の光』
1935	Zora Neale Hurston, *Mules and Men*	ゾラ・ニール・ハーストン、『騾馬とひと』
1936	Israel Joshua Singer, "Vili"	イスラエル・ヨシュア・シンガー、『ヴィリー』
1937	Zora Neale Hurston, *Their Eyes Were Watching God*	ゾラ・ニール・ハーストン、『彼らの目は神を見ていた』
1938	John Dos Passos, *U.S.A.*	ドス・パソス、『USA』
1939	John Steinbeck, *The Grapes of Wrath*	ジョン・スタインベック、『怒りの葡萄』
1949	Paul Bowls, *Sheltering Sky*	ポール・ボウルズ、『シェルタリング・スカイ』
1950	Ray Bradbury, *The Martian Chronicles*	レイ・ブラッドベリ、『火星年代記』
1954	William Faulkner, *A Fable*	ウィリアム・フォークナー、『寓話』
1955	Vladimir Nabokov, *Lolita*	ウラジミール・ナボコフ、『ロリータ』
1957	Jack Kerouac, *On the Road*	ジャック・ケルアック、『路上』
1958	Jack Kerouac, *The Dharma Bums*	ジャック・ケルアック、『ザ・ダルマ・バムズ』
1958	John Barth, *The End of the Road*	ジョン・バース、『旅路の果て』
1960	John Updike, *Rabbit, Run*	ジョン・アップダイク、『走れ、ウサギ』
1962	John Steinbeck, *Travels with Charley: In Search of America*	ジョン・スタインベック、『チャーリーとの旅――アメリカを求めて』
1966	Walker Percy, *The Last Gentleman*	ウォーカー・パーシー、『最後の紳士』

『闇の奥』*Heart Of Darkness* 300
『USA』（三部作）*U.S.A.* (trilogy) 36, 436
『夢見た旅』*Earthly Possessions* 440, 445
『夜の人々』*They Live by Night* 452

ラ行

「ライク・ア・ローリング・ストーン」"Like A Rolling Stone" 487
『楽園と機械文明』*The Machine in the Garden* 8, 41
『ラスト・マップ／真実を探して』*Around the Bend* 455
『ラスベガスをやっつけろ！』*Fear and Loathing in Las Vegas* 331, 333–34, 438
『騾馬とひと』*Mules and Men* 240, 242
『ラモーナ』*Ramona* 308, 313
『乱暴者（あばれもの）』*The Wild One* 453, 482
『リトル・ミス・サンシャイン』*Little Miss Sunshine* 456, 459, 479
「ルート 66」"(Get Your Kicks On) Route 66" 494–95
『ルビコン・ビーチ』*Rubicon Beach* 370–71, 438
『レインマン』*Rain Man* 454
『ロード・ストーリーと反逆者』*The Road Story and the Rebel* 325, 364
『ロジーナのあした――孤児列車に乗って』*Rodzina* 447
『路上』*On the Road* 36, 71–72, 76, 84, 87–93, 96–99, 318, 325–27, 329–30, 361, 364–65, 376, 433, 438, 450–52, 502
『路上の砂塵』*Dust Tracks on A Road* 247
『ロマンス・オブ・ザ・ロード』*Romance of the Road* 3, 171, 194, 399, 403
『ロリータ』*Lolita* iii, 70–75, 77–78, 80–84, 86

ワ行

『ワイルド・アット・ハート』*Wild at Heart* 455, 475
『ワイルド・エンジェル』*The Wild Angels* 453, 458–59, 461
「我が祖国」"This Land is Your Land" 489–90
『われらの時代』*In Our Time* 415

『ビッグ・マネー』*The Big Money* 437
『ビッグ・リバー』*Big River* 456
『日はまた昇る』*The Sun Also Rises* 437
『ピム』*Pym* iii, 155–57, 165–66, 168, 170–72
『百年の孤独』*Cien Años de Soledad* 300
『ビラヴィド』*Beloved* 214, 223, 233, 266, 281–82, 288, 290, 353
「ファスト・カー」"Fast Car" 504–05
『フージアの休日』*A Hoosier Holiday* 364
『ふしぎな山からの香り』*A Good Scent from A Strange Mountain* 336
『フラグメンツ』*Fragments* 336
『ブラッド・メリディアン』*Blood Meridian* 414
『ブルー・ハイウェイ』*Blue Highways* 364, 372, 375, 438
『フローティング・ワールド』*The Floating World* 368–70
『平原の町』*Cities of the Plain* 144, 146, 150, 153
『ペーパー・ムーン』*Paper Moon* 458, 464–66
『ヘルズ・エンジェルズ』*Hell's Angels* 331
『放浪者外遊記』*A Tramp Abroad* 20–23
「吠える」"Howl" 99, 433
「ボーン・イン・ザ・USA」"Born in the U.S.A." 441
『僕自身のための広告』*Advertisements for Myself* 317, 334
「ホテル・カリフォルニア」"Hotel California" 7, 498
『幌馬車』*The Covered Wagon* 451
「ホワイト・ライン・フィーバー」"White Line Fever" 500, 502

マ行

『マイ・プライベート・アイダホ』*My Own Private Idaho* 455, 457
『マイグレーション・シリーズ』*Migration Series* 279–83, 285–88, 293–94, 296
『マクティーグ』*McTeague: A Story of San Francisco* 46, 51
『麻薬書簡』*The Yage Letters* 319
『真夜中のカーボーイ』*Midnight Cowboy* 36, 462
『マルクスの亡霊たち』*Spectres de Marx* 419, 429
『ミシシッピの生活』*Life on the Mississippi* 19, 24–25, 28, 35
『ミステリアス・ストレンジャー第四十四号』*No.44, The Mysterious Stranger* 20
『ミッドナイト・ラン』*Midnight Run* 454
『ムーン・パレス』*Moon Palace* 438
『メイスン&ディクスン』*Mason & Dixon* 380–81, 383–89, 391–96
『ものすごくうるさくて、ありえないほど近い』*Extremely Loud & Incredibly Close* 398, 400, 411, 413, 416

ヤ行

『焼けた影』*Burnt Shadow* 191, 193–94, 196–97, 200–02, 205–07
『野菜畑のインディアン』*Beans Tree* 442, 445

タ行

『大災難 P.T.A.』*Planes, Trains and Automobiles* 454, 473
『大陸漂流』*Continental Drift* 370–71, 438
「ダウン・ザ・ハイウェイ」“Down the Highway” 491–92
『ダンス・ダンス・ダンス』 465
『断絶』*Two-Lane Blacktop* 453–54
『チャーリーとの旅』*Travels with Charley* 55
「追憶のハイウェイ 61」“Highway 61 Revisited” 488, 492
『テルマ＆ルイーズ』*Thelma and Louise* 353, 361, 455, 470, 476–77
「天国行き鉄道」*The Celestial Railroad* 363, 435
『天使よ故郷を見よ』*Look Homeward, Angel* 437
『天路歴程』*The Pilgrim's Progress* 363
「ド・レ・ミ」“Do Re Mi” 486
『時と河について』*Of Time and the River* 437
『トム・ソーヤーの冒険』*The Adventures of Tom Sawyer* 150
『トラベリング・パンツ』*The Sisterhood of the Traveling Pants* 444–45
『トランスアメリカ』*Transamerica* 6, 456, 477

ナ行

『ナチュラル・ボーン・キラーズ』*Natural Born Killers* 452
『汝再び故郷に帰れず』*You Can't Go Home Again* 437
『ニューロマンサー』*Neuromancer* 364, 438

ハ行

『ハーツォグ』*Herzog* 407
『ハーバード大学版新アメリカ文学史』*A New Literary History of America* 491
『白鯨』*Moby-Dick* 150, 156, 374, 396
『バグダッド・カフェ』*Bagdad Cafe* 503
『パコの物語』*Paco's Story* 336–43, 347–49, 351
『裸のランチ』*Naked Lunch* 433
『八月の光』*Light in August* 150, 437
『二十日鼠と人間』*Of Mice and Men* 60, 174, 180
『バック・トゥ・ザ・フューチャー』（三部作）*Back to the Future* (trilogy) 36, 364
『ハックルベリー・フィンの冒険』［『ハック・フィンの冒険』］*Adventures of Huckleberry Finn* i, 20, 28–29, 33–35, 346, 354, 435
『バニシング・ポイント』*Vanishing Point* 453–54, 460, 477
『パラダイス』*Paradise* 282, 444–45
『パリ、テキサス』*Paris, Texas* 455, 468
『半球的想像力』*Hemispheric Imagination* 195
『ピエール』*Pierre or the Ambiguities* 266
『火ここになき灰』*Feu la cendre* 418, 429

『コウモリの見た夢』*The Reluctant Fundamentalist* 192
『荒野の呼び声』*Call of the Wild* 435–36
『荒野へ』*Into the Wild* 438
『氷のスフィンクス』*Le Sphinx des glaces* 160
「コーリング・ユー」"Calling You" 503
『ここではないどこかへ』*Anywhere But Here* 438, 441
『コッド岬』*Cape Cod* 435
『孤独な旅人』*The Lonesome Traveller* 334, 433
『コンコード川とメリマック川の一週間』*A Week on the Concord and Merrimack Rivers* 435

サ行

『ザ・グッド・ライフ』*The Good Life* 416
『ザ・ダルマ・バムス』*The Dharma Bums* 433
『ザ・ロード』*The Road* 362, 414–18, 420–21, 423, 427, 429, 438
『サリヴァンの旅』*Sullivan's Travels* 452
『シェルタリング・スカイ』*Sheltering Sky* 118–25, 127–29, 131–37
『地獄の逃避行』*Badlands* 452–53, 466–67
『シスター・キャリー』*Sister Carrie* 51
『死の床に横たわりて』*As I Lay Dying* 249
『シャイアン』*Cheyenne Autumn* 451
『ジャズ』*Jazz* 279–87, 290, 292–94, 296
『ジャック・ロンドン放浪記』*The Road* 23–24, 36–37
『ジャンキー』*Junkie* 319, 333
『シュア・シング』*The Sure Thing* 454
『消費社会の神話と構造』*La Société de consommation* 309, 313
『知られざる神に』*To a God Unknown* 59–60
『白さと想像力』*Playing In The Dark* 156
『シンガポール珍道中』*Road to Singapore* 453, 456
「スウィート・ホーム・シカゴ」"Sweet Home Chicago" 485
『スーラ』*Sula* 245, 248
『スタンド・バイ・ミー』*Stand by Me* 471
『ストレイト・ストーリー』*The Straight Story* 467, 474
『ストレンジャー・ザン・パラダイス』*Stranger Than Paradise* 455, 469–70
『スピード・クイーンの告白』*The Speed Queen* 361, 363
『すべての美しい馬』*All the Pretty Horses* 144, 153, 254
『スモーク・シグナルズ』*Smoke Signals* 455
『赤道に沿って』*Following the Equator* 20
『禅とオートバイ修理技術』*Zen and the Art of Motorcycle Maintenance* 438
『戦争の噂』*A Rumor of War* 336, 342
『千のプラトー』*Mille Plateaux* 12

『エルサレムよ、我もし汝を忘れなば』*If I Forget Thee, Jerusalem* 249
『猿人類ターザン』*Tarzan of the Apes* 436
「オープン・ロードの歌」"Song of the Open Road" i, 3–5, 7, 17, 325
『オールド・ジョイ』*Old Joy* 456, 480
『オクトパス』*The Octopus* 38–44, 46, 49, 51–52
『オスカー・ワオの短くて凄まじい人生』*The Brief Wondrous Life of Oscar Wao* 297
『オズの魔法使』（映画）*The Wizard of Oz* 446, 454
『オズの魔法使い』*The Wonderful Wizard of Oz* 435, 446
「恐るべき砂嵐」"The Great Dust Storm" 486
『墜ちてゆく男』*Falling Man* 411, 416
『オペラ・オン・ザ・ロード』*Opera on the Road* 105
『俺たちに明日はない』*Bonnie and Clyde* 451–52, 461–62, 467
「俺と悪魔のブルース」"Me and the Devil's Blues" 492
『オン・ザ・ロード』（映画）*On the Road* 482
「オン・ザ・ロード・アゲイン」"On the Road Again" 501–02

カ行

『カーズ』*Cars* 302
『カウガール・ブルース』*Even Cowgirls Get the Blues* 438
「風に吹かれて」"Blowin' in the Wind" 487, 491
『カッコーの巣の上で』*One Flew Over the Cuckoo's Nest* 324, 328, 330, 334
『カノフスキー家の一族』*The Family Carnovsky* 173–74, 179–81
『紙の民』*The People of Paper* 297–98, 303, 305, 309, 312–13
『仮面の米国』*I am a Fugitive from a Chain Gang* 452–53
『カリフォルニア』*Kalifornia* 361
「カリフォルニアのスーパーマーケット」"A Supermarket in California" 6
『カリフォルニア物語』 463
『彼らの目は神を見ていた』*Their Eyes Were Watching God* 221, 235, 246, 248
「革脚絆物語（レザー・ストッキング・テイルズ）」"Leatherstocking Tales" 434
「消えゆくアメリカのホーボー」"The Vanishing American Hobo" 30, 326–27, 334
『競売ナンバー 49 の叫び』*The Crying of Lot 49* 327–28, 334
『恐怖のまわり道』*Detour* 453–54
『クール・クール LSD 交感テスト』*The Electric Kool-Aid Acid Test* 324, 328, 335, 438
『寓話』*A Fable* 250, 254, 262–64
『草の葉』*Leaves of Grass* 3–4, 6, 10, 13, 16–17, 361, 373, 377, 435
『苦難をしのびて』*Roughing It* 19, 25–28, 35
『クレイマー、クレイマー』*Kramer vs. Kramer* 440, 461
『グレート・ギャツビー』*The Great Gatsby* 346–47, 436
「クロスロード・ブルース」"Cross Road Blues" 485
『ゲット・オン・ザ・バス』*Get on the Bus* 455
『拳銃魔』*Gun Crazy* 452
「恋はフェニックス」"By the Time I Get To Phoenix" 495

作品名索引

ア行

『アーサー王宮廷のコネティカット・ヤンキー』*A Connecticut Yankee in King Arthur's Court* 19–20, 30, 436
『青い目が欲しい』*The Bluest Eye* 279
『青白い炎』*Pale Fire* 72
「明日なき暴走」"Born to Run" 497–98
『明日に向って撃て！』*Butch Cassidy and the Sundance Kid* 451
『新しい黒人』*The New Negro: An Interpretation* 283, 290
『アトミック・アステックス』*Atomik Aztex* 297
「アナベル・リー」"Annabel Lee" 73
「アメリカ史におけるフロンティアの意義」"The Significance of the Frontier in American History" 366
『雨の王ヘンダソン』*Henderson the Rain King* 39
『雨のなかの女』*The Rain People* 453
『アメリカとアメリカ人』*America and Americans* 59
『アリスの恋』*Alice Doesn't Live Here Anymore* 440
『或る夜の出来事』*It Happened One Night* 452
『アンクル・トムの小屋』*Uncle Tom's Cabin* 214–15, 223, 225–26, 228, 232, 234
『暗黒街の弾痕』*You Only Live Once* 452
『イージー・ライダー』*Easy Rider* 35, 331, 450–51, 453–55, 458–59, 477, 498, 502
『怒りの葡萄』*The Grapes of Wrath* i, 54–61, 67–69, 301, 303–04, 313, 326, 334, 437, 452–54, 481, 486
「イッツ・オール・オーバー・ナウ、ベイビー・ブルー」"It's All Over Now, Baby Blue" 488
『移動の時代——旅からディアスポラへ』*Questions of Travel: Postmodern Discourses of Displacement* iii, 260, 264, 397
『イノセンツ・アブロード』*The Innocents Abroad* ii, 19, 21–22, 35
『イン・カントリー』*In Country* 351, 367, 369–70, 438, 441, 445
『インディアン・カントリー』*Indian Country* 338–42, 348, 351
「インドへの道」"Passage to India" 13, 15, 435
『ヴィリー』*Vili* 173–75, 180, 190
『ウェンディ&ルーシー』*Wendy and Lucy* 480–81
「ウォーキン・ブルース」"Walkin' Blues" 485
『ウォールデン——森の生活』*Walden* 435
『牛追い物語』*Oxherding Tale* 265–66, 268–70, 273, 275–76
『宇宙戦争』*The War of the Worlds* 38, 52
「馬泥棒に関する覚え書」"Notes on a Horsethief" 249–56, 258–59, 261–63
『エイプリルの七面鳥』*Pieces of April* 455
『越境』*The Crossing* 138–39, 148, 150, 153–54
『エデンの東』*East Of Eden* 60

ヘイリー、アレックス Alexander Haley 214
ペイリー、グレイス Grace Paley 353–55, 357–60
ヘミングウェイ、アーネスト Ernest Hemingway 415, 437
ベルトルッチ、ベルナルド Bernard Bertolucci 119–22, 128, 132
ベロー、ソール Saul Bellow 39, 407
ホイットマン、ウォルト Walt Whitman i, iii, 3–17, 71, 325, 361–62, 373, 375, 414, 434–35, 438, 508
ポウ、エドガー・アラン Edgar Allan Poe iii, 72–73, 118, 155–60, 162–71
ボウルズ、ポール Paul Bowls iii, 118–19, 121–22, 124–25, 127–36, 437
ホーソーン、ナサニエル Nathaniel Hawthorne 8, 40, 84, 363, 435
ボードリヤール、ジャン Jean Baudrillard 309, 313
ボーム、ライマン・フランク Lyman Frank Baum 435, 446

マ行

マークス、レオ Leo Marx 8, 41
マキナニー、ジェイ Jay McInerney 416
マッカーシー、コーマック Cormac McCarthy 138, 153, 362, 414–17, 421, 423, 427–29, 438, 508
マルケス、ガルシア García Márquez 300
宮本陽一郎 238, 248
ミルズ、ケイティ Katie Mills 325, 364–65, 372, 374
村上春樹 360, 465
メイソン、ボビー・アン Bobbie Ann Mason 367, 441, 445
メイラー、ノーマン Norman Mailer 317
メルヴィル、ハーマン Herman Melville 40, 149, 156, 266, 343, 374, 414
モリスン、トニ Toni Morrison 156, 158, 214, 223, 233, 245–46, 266, 279–88, 290–96, 353, 444–45

ヤ・ラ行

ユスフザイ、マララ Malala Yousafzai 191–92
吉田秋生 463
ライト、リチャード Richard Wright 239
ラブクラフト、H・P H. P. Lovecraft 156
ローティ、リチャード Richard Rorty 81, 421–23, 427–28
ローマックス、アラン Alan Lomax 486
ローレンス、ジェイコブ Jacob Lawrence 279–88, 290–96
ロック、アラン Alain Locke 283, 290
ロビンズ、トム Tom Robbins 438
ロンドン、ジャック Jack London iii, 21, 23–24, 32, 36–37, 435

ド・マン、ポール Paul De Man 372–73, 377
トウェイン、マーク Mark Twain i–iii, 19–21, 23–25, 28, 30–31, 33–35, 37, 149–50, 354, 435–36, 508
ドゥルーズ、ジル Gilles Deleuze 12, 18, 301, 313
ドライサー、セオドア Theodore Dreiser 51, 363
トンプソン、ハンター・S Hunter S. Thompson 331–33, 438

ナ行

ナボコフ、ウラジーミル Vladimir Nabokov iii, 70, 72, 74, 82–84, 86
ネルソン、ウィリー Willie Nelson 501–02
ノリス、フランク Frank Norris iii, 38, 41–44, 46–51, 53

ハ行

バーコビッチ、サクバン Sacvan Bercovitch 18
パーシグ、ロバート・M Robert M. Pirsig 438
ハーストン、ゾラ・ニール Zora Neale Hurston 221, 235, 237–48
ハイネマン、ラリー Larry Heinemann 336–38, 341, 343, 348–51
ハガード、マール Merle Haggard 500–02
パソス、ドス John Dos Passos 36, 436–37
ハッチョン、リンダ Linda Hutcheon 381
バトラー、ロバート・オーレン Robert Olen. Butler 336–37, 351
浜田省吾 497
バラカン、ピーター Peter Barakan 505
バロウズ、ウィリアム William Burroughs 71, 100, 131, 319–20, 322, 325, 433
バロウズ、エドガー・ライス Edgar Rice Burroughs 436
バンクス、ラッセル Russell Banks 370, 438
ヒート・ムーン、ウィリアム・リースト William Least Heat-Moon 364, 372–75, 438
ピンチョン、トマス Thomas Pynchon 327, 380–83, 385–86, 395, 397, 508
フィッツジェラルド、スコット F. Scott Fitzgerald 436–37
フーコー、ミシェル Michel Foucault 78–79, 86
フォア、ジョナサン・サフラン Jonathan Safran Foer398–99, 405, 416
フォークナー、ウィリアム William Faulkner 39, 149–50, 249–50, 252, 255, 258–64, 283, 414, 437
フォスター、セッシュー Sesshu Foster 297
船橋淳 456
フラー、ジャック Jack Fuller 336–37
プラセンシア、サルバドール Salvador Plascencia 297–98, 304–06, 310–13
ブラッシェアーズ、アン Ann Brashares 444–45
プラット、メアリ・ルイーズ Mary Louise Pratt 390, 393
プリモー、ロナルド Ronald Primeau 3, 17, 72, 84, 171, 194–95, 399, 403
ブルーム、ハロルド Harold Bloom 414, 421
プレストン、キャサリン Katherine Preston 105, 107, 110–11, 113–14

サ行

佐野元春 497
シーガー、ピート Pete Seeger 486, 490
シェイボン、マイケル Michael Chabon 174, 423–24
ジェイムソン［ジェイムスン］、フレドリック Fredric Jameson 74, 85, 261–62, 390
ジャイルズ、ポール Paul Giles 393, 396–97
ジャクソン、ヘレン・ハント Helen Hunt Jackson 308, 313
シャムシー、カミラ Kamila Shamsie 191, 193–94, 196–200, 202, 205–06
ジョンソン、ジェイムズ・ウェルドン James Weldon Johnson 239
ジョンソン、チャールズ Charles Johnson 265, 267–69, 276–77
ジョンソン、マット Mat Johnson iii, 155–58, 163–71
ジョンソン、ロバート Robert Johnson 484–85, 488, 492–93
シンガー、イスラエル・ヨシュア Israel Joshua Singer 173–75, 177–83, 186, 188–89
シンガー、イツハク・バシェヴィス Isaac Bashevis Singer 173, 175, 180, 182–83, 186, 188
シンプソン、モナ Mona Simpson 438, 441, 445
スコット、リドリー Ridley Scott 353, 361, 470, 476–77
スタイン、ガートルード Gertrude Stein 132–33, 437
スタインベック、ジョン John Steinbeck i, iii, 43, 54–60, 67–69, 174, 180, 302–05, 313, 326, 396, 414, 437, 452, 486, 508
スティール、ジュベッタ Jevetta Steele 503
ストウ、ハリエット・ビーチャー Harriet Beecher Stowe 214–15, 223–28, 232
スプリングスティーン、ブルース Bruce Springsteen 441, 489–90, 497–98
セジウィック、イヴ Eve Sedgwick 252
セナ、ドミニク Dominic Sena 361
ゼメキス、ロバート Robert Zemeckis 364
ソロー、ヘンリー・デイヴィッド Henry David Thoreau 8, 433, 435, 438, 501

タ行

ターナー、フレデリック・ジャクソン Frederick Jackson Turner 297, 366
タイラー、アン Anne Tyler 440, 442–43, 445
ダグラス、フレデリック Frederick Douglass 222, 266–67, 275, 281
巽孝之 ii, 54, 59, 62, 69, 254–55, 264, 438–39
チャップマン、トレイシー Tracy Chapman 504–05
チャップリン、チャールズ Charles Chaplin 21, 449
デ・バカ、アルバール・ヌニェス・カベサ Álvar Núñez Cabeza de Vaca 298–301, 307, 312
ディアス、ジュノ Junot Díaz 297
ディーモック、ワイ・チー Wai Chee Dimock 197
ディラン、ボブ Bob Dylan ii, 487–89, 491–92, 502
デュボイス、W・E・B W. E. B. Du Bois 221
デリーロ、ドン Don DeLillo 411, 416
デリダ、ジャック Jacques Derrida 83, 85, 418–23, 427–29

索　引

人名索引

ア行

イーグルス The Eagles 7, 498–99
ウェルズ、H・G　H. G. Wells 38, 52
ヴェルヌ、ジュール Jules Verne 52, 156, 160, 171
ヴェンダース、ヴィム Wim Wenders 455, 465–66, 468–69
ウルフ、トマス Thomas Wolfe 437–38
ウルフ、トム Tom Wolfe 324, 328–31
エマソン［エマスン］、ラルフ・ウォルドー Ralph Waldo Emerson 8, 66, 230, 266, 318, 384, 388–89, 395, 433, 435
エリクソン、スティーヴ Steve Erickson 370, 438
エリスン、ラルフ Ralph Ellison 157, 171
オースター、ポール Paul Auster 438
オナン、スチュアート Stewart O'Nan 361–62, 376
オブライエン、ティム Tim O'Brien 336

カ行

ガスリー、ウディ Woddy Guthrie ii, 486–90, 492
ガタリ、フェリックス Félix Guattari 12, 18
加藤幹郎 ii, 451
カドハタ、シンシア Cynthia Kadohata 368–69, 443, 445
カプート、フィリップ Philip Caputo 336–38, 341–42, 348, 351
キージー、ケン Ken Kesey 323–24, 328–33
ギブソン、ウィリアム William Gibson 364, 438
キャサディ、ニール Neal Cassady 98, 329, 376, 467
キャンベル、グレン Glen Campbell 495
ギルロイ、ポール Paul Gilroy 298, 313
キング、スティーヴン Stephen King 362, 376, 471
キングソルヴァー、バーバラ Barbara Kingsolver 442
ギンズバーグ、アレン Allen Ginsberg 6–7, 71, 99–100, 131–32, 319–20, 323–25, 433
クシュマン、カレン Karen Cushman 447
クラカワー、ジョン John Krakauer 438
ゲイツ、ヘンリー・ルイス、ジュニア Henry Louis Gates, Jr. 283–84, 288
ケルアック、ジャック Jack Kerouac i, iii, 30, 36, 71–72, 76, 87, 89, 97–100, 132, 318, 325–27, 329, 361, 364, 414, 433, 450, 452, 482, 492, 502, 508
コール、ナット・キング Nat King Cole 494

執筆者紹介

峯 真依子（みね まいこ） 駒澤大学非常勤講師

著書に『亡霊のアメリカ文学——豊穣なる空間』（共著、国文社、2012 年）。論文に「アフリカン・アメリカンの名前のフォークロア——*Song of Solomon* を手がかりとして」（『多民族研究』第 4 号、多民族研究学会、2011 年）、「*Invisible Man* における地理の問題——聴覚、触覚、嗅覚、味覚、視覚の南部」（『九州アメリカ文学』第 52 号、九州アメリカ文学会、2011 年）

川本 徹（かわもと とおる） 名古屋市立大学准教授（2015 年 4 月～ ）

著書に『荒野のオデュッセイア——西部劇映画論』（単著、みすず書房、2014 年）、『映画の身体論』（共著、ミネルヴァ書房、2011 年）、『交錯する映画——アニメ・映画・文学』（共著、ミネルヴァ書房、2013 年）

大槻 直子（おおつき なおこ） 日本女子大学非常勤講師

論文に「現代の民間伝承——ボブ・ディランの音楽」（『日本女子大学英米文学研究』第 44 号、2008 年）、「フォークソングにおける神話の要素」（『東京工芸大学工学部紀要』第 33 巻、第 2 号、2011 年）、「アメリカフォークソングにおける多様性——フォークソングの形式変化」（『日本女子大学英米文学研究』第 46 号、2011 年）

渡邉 真理子（わたなべ まりこ） 西九州大学准教授

著書に『60年代アメリカ小説論』（共著、開文社、2001年）、『アメリカ文学入門』（共著、三修社、2013年）。論文に「幻影のアメリカ——*Being There*における擬似アイデンティティ」（『アメリカ文学研究』45号、2009年）

岡本 太助（おかもと たすけ） 九州大学准教授

著書に『20世紀アメリカ文学のポリティクス』（共著、世界思想社、2010年）、『あめりかいきものがたり——動物表象を読み解く』（共著、臨川書店、2013年）。論文に“What to Narrate, How to Narrate: A Formal Analysis of Suzan-Lori Parks's *The America Play*,” *The Journal of the American Lit- erature Society of Japan*, No. 10（日本アメリカ文学会、2012年）

河内 裕二（かわうち ゆうじ） 明星大学非常勤講師

著書に『アメリカ1920年代　ローリング・トウェンティーズの光と影』（共著、金星堂、2004年）、『エスニック研究のフロンティア』（共著、金星堂、2014年）。論文に「アメリカ映画に見る『アメリカ』化するユダヤと『ユダヤ』化するアメリカ」（『多民族研究』第6号、2013年）

川村 亜樹（かわむら あき） 愛知大学准教授

著書に『ヒップホップの政治学——若者文化によるアメリカの再生』（単著、大学教育出版、2012年）、『20世紀アメリカ文学のポリティクス』（共著、世界思想社、2010年）、『亡霊のアメリカ文学——豊穣なる空間』（共著、国文社、2012年）

コラム担当

吉津 京平（よしづ きょうへい）
福岡大学・北九州市立大学非常勤講師

著書に『エスニック研究のフロンティア』（共著、金星堂、2014年）。論文に、「他者化した自己——*Slaughterhouse-Five*におけるスキゾフレニア」（『比較社会文化研究』28号、2010年）、「Kurt Vonnegutのカリブ海——*Cat's Cradle*におけるマージナルなトポスの表象」（『九州アメリカ文学』53号、2012年）

金澤 哲（かなざわ さとし） 京都府立大学教授

著書に『フォークナーの『寓話』――無名兵士の遺したもの』（単著、京都あぽろん社、2007年）、『夢の変奏――英米文学に描かれた愛』（共著、大阪教育図書、1994年）、『アメリカ文学における「老い」の政治学』（共編著、松籟社、2012年）

山田 恵（やまだ めぐみ） 仙台白百合女子大学准教授

論文に「ジーン・トゥーマーの反人種偏重の思想」（『仙台白百合女子大学紀要』、第11号、2007年）、「『中間航路』における奴隷の語りと自由の意味」（『仙台白百合女子大学紀要』、第13号、2009年）。訳書にヘンリー・ルイス・ゲイツ・ジュニア『シグニファイング・モンキー――もの騙る猿／アフロ・アメリカン文学批評理論』（共訳、南雲堂フェニックス、2009年）

宮本 敬子（みやもと けいこ） 西南学院大学教授

論文に "Toni Morrison and Kara Walker: The Interaction of Their Imaginations," *Japanese Journal of American Studies*, No. 23 (2012)、「Toni Morrison, *Paradise* におけるトラウマの母性／女性表象」（『西南学院大学英語英文学論集』第49巻、2009年）。訳書にラルフ・コーエン編『世界文学史はいかにして可能か』（共訳、成美堂、2011年）

井村 俊義（いむら としよし） 長野県看護大学准教授

著書に『亡霊のアメリカ文学――豊穣なる空間』（共著、国文社、2012年）、『エスニック研究のフロンティア』（共著、金星堂、2014年）、『アメリカ観の変遷（人文系）（共著、大学教育出版、2014年）

松本 一裕（まつもと かずひと） 明治学院大学教授

著書に『概説　アメリカ文化史』（共著、ミネルヴァ書房、2002年）、『〈都市〉のアメリカ文化学』（共著、ミネルヴァ書房、2011年）、『神の残した黒い穴をみつめて――須山静夫先生追悼論集』（共著、音羽書房鶴見書店、2013年）

大場 昌子（おおば まさこ） 日本女子大学教授

著書に『ユダヤ系文学の歴史と現在――女性作家、男性作家の視点から』（共著、大阪教育図書、2009年）、『笑いとユーモアのユダヤ文学』（共編著、南雲堂、2012年）、『ゴーレムの表象――ユダヤ文学・アニメ・映像』（共編著、南雲堂、2013年）

本城　誠二（ほんじょう　せいじ）　北海学園大学教授

著書に『ポストモダン都市ニューヨーク――グローバリゼーション、情報化、世界都市』（共著、松柏社、2001 年）。論文に「妄想のアメリカン・ドリーム――『何がサミイを走らせるか?』をめぐって」（北海学園大学『人文論集』第 55 号、2013 年）。訳書に『しみじみ読むアメリカ文学』（共訳、松柏社、2007 年）

白川　恵子（しらかわ　けいこ）　同志社大学准教授

著書に『ソローとアメリカ精神――米文学の源流を求めて』（共著、金星堂、2012 年）、『アメリカ文化 55 のキーワード』（共著、ミネルヴァ書房、2013 年）、『エスニック研究のフロンティア』（共著、金星堂、2014 年）

広瀬　佳司（ひろせ　よしじ）　ノートルダム清心女子大学教授

著書に *Shadows of Yiddish on Modern Jewish American Writers*（単著、大阪教育図書、2005 年）、*Yiddish Tradition and Innovation in Modern Jewish American Writers*（単著、大阪教育図書、2011 年）、*The Symbolic Meaning of Yiddish*（単著、大阪教育図書、2000 年）

中地　幸（なかち　さち）　都留文科大学教授

論文に "From *Japonisme* to Modernism: Richard Wright's African American Haiku." (*The Other World of Richard Wright: Perspectives on His Haiku*. U of Mississippi P, 2011 年)、「八島太郎のトラウマ・ナラティヴ――『あたらしい太陽』と『水平線はまねく』」（『憑依する過去――アジア系アメリカ文学におけるトラウマ・記憶・再生』小林富久子監修・石原剛他編、金星堂、2014 年）。訳書にエドワード・マークス『レオニー・ギルモア――イサム・ノグチの母の生涯』（共訳、彩流社、2014 年）

深瀬　有希子（ふかせ　ゆきこ）　東京理科大学准教授

著書に『ソローとアメリカ精神――米文学の源流を求めて』（共著、金星堂、2012 年）。論文に "'Quarreling She-Crabs': The Tide of Black Progress in Toni Morrison's *Love*"（『英文学研究支部統合号』日本英文学会）、第 3 巻、2011 年）。訳書にヘンリー・ルイス・ゲイツ・ジュニア『シグニファイング・モンキー――もの騙る猿／アフロ・アメリカン文学批評理論』（共訳、南雲堂フェニックス、2009 年）

大須賀 寿子（おおすが ひさこ） 明治大学兼任講師

著書に『スタインベック——生誕100周年記念論集』（共著、大阪教育図書、2004年）、*John Steinbeck: Global Frameworks*（共著、大阪教育図書、2005年）、『亡霊のアメリカ文学——豊穣なる空間』（共著、国文社、2012年）

後藤 篤（ごとう あつし） 大阪大学助教

論文に「奇術師の『ダブル・トーク』——ポー、ロシア・モダニズム、ナボコフ」（『ポー研究』第5・6号、日本ポー学会、2014年）、「誤表象の悪夢——*Look at the Harlequins!* における（偽）自伝テクストの綻び」（『KRUG』新版第5号、日本ナボコフ協会、2013年）。翻訳にスーザン・エリザベス・スウィーニー「ほとんど完成しているが、ほんの一部だけ手直しされている——ナボコフ作品における終わりなき改訂」（若島正・沼野充義編『書きなおすナボコフ、読みなおすナボコフ』所収、研究社、2011年）

三添 篤郎（みそえ あつろう） 流通経済大学専任講師

著書に『冷戦とアメリカ——覇権国家の文化装置』（共著、臨川書店、2014年）。論文に「冷戦の補綴術——核時代における補聴器テクノロジーの言説と表象」（『アメリカ研究』、2008年）、「雨に唄えば——気象学者による準戦時体制の形成」（『筑波大学アメリカ文学評論』、2014年）

西垣内 磨留美（にしがうち まるみ） 長野県看護大学教授

著書に『バード・イメージ——鳥のアメリカ文学』（共編著、金星堂、2010年）、『亡霊のアメリカ文学——豊穣なる空間』（共著、国文社、2012年）、『エスニック研究のフロンティア——多民族研究学10周年記念論集』（共編著、金星堂、2014年）

外山 健二（とやま けんじ） 常磐大学准教授

著書に『階級社会の変貌——20世紀イギリス文学に見る』（共著、金星堂、2006年）、『英文学と他者』（共著、金星堂、2014年）。論文に "Paul Bowles' "Transition" to Morocco via France: Surrealism and Ethnography"（『コミュニティ振興研究』常磐大学コミュニティ振興学部紀要、第19号、2014年）

編著者紹介

松本 昇（まつもと のぼる） 国士舘大学教授

著書に『亡霊のアメリカ文学――豊穣なる空間』（共編著、国文社、2012年）、『神の残した黒い穴をみつめて――須山静夫先生追悼論集』（共編著、音羽書房鶴見書店、2013年）。訳書にヘンリー・ルイス・ゲイツ・ジュニア『シグニファイング・モンキー――もの騙る猿／アフロ・アメリカン文学批評理論』（監訳、南雲堂フェニックス、2009年）

中垣 恒太郎（なかがき こうたろう） 大東文化大学教授

著書に『マーク・トウェインと近代国家アメリカ』（単著、音羽書房鶴見書店、2012年）、『憑依する過去――アジア系アメリカ文学におけるトラウマ・記憶・再生』（共編著、金星堂、2014年）、『マーク・トウェイン文学／文化事典』（共編著、彩流社、2010年）

馬場 聡（ばば あきら） 日本女子大学准教授

著書に『冷戦とアメリカ――覇権国家の文化装置』（共著、臨川書店、2014年）、『エスニック研究のフロンティア』（共著、金星堂、2014年）。訳書にヘンリー・ルイス・ゲイツ・ジュニア『シグニファイング・モンキー――もの騙る猿／アフロ・アメリカン文学批評理論』（共訳、南雲堂フェニックス、2009年）

執筆者紹介

川崎 浩太郎（かわさき こうたろう） 駒澤大学専任講師

著書に『記憶のポリティックス――アメリカ文学における忘却と想起』（共著、南雲堂フェニックス、2001年）、『ホイットマンと十九世紀アメリカ』（共著、開文社、2005年）、『亡霊のアメリカ文学――豊穣なる空間』（共著、国文社、2012年）

伊達 雅彦（だて まさひこ） 尚美学園大学教授

著書に『ユダヤ文学・アニメ・映像 ゴーレムの表象』（共編著、南雲堂、2013年）、『ユダヤ系文学に見る教育の光と影』（共編著、大阪教育図書、2014年）、『エスニック研究のフロンティア』（共著、金星堂、2014年）

アメリカン・ロードの物語学

2015 年 3 月 31 日　初版発行

編 著 者　松 本　昇
　　　　　中 垣　恒太郎
　　　　　馬 場　聡

発 行 者　福 岡　正 人

発 行 所　株式会社 金 星 堂

（〒101–0051）東京都千代田区神田神保町 3–21
Tel. (03)3263–3828（営業部）
(03)3263–3997（編集部）
Fax (03)3263–0716
http://www.kinsei-do.co.jp

編集協力／ほんのしろ
装丁デザイン／岡田知正
印刷所／興亜産業　製本所／井上製本
落丁・乱丁本はお取り替えいたします

Printed in Japan

ISBN978-4-7647-1143-3 C1098